第十辑

主编 徐有威 陈东林

小三线建设研究论丛

山东小三线建设专辑

穆宝忠 著

上海大学出版社

图书在版编目(CIP)数据

小三线建设研究论丛.第十辑,山东小三线建设专辑/徐有威,陈东林主编;穆宝忠著.—上海:上海大学出版社,2024.4

ISBN 978-7-5671-4962-5

Ⅰ.①小… Ⅱ.①徐… ②陈… ③穆… Ⅲ.①国防工业-经济建设-经济史-研究-中国 Ⅳ.① F426.48

中国国家版本馆 CIP 数据核字(2024)第 072224 号

责任编辑　盛国营
封面设计　柯国富
技术编辑　金　鑫　钱宇坤

小三线建设研究论丛(第十辑)
山东小三线建设专辑

徐有威　陈东林　主编
穆宝忠　著

上海大学出版社出版发行
(上海市上大路99号　邮政编码200444)
(https://www.shupress.cn　发行热线021-66135112)
出版人　戴骏豪

*

南京展望文化发展有限公司排版
上海华业装潢印刷厂有限公司印刷　各地新华书店经销
开本787mm×960mm　1/16　印张27.25　字数458千字
2024年4月第1版　2024年4月第1次印刷
ISBN 978-7-5671-4962-5/F·245　定价　78.00元

版权所有　侵权必究
如发现本书有印装质量问题请与印刷厂质量科联系
联系电话: 021-56475919

中国人民解放军原济南军区副司令员杨国夫

山东省经委原副主任李春之

中国人民解放军原济南军区副司令员成少甫

山东省原军事工业局副局长刘吉乾

山东省原国防工业办公室副主任向禹

山东省国防科技工业办公室原副主任安成之

山东小三线后方建设指挥部初创人员——杨崇富

山东小三线后方建设指挥部初创人员——李本均

山东小三线后方建设指挥部初创人员——穆玉璋（左）、颜景福（右）

2023年5月11日，中国国史学会三线建设研究分会副秘书长何民权（前排右五），山东三线建设军工文化研究室主任王吉德（前排左四）、副主任李佃玉（前排左三）、副主任兼秘书长张志强（前排右四）、副主任夏兆芳（前排右三）与部分研究室人员合影

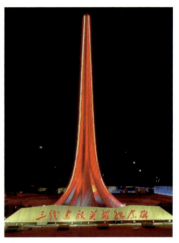
三线建设英雄纪念碑

2019年，山东省国防工办原主任刘玉湘（中），山东军工文化研究室副主任夏兆芳（左一）、副主任兼秘书长张志强（左二），原山东工模具厂干部李刚（右一）与作者（右二）合影

1970年12月9日，中国人民解放军济南军区"三代会"国防工业代表团全体同志合影

李春之（前排左四）、向禹（前排左五）与国防工办部分军队干部合影

山东省革委第二机械工业局欢送杨崇富、王洪才、翟福贵同志合影留念（1975年6月28日）

出席山东省军工局新长征突击手（队）和优秀团员命名表彰大会全体代表合影（1980年3月），二排右五为魏嘉瓒，二排右六为孙常才，六排左三为作者

本书编委会

主　　编 徐有威　陈东林

副主编 穆宝忠　邵刘旖

　　　　　石家齐　陈思洁

　　　　　凌子晴

序：让军工精神世代相传

军工是一个特殊的行业，它的发展与壮大，虽然不声不响，但却决定着国家安危、民族尊严和人民安康。从事军工生产的军工战士们，在艰苦的条件下，一生都在默默无闻地工作，特别是那些战争年代转战山沟、和平年代参加三线建设的同志，为了党的军工事业，"献了青春献终身，献了终身献子孙"，把自己的一切都无私奉献给了祖国和人民。

本书作者穆宝忠同志，就是一位典型的军工二代。其父穆玉璋同志于1964年在山东小三线军工建设初创时期就是后方建设指挥部的一员，之后一直在军工系统工作，为山东小三线建设作出了应有的贡献。穆宝忠同志秉承父亲意愿，刚参加工作就到了小三线军工企业——山东红光化工厂，从学徒开始，一步一步成长为厂党委副书记兼副厂长。可以说他的发展和成长，与三线军工的发展与成长息息相关，血脉相通。他深深地被三线军工广大职工的崇高理想、优秀品质和许许多多可歌可泣的事迹所教育、所感动。他立下志愿，一定要在有生之年把山东军工的历史用笔记录下来、宣传出去，让军工精神世代相传。

2011年，穆宝忠同志退休后，利用业余时间进行军工文化研究，查阅了山东省及所辖各市保管的有关军工建设的历史资料，写了五十余万字的初稿，记载了山东人民兵工几十余载春秋的光辉历程。本书所收录的，便是山东小三线建设以及具有代表性的各军工单位的发展历程。

1964年，党和国家鉴于严峻的国内外形势，做出"三线建设"的战略部署，根据国家要求，山东以沂蒙、泰莱山区为中心，"好人好马上三线"，在偏远的山区，筚路蓝缕，建成山东小三线军工体系。穆宝忠同志煞费苦心地对参加山东小三线建设的部分老军工进行了采访,一字一句地记录下老军工们当年为党为国无私奉献的峥嵘岁月。20世纪80年代,山东小三线军工单位归属至地方管理,开始"军转民",职工们发扬了特别能战斗的精神,成功走出了一条"军转民"的道路。后来由于种种原因,多数企业破产,职工一度生活困难,但军工人却无悔无怨。

习近平总书记指出:"不忘本来才能开辟未来,善于继承才能更好创新。"作为历史的篇章,战争年代的人民军工——三线建设这一页已经翻了过去。但作为精神财富,他们留下了"艰苦创业、无私奉献、团结协作、勇于创新"的三线精神却光照千秋。无论是过去、现在还是将来,这种军工精神都会永远激励人们为实现强军强国、推进中华民族伟大复兴而奋斗不息。

穆宝忠同志请我为本书写个序。我本人于国防院校毕业,毕业后就分配到三线军工单位工作,从工人到技术员、企业领导,再到军工行业的管理者,一路坎坷而光荣。我对军工是有着深厚感情的,也深知宣传军工精神、光大军工精神的重要性。我愿意和现在所有在职的国防军工系统的职工、科研人员以及所有曾为我国国防军工建设做出贡献而已离退休的同志,在以习近平同志为核心的党中央坚强领导下,学习宣传贯彻党的二十大精神,一起推动对三线军工精神的宣传,让三线军工精神发扬光大,世代相传!

山东省国防科学技术工业办公室原主任　刘玉湘
2022年10月

目　录

上篇　山东小三线建设录

第一章　山东小三线军工建设……………………………………（3）
　一、山东小三线建设背景…………………………………………（3）
　二、山东小三线军工建设奠基人…………………………………（5）
　三、山东小三线军工建设领导机构………………………………（10）
　四、成立山东省机械工业厅第二局………………………………（12）
　五、山东小三线军工建设的第一个高潮…………………………（12）
　六、山东小三线军工建设的第二个高潮…………………………（33）
　七、艰苦奋斗：创建小三线军工的回忆…………………………（46）
　八、建成"大庆式企业"　功载军工史册…………………………（52）
　九、山东小三线军工领导机关名称的变更………………………（58）
　十、二次创业，再铸辉煌…………………………………………（59）
　十一、已逝的地方军工，永存的三线精神………………………（67）

第二章　山东小三线老军工访谈录………………………………（75）
　一、为小三线建设以身殉职的上校——向禹……………………（76）
　二、山东小三线建设的先锋——杨崇富…………………………（78）
　三、为人师表的厂领导——刘吉乾………………………………（80）
　四、为军工事业奋斗终生——成安之……………………………（85）
　五、小三线二次创业的领头人——张燃…………………………（90）
　六、期颐寿星军工情——王惠民…………………………………（95）

七、德高望重的老军工——贡林瑞 (99)
八、一身正气两袖清风的书记——李亭 (104)
九、一生军工情——王勤培、赵道绪夫妇 (106)
十、把一切献给党的兵工人——王学初 (108)
十一、奉献军工终无悔的老领导——石国龙 (112)
十二、勤勉奉献在军工——颜景福 (118)
十三、恪尽职守的军工"粮草官"——穆玉璋 (123)
十四、山东小三线军工系统的首位团委书记——魏嘉瓒 (127)
十五、沂蒙崮乡小三线军工人——王可志 (134)
十六、那山,那厂,那军工人——堵继亮 (139)
十七、山东小三线军工老财会——井远明 (142)
十八、我是七一一五工程队的一员——韩训修 (147)
十九、小三线军工献青春,绿化科技带头人——公茂田 (151)
二十、德艺双馨的军工书画家——张献春 (156)
二十一、埋头苦干奉献一生的老军工——王学德 (158)
二十二、终生难忘军工情的财务科长——张明泉 (164)
二十三、为军工事业鞠躬尽瘁的厂长——孙学信 (168)
二十四、小三线建设中的优秀知识分子——郑学智 (173)
二十五、小三线军工厂的第一批大学生——侯福旺 (178)
二十六、来自小三线的水电专家——袁明水 (183)
二十七、懂管理善经营的军工战士——于宪武 (186)
二十八、无悔无怨,献身军工的军转干部——李传德 (190)
二十九、知难而进的军转干部——孙文法 (193)
三十、小三线职工医院的好领导——靖培生 (196)
三十一、在"军转民"中砥砺拼搏的军工人——刘风斌 (199)

第三章 忆山东小三线峥嵘岁月 (205)
一、军工厂里办电大 (205)
二、军工厂里放电影 (211)
三、小三线军工厂的学徒实习生活 (215)
四、硕果累累的职工教育 (228)

下篇　小三线研究回顾

我与三线建设研究

学术研究报效家乡：我的辽宁三线建设研究之路 .... 黄　巍（241）
贵人相助：我的三线建设学习之路 .... 陆　婷（256）
一场学术"新生"之路
　　——我与三线研究的故事 .... 冯　吉（263）
小三线大格局：小三线建设研究八载忆述 .... 徐有威（277）
我是这样指导学生研究小三线建设的 .... 徐有威（287）

译稿

毛泽东时代的中国社会："上海小三线"的生产与生活
　　................... ［日本］丸川知雄著　徐有威　邵刘骑译（299）

研究书评

一幅描绘小三线工业史诗的全景画
　　——评《飞地：上海小三线社会研究》 .... 黄　巍（319）
一幅时代变革的历史图景
　　——《新中国小三线建设档案文献整理汇编（第一辑）》述评 ...... 张　杨（324）
中国冷战时期军工复合体的日常生活：来自上海小三线的声音，
　　1964—1988
　　................... ［澳大利亚］毛高威（Matthew Galway）著　邵刘骑译（333）
一个了解冷战时期中国社会、经济和军事史丰富崭新的窗口
　　................... ［美国］柯尚哲（Covell F. Meyskens）著　邵刘骑译（336）

研究与回顾

三线建设研究成果及相关文献目录初编（3）（2019—2023年）
　　................... 徐有威　关奕男　陈思洁　凌子晴编（341）

《小三线建设研究论丛(第一辑)》目录 .... (387)
《小三线建设研究论丛(第二辑)》目录 .... (390)
《小三线建设研究论丛(第三辑)》目录 .... (392)
《小三线建设研究论丛(第四辑)》目录 .... (394)
《小三线建设研究论丛(第五辑)》目录 .... (396)
《小三线建设研究论丛(第六辑)》目录 .... (398)
《小三线建设研究论丛(第七辑)》目录 .... (402)
《小三线建设研究论丛(第八辑)》目录 .... (408)
《小三线建设研究论丛(第九辑)》目录 .... (411)

后记(一) .... (414)
后记(二) .... (416)

上 篇
山东小三线建设录

第一章　山东小三线军工建设

三线建设是指中国从20世纪60年代中期到70年代中期,以战备为目的,以国防经济建设为中心,进行的大规模工业、交通等基本建设,是中国经济史上一次极大规模的工业迁移过程。所谓"三线",是指当时经济相对发达且处于国防前线的沿边沿海地区向内地收缩划分的"三道线"。一线地区是指位于沿边沿海前线地区。二线地区是指一线地区与京广铁路之间的安徽、江西、河南、河北、湖北、湖南的东半部。三线地区是指长城以南、广东韶关以北、京广铁路以西、甘肃乌鞘岭以东的广大地区,主要包括云南、贵州、四川和西北的陕、甘、青等。上述"三道线"俗称"大三线"。

同时,党中央要求地处一线、二线的省份,各自建一批省属的小三线地方军工企业,由各级国防工办领导,主要生产半自动、全自动步枪,轻重机枪,中小型口径火炮,各种子弹炮弹等,力争做到在未来反侵略战争中以"省"为单位开展自卫战。

根据党中央的统一部署,山东小三线军工建设按照"靠山、隐蔽、分散""不占良田、少占耕地、不迁移居民、便利群众""因地制宜,阶梯式、瓜蔓式、村落式,因陋就简"的建设方针,于1965年在沂蒙(沂蒙山)、泰莱(泰安、莱芜)山区拉开序幕。

一、山东小三线建设背景

20世纪60年代,根据毛泽东主席的指示和党中央的安排,在中共中央召开的工作会议上,做出"三线建设"的重大战略决策。全国上下一盘棋,开展三线建设。1964年下半年,中国人民解放军济南军区暨山东省人民政府成立后方建设指挥部(该部受济南军区和山东省人民政府双重领导,以下简称后方建设指挥部),具体领导山东小三线军工建设。

1965年上半年,中共山东省委战备领导小组成立,由白如冰同志任组长,杨国夫、苏毅然、刘秉林、高启云任副组长。由此,在国家"三线建设"的整体部署下,山东省开始部署包建、援建工作:山东济南第一机床厂包建青海青春机床厂;山东济南第二机床厂包建贵州都匀东方机床厂;山东济南汽车制造厂包建四川宜宾汽车厂;烟台机床附件厂一分为二,在内蒙古地区建呼和浩特机床附件厂。其他如山东第四砂轮厂、山东烟台轴承仪器厂、山东青岛铸造机械厂等也均有包建任务。1966年7月,山东省人民委员会国防工业办公室成立,健全了山东省国防工业建设的领导机构。

在做好对外省(区)包建、援建和健全领导机构的同时,山东省在沂蒙、泰莱山区开展了一场大规模的小三线军工建设。在济南军区副司令员杨国夫中将、成少甫少将及山东省经委副主任李春之的领导下,来自全国五湖四海的数万名军工战士,在极其艰苦的条件下,奋力拼搏,克服种种困难,在短时间内建起了一座座制造枪支、火炮、弹药等常规武器的军工厂以及与之相配套的计量站、医院、军工技校等企事业单位,完善了山东小三线军工体系,生产出大批优质精良的军工产品,为改善我军和地方民兵的装备,为保卫祖国的安全作出了重要贡献。20世纪80年代,随着国际形势的变化和时代的发展,国家的发展战略转向以经济建设为中心,山东小三线军工单位根据国家的安排,进行"军转民",开始了艰难的二次创业,经过奋力拼搏,成功实现了"军转民"的战略转移,生产出市场上紧俏的缝纫机、自行车、三轮农用运输车、电度表、猎枪、味精、啤酒等民用产品,取得了新的辉煌。1987年,根据山东省人民政府的部署,将山东小三线军工企业下放调整至地方,实行属地管理,并先后迁移出山,进驻城区。在市场经济的大潮中,经历过小三线的军工保密单位,由于国内外形势的发展,撩开了其神秘的面纱,向社会和人们展示了山东军工战士们为了国家安全,不惜牺牲个人利益,在山区默默无闻,"献了青春献终身、献了终身献子孙",把一切献给党的、可歌可泣的小三线军工历史。

二、山东小三线军工建设奠基人

1. 杨国夫

饮水思源,说起山东小三线军工的创建,老军工们都忘不了济南军区杨国夫副司令员这位重要的奠基人。

新中国成立后,杨国夫于1957年8月调回山东任济南军区副司令,负责军区后勤、国防动员等工作。

杨国夫副司令员接到上级委任负责建设山东小三线军工的命令后,深感责任重大,这位从战火硝烟中冲杀出来的领导,深知武器弹药对部队的重要性。要开展山东小三线军工建设,按照中央的要求

杨国夫

尽快造枪、造炮、造弹药,工厂选址是当务之急。他在办公室,面对硕大的山东省地图,反复思考。从战略上看,"鲁中"属山东腹地,有千里连绵的沂蒙、泰莱山区,沟壑交叉纵横、山高林密、地形特殊,更重要的是此地是革命老区,民风淳朴,群众基础好,是小三线军工建设的理想首选之地。当他将自己的想法告诉山东省人民政府具体负责此项工作的李春之副主任时,两位领导所见略同,一拍即合。他们将这一设想向战备领导小组汇报后,经全面研究确定:山东小三线军工建设范围定为临沂、泰安、济宁三个专区的沂源、新泰、泗水等12个县;鲁西地区平阴、肥城两县的山区与胶东牙山地区,作为后方建设的辅助地区。

小三线军工建设是一项复杂的系统工程,也是山东省全省的重大政治任务,它涉及多个行业,时间紧、任务重,必须党政军民齐心协力才能顺利完成。选定厂址、组织动员、基建施工、工厂人员遴选调配等一切事项都是从零开始,必须周密部署、交叉进行、环环相扣。在杨国夫副司令员和李春之副主任两位领导的直接部署和带领下,各项工作有条不紊、紧张有序地进行。

选定厂址是百年大计,杨国夫副司令率领后方建设指挥部的几位校官,乘坐吉普车挺进沂蒙、泰莱山区实地考察。当年的沂蒙、泰莱山区交通不便,道

路狭窄且高低不平。晚上他们就住在驻地政府招待所。白天,他们进山沟选择军工厂址。有的地方道路狭窄,汽车根本无法行驶,只能步行,经常带上几个馒头、几块咸菜当午餐,路上吃干粮、喝山沟的凉水司空见惯。当地面勘察大致完成后,他们还要约李春之副主任及有关专家们一起乘飞机从空中进一步勘察。有的厂址要反复对比,直到选出比较理想的位置为止。就这样,在杨国夫副司令员带领下,山东小三线军工单位的厂址便逐一确定,从而拉开了山东小三线军工建设的序幕。

2. 李春之

李春之

李春之于1948年以军代表的身份先后进驻济南成通纱厂和济南仁丰纱厂,随后相继担任济南市纺织工委、济南市纺织轻工党委书记、济南市委工业部副部长等领导职务。从1962年起,任山东省经委副主任、党组副书记。1964年,李春之副主任接到具体负责山东小三线军工建设的委任之后,即与杨国夫副司令紧密配合,根据中国人民解放军济南军区、山东省人民政府的要求成立后方建设指挥部。从此,山东的小三线建设正式拉开了序幕。

李春之副主任抓小三线军工建设胸有成竹,工作环环紧扣。小三线军工厂址大体方位和实施方案确定后,他召开省有关厅局一把手参加的小三线军工建设工作会议。在会上,李春之副主任传达了党中央关于进行三线军工建设的文件精神并进行总动员。他特别强调大战在即,要抢时间赶进度,建设好山东小三线军工,务必让毛主席让党中央放心。李春之副主任强调,特殊时期要采取特殊措施,不能等、靠、要,即将开建的第一个小三线军工厂就是山东第一机械修配厂,随后其他几个厂也要陆续开工建设,但国家统一调配的物资没法马上到位,因此要暂借有关部门的物资,大家要支持小三线军工建设,做到建设需要的物资优先供应,违者严肃处理。当然,李春之副主任也请省有关厅局的领导同志放心,只要国家调拨的物资到位就立即如数归还。他叮嘱后方建设指挥部负责物资工作的穆玉璋同志调用地方的物资必须记好账,以利今后还清。后来,穆玉璋同志多次去国家五机部调配,将借用地方的物资如数还清,有效保障了山东小三线军工的建设。

李春之副主任工作深入细致且雷厉风行,是有名的"工作狂"。在山东第一机械修配厂刚开建的时候,他就带领后方建设指挥部的穆玉璋等几位同志来到了该厂驻地,召开建筑队长及各厂、社、县等领导参加的会议,要求大家拿出当年战争年代支前的革命干劲参加小三线军工建设。当地有些干部在战争年代就是他的老部下,这次他亲自坐镇,都心悦诚服地听从指挥、配合工作。这使得在小三线军工建设过程中,厂、地关系非常密切,各项工作进展顺利。

为了便于领导山东小三线的军工建设,1965年4月经领导批准,李春之副主任在蒙阴县岱崮镇设后方建设办公室,他带领部分干部长期驻扎一线进行指挥。虽说后方建设指挥部的级别不低,但办公、生活条件确实令人语塞。后方建设办公室坐落在村中一个极其普通的农家小院里,房子都是"干插缝",四壁的墙透风漏气,麻雀、老鼠就在墙缝安家落户,每逢下雨,屋外下大雨屋内下小雨,外边雨停了,屋内还滴答。当地政府虽然为后方建设办公室找了一位农民帮着做饭,但喝水还要同志们轮流去井里挑,办公室没有电,只能点煤油灯,冬天室内室外温度没有什么差别。由于李春之副主任带领指挥机关来到军工建设的一线,极大便利了与各单位的联系。过去各单位领导到省会济南请示汇报,当天很难往返,现在用不了半小时就能与领导见面,有什么重要问题随时可以解决,大大提高了工作效率。

李春之副主任关心群众生活,始终把群众利益放在首位。当他在施工现场看到施工队的民工伙食较差时,就找到当地政府领导,要求他们关注施工队的生活,务必让这些为小三线军工建设的民工兄弟们能吃饱煎饼、吃上咸菜、喝上稀饭。

他与群众同甘共苦,急群众所急。到各军工企业检查工作的时候从来不搞特殊,到了饭点,自己花钱买饭菜票到职工食堂排队买饭。饭后,坐在篮球场一边的土堆上饶有兴趣地观看职工篮球队的比赛,为队员们鼓掌叫好。

他关心群众疾苦。山东工模具厂一位叫卜庆法的同志突发急性阑尾炎,在岱崮医院动手术,手术期间突然停电,情况万分危急。正在工模具厂检查工作的李春之副主任听说后,当即决定调用汽车临时发电,手术得以完成。职工们都说，若不是李主任当机立断，卜庆法同志性命休矣。

李春之副主任工作深入细致，求真务实。他到各小三线军工厂检查指导工作，从来不先去厂办公室听领导汇报，而是直接到生产一线，边走边看，掌握第一手情况，发现问题当场解决。

山东前进配件厂建厂初期定做了一批写字台，李春之副主任恰好在该厂办公，他觉得该厂领导的这种做法很不应该，对该厂领导说："我们国家现在并不富裕，办公室配备这么好的写字台，不符合我党倡导的勤俭节约原则。"李春之副主任对厂领导提出批评，使在场的干部和群众深受教育。他发现该厂建的房子三扇窗户，中间那扇窗户是固定式的，只用于采光，而两边的两扇窗户才是可以打开的，但三扇窗户都安装了纱窗，便问负责基建的领导同志："中间那扇窗是固定式的，安装纱窗有什么实际意义？厂里有多少这种窗户？花费了多少钱？"他语重心长地告诫大家，领导同志要深入基层，不能坐在办公室凭空想办事，要做到勤俭节约，不能随意浪费国家的钱。

1976年11月，他带领山东省军工局的领导同志到一个小三线军工企业检查工作，当听到该厂长面对问题推诿扯皮时勃然大怒，一拍桌子站了起来，喝道："你怎么这样？领导干部不学好，今后怎么工作？"该厂长受到训斥后，极度紧张，初冬的天竟然满头大汗，不停地用手绢擦汗。他见该厂长已认识到自己的错误，就叹了口气说："唉，人老了脾气也大了。不过看了这局面不着急是假的，我们要上上下下真抓齐干，把问题彻底解决，把造成的损失补回来。"

他就是这样，胸怀坦荡、光明磊落、雷厉风行，干部和群众都佩服他！

20世纪70年代初，有一次李春之副主任带领国防工办的几位同志到沂蒙山区检查小三线工作，路过新泰县已夕阳西下，决定住县招待所。一行的同志都知道抗战时期李春之就担任该县的县委书记。这里是他在革命战争年代开辟的根据地，有着特殊的感情。后来接替他的是他的老部下，这些经过战火硝烟考验的革命战友，有着深厚的友谊。听说李春之副主任到来，县委的领导同志自然热情接待。李春之副主任再三叮嘱：晚饭越简单越好，饭后要看望他那位"革命的老母亲"。经县委李书记介绍，大家才知道，战争年代有位老大娘曾冒死掩护过他和县委的同志。从此，李春之便像对待自己的亲人一样礼待这位革命老人，他每次路过新泰县都要前去探望。

当晚的饭菜很简单，馒头、小米稀饭、白菜炖豆腐。李春之副主任和同志们边吃边谈，县委的同志感叹："新泰县这几年发展很快，老百姓的生活条件比以前好多了。县委的交通工具也有了改善，上级也给我们配了汽车。你当书记那会儿，咱们开始靠双腿，后来算是配了辆自行车，记得有次自行车座坏了，正遇有紧急事情，你骑了个没车座的自行车赶了过去，大家看了都哈哈笑。"

饭后，李春之副主任就去了那位老人的家中，很晚才回来。李副主任对随行的同志说："明天要早起床，不要在这里吃早饭，悄悄离开，少给地方添麻烦。"哪知第二天一大早，县委的领导干部及许多群众都来了，拉着老领导的手说起了知心话，直到县委书记再三劝解，大家才恋恋不舍地同李春之副主任告别，感情之深溢于言表。

李春之副主任身为山东小三线军工主要领导，始终不忘初心，一直保持着深入实际、讲求实效、真抓实干的作风。在后方建设办公室工作期间，他很少坐在办公室听汇报、作指示，各小三线军工厂生产车间、基建工地倒常见他的身影。小三线军工厂的职工们经常见他冬天披一件羊皮棉大衣，春秋穿一身破旧中山装，说话和蔼可亲，衣着打扮就如农村普通的基层干部，没有一点领导的架子。时间久了，职工们都知道他就是大名鼎鼎的李春之副主任。他与小三线军工厂的许多老工人都是好朋友，群众背后亲昵地称他为李老头。

他严格要求自己，不占公家半点便宜，不利用自己手中职权谋私利。20世纪80年代初，山东小三线军工厂开始"军转民"，生产双喜牌缝纫机、金象牌加重自行车。这些商品在当时都是抢手货，满足不了市场需求，只能凭票供应。李春之副主任的朋友、同乡想请他"帮忙"给负责这方面的同志打电话、写条子，但他都婉言回绝，从不搞特权。有次，他因感冒到省委医院门诊部打针，进门后听见小李护士正与护士长闲谈金象牌自行车票的事。小李护士觉得金象牌自行车太笨重，适合农村载重用，小姑娘在城市里用它远不如飞鸽牌或永久牌来得轻便。这次她分到一张金象牌自行车票，不要吧，觉得吃了亏，买了吧，又觉得不实用，心中很是纠结。想问问熟悉的人，谁需要就给谁得了，别让这张自行车票作废。李春之副主任常来看病，与她们比较熟悉，听后便说："李护士，既然这样，把这张自行车票给我吧，农村的一位老乡前两天还找过我，请我帮他对付一张自行车票，我正为这事发愁呢，你就当帮我一个大忙，我替老乡谢谢你了。"就这样，这位主抓这种紧俏商品生产的主要领导，宁可欠一位小护士的人情,也不行使手中的特权。多年后的一次会议间歇,闲聊中的小三线军工厂的领导们得知此事后,无不唏嘘感慨,一位自行车厂的领导说:"那时候凭您的威望、功劳,您只要给厂里打个电话,立马就给您安排啊!"

他对自己严格要求,对部下却是关怀备至。他的下属无论在工作中还是生活上有困难,只要不违背原则,他都尽力帮助解决。山东省国防工办成立之初,他因省经委的工作太多,就没到国防工办办公,经委的工作告一段落才来到国防工办。但那时候办公楼的房间早就安排完了,已经没有他的办公室了,但他毫不介意,和领导商量下来将国防工办简易家属楼一楼的一间小房间作为办公室。时间不长,当他听说一位国防工办同志的爱人"农转非"搬到济南来找不到住所安置时,便当即决定腾出这房间为这位同志解决困难。他就是这样体恤下属,处处为别人着想。多年后,这位同志的家人提起此事依然激动不已。

1983年,根据工作和身体情况,李春之副主任退出领导岗位,省委安排其进入省顾问委员会任委员,但他郑重向省委报告,坚决要求"裸退"。1993年1月,他因病医治无效不幸辞世,终年78岁。临终前手书遗嘱,丧事从简。噩耗传到山东小三线各军工单位时,干部职工及家属无不陷入悲痛之中,又对他遗嘱从简办理后事敬佩不已⋯⋯

(根据2017年11月采访李春之老领导之子李鲁生、李兵、李力和国防工办穆玉璋、山东民丰机械厂张志强、山东工模具厂夏兆芳等同志提供的资料进行整理)

三、山东小三线军工建设领导机构

山东省接到党中央关于"三线"建设的指示后,在1964年下半年就召开党政军会议,研究部署工作,建立了由党政军领导参加的军事工业领导小组,领导山东小三线建设工作。同时,成立后方建设指挥部,具体负责山东小三线军工建设的领导工作,办公地点设在山东省人民政府大院内,由济南军区杨国夫副司令和山东省经委李春之副主任负责。后方建设指挥部主任由李华珍、赵克明两位同志担任,其成员由从济南军区各兵种和省有关部门遴选出的优秀专业人员组成。1964年9月,参加山东小三线军工建设的有关工作人员就已全部到位。

1965年初，作为沂蒙山区的第一批小三线军工厂，山东第一机械修配厂和山东第二机械修配厂相继开工建设。

1965年4月，中共山东省委战备领导小组专门召集十四个有关厅局的主要领导同志和后方建设指挥部全体干部开会。会上，战备领导小组传达了当时国际国内形势和后方建设任务，并对山东小三线军工建设任务进行动员，作了具体部署。同时，要求参加小三线建设的全体同志树立革命人生观，积极行动起来，投入这一光荣而艰巨的任务，并强调领导干部要现场指挥，迅速行动，保质保量地完成任务。为了有组织、有领导地搞好山东小三线军工建设，及时解决现场施工遇到的各类问题，提高工作效率，当年4月底，专门成立了后方建设办公室，办公地点设在沂源县土门镇。后方建设办公室下设政工组、设计组、物资供应组、施工组和行政秘书组等五个组。

同时，山东省后方建设办公室成立临时党委，由李春之同志（山东省经委副主任）任书记。临时党委下设两个党总支、八个党支部：建设工程队党总支委员会、民工队党总支委员会；后方建设办公室机关支部、建筑和机械设计支部、交通支部、地质支部、矿务支部、电力支部、国营山东九七六厂支部、国营山东九四五厂支部。

那时，在山东省沂源县土门镇小三线施工现场的干部、民工已达千余人，其中党员113人、团员140人，而且人数还在不断增加。随着山东前进配件厂、山东民丰机械厂、山东工模具厂等军工单位陆续在山东沂蒙山区兴建，山东省后方建设办公室由沂源县迁往蒙阴县岱崮镇现场办公，李春之等领导长年在一线施工现场，与各厂的干部职工同吃、同住、同劳动，有问题当即解决，由于措施得力，大大加快了山东小三线军工的建设速度。在山东省委、山东省人民政府及济南军区的联合领导下，山东省诞生了前所未有的新兴行业——小三线军工。

"火车跑得快，全靠车头带。"山东小三线军工建设在济南军区杨国夫副司令员和山东省经委李春之副主任的带领下，从领导到职工，每位工作人员都像高速运转的机器，有条不紊、忙而不乱、紧张有序地工作。

后方建设指挥部从成立到1965年5月，在不到一年的时间内克服了人员少、任务重、时间紧等种种困难，脚踏实地，为山东小三线军工建设做了大量扎实有效的工作,成绩斐然。

四、成立山东省机械工业厅第二局

山东小三线军工厂从1965年正式开建以来,时间紧,任务重,工作千头万绪,为了加强山东小三线军工建设的领导,加快建设进度,山东省于1965年上半年成立机械工业厅第二局,归后方建设指挥部和山东省机械工业厅双重领导。由山东省机械工业厅副厅长刘卉卿同志分管二局的工作,由李本均同志任二局局长。

山东省机械工业厅第二局的办公地点设在山东省机械工业厅大院内,全局工作人员30余名,于1965年5月正式运行。

由于山东小三线军工建设处于筹建时期,二局机关和各军工单位的工作异常繁忙,每天早上还不到上班的时间,各单位到局办事的人员就已在办公室门前相继排队等候。二局副局长杨玉升同志带队奔波在沂蒙、泰莱山区,做各军工厂厂址的选定工作;二局栾福魁同志经常到枪弹厂帮助解决枪弹生产方面的有关技术问题;经营科在基建材料供应方面想方设法,做了大量工作,保证了各厂基建施工的顺利进行……

山东省机械工业厅第二局的建立,健全了山东小三线军工的领导体制,对加快军工建设、领导军工生产顺利进行起到了重要作用。即时,山东小三线军工建设进入高潮,仅三年左右时间,先后建成山东第一机械修配厂等军工企业,并生产出大批优质精良的军工产品,为巩固国防、保卫祖国安全作出了重要贡献。

五、山东小三线军工建设的第一个高潮

从1965年初至1967年,山东小三线军工在杨国夫副司令员和李春之副主任的领导下,经后方建设指挥部、后方建设办公室和山东省机械工业厅第二局全体工作人员的共同努力,支援山东小三线军工建设的大军从全国各大城市、各军工企业来到山东沂蒙、泰莱山区,奋力拼搏、艰苦创业,仅历经三年就建起了山东第一机械修配厂、山东第二机械修配厂等军工单位,这些工厂基本上都

是当年设计、当年施工、当年试制、当年出产品,实现了"四个当年"的建设目标,形成了山东小三线军工建设的第一个高潮。

1. 山东第一机械修配厂(国营九七六厂)

1965年初,山东小三线在后方建设指挥部的直接领导下,位于沂源县土门镇黄崖村旁建成了山东省的第一个小三线军工厂——山东第一机械修配厂,建厂初期的通信地址为山东济南(2)五号信箱,后改为山东沂源县六号信箱。1965年6月,在山东省委、济南军区主要领导的提议下,后方建设指挥部从省经委借调王耕田同志到山东第一机械修配厂主持行政工作。是

山东第一机械修配厂旧照

年10月16日,省委工交政治部批准中国共产党山东第一机械修配厂委员会成立。厂党委由9位同志组成,宋协贵同志任书记,王耕田同志任副书记(主持行政工作),隋翰成同志任副书记兼政治处主任,江玉泉同志任副书记兼政治处副主任。是年11月17日,经山东省人民委员会批准,王耕田同志任山东第一机械修配厂厂长。山东第一机械修配厂为正县级单位。在山东各级领导的关怀和领导以及全厂干部职工的共同奋力拼搏下,山东小三线军工建设首战告捷,山东第一机械修配厂创造了当年设计、当年施工、当年试制、当年出产品的"四个当年"的辉煌业绩。

山东第一机械修配厂占地面积450余亩、建筑面积11.3万平方米,拥有各类设备1 700余台,工厂职工一度多达4 400人。山东第一机械修配厂具有较强的金属切割、压力加工、焊接、热处理、精密铸造、表面处理、木材加工等生产能力及完善的计量检测手段。主要产品为56式7.62毫米半自动步枪、56式7.62毫米冲锋枪;56-1式7.62毫米轻机枪等。

山东第一机械修配厂研制的产品质量可靠,部分产品可以单手上膛,满足实战要求,列入军队装备序列。其中,56式7.62毫米半自动步枪荣获国家第五机械工业部和山东省优质产品称号。1971年,山东第一机械修配厂被国家第五机械工业部确定为全国56式7.62毫米半自动步枪第一底图厂。

1979年6月,山东第一机械修配厂被中共山东省委、省革委命名为"大庆式企业"。

20世纪80年代,山东第一机械修配厂贯彻落实国民经济"调整、改革、整顿、提高"和"军民结合、平战结合、军品优先、以民养军"的战略方针,成立山东缝纫机厂。山东第一机械修配厂承担JB7-2双喜牌家用缝纫机部分件的生产及总装任务,并先后开发了流星牌气枪、民用猎枪、澄油器、增压器、并条机、梳毛机、抽油烟机、胶印机等多种民用产品。1980—1983年,山东第一机械修配厂共生产JB7-2双喜牌家用缝纫机293 037台,1980年出口流星牌气枪23 500支。1980—1985年,山东第一机械修配厂的外贸产品出口产值和创外汇分别达到2 165万元和582万美元,被国务院机电产品出口办公室批准为第一批扩大外贸自主权企业。

山东第一机械修配厂生产的双喜牌家用缝纫机

1987年2月,根据山东省政府有关文件精神,山东第一机械修配厂调整至山东省日照市管理,1990年搬迁日照市的方案落地,经7年的建设,于1997年整体搬至日照市。2002年改制为山东正力机械有限公司,后来由于种种原因企业经营不善,最终于2007年宣告破产。

(根据《山东省志·军事志》第668页、《山东省志·机械工业志》第565页、《国营九七六厂大事记》以及原山东第一机械修配厂纪委书记兼工会主席吕建同志、办公室主任王连成同志提供的资料整理)

2. 山东第二机械修配厂(国营九四五厂)

1965年4月,山东第二机械修配厂正式建厂,投资总额320万元,建厂初期的通信地址为山东济南(2)六号信箱,后改为山东沂源县八号信箱。建厂初期,山东第二机械修配厂由党委副书记侯君格同志主持党委工作,由董传明同志担任厂长。因为该厂主要生产53式7.62毫米枪弹和56式7.62毫米枪弹,与山东第一机械修配厂是配套单位,所以厂址选在山东省沂源县土门镇刘家洞、左家峪、上土门三个村的山沟内,占地36万平方米,拥有各种设备800余台,建厂当年试制成果56式7.62毫米枪弹,是华东七省(市)地方军工建设中首先产出枪弹的工厂,产品质量稳定,1981年53式7.62毫米枪弹平均一次交验合格率达98.7%,质量指标列全国同行业之首。山东第二机械修配厂职工一度超过1 500余人。

山东第二机械修配厂

1979年6月,山东第二机械修配厂被中共山东省委、省革委命名为"大庆式企业"。

20世纪80年代,随着国内外形势的变化,按照国家要求,国内军工企业"保军转民"。山东第二机械修配厂转型生产的民用产品有ZA-80型金象牌自行车辐条、条帽、缝纫机零件、气枪枪弹、电热褥、医药冲模等。其中,流星牌4.5毫米气枪运动比赛枪弹于1984年荣获山东优质产品称号。1987年2月,根据山东省人民政府的有关文件精神,山东第二机械修配厂调整至地方,隶属于山东省临沂地区第二轻工业公司。

1988年6月17日,经山东省工商行政管理局批准,山东第二机械修配厂更名为山东第二机械厂(军工代号国营九四五厂不变),注册资本1 430万元,总资产3 423万元,工厂占地36万平方米,建筑面积10.8万平方米,机械设备773台。

1990年1月,山东省临沂地区沂源县划归山东省淄博市,工厂随之变更,隶属山东省淄博市塑料工业公司管理。

2002年,该企业从山东省临沂地区沂源县迁至山东淄博市张店区。2006年,国家为解决企业困难问题,提出了政策性破产,该厂被列入政策性破产项目单位。2007年8月,为确保武器正常生产,经山东省淄博市经济贸易委员会批准,在原山东第二机械厂基础上成立了山东第二机械有限公司,租赁山东第二机械厂的固定资产实行股份制运营。经过几年打拼,该公司有了飞跃性的发展。在此基础上组建成立了山东军沃科技有限公司。该公司设有两个厂区:公司总部和民品厂区设在山东省淄博市张店区湖田镇;军品厂区坐落在山东省淄博市沂源县土门镇老厂址。工厂连续20年实现经济效益快速增长,多种产品获得"国家级新产品""山东省优质产品""华东地区优质军械产品""军队科技进步奖"等荣誉。为了使企业更好地发展,山东第二机械有限公司在山东省淄博市高新技术开发区征地106亩,2020年主体工程全部完成,山东军沃科技有限公司搬迁至此,为今后进一步扩大生产奠定了坚实的基础。

(根据《山东省志·机械工业志》第575页和《国营九四五厂大事记》进行整理)

3. 山东民丰机械厂(国营九三八一厂)

山东民丰机械厂(国营九三八一厂)位于山东省临沂地区蒙阴县岱崮镇笊篱坪村,建厂初期的通信地址为山东泰安八号邮政信箱,后改为山东蒙阴县第三〇二信箱。1965年5月,山东省经委副主任李春之同志带领后方建设指挥部、省机械工业厅第二局、省设计院的同志共同选定厂址。1966年3月,来自山东省临沂地区蒙阴县、沂南县、平邑县等地的近千名民工赶赴工地,建厂人员在厂党委书记王书翰同志、厂长吕华林同志的带领下开始建厂。山东省淄博建筑公司承担工房的建筑施工,后方建设指挥部隶属的国营七一一五工程队负责山洞挖掘工作。当年11月,基建工作基本结束,共完成生产建筑8 852平方米(包括洞室2 848平方米),非生产建筑14 080平方米,工厂占地面积964亩,拥有各种设备900余台,全厂职工多达1 600余人。山东民丰机械厂是山东前进配件厂的配套单位,主要军品为54式12.7毫米和56式14.5毫米高射机枪枪弹。

山东民丰机械厂旧址(现中国军工文化园)

由于工厂领导同志的科学管理和全厂职工的共同努力,自投入生产以来,产品成本历年创全国最低、质量列全国最优的高水平。1977年1月,荣获山东省"大庆式企业"和"全国同行业社会主义竞赛优胜单位"荣誉称号。该厂工程技术人员李黎同志研究成功枪弹钢壳磷化电泳涂漆工艺和改进的曳光管引燃剂配方,荣获1978年山东省首次颁发的科技成果奖(山东省共28项),并被纳入国家第五机械工业部产品图和工艺流程。1978年6月,山东民丰机械厂被国家第五机械工业部授予"大庆式企业"荣誉称号,是山东小三线军工行业的一面旗帜。

20世纪80年代,随着国内外形势的变化,按照国家要求,军工企业实施"保军转民",山东民丰机械厂开始生产ZA型金象牌自行车零件、电度表、缝纫机上轴等民品。其中,生产的金鹿牌1/2自行车薄片链条于1981年被评为山东省优质产品。1987年2月,根据山东省人民政府颁发的有关文件,山东民丰机械厂下放调整至山东省临沂地区,隶属于临沂第一轻工业局。1990年,山东民丰机械厂开始筹备搬迁临沂市。1992年,临沂第一轻工业局决定将山东民丰机械厂从组织结构上一分为三,即分为山东民丰机械厂(中一型企业)、山东民丰陶瓷厂(中一型企业)和山东轻工设备安装公司(中二型企业)。但由于种种原因,三家企业先后宣告破产。2008年9月,山东民丰机械厂旧址1 000余亩土地及办公、生产、生活设施全部移交给山东省临沂地区蒙阴县政府。山东民丰机械厂是山东小三线军工唯一完整移交地方的企业。

党的十八大发出建设美丽乡村的号召,山东省蒙阴县东蒙企业集团积极响应,在2012年3月与当地政府签订了《岱崮地貌旅游景区保护性开发协议书》,其中涉及小三线军工厂——山东民丰机械厂旧址及周边山崮面积28平方公里,由东蒙企业集团按照上级有关部门的规划进行科学、有序地保护性开发,并由上海科学院旅游研究中心对岱崮地貌进行总体旅游规划,投资数亿元,建成国内外著名的综合风景旅游名胜区。经过数年的不懈努力,山东民丰机械厂旧址改造成现在岱崮地貌风景区的核心服务区;把原工厂办公区域改造成上山下乡旅游度假村、军工旅社、东方红旅社、三线军工大礼堂;把原生活区改造成为"1970田园公社";把原军工生产使用的山洞开发建成国内首家洞穴式地质博物馆。

习近平总书记指出:"文化是一个国家、一个民族的灵魂。"为深入挖掘山东小三线军工企业蕴含的丰富文化内涵,继承和发扬当年军工人的艰苦创业和无私奉献精神,岱崮地貌旅游景区于2016年11月26日,在山东省国防科技工业办公室的支持下,成立了"山东三线军工文化研究室",积极开展军工文化研究,扩大对外宣传,取得了可喜的成绩。

2017年4月26日,来自国家工信部、国家国防科工局、中国国防科技工业文化交流协会及全国十多个省、市国防科工办的领导同志及新闻工作者们,在当地开展"中国军工文化·神州行"活动,并举行了岱崮地貌旅游景区"中国军工文化园"的揭牌仪式。

2017年8月,一部由山东民丰机械厂百余名职工创作、张志强同志主编、反映该厂军工人工作、生活的著作《三线军工岁月——山东民丰机械厂(9381)实录》,经上海大学出版社出版发行,该书如实记录了山东小三线军工人为国无私奉献的精神,受到社会各界普遍好评。山东唐人文化传播有限公司唐亮同志以此书为蓝本,创作了反映小三线军工生活、工作的电影《崮上情天》。

2019年,联合国教科文组织正式批准中国山东沂蒙山地质公园为联合国教科文组织世界地质公园,其中岱崮地貌旅游景区是沂蒙山世界地质公园的中心景区。

2020年4月20日,山东临沂大学乡村振兴学院签约及奠基仪式在岱崮地貌旅游景区举行,这座由山东临沂大学和山东蒙阴县政府双方共建、山东东蒙集团投资2亿元兴建的高等教育学院,为这块美丽的土地增添了新的光彩。

原山东民丰机械厂在沂蒙山世界地质公园、中国军工文化园的怀抱中凤凰涅槃、浴火重生!

(根据《山东省志·机械工业志》第578页及山东民丰机械厂《大事记》编写)

4. 山东工模具厂(国营九四二九厂)

山东工模具厂(国营九四二九厂)坐落于山东省临沂地区蒙阴县岱崮镇东峪区域,厂区分布在山东省临沂地区蒙阴县岱崮镇的三个大队和山东省沂源县唐山镇的一个大队山区内。建厂初期的通信地址为山东泰安六号信箱,后改为山东蒙阴县第三○三号信箱。1965年11月13日,山东工模具厂(国营九四二九厂)由车华堂、王金烈、陆凤章、吴树芳、王智宽、李邦安、张福林、冯连柱同志开始勘察筹建。1966年年终基本建成,同年部分车间开始试产。

建厂初期,山东工模具厂由车华堂同志任党委书记、厂长,由陈安同志任党委副书记(主持党委工作),由张锡亮、江玉泉、余启光三位同志任副厂长。

山东工模具厂为正县级单位,职工技术骨干主要来自青岛、烟台、潍坊等地的工具厂和磨具厂,全厂职工多达1 600余人。

山东工模具厂是山东小三线军工配套单位,拥有当时最先进的螺纹磨床、曲线磨床、坐标镗床、线切割床、500吨水压机、2吨模锻锤等装备以及瑞士进口的多台检测设备,主要任务是为各军工单位用的技术要求较高的部分工艺装备和军品锻冲压件。全厂按生产线划为两大部分:一是原有的工艺装备生产线和锻冲压件生产线,另一部分是扩建的56式14.5毫米高射机枪生产线。工艺装备生产方面,主要是刀具、量具、夹具和模具,承担

山东工模具厂(国营九四二九厂)厂区大门

山东省内小三线军工厂的部分专用工装,年生产能力2 500种/3 500套/45 000件。锻冲压件生产方面,主要承担山东省内军工厂的锻冲压件和山东省内动员线及外省市的部分军品锻冲件,年产能力800吨左右。

根据国家第五机械工业部和山东省国防工办的安排,山东工模具厂于1970年接受56式14.5毫米高射机枪枪架及总装的试制任务,工厂开始设计和扩建。扩建批准投资650万元,建筑面积28 931平方米,主要设备163台,设计生产能力为年产56式14.5毫米高射四联机枪枪架及总装200挺,二联机枪枪架及总装150挺,合计350挺。

产品试制从1971年开始,1972年1月装成第一挺试制产品。1974年进入试制高潮,在国营二九六厂、国营九六二六厂、国营九一四六厂、国营九四三九厂、上海化工机械厂等兄弟单位的大力支持下,山东工模具厂于1975年1月正式装成第一批试制产品,并由厂做了初步精度射击、机构灵活性及3 000公里的拖载试验,对试制中发现的问题进行了总结,采取了必要的改进措施,为下一步试制及今后投产做好了准备工作。

第二批装出试制产品10挺,该批次产品从1975年年初开始投料,10挺共

投料零件50 290件。由于高低机出现问题,经组织人员赴南京第二机床厂学习取经,后进行了修改和试验,是年10月完成了全部10挺的试制任务。

1975年11月6日至12月2日,该厂按规定对试制产品进行了全面鉴定并报请山东省军事工业局审批,工厂正式进入批量生产,1979年共生产了56式四联14.5毫米高射机枪192挺。

1971年,根据上级要求,山东工模具厂组建了"五机部九四二九厂综合区域计量站",该计量站为科级单位,由国营九四二九厂代管,党的基层组织为检验科党支部。直至1984年后,该计量站升级为处级单位,隶属山东省国防科技工业办公室。

为了增强山东小三线军工企业职工的文化娱乐生活,1976年7月19日,山东省军事工业局电影放映管理站成立,该站设在山东工模具厂,站长为倪德昌同志。该站业务上接受山东省临沂地区电影放映公司领导,行政上则归山东工模具厂管理。

1978年4月底,山东工模具厂职工达到1 394人,其中党员333人、团员423人,全厂主要设备293台,总面积57 000平方米,总投资达1 418.8万元。

1978年6月,山东工模具厂被国家第五机械工业部授予"全国兵器工业学大庆先进企业"荣誉称号。

20世纪80年代,国内外形势发生了重大变化,山东工模具厂根据国家"军转民"的战略调整,在山东省军事工业局的领导和统一安排下,开始试制自行车、缝纫机零部件等民品。1980年9月,山东工模具厂组建"山东自行车厂",生产金象牌ZA-80型自行车,仍保留原军工代号,由山东前进配件厂、山东光明机器厂、山东裕华修配厂、山东民丰机械厂、山东第二机械修配厂、山东新华翻砂厂等军工厂共同合作承制零件、包装箱等。山东工模具厂负责工装设备制造和车架、车叉、链罩、前后挡泥板、烤漆、自行车脚闸毛坯生产及自行车总装。1980年下半年,生产出样车206辆;1981正式投入批量生产,年产8.9万辆;1982年生产15.6万辆;1983年生产28.6万辆;1984年生产25万辆。1985年3月25日,国家第五机械工业部一司来厂进行自行车鉴定验收,经过了50项鉴定,产品合格,山东工模具厂达到国家一类企业标准。1985年金象牌ZA-80型自行车被评为山东省优质产品。到1985年以后,该厂共生产96万辆金象牌自行车,为提高山东人民的生活质量作出了贡献。

在生产自行车的同时,山东工模具厂还为山东第一机械修配厂生产双喜牌缝纫机配套主要部件——摆梭和梭床,还先后为各大省内小三线军工厂制造非标设备31台并形成生产线。1980年,山东工模具厂做出摆梭和梭床样品,一次试产合格,当年生产2.4万套。1981年生产8.5万套,1982年生产12万套。

1984年,山东工模具厂为天津自行车研究所加工自行车检测设备7种31台。其301车间加工外贸出口产品多用斧子5 000把,年产自行车脚闸毛坯100万套,为国内生产和外贸出口奠定了基础。

1987年2月,根据山东省人民政府的有关文件精神,山东工模具厂下放调整至山东省临沂地区,归临沂地区第一轻工局管理。地方政府先后拨款、贷款近亿元,在山东省临沂市征地260亩为山东工模具厂新建厂房和职工宿舍。山东工模具厂迁建工程共计投入资金2 643万元,新厂区建筑面积达42 645平方米。

1989年12月,山东工模具厂搬迁工程在山东省临沂市奠基。

截至1991年12月,迁建后的山东工模具厂实现产值1 697万元,总销售收入1 561万元,其中外贸出口253万元。迁建后的山东工模具厂可年产模锻件33万件、缝纫机拨链器3.8万套、自行车装箱4.4万辆、工装6 802套、非标设备49台。

搬迁工程至1993年年初全部结束,正式完成了从山沟进城区的整体搬迁任务。

1999年12月,由于种种原因,山东工模具厂宣告破产。

(根据《山东省志·机械工业志》第567页及《国营山东工模具厂志》整理)

5. 山东前进配件厂(国营九四二六厂)

山东前进配件厂(国营九四二六厂)坐落在山东省沂水县王庄镇杏峪村旁,第一厂名为54式12.7毫米高射机枪厂,第二厂名为山东前进配件厂。建厂初期的通信地址为山东济南(7)一八号信箱,后改为山东省沂水县一〇一号信箱。根据中共中央华东局《关于下达1965—1967年后方建设规划通知》的要求,山东前进配件厂(国营九四二六厂)于1966年3月开始筹建。是年7月14日即生产出三挺54式12.7毫米高射机枪。山东前进配件厂于1966年年底建成,实现了当年设计、当年施工、当年试制、当年出产品的"四个当年"目标。

山东前进配件厂（国营九四二六厂）

山东前进配件厂是山东省第三个五年计划期间的重要项目之一，由胡荣堂同志任厂党委书记，由裴树梅同志任厂党委副书记，由李宝林同志任厂长，工厂行政级别为正县级单位。

建厂初期，山东省委工交政治部下达文件确定，以山东省济南重型机械厂为班底厂，截至1966年底，从山东省济南重型机械厂调职工95人至山东前进配件厂，其中厂级领导2名、中层干部8名、技术人员7名、一般干部和工人78名。山东省济南重型机械厂还腾出两套楼房安置这批职工，馈赠办公、生活用品和交通工具，支援小三线军工建设。同时，从重庆四五六厂、重庆二九六厂和西安八四七厂抽调18名技术骨干至山东前进配件厂。从山东省济南、烟台、潍坊、济宁、淄博、德州、莱阳等地的国营企业抽调大批生产技术骨干至山东前进配件厂，山东前进配件厂职工达1 300余人。

山东前进配件厂占地面积389.2亩，建筑面积67 695平方米，其中生产用建筑面积40 343平方米，职工住宅19 938平方米。

1971年，根据国家第五机械工业部和济南军区的要求，该厂又增加了生产56式14.5毫米高射机枪的生产任务，一个厂同时生产两种口径的高射机枪，当时在全国同类企业中山东前进配件厂是第一家。

1972年，国家第五机械部将该厂定为54式12.7毫米高射机枪底图和技术对口厂。

1978年，根据党中央提出国民经济调整的方针，工厂走"军转民"的道路，山东前进配件厂开始了艰难的二次创业。在探索中曾生产过汽车的钢板销、钻夹头等民品，由于无法与专业厂家竞争，造成产品滞销。随后，经过总结经验教训、缜密的市场调查，认为自行车脚闸生产难度大、技术复杂，工厂基于原有设备和工艺能够实现生产并具有较强竞争力，市场前景也较为乐观，随即开始试制。试制的产品经山东省第一轻工局鉴定完全合格，后经请示山东省军事工业局批准，正式投入自行车脚闸的批量生产。按照山东省国防工办的规划，1980—1985年，山东前进配件厂共生产自行车脚闸259万套、车圈90万副、前轴承92万套，完成产值5 051万元。该厂生产的自行车脚闸成本低、质量高，赢得了国内外同行的高度赞扬。事实证明，山东小三线军工是一支政治素质好、技术水平高、能打硬仗的职工队伍。随着国家进一步对外开放，该厂生产的自行车脚闸于1980年打入国际市场，脚闸闸身标有"金鹿"商标和英文，脚闸支板印有"中国制造"，先后共出口脚闸99万套，创汇367万美元。由于产品质量可靠、出口量大，山东前进配件厂被国务院机电产品出口办公室批准为第一批扩大外贸自主权企业。

1980年，山东省军事工业局组织山东工模具厂等七家单位生产金象牌自行车，山东前进配件厂除继续生产脚闸外，还承担着生产大飞轮（大小牙盘）、前轴、车圈、电镀等零部件的任务。

此外，山东前进配件厂还试制了一种结构简单、轻便耐用、美观大方、使用方便的12号单管猎枪，深受用户欢迎；研制生产了结构紧凑、件少量轻、性能可靠，适用于山区、平原、城市，可配多种车型的椎体脚闸。鉴于"军转民"的成功，1983年山东前进配件厂荣获国家经委授予的"金龙奖"。

1987年2月，根据山东省人民政府颁布的有关文件精神，山东前进配件厂下放调整至山东省临沂地区，归临沂地区第一轻工局管理。临沂市于兰山区七里沟征购土地199亩建新厂。为适应民品市场的需要，山东前进配件厂于1988年年底更名为"山东前进机械厂"。1993年10月该厂整体迁至山东省临沂市的新厂区。为了区分债务，将一部分外贸资产分离出来，并将这部分资产归并成立"山东第二前进机械厂"，山东前进机械厂遂更名为"山东第一前进机械厂"。搬迁临沂后，山东第一前进机械厂交付山东临工集团托管。后根据集团部署，先后组建梦派自行车有限公司、临工挖掘机有限公司等企业，但最终都因经营困难宣告破产。

（根据《山东省志·机械工业志》第565页以及《国营山东前进配件厂厂志》有关内容整理）

6. 山东裕华修配厂（国营九三五四厂）

山东裕华修配厂坐落在山东省临沂地区沂源县西里镇裕华村（原唐山镇滑石峪大队），通信地址为山东沂源十六号信箱，始建于1966年。山东裕华修配厂厂区建在五峪（即五条山沟）之中，呈一字长蛇阵布局，全长5公里，横跨

山东裕华修配厂

沂源、蒙阴两县,周围有三个镇、十个生产大队,其布局是由生产工艺决定的。山东裕华修配厂占地面积400余亩,有7个主要生产车间和2个辅助车间,行政级别为正县级单位。建厂初期由曲耀庭同志任党委书记,由邢德君同志任厂长。该厂管理干部、技术干部、骨干工人分别来自国营八四四厂、国营五二四厂、国营七三二厂、国营七二四厂等军工单位,全厂职工约1 600人。

山东裕华修配厂系国营山东第二机械修配厂、国营山东民丰机械厂、国营山东新华翻砂厂、国营山东红旗机械厂的配套单位,主要产品为12.7毫米和7.62毫米枪弹底火及D-6底火,63式60毫米迫击炮和53式82毫米迫击炮炮弹的基本药管与附加药包,迫-1甲和电-2引信,12.7毫米枪弹曳光管等军工产品。其中电-2引信曾在同行业产品质量评比中获第一名。

20世纪80年代,根据国内外形势的变化和国家的要求,山东裕华修配厂"军转民",开始了第二次艰苦创业。山东裕华修配厂先后开发并生产了裕华牌SDDA21122P气动加压摇架和PK225弹簧加压摇架、"裕华"牌碾米机筛片系列、猎枪弹、雷管、"裕华"牌25毫米电风扇、折叠椅、20W家用小型鼓风机、JB7—2"双喜"牌缝纫机和ZA—80"金象"牌自行车零部件等民用产品。

1987年2月,根据山东省有关文件精神,企业由山东省国防科工办下放调整至当地政府管理,1988年在山东省日照市筹备建厂,并于1992年整建制搬迁至日照市,隶属山东省日照市第二轻工业局管辖。其生产的"裕华"牌碾米机筛片系列产品荣获省优、部优"双优"金奖。

1995年,国营山东裕华修配厂并入中国轻骑集团,重组为全资公司——中国轻骑集团日照摩托车公司。主要生产"轻骑"牌跨骑式、踏板式、弯梁式两轮摩托车系列产品以及原裕华厂开发的民用产品和对外加工业务等。

2004年,该厂整体改制为民营企业:"日照裕鑫动力有限公司"。成为股份制企业,组成董事会,选举产生了新的领导机构,开启了第三次创业。主要生产"裕华"牌细纱机气动加压摇架、弹簧加压摇架、紧密纺装置、钢领、"裕民"纺织专件等产品。其中,气动摇架被评定为"山东名牌"产品,"先锋"牌汽油机、三轮摩托车、两轮摩托车等系列产品,为目录内准入企业产品,通过了"CCC"产品认证和"CE"出口认证,产品畅销国内外市场。

日照裕鑫动力有限公司

  改制后的日照裕鑫动力有限公司在党委书记、董事长张彦涛的领导下,2022年11月15日,乘中国共产党二十大胜利闭幕之东风,实施退城进园整体二次搬迁,顺利迁至山东省日照市高新技术开发区。新厂址占地约380亩,投资约6亿元,公司对原有的生产工艺装备、设备,实施全方位的改造升级,转型进入新能源汽车、摩托车制造产业,公司高起点、高标准地建设冲压、焊接、涂装、装配、检测"五大工业体系",主要生产新能源汽车、汽油机、三轮摩托车、智能化纺织类等机械专用产品,公司开启了第三次创业的新纪元。

  注:山东裕华修配厂后改为山东裕华机器厂

  (根据《山东省志·机械工业志》第578页和《国营山东裕华修配厂厂志》以及山东裕华机器厂原办公室主任闫旭光、日照裕鑫动力有限公司副总经理李建军提供的资料进行整理。)

7. 山东新华翻砂厂(国营九三六三厂)

山东新华翻砂厂大门旧照

山东新华翻砂厂坐落在山东省沂蒙山区青杨崮南麓,沂蒙山最西南部的黄庄镇大上峪村的北山坡,北面与山东省莱芜县接壤,西面和南面与山东省新泰县为邻,通信地址为沂源十四号信箱。山东新华翻砂厂下设101、102、103、104、105等多个车间,分布在青杨崮南麓的九条山沟的13个点上,点与点之间相距约2公里。山东新华翻砂厂占地面积约1 900亩,房屋建筑面积12万平方米,其中洞室面积1 883平方米,并配有800余米的铁路专运线,工厂分布在绵延18公里的山沟里,由于产品性质的原因,山东新华翻砂厂是山东小三线军工占地面积较大,车间最分散的军工厂。

山东新华翻砂厂于1966年5月开始筹建,10月施工建设,1969年投入试生产。1970年6月1日,山东新华翻砂厂试制的53式82毫米迫击炮稀土铸铁杀伤榴弹鉴定合格并投入批量生产。1969年3月10日,山东新华翻砂厂开始试产工业硝铵炸药,是年5月鉴定合格并投入批量生产,年生产能力为1万吨。1971年9月,山东新华翻砂厂开始试产63式60毫米迫击炮稀土铸铁杀伤榴弹,1973年2月7日鉴定合格并投入批量生产。其中,82毫米迫击炮稀土铸铁杀伤榴弹先后于1980年、1981年被评为山东省优质产品和国家第五机械工业部优质产品。山东新华翻砂厂是山东光明机器厂的配套单位。其木材生产车间为山东小三线军工系统有关单位提供产品服务。

山东新华翻砂厂的行政级别为正县级单位。建厂初期由王占山同志任厂党委书记、马相礼同志任厂长。管理干部、生产技术骨干主要来自国营七三二厂、国营二八二厂、齐齐哈尔建华机械厂等军工单位,全厂职工多达2 000余人。

20世纪80年代,根据国内外形势的变化,军工企业贯彻"保军转民"战略方针,根据国家要求开发民品。山东新华翻砂厂转型生产缝纫机机头、机架铸铁和台板、柴油机曲轴及灭火弹等民用产品。1987年2月,根据山东省人民政府的有关文件精神,山东新华翻砂厂下放地方政府管理。该厂先后划归临沂、淄博、泰安,划归泰安后又划归泰山区管理,成了山东小三线军工划归地方管理后唯一的区属企业。1998年1月整建制搬迁至山东省泰安市经济开发区。

搬迁后的山东新华翻砂厂占地面积36万平方米,建筑面积4.9万平方米,企业下设化工、机械、工模具、锻冲压、铸造五个分公司(其中铸造为合作公司),职工共计1 900余人,资产总额1.3亿元,流动资金4 300万元,拥有各类生产设备1 372台(套),主要生产设备759台(套),总动力3 400千瓦时,是山东省泰安市经济开发区重点骨干企业之一。

由于搬迁投资数额巨大,除少部分金融机构借款外,大部分靠山东新华翻砂厂自筹解决,使企业背上了沉重的债务包袱,生产经营和新产品开发难以为继,多次陷入停产、半停产的状态。

2004年,根据上级文件精神,山东省经委同意山东省九家地方军工企业上报破产预案,国务院批准山东新华翻砂厂破产,同年9月6日,山东新华翻砂厂宣告破产。

山东新华翻砂厂搬迁至泰安后,原厂址得到济南市钢城区政府妥善保护。从2017年开始,由山东省济南市钢城区政府依托原厂址规划建设了"9363军工遗址公园"主题教育基地、新华军工纪念馆、洞体生产车间复原场景等主要工程,投资2 000余万元对其遗存进行了维护、加固和保护性开发,转型成为国防教育基地和红色文化旅游基地。

(根据《山东省志·机械工业志》第578页和原山东新华翻砂厂党委书记宋百善同志、原山东新华翻砂厂团委书记齐书云同志提供的材料整理)

8. 山东光明机器厂(国营九三四七厂)

山东光明机器厂于1966年6月建厂,1968年底开始设备安装并投入生产。山东光明机器厂(国营九三四七厂)位于山东省临沂地区蒙阴县坦埠镇鑫中山村腹地。厂区建在驻地的东沟和西沟,东沟有厂办公楼、职工子弟学校、锅炉房、幼儿园、医务室、两个山洞(内有机加车间和工具车间);西沟是茂密的林区和中山寺所在地,建有总装车间、热处理车间、电解车间、冲压车间、锅炉

山东光明机器厂旧址落成典礼

房、车队、油库、洞室（内有机加工车间）及职工宿舍等。山东光明机器厂的通讯地址为山东蒙阴县二〇二信箱，行政级别为正县团级。工厂管理人员、技术骨干主要来自山东省德州以及重庆、南京等地的军工企业，其中李根泽、王庆常、王凤勤、杨树武、田润仓、孙效然等同志是该厂的奠基人。山东光明机器厂职工多达2 000余人。

建厂初期，由李根泽同志任厂党委副书记（主持党委工作）、王庆常同志任副厂长（主持行政工作）。

山东光明机器厂的主要产品为82迫击炮、60迫击炮、40火箭筒、82无后坐力炮。

20世纪80年代，随着国内外形势的变化，军工企业实施"保军转民"的战略方针，1980年至1985年期间，在山东省军事工业局的统一组织下，山东光明机器厂承担了金象牌自行车、双喜牌缝纫机零件的生产。其间，山东光明机器厂自主开发了缸套、安全阀、攻锥、立式抽油机、抽油机升降房和其他石油化工产品及配件；自主开发了GM-500柴油机动三轮车和CBDI·1.5B电动搬运车等民用机电产品，完成产值1 980万元。1980年，山东光明机器厂被评为山东省先进企业。

1986年，山东光明机器厂下放调整至山东省泰安市，归泰安市机械电子局管理。1987年在泰安市建新厂，1988年底全建制搬迁到泰安的新厂区。1992年，山东光明机器厂的农用车产品被列入第一批全国农用车目录。1994年，山东光明机器厂的电动搬运车产品迅速发展，形成手动、电动、内燃三个系列共计20多个品种，山东光明机器厂将"山东叉车总厂"注册为第二厂名。1995年12月26日，国家经贸委批准山东光明机器厂为国家大型企业。1996年4月，山东光明机器厂生产的光明牌三轮农用运输车会同其他11家兄弟单位的产品在京展览并受到党和国家领导人的表扬。1996年7月，山东光明机器厂获中国兵器工业总公司的嘉奖，被评为山东省工业企业"五十强"、山东省泰安市"十大经济支柱企业"。1997年，光明牌三轮运输车年产销量过15万辆，年销售收入逾7亿元,山东光明机器厂获全国军工企业"军转民排头兵"荣誉称号。

1997年7月,山东光明机器厂与上海华源集团合资,组建"山东华源光明机器制造有限公司"。2005年8月,企业改制为民营,组建"山东光明机器制造有限公司"。后企业再次改制,组建"山东威道新能源汽车有限公司"和"山东威肯科技有限公司"。其中,山东威道新能源汽车有限公司主要生产经营低速电动车、三轮农用车、载货三轮摩托车、载客三轮摩托车,产品线已形成"路通""超威""桑拉特"三大系列,覆盖电动、燃油、混合动力等行业主流配置;山东威肯科技有限公司依托40年军工技术的积累,具有机械加工、铆焊冲压、锻造、电加工、热处理、涂装、精密模具制造等综合制造能力,自2008年以来,先后获得3.5吨以下电瓶叉车和10吨以下内燃叉车制造许可资质及GM650型、GM1605型等多个型号的滑移装载机制造许可资质,位居全国叉车制造行业前十强,产品畅销美国、加拿大、俄罗斯等40多个国家和地区。

(根据《山东省志·机械工业志》第566页及原山东光明机器厂张永强副经理提供的材料整理)

9.山东机械修理厂(国营九四三九厂)

山东机械修理厂始建于1966年6月,1967年底基本建成,通信地址为山东省沂水县二〇一信箱,厂址位于沂水县王庄镇龙湾村,占地面积31万平方米,洪玉璘、聂仁孝、宋作水、安太才等同志是山东机械修理厂的奠基人。

建厂初期,由李之江同志任党委书记、洪玉璘同志任厂长。

山东机械修理厂(国营九四三九厂)是为山东小三线军工厂服务的中心修理厂,其行政级别为正县级单位。

截至1982年,山东机械修

山东机械修理厂厂办大楼

理厂有职工1 146人,厂内设有普铸车间、精铸车间、机加工车间、装配车间、工具车间、机动车间、汽车大修车间、手枪生产车间等,全厂拥有各种设备800余台。

1967年年底,山东机械修理厂开始生产双管37高炮精铸件,1969年高炮炮身精铸件按计划完成生产任务,1970年12月,成功完成了全部精铸件生产任务。1973年,山东机械修理厂增建精密设备维修站,1975年增建汽车大修车间,1976年开始上54式7.62毫米手枪项目,设计产能为年产2万支,经过两年多的生产、技术准备,于1979年正式投入生产,成为山东机械修理厂的主要军工产品。在生产54式手枪的同时,山东机械修理厂还承担了部队装备配套产品525槽头联接器和精密铸造件的生产任务。

20世纪80年代后,山东机械修理厂按照上级要求实施"军转民"战略方针。在军品方面,除按计划完成少量的生产任务外,山东机械修理厂改制了大量的旧式武器和装具,为国家军贸产品拓展出口业务。在民品方面,山东机械修理厂大力研发民用手枪系列产品,形成了三大系列8个品种的系列产品,远销多个国家和地区。1979年后,按照山东省军事工业局的安排,山东机械修理厂开始生产缝纫机零件,与山东第一机械修配厂配套协作,1980—1983年,共生产缝纫机零件9种378万件,缝纫机铸件26种1 528吨。1984年,山东机械修理厂开始生产ZL-40型装载机驱动桥,年生产能力达300台。山东机械修理厂还与山东省烟草专卖局商定并承接了烟叶解把机、烟叶切丝机、香烟包装机等卷烟机械设备的制造。

1987年2月,根据山东省人民政府的有关文件精神,山东机械修理厂调整至山东省临沂地区,隶属于临沂地区机械工业局。

1993年11月,山东机械修理厂整体搬迁至临沂市,后因军品下马、民品无资金投入、与市场接轨滞后等多方面因素陷入困境。1996年10月,由临沂市委、市政府安排,将山东机械修理厂并入沂南华日摩托车集团,建成了摩托车总装配、零件烤漆两条生产线,生产各种型号的摩托车和烤漆件,1999年后摩托车市场供大于求,产量萎缩,最终于2007年宣告破产。

山东机械修理厂多年来生产了大批军品和军贸出口产品,生产了槽头联接器29.5万套,军品精铸件200吨。山东机械修理厂生产了民用援外非标设备133台;缝纫机配件2 000万件,铸造1 099吨;生产装载机驱动桥682台

(套)。山东机械修理厂为我国国防建设和经济建设作出了应有的贡献。

(根据《山东省志·机械工业志》第566页、《山东省志·工业志》第26页以及原山东机械修理厂党委书记李胜运同志提供的资料整理)

10. 山东鲁光化工厂(国营二二一五厂)

1966年,国家拟在山东建一座黑索金炸药厂。按照中共山东省委战备领导小组的部署,经由国家第五机械工业部五院、山东省化工设计院、山东省临沂地区行政公署及山东省化学工业公司、山东省临沂地区蒙阴县和蒙阴化肥厂组成专门班子现场勘察、分析,并报请国家计委批准,1967年3

山东鲁光化工厂旧照

月,国家投资4 700万元,在1966年始建的山东省蒙阴化肥厂基础上扩建黑索金、浓硝酸生产线(即"八〇二工程"),该企业即改为军工动员厂,行政级别为正县级单位,时任厂领导为郭长岱同志。

1967年11月,工厂被山东省革命委员会生产指挥部收为省属企业,隶属山东省化学工业公司。同年12月,被山东省化学工业公司批准改名为山东八〇二厂,通信地址为济南(10)三十一号邮政信箱。1971年9月,经山东省化学石油工业局批准,该厂定名为"鲁光化工厂"。1972年12月,其通信地址改为山东蒙阴二〇三号邮政信箱"。1976年9月20日,经山东省工交办公室批准,该厂于1977年8月1日正式由山东省化工局移交山东省军事工业局。1979年4月,工厂正式启用"山东鲁光化工厂"厂名,厂址位于山东省临沂地区蒙阴县旧寨镇向阳峪村,横跨北楼、向阳峪(即豆腐峪子)和杏子山三个自然村。

山东鲁光化工厂于1968年建成投产,1979年当年的产能达到了3 091吨。1978年,山东鲁光化工厂改造了合成塔内筒,增加了氮氢压缩机,产能达4 800吨/年。1983年,国家投资101万元,将原乌洛托品生产线一部分改造成新的合成氨生产线,形成了5 000吨/年的合成氨生产能力。

山东鲁光化工厂的浓硝酸生产线于1970年建成投产,当年产量123吨;

1971年产量达11 171吨;1980年后,单塔日产量达33吨。

山东鲁光化工厂黑索金炸药生产线于1970年10月1日建成投产,当年生产4.1吨,1979年当年产量达到1 212吨。

20世纪80年代后,根据上级要求,军工厂实施"军转民",开发民品。山东鲁光化工厂根据调研,决定把"两钠"(亚硝酸钠、硝酸钠)作为重要项目加以开发。亚硝酸钠、硝酸钠是硝酸生产线的副产品,原为尾气吸收法制造。1985年8月,山东鲁光化工厂通过对亚硝酸钠装置的技术改造和扩大规模,变尾气吸收法为直接吸收法,生产能力和产品质量大幅提高,日产量达20吨,年生产能力达到6 000吨,亚硝酸钠与硝酸钠的产品比例达3∶1,创国内最优水平。

1980年,山东鲁光化工厂被山东省人民政府授予"优秀企业"称号。1985年,山东鲁光化工厂的"黑索金炸药废水球形炭吸附及柱内化学再生处理技术"荣获国家科技进步三等奖。

1987年2月,根据山东省人民政府的有关文件精神,山东鲁光化工厂调整至山东省临沂地区,隶属临沂地区化学工业公司(即临沂化学工业局)。山东鲁光化工厂按部署,整体搬迁至山东省临沂市的南郊罗庄境内。

为了解决企业搬迁所需的7 000万元资金,厂长刘庆余同志、厂党委书记吴锡平同志带领全厂广大职工奋力拼搏,制定了"老厂生产、新厂筹建两不误"的工作方案。1988年,鉴于浓硝酸市场价格上扬,该厂决定对浓硝酸氧化生产线进行扩建,扩大硝酸的生产能力。当年8月初开始施工,到10月初投产,仅用了63天便完成扩建工程。氧化生产线扩建工程将工厂的浓硝酸年产量由5 000吨提高到8 000吨以上。靠着小三线军工人能打硬仗的创业精神,山东鲁光化工厂甩掉了亏损183万元的帽子,不仅全部回收了扩建工程的投资,还盈利31.5万元。

1987年10月,新厂建设破土动工。1992年3月23日,山东鲁光化工厂搬迁改造一期工程年产1万吨浓硝酸装置和"碱吸收硝酸尾气"生产亚硝酸钠、硝酸钠装置投料试车成功。1992年8月,山东鲁光化工厂仅用了三年的时间就完成了新厂建设任务,企业搬迁当年就实现利税222.6万元。

1993年1月25日,山东鲁光化工厂搬迁改造顺利完成并开车投产,形成了年产2万吨浓硝酸、4 500吨亚硝酸钠、1 500吨硝酸钠、1万吨合成氨的生产能力，搬迁总投资6 700余万元。以刘庆余同志、吴锡平同志为首的厂领导在工厂搬迁和企业"二次创业"过程中作出的科学决策和突出贡献赢得了全厂职工的高度评价，也获得了上级的嘉奖。

1993年，中共山东省委宣传部、山东省经委、山东省总工会授予山东鲁光化工厂"思想政治工作优秀企业"的荣誉称号。

2007年，山东鲁光化工厂按照国务院相关政策依法实施资产重组，工厂改制为全员持股的民营有限责任公司，企业更名为山东临沂鲁光化工集团有限公司。

山东临沂鲁光化工集团有限公司于2010年易地临沂河东经济技术开发区。

（根据《山东省志·机械工业志》第579页以及该厂原党委书记武善省同志提供的材料整理）

11. 总结

从1965年至1967年，山东小三线军工在济南军区及山东省党政领导的正确指导下，在地方各级政府的大力支持下，经全体军工战士的共同努力，取得了辉煌的成就。山东小三线军工建设配套工业完成52%，交通公路完成96%，邮局通信完成68%。山东小三线军工完成建筑面积22.8万平方米，完成设备安装2 677台；修建公路5条共计322.8公里，桥涵962座共计13 894米；建设邮电立杆通信线路1 096公里，修建机房6座共计12 395平方米；完成建洞工程15 000平方米。军品生产任务每年均按计划提前完成，实现了投资少、见效快、质量高的预定目标。

六、山东小三线军工建设的第二个高潮

20世纪60年代末，形势风云突变，面对这种严峻的国际形势，全国三线建设作为压倒一切的中心任务被国家提上重要日程。根据1968年5月全国小三线建设工作会议的指示，对三线军工的领导体制提出"今后不管大小三线，军队都管起来"的战略方针。鉴于此，中共山东省革命委员会、中国人民解放军济南军区决定成立国防工业领导小组，调整加强国防工业办公室。山东省国防工办由济南军区副司令成少甫少将和山东省经委李春之副主任负责。

1. 山东小三线建设的推动者成少甫副司令员

成少甫副司令员

成少甫是河南商城人,1969年10月任济南军区副司令员,是一位英勇善战、指挥有方,为中国革命作出重大贡献的开国名将。

1969年10月,因工作需要,成少甫从北京军区调至济南军区任副司令员。同月29日,山东省革命委员会根据党中央对形势的分析和山东地处沿海前线要尽快建成独立作战区的指示,决定组建山东省重点工程指挥部,并从1970年起,组织两个"大办"(即大办农业和大办国防工业)。济南军区党委决定由成少甫副司令员负责国防工业工作,任务艰巨而光荣。

山东省国防工办隶属济南军区和山东省革委双重领导,工作人员从济南军区各军种、兵种和山东省政府机关遴选组成。成少甫副司令员与王一民主任研究决定:新机关要有新气象,要做的工作千头万绪,首先从机关干部抓起,领导干部要以身作则、当好排头兵。他与王一民主任只要济南军区没有什么重要活动,每天一早就与王一民主任提前到达国防工办,提前约20分钟站在办公楼前检查机关干部的上班情况。局(部)长、科长和工作人员见将军如此勤政,站在大门口迎接自己上班,个个无地自容,急匆匆跑进办公楼。从此,大家都能提前在成少甫副司令员和王一民主任上班前到达办公室,团结紧张的工作作风在国防工办机关蔚然成风,为各机关树立了榜样,受到了基层各单位的好评。

办公楼二楼小会议室是成少甫副司令员等首长的指挥部,经常集体商讨小三线建设大计,处理军工日常事务。成少甫副司令员等首长还沿袭了战争年代就养成的首长集体办公的模式,这种模式能迅速集中集体智慧、减少扯皮、高效决策。

为了摸清和掌握山东小三线军工各单位的现实情况,成少甫副司令员带领国防工办的几位领导同志,于11月初到山东沂蒙、泰莱山区九个地方军工厂和一个国家第五机械部所属的军工厂调查研究。通过召开座谈会和群众大会,见到了九个厂半数以上的职工群众,初步摸清和掌握了第一手资料。回济南后,于当月22日即向济南军区党委常委、国防工业领导小组写出书面报告,并提出山东小三线军工各单位存在的现实问题和解决问题的方案。至今,这份重要的历史资料还珍藏在山东省档案馆。

成少甫副司令员下令在济南召开山东小三线军工企业群众代表会议。在会上,他给大家讲国内外形势,讲目前搞好军工生产的紧迫性和重要性,要求职工群众要搞革命大联合,强调"真革命与假革命要通过完成军品任务来检验"。会议期间,他利用休息时间到招待所看望与会代表。当他走进代表们所住的房间时,谁都料想不到将军主动登门看望,都非常激动,紧紧握着成少甫副司令员的双手表示:"我们回去一定要搞好大团结,好好工作,把军工生产搞上去,不辜负首长的期望。"他走入山东前进配件厂代表房间时,群众代表于宗贵同志感冒发烧正躺在床上蒙着被子发汗,听说成少甫副司令员来了,急欲爬起,成少甫副司令员赶忙劝其卧床休养,紧握着他的手,嘱咐他要听医生的话,按时服药,康复后努力为党和人民工作。如今,虽然过去了半个多世纪,于宗贵同志每每想起此事心情还是难以平静。

成少甫副司令员随后召开驻小三线军工厂军代表会议,要求军代表们忠实履行职责,做好工作,稳定工厂大局,必须确保顺利完成军品生产任务。

成少甫副司令员经常深入各军工单位,检查军工生产情况。他到基层检查工作的方式很有个性,很少坐在办公室听汇报,而是一边在车间检查一边听取领导汇报,发现问题当场解决。他目光敏锐,现场存在的问题他随时就能发现,少数弄虚作假的领导难逃他的法眼。企业如有困难,他会想方设法予以解决。有次他到山东前进配件厂视察时,发现车间职工正在又陡又长的路上用地排车拉高射机枪零件,个个汗流浃背。厂长李保林同志向他解释说厂里缺少运输工具,曾数次向上级反映需要两台拖拉机,但至今尚未落实。成少甫副司令员立即指示随行同志想办法帮助前进厂解决这个问题。不久,国防工办的有关部门就为前进厂落实了两台拖拉机。当前进厂将两台崭新的12马力拖拉机开回厂用于车间运输时,职工们无不欢欣鼓舞,从此结束了用人拉地排车运料的艰苦劳动,到现在大家也没忘记成少甫副司令员为职工们办的好事。

通过一系列有效的工作,成少甫副司令员稳定了山东小三线军工大局,对发展山东军工生产起到了重要作用。

在成少甫副司令员分管山东国防工业期间,国家投资在山东省境内建了六个小三线军工企事业单位,这些军工单位的选址可没让他少操心,尤其是建设山东红光化工厂,该厂客观建设要求比较高,他亲自披挂上阵,率领国防工办兵器工业局分管基建的杨崇富副局长等同志,在山东省沂蒙山区、泰莱山区选定厂址。由于该厂系火炸药生产,厂址除要"靠山、分散、隐蔽"外,还必须具备以下基本条件:一是要靠近铁路运输线。该厂正常生产后,需大量运入煤炭、硫酸、甲苯等原材料并运出大量的军品。二是要有充足的水源供生产作业。三是要有畅通的排污条件。根据上述条件和要求,成少甫副司令员和有关人员日夜兼程、马不停蹄、风餐露宿,经过几个月的奔波,在实地反复对比,又会同山东省经委李春之副主任及有关专家在空中乘飞机观察,终于定出初步方案。经济南军区和山东省领导同志研究后确定山东红光化工厂的厂址选在长清、平阴、肥城三县交界的山沟内。

在成少甫副司令员的领导下,山东省的电子、航空、造船等小三线军工建设都有了长足的发展。山东省的电子工业在20世纪60年代初期即开始为武器装备研制配套电子元器件。1969年,山东军用电子工业纳入山东小三线建设规划。1970—1973年,山东小三线建成多个军工电子企业。1975年11月26日,中国首次成功发射并回收的返回式遥感人造卫星就使用了国营八〇七〇厂生产的高频高反压晶体管。1980年,该厂的产品还用于国内运载火箭的发射。国营八〇七一厂生产的线绕电位器也成功用在我国制造的卫星上。青岛电器元件厂为我国第一颗原子弹爆炸、第一颗人造卫星的发射等国家重点工程提供了可靠的电子元件,多次受到上级的表彰。

多年来,山东的航空、造船基础薄弱。1969年6月国家第三机械工业部将其所属的青岛航空工业学校改建为前哨机械厂,专业生产航空精密风动工具。1970年9月,济南军区和山东省革命委员会决定:以济南交通专科学校实习工厂为基础,建立卫东机械厂,研制飞机零部件。之后的事实证明,以上部署具有战略意义,同时也取得了良好的经济效益。

国家第六机械工业部设在山东省博山市的淄博蓄电池厂,产品不断更新换代,生产出各种类型蓄电池,曾多次获部优产品、国优产品的荣誉,为我国海军的建设和发展作出了贡献。

在济南军区和山东省革委的领导下,山东小三线建设掀起新的高潮,省国防工办兵器工业局按照国家要求,在此期间又新建了一批军工企事业单位。

2. 山东红旗机械厂（国营五八二三厂）

山东红旗机械厂坐落在山东省沂源县大张庄镇，于1970年正式建厂，建厂初期的通信地址为山东济南（2）三十六号信箱，后改为山东沂源县十八号信箱。

山东红旗机械厂建厂初期的主要产品是69式40毫米火箭弹。1985年，山东红旗机械厂投产了69

山东红旗机械厂第六次团代会代表合影

式I型和84式40毫米火箭弹。其中，1982年9月开始研制的84式40毫米火箭弹，主要性能达到国内同类产品先进水平，荣获国家机械委科技进步一等奖。

山东红旗机械厂隶属于国家第五机械工业部，建厂初期由张盛令同志任厂党委书记，由于惠民同志任厂长，全厂职工最多时达2 300余人。

20世纪80年代中期，根据国家实施"军转民"的战略方针，山东红旗机械厂开发生产自行车中轴总成、自行车B型中轴、手压水泵、油压减振器、钢筋对接机、电视天线等民用产品。

1988年，山东红旗机械厂迁往山东省潍坊市开工建设新厂，开始进行第二次创业。1994年12月，除在原厂址保留部分军品生产任务外，其余全部搬迁至山东省潍坊市新厂区。根据上级单位中国兵器集团公司的决定，山东红旗机械厂在迁至新厂区后重组注册新公司"山东红旗机电有限公司"。

后根据部署，山东红旗机电有限公司在山东省潍坊滨海经济开发区征地250亩建设新厂区和员工宿舍。2008年8月，山东红旗机电有限公司搬迁至滨海经济开发区，实现了出山、进城、靠海三步跨越。2012年，公司再次在滨海经济开发区征地60亩，与日本鹤见株式会社合资，组建"山东鹤见红旗环境科技有限公司"，专门生产环保设备污泥脱水机，产品远销十多个国家和地区。其主要的民用产品有中耕机、田园管理机、割草机、水稻插秧机等，年产量高达2万台。

改制后，山东红旗机电有限公司的年销售收入由2002年不足2 000万元增至2009年销售收入过亿元。2013年，公司的销售收入突破2亿元，2017年更是突破2.5亿元，员工收入连年提高。为加强军工科研开发工作、实现集团化运营良好的企业外部形象,该公司投资3 000万元在山东省潍坊市寒亭区购置了科技楼,设立集团总部。

该公司党委教育全体党员、员工继承发扬"把一切献给党"的军工精神,加强精神文明建设,取得了理想效果。2014年12月,山东红旗机电有限公司被山东省直属机关文明办授予"精神文明单位"荣誉称号。

(根据《山东省志·机械工业志》第577页和山东红旗机械厂有关资料整理)

3. 山东泰山机械厂(国营五八〇八厂)

山东泰山机械厂

山东泰山机械厂建于1971年3月,位于山东省蒙阴县野店镇朱家坡,建厂初期的通新地址为济南(5)二号邮政信箱,后改为山东蒙阴县第四〇一号信箱。山东泰山机械厂隶属于国家第五机械工业部,为正县级单位,建厂初期由曲耀庭同志任厂党委书记兼厂长。

建厂初期,山东泰山机械厂的技术骨干均来自国营二九八厂、国营五五九厂等单位,全厂职工最多时达1 600余人。

山东泰山机械厂为各类光学仪器的定点生产企业,主要产品有无后坐力炮瞄准镜、红外线瞄准仪、红外线变相管、红外线机枪瞄准镜、生物显微镜、照相机镜头等。1981年,山东泰山机械厂生产的8.04红外线机枪瞄准镜荣获国家第五机械工业部科技成果三等奖。1984年,山东泰山机械厂生产的GM-300型显微镜被评为国家兵器工业部优质产品。山东泰山机械厂生产的生物显微镜销往东南亚、欧洲的十多个国家。

山东泰山机械厂于1981年更名为山东光学仪器厂。1987年,山东光学仪器厂整体搬迁至山东省泰安市,更名为山东光电仪器厂。2020年,山东光电仪器厂整体改制为国有独资的有限责任公司,更名为山东北方光学电子有限公司,注册资本8 980万元。2010年,山东北方光学电子有限公司划入中国兵器工业集团北方光电集团有限公司,现为北方光电集团有限公司成员单位。

经过半个世纪的发展,该公司大力开发光电集成、光电信息产品,拓展技术领域,逐步实现了由微光与光电合成向集光、机、电、算、测控和传输等多项技术于一体的光电集成的升级。

山东北方光学电子有限公司目前占地面积14.57平方公里,分南北两个厂区,两厂区相距约2公里。现有各种设备1 200台(套),拥有激光全息制造、机械制造、光学冷加工、表面精饰、装配调试、检测实验等多种能力和多项核心技术。截至2018年年底,该公司资产总额已超7.5亿元。截至2020年年底,该公司员工总数为552人,其中:中国兵器科技带头人1名,广电集团科技/关键技能带头人各1名,公司级专家2名,公司级科技/关键技能带头人各1名,公司级关键技术技能骨干人才18名,拥有高级及以上职称人员52名,中级职称人员71名,技师及以上人员98名,本科及以上学历人员159名。

(根据《山东省志·机械工业志》第584页、山东泰山机械厂有关资料进行整理)

4. 山东红光化工厂(国营五八〇五厂)

1971年3月24日,国家计委下达文件,决定在山东省境内各建一座由国家第五机械工业部管理的年产万吨梯恩梯(TNT)炸药厂和由国家燃料化工部管理的为梯恩梯(TNT)生产配套的可年产万吨的浓硝酸厂。经研究,确定该梯恩梯炸药厂的厂名为"山东立新化工厂",

山东红光化工厂生产区旧照

通信地址为山东省济南(10)四十八号信箱;确定万吨浓硝酸厂的厂名为"山东红光化工厂",通信地址为山东省济南(10)四十九号信箱。两个工厂行政级别均为正县级单位。

济南军区成少甫副司令员、山东省经委李春之副主任接到文件后,率省国防工办有关人员及专家对山东省淄博、沂源、新泰、平阴等地进行地面、空中反复勘察,最后决定将厂址定在山东省长清、平阴、肥城三县交界的山沟里。

1971年8月,国家第五机械工业部、国家燃料化工部、山东省国防工办及山东省化工局分别从兰州银光化工厂、庆阳化工厂、四川红光化工厂、山东化工厂、山东机器厂、山东民丰机械厂、山东第一机械修配厂、山东第二机械修配厂、山东前进配件厂、山东新华翻砂厂、山东光明机器厂、山东鲁光化工厂、山东青岛化工厂、山东鲁南化肥厂、山东沂源化肥厂、山东明水化肥厂等单位调来大批管理干部和技术骨干。

1971年10月10日,长清、平阴、肥城等地的5 000余名民工组成民工团,进驻山东立新厂、山东红光厂工地开始基建施工。

1971年11月初,国防工办党委决定成立"中共立新、红光工程指挥部(临时)委员会"其成员由毕树清(军代表)、岳彩岂(军代表)、刘吉乾、崔继闵、张福浸、甄广辅、刘春梅七位同志组成。毕树清同志任第一书记、岳彩岂同志任第二书记,刘吉乾、崔继闵两位同志任副书记。

1971年11月26日,省国防工办对厂行政机构也进行了组建,下达了《关于成立立新、红光工程指挥部》的文件,决定由毕树清同志为指挥,岳彩岂同志为政治委员。

1972年5月10日,山东省革委下达《关于山东立新、红光化工厂等单位征用土地的批复》文件,批准该厂在山东省长清县孝里镇龙泉官庄,山东省平阴县安城公社东毛铺大队、西毛铺大队、皂户大队、栾湾公社兴隆镇大队、北泉大队征地549亩。根据军工厂军品生产任务的需要,两厂又继续征用土地三次,先后四次合计征地1 235亩。

山东立新化工厂、山东红光化工厂两厂相邻,都是为了生产梯恩梯而建,其上属国家两个部管理,下设两套班子,两套生产、生活服务设施,存在着生产生活成本高、责任推诿扯皮、工作缺乏协调机制等弊端。在建厂8个月的基建施工过程中,两个厂的现场工程指挥部的领导同志都深感不利,便专题向上级领导机关提出建议:将山东立新化工厂、山东红光化工厂两个厂合并为一个厂。1972年5月26日,国家第五机械工业部、国家燃料化工部批准将山东立新化工厂与山东红光化工厂合并为一个军工企业,厂名为"山东红光化工厂",军工代号为国营五八〇五厂,隶属国家第五机械工业部,通信地址为山东长清县十一号信箱,全厂职工1 265人,建筑面积5万平方米。1972年,国防工办党委下达成立中共红光五八〇五工地指挥部(临时)委员会的决定,党委常委由毕树清、岳彩岂、刘吉乾、崔继闵、冯翠善五位同志组成,党委委员由徐忠纯、孙树芝、孙学信、严超、姜敏华五位同志组成。1972年7月14日,召开了两厂全体职工参加的合并大会。

合并后,山东红光化工厂的行政级别为正县级单位,职工多达1 300余人。

1979年,山东红光化工厂建设基本竣工,国家投资5 616.6万元,山东省投资87万元。竣工建筑面积7.5万平方米,完成土石方工程4.3万立方米;平整场地2万平方米;建成35 kV供电线路44.8公里、通信线路35公里;完成厂内供水管道1.2万米;修建厂内公路26.8公里;干部职工发扬艰苦创业精神,自己动手打山洞335米。

1973年10月15日,经国家第五机械工业部、国家燃料化工部批准从肥城湖屯火车站向北至凤凰庄修一条5.5公里的铁路专运线,在实施修建过程中,因1978年工厂被国家列为停缓建单位,此项目也随之搁浅。

1979年6月,山东红光化工厂由山东省军工局、山东省计委和山东省财政局等12个单位进行了竣工验收。

自验收到1980年年底,山东红光化工厂共生产合成氨5 197吨、硝酸铵1 615吨,有力地支援了当地农业生产。

20世纪80年代,山东红光化工厂被国务院、中央军委列入停缓建单位之一。按照上级要求,山东红光化工厂实施"军转民"战略方针,进行第二次创业。1982年3月11日,国务院下文批复同意山东红光化工厂将后部梯恩梯生产线暂时封存保护,利用前部生产线转产民品。不久,山东省经委下文批准山东红光化工厂转型生产味精、啤酒的方案,总体规划、设计为年产味精1 500吨、啤酒5 000吨,分期完成。在全厂干部职工的奋力拼搏下,1983年7月,山东红光化工厂生产出第一批质量达标的味精。1984年3月4日至6日,由山东省军工局和山东省第一轻工厅等20多家单位有关领导同志和31名专家参加了山东红光化工厂生产的山菊花牌味精的鉴定,认定该产品已达国家优质产品标准。此后,山东红光化工厂更名为"山东红光味精厂",军工代号不变。

1984年10月16日,山东省经委下达关于将山东红光味精厂由山东省军工局移交山东省济南市管理的报告的批复,正式将山东红光化工厂移交给山东省济南市,隶属济南市食品产销公司,后归山东省济南市第二商业局领导。

1984年,济南发酵食品厂年产味精488吨,1990年年产味精达2 896吨。

截至1984年,济南发酵食品厂的工业总产值为498万元,至1990年,已增至3 491万元。

截至1984年,济南发酵食品厂的全员年劳动生产率为1 414元/人,至1990年,已增至29 615元/人。

截至1984年,济南发酵食品厂尚亏损46.9万元,至1990年,已扭亏为盈并实现利税342.8万元。

1984年,济南发酵食品厂的职工人均年收入为923元,至1990年,已增至2 000元。

1986年,全厂职工奋战8个月建成年产万吨啤酒的生产线,当年"七一"正式生产出"奥波""洛神"两个品牌的啤酒,该厂更名为"济南发酵食品厂"。

从1987年起,济南发酵食品厂连续四年被山东省济南市评为"文明单位"。

1988年,济南发酵食品厂建成一座发电容量为3 000千瓦的热电厂。

1988年,济南发酵食品厂利用味精生产过程中的废液建了一条年产500吨饲料酵母生产线。

1989年,济南发酵食品厂根据国家计委的指示,建成一条年产万吨淀粉的生产线。

1987年,济南发酵食品厂的山菊花牌味精被评为国家商业部优质产品。

1988年,济南发酵食品厂的奥波牌啤酒被评为国家商业部优质产品。

1988年年底,济南发酵食品厂的山菊花牌味精、奥波牌啤酒在全国首届食品博览会上双双荣获金奖。

1989年和1990年,济南发酵食品厂被山东省济南市委、市政府评为"思想政治工作优秀企业"。

1989年,济南发酵食品厂晋升为山东省济南市先进企业。

1990年,济南发酵食品厂晋升为山东省省级先进企业。

1991年6月,济南发酵食品厂更名为"济南味精厂"。后由于种种原因,企业经营艰难,经济效益严重滑坡。

1996年5月,济南味精厂与河南省周口味精厂合资成立"济南周济莲花味精有限责任公司"并搬迁至济南市长清区,搬迁过程中又遇缺少资金等问题,企业无法运转。

2013年9月29日，根据济南市委、市政府的决定，企业步入破产程序，后经法院依法宣告破产。

（根据《山东省志·机械工业志》第579页以及该厂党委书记李佃玉同志提供的材料整理）

5. 山东省国防工业计量站

1971年8月，国家第五机械工业部建立"第九四二九区域计量站"，由国营九四二九厂代管，行政级别为正科级单位，基层党组织归检验科党支部。1973年4月17日，经国家第五机械工业部批复，该区域计量站扩大设计规模，核定职工35人，建筑面积1 899平方米，设备仪器41台（套），投资总额66万元。

1975年6月，山东省机械工业局下达文件，任命徐国洛为该区域计量站的站长。

1983年6月23日，山东省编制委员会下达文件，正式将该站名称为"山东省国防工业计量站"，为山东省国防科技工业办公室直属管理的处级事业单位，由齐淮池同志任站长。

1987年，山东省国防工业计量站按照山东省人民政府的决定，划归山东省临沂地区管理。

1992年，山东省国防工业计量站重新划归至山东省国防科工办管理。

1993年，山东省国防工业计量站由山东省临沂市迁往山东省济南市，1997年在山东省济南市新办公区开展工作。

2004年，山东省国防工业计量站通过了中国实验室（国家认可的国家校准实验室）和国防科技工业实验室认可的国防校准实验室能力资格认可，成为国家级军民两用校准实验室。

2005年，山东省国防工业计量站被国家国防科工委命名为国防科技3711二级计量站。

业务范畴方面，山东省国防工业计量站主要开展长度、力学、热学、电学、时间、化学等六大类计量检定、校准和爆速参数的测试业务，共设27项区域测量标准和55个校准项目。

业务能力方面，山东省国防工业计量站的服务范围覆盖山东省区域内的国防科技企事业单位和军队有关工厂的技术机构，每年检定、校准、修理各等级测量标准及工作用计量器具7 000余台(套)。同时，为解决部分特殊用途测量器具的检定与校准问题，先后完成导爆索、雷管爆速仪校准装置研究，导爆索、雷管爆速仪校准装置定制系统研究、环境试验箱自动校准装置研究和万能工具显微镜改造技术研究等项目，部分研究成果处于国内领先水平。

（根据《山东省志（下）·工业志》第91页和山东工模具厂（国营九四二九厂）厂志整理）

6. 山东省国防工业中心医院

山东省国防工业中心医院位于山东省临沂地区蒙阴县岱崮镇走马坪村，1972年筹建，1975年10月1日正式开诊。建院初期的名称为"山东省军事工业局中心医院"，通讯地址为山东蒙阴三〇五号信箱，行政级别为正县级事业单位，职工350人，编制床位500张。

山东省军事工业局中心医院党委下设政工科、工会、团委并设门诊党支部、外科党支部、内科党支部、总务党支部、机关党支部。行政科室有：院办、财务科、总务科、医务处、护理部、门诊部、保卫科。业务科室有：内科、外科、妇科、儿科、放射科、五官科、传染病防治、职业病、检验科、病理科、放射科、药剂科等科室，同时，总务科还设有职工食堂、电影放映队、幼儿园、职工子弟小学、商店等后勤保障机构。

建院初期，由江玉泉同志任建院筹备小组组长。第一任院长、党委书记为杨永彦同志。第二任院长、党委书记为王嘉悌同志。第三任院长为申健生同志、院党委书记为沈卫同志、纪委书记为刘健生同志。

该医院主要承担山东民丰机械厂、山东工模具厂、山东机械修理厂、山东前进配件厂、山东裕华修配厂等小三线军工企业职工、家属及周边居民的医疗救治、保健等工作，是一所具有较高能力的综合性医疗机构。业务范围辐射山东省临沂地区蒙阴、沂源、沂水、沂南等县。

1987年，山东省人民政府根据小三线军工"军转民"的战略方针，将医院划归至山东省临沂地区。1991年11月，医院整体搬迁至山东省临沂市，与原临沂地区供销疗养院合并成立了"山东省临沂地区沂蒙医院"，为正县级事业单位，后该院更名为"山东省临沂市沂蒙医院"。1998年12月，医院解体，医院职工由临沂市卫生局统一分流到临沂市红十字会中心血站（该站2015年更名为临沂市中心血站)、临沂市人民医院、临沂市中医院、临沂市肿瘤医院、临沂市妇幼保健院、临沂市卫生学校等单位。其中,临沂市沂蒙医院的所有离退休职工及家属、职工遗属、科级干部归属临沂市十字会中心血站,临沂沂蒙医院主体建筑、家属院院址归属临沂市人民医院。

(根据原该院职工、临沂市急救中心主任、临沂市作家协会主席张岚同志提供的材料进行整理)

7.山东省军工技工学校

1978年6月,山东省计委下达文件,正式建立"山东省军工技工学校",隶属山东省军事工业局,行政级别为正县级事业单位。山东省军工技工学校的招生规模为900人,批设专业有车工、钳工、铣工、磨工、电工、化工、热处理等,招生对象为山东小三线军工系统职工子女,主要任务是为军工企业培养技术人才。山东省计委从各小三线军工单位选调师资组建学校,校址暂设在山东泰山机械厂。1978年11月26日,山东省军工技工学校举行首届学员开学典礼,后分别在山东泰山机械厂、山东光明机器厂、山东前进配件厂、山东工模厂四个厂布点办班,实现了当年建校、当年招生、当年开学的预期目标。

山东省军工技工学校

1979年9月,经山东省军事工业局批准,山东省军工技工学校迁至山东省新泰市楼德镇柴城村。

1983年6月,山东省军工技工学校更名为"山东省国防工业技工学校",隶属山东省国防科工办。山东省国防工业技工学校先后在山东第一机械修配厂、山东第二机械修配厂、山东裕华机械厂、山东新华翻砂厂、山东民丰机械厂、山东工模具厂、山东前进配件厂、山东机械修理厂、山东鲁光化工厂、山东光明机器厂、山东泰山机械厂设立分校,在校生最多时达2900余人。

根据山东省人民政府的决定,1987年2月,山东省国防工业技工学校划归至山东省临沂地区,隶属山东省临沂地区机械工业公司。

1990年5月,山东省临沂地区行政公署决定,山东省国防工业技工学校与山东省临沂地区劳动局技校合并,继而进入筹建、搬迁阶段。1992年8月,山东省临沂地区编制委员会下达机构编制通知,确定两校合并后的名称为"山东省临沂地区劳动局技工学校",为正县级事业单位,隶属山东省临沂地区劳动局,保留"山东省国防工业技工学校"的牌子,核定编制370人。1992年9月8日,山东省临沂地区劳动局技工学校顺利完成搬迁任务,9月30日成立校党委。

1995年,山东省临沂撤地设市,学校更名为"山东省临沂市劳动局第一技工学校"。

1997年10月,根据山东省人民政府的决定,学校改建为"山东省临沂市高级技工学校",由山东省临沂市人民政府领导,为副地(厅)级事业单位。学校招生规模为1 300人,其中高级技工部500人,中级技工部800人。

2001年6月,山东省临沂市第二技工学校并入山东省临沂市高级技工学校。

2002年12月,山东省人民政府批准学校更名为"山东省临沂市技术学院"。学校设立五系一部,即机械制造系、电气工程系、机械装配与维修系、数控技术系、商务管理系和基础部。

2010年11月,山东省人民政府批准学校更名为"山东省临沂市技师学院",办学规模10 000人,其中机师部4 000人,高级部6 000人。

2011年,山东省临沂大学原校区划归山东省临沂市技师学院。

(根据山东省临沂市技师学院刘永贞处长提供的资料进行整理)

七、艰苦奋斗:创建小三线军工的回忆

由于小三线建设的指导思想是为可能发生的外敌入侵作准备,保障应急作战需要,所以建厂时"靠山、隐蔽、分散",在一定程度上存有选点过于隐蔽、钻山太深、交通不便、布局不够合理;建设时间仓促,强调"先生产、后生活",存在生活设施不配套,建筑标准较低等问题。工厂不仅远离城镇,厂区"村落式、瓜蔓式",而且大都建在偏远的山沟里,用当地老百姓的话说,"都是些兔子不拉屎的地方"。这些是山东小三线军工厂所处环境的共同特点。

山东小三线军工建设初期,国家第五机械工业部、后方建设指挥部、省国防工办和山东省机械工业厅第二局等上级领导机关按照"好人好马上三线"

的指示,从各级政府机关、国营大型企业以及全国同行业军工企事业单位选调了大批中青年优秀干部、技术工人支援新建的小三线军工企业,随着生产的需要又从当地招收了大批政治表现好、思想觉悟高、根正苗红的青年入厂。他们来到新选的军工厂址时,房无一间、脚踏荒山、头顶蓝天,晴天一身土、雨天两脚泥,夏天无处纳凉、冬天无处取暖,开始了艰难的创业。没有住处,就住在附近农村的民房;没有床,就在屋里地上撒一层山草,铺上草席就睡觉;没有电,点盏煤油灯照亮;没有生活用水,就到附近水井或山沟小溪里挑……工作和生活条件极其艰苦。

原山东省青岛工具厂技术科长、山东工模具厂建设时期的元老王金烈同志回忆:"1965年7月14日晚9点,与青岛内燃机厂车华堂、青岛工具厂王智宽、李邦安,青岛市城建局设计院陆凤章以及吴树芳、冯连柱、张福林等几位同志在青岛火车站集合见面,同乘一趟火车赴山东省会济南报到,这才知道我们是接受同一项任务,支援'小三线'建设。大家做了自我介绍,带着简单的行李到济南上任。15日早5点左右到达济南,被安排住在山东省机械工业厅设计研究院招待所。设计院领导简单介绍了我们的任务是要在山东沂蒙山区筹建军工厂,从选址到勘察设计都由我们负责,设计院领导还为我们配备了技术人员。第一次选址到山东新泰县一个废弃的养蚕企业,因地方小且四周没有隐蔽环境,不符合建军工厂条件,当场予以否定。第二次是山东省蒙阴县城南的一个造纸厂,同样因为不够隐蔽予以否定了。第三次是到山东省蒙阴县岱崮镇选厂址。从济南乘坐解放牌汽车前往,路遇大雨,车上的人集体用手撑起帆布挡雨,汽车开到距岱崮镇约30公里时转弯,滑下山坡,倾斜到45°,车上的人全部倒在地上,幸好没有人伤亡。大家从地上爬起来,天已经黑了,好不容易找老乡扶正汽车,司机师傅发动了汽车,发现还能开动,真是不幸之中万幸了。到了岱崮镇已是晚上八点多了,在驻地区公所一间空房子里,就地铺上一层玉米秸,各人放开行李,随便吃点食物和衣躺下,这是到岱崮镇的第一夜。第二天就到山坡上选合适的厂址,跑了一上午也没选中,岱崮镇东南方有一个吕祖庙,看后也觉得不理想,又看了几个山坳也不行。就这样选了两天也没选中理想的地方。天天在野地里跑,饿了就买邻近村的馒头、咸菜和地瓜,找老乡煮熟后吃,吃起来很香。有人告诉我们岱崮镇东面桑树峪也很好,还有一座破旧的小土楼没人住,是一座闲置的空房子。为了便于选择厂址,我们决定搬出区公所，沿着小河向东走，找了个破柳条筐装上食物，用木棍当扁担抬着柳条筐，背着行李，找到了那座小楼。小楼二层的楼板都是木头做的，人走起来咯吱咯吱地响，稍微不慎脚会漏下去，墙是由高粱秸用葛条扎紧糊上一层泥做成的。经过整理，总算有了一个安身之所了。由于没有床，我们还是铺上玉米秸，所以铺盖上总有尘土，住在楼上风特别大，冬天放开铺盖睡觉只能脱去外套和衣而眠。早晨脸盆里的水结了一层冰，只好用毛巾擦把脸。尽管艰苦，大家没有怨言。白天到山上勘察，测量地形，晚上点煤油灯写、算、描、画。手冻麻木了搓搓继续干，一直干到10点以后才休息。经过几天的勘察、测量，大家一致认为：小李庄东面蒲扇峪、桑树峪的山坳符合建厂条件，就初步把它确定为山东工模具厂的厂址。呈报到山东省政府，不久，时任山东省经委主任刘鹏同志和有关部门领导一起来到现场勘察，即批准在蒲扇峪、桑树峪一带建厂。"

山东民丰机械厂建厂时期的元老张延年同志回忆："1965年10月，响应毛泽东主席'三线建设要抓紧'的伟大号召，从山东省青岛市来到山东省临沂地区蒙阴县岱崮镇笊篱坪村开始建军工厂，来到后没有水、电，连住房也没有，只能借宿在驻地农村社员家里。伙房也安在社员家，吃水要跑出很远的地方挑，吃粮吃菜要到10里外的镇上买，买不到粮就买地瓜吃，晚上点的是煤油灯。来厂后不久便到了"三九"天，我们住的多数是社员存放柴草的闲屋，没有门窗，墙也全部是用石头垒起来的，墙壁凸凹不平，四处透风，有的屋顶还漏着，每逢刮风，煤油灯也点不着，只好摸黑。屋里没有床铺，只能从当地大队要来一些山草铺在地上，再铺几张席，放上被褥，就这样成了我们的宿舍。由于冬夜寒冷，再加晚上睡觉身体出点热气，第二天早上被子结下一层冰霜，每天起床要先打掉冰霜才能穿衣服，真叫'冰霜当被地当床，咸菜地瓜当干粮'。我们就这样在建厂工地熬过了第一个寒冬。大家没有叫苦喊冤的，因为心中只有一个念头：一定要把'小三线'军工建设好！"

据当年山东民丰机械厂职工、现任山东军工文化研究室副主任兼秘书长张志强同志回忆：民丰厂的领导以身作则、吃苦在前、关心群众生活，为全厂干部职工树立了榜样。厂长吕华林是位抗日战争时期参加革命的二等甲级残疾军人，在与日寇作战中多处负伤，直到去世时身体内还残留着敌人的弹片。1965年初，吕华林接到参加小三线建设的通知，顾不上家中年逾八旬的老父亲、长年患病卧床的妻子及未成年的孩子，毅然从青岛汽轮机厂厂长的岗位上赶赴沂蒙山区领导小三线军工厂的建设。吕华林带领全厂职工克服重重困难，用最快的速度生产出合格的56式14.5毫米高射机枪子弹，把工厂创建成全国兵器系统"大庆式企业"，成为山东小三线军工一面鲜艳的旗帜。

建厂初期基建施工是非常艰苦的，白天，吕华林拖着残疾的身体，同职工们一起挖沟、抬土、搬石头；晚上，吕华林在"干插缝"房子里同大家一起讨论当天的工作，研究部署明天的任务。就这样，在短时期内建成了一排排职工宿舍和厂房。

吕华林严格要求自己，生活中从不搞特殊。过春节放假，工厂用汽车运送放假回家过节的职工，汽车在滴水成冰、雪花飘舞的公路上行驶，吕华林身穿棉大衣和职工一起站在汽车上回青岛过年。职工们都知道他有专车，可他就是不搞特殊，拖着那条在战争年代受伤的腿，忍着身上伤疤的疼痛，与职工们同甘共苦。

他关心群众生活，十分注重职工生活的改善，在车间生产最紧张的时候，与伙房的管理员徐志明一起研究如何提高食堂饭菜质量，想方设法购入沂蒙山特有的黑山羊给职工们熬羊肉汤。他和炊事员一起包人包子、水饺。最令人感动的是，当他帮厨结束，总让职工们优先买饭后，等大多数职工都吃上了，自己才到食堂窗口排队买饭。轮到他，包子、水饺往往已经卖完，他就买些简单的饭菜。

他工作不计时间不计回报，经常看到他和其他领导们夜间开会研究工厂发展大计，第二天早上职工们刚上班，就见到他已巡视在车间工房。领导的行动是无声的命令，在他的带动下，全厂干部职工加班加点、无私奉献蔚然成风。

山东民丰机械厂在吕华林、王树翰、张燃等各位厂领导的率领下，创出不凡的成绩，为改善部队装备、保卫国家安全作出了贡献。

据原山东第二机械修配厂劳资科长孙殿文同志回忆："1965年3月底，山东沂蒙山区还是春寒料峭的时候，山东第二机械修配厂筹建指挥部在山东省临沂地区沂源县土门镇土门村的一座牛棚里成立了。济南军区杨得志司令员率领厂党委书记侯君格、厂长董传明等十几位先行者开始了前期的准备工作，白天他们靠双脚从土门村走到刘家洞村，沿着弯曲的羊肠小道，爬坡登山、现场选址、定点、设计。晚上，在牛棚里点着油灯开会商量方案。散会后，稍微收拾一下会场就成了宿舍，这座牛棚三面是石头堆砌的墙，前面是敞开的，月光都能照进棚里。随着基建施工的进展,工地盖起'干插缝'职工宿舍,这'干插缝'雪天大风刮、墙角瓦缝飘雪花,宿舍无取暖设施,天天破冰洗脸和刷牙。生活管理员张振庭曾风趣地说,吃着煎饼卷大葱,住着'干插缝',比杨司令员夜宿牛棚的条件强多了。侯君格书记在解放战争期间的胶东军工厂就是有名的劳动模范,他首先把家迁来,一家五六口人挤住在十几平方的'干插缝'房子里,一住就是十几年。"

据原山东机械修理厂党委书记李胜运同志等几位老军工回忆:山东机修厂建厂初期条件极为艰苦,工厂选择厂址是遵照国务院国防工办下达的文件精神,坚决贯彻"靠山、隐蔽、分散"的方针,严格按照要求进行的。在建厂负责人洪玉璘同志的带领下,安太才、聂仁孝、宋作水、孙风铎、殷恒珊、高永发、金根林、吉文等先期建设者们,于1966年6月初到达山东省临沂地区蒙阴县岱崮镇,6月15日开始勘察选点。为了找到一个符合条件的厂址,他们带着干粮、背着工具,徒步跋涉数百公里,走遍了从沂源县南麻镇到蒙阴县坦埠镇中山寺的大小山头和山沟。他们风餐露宿、披星戴月,晴天一身汗,雨天一身泥,翻山越岭,双手被荆棘刺破,双脚被山石磨起血泡,全然不顾,渴了就用双手捧起山沟的水喝,饿了啃上几口干粮,自带的干粮吃光了,就到驻地山村社员家买点吃的。虽然历尽千辛万苦,但大家没有一个叫苦喊累。厂址选定后,没有通往厂区的公路,缺水、缺电、缺住处。第一批工厂筹建组的同志们,有的搭地铺,有的在石头上放上木板就当床。没食堂,就在山上捡点木柴自己做饭吃。天黑后点起煤油灯照亮研究设计方案,继续工作。白天就到工地测量放线,不分白天黑夜。大家以苦为荣、以苦为乐,有的同志还编了一首顺口溜,反映了当时的真实情况:

进了深山沟,四周是石头。
一条羊肠道,步步踩石头。
没水也没电,晚上黑乎乎。
白天露天餐,夜间睡地铺。

困难再多,也难不倒创业军工人。

由于道路不通,各种建厂物资只能运到离厂址10里远的一个地方。全靠职工同志们手拉肩扛抬搬进去。据不完全统计,当时搬运的木材有105立方米,钢材17.56吨,水泥141吨,秋秸、麦秸等30多万斤,房瓦3万多片,石灰8.5吨。在搬运过程中,手被划破直流鲜血、肩膀磨得血肉模糊,但没有人甘愿落后,这种高度的思想觉悟、顽强精神、革命干劲真是可歌可泣。他们的辛勤劳动,为大批工厂建设者进驻工地施工,快速实现通路、通电、通水奠定了基础。

山东小三线军工建设最值得颂扬的是驻地党委和政府以及大批沂蒙、泰(泰安)莱(莱芜)革命老区选派来的民工弟兄,他们不分昼夜在现场施工,不怕苦和累,为三线建设作出了重要贡献!"

在庆祝中国共产党成立100周年的日子里,作者拜访了原山东红光化工厂建厂元老张文铭同志。这位老军工虽然年逾九旬,但身体特别健康,每天坚持在住地小区广场健身锻炼。老人回忆道:"1971年8月底,我与山东化工厂的冯翠善、赵道绪、王勤培等同志,响应党的号召,支援地方'小三线'建设调往山东红光化工厂。刚去时,房无一间,与厂党委政治处主任徐忠纯、姜春田、郎咸宝几位同志住在长清县孝里镇龙泉官庄的农民家中,房子是'干插缝',没有床,就睡土炕,没有电,就点煤油灯,没有自来水,就到附近井里自己挑。只有炊事员明安山一个人在驻地农民院里给大家做饭吃,李永善同志负责后勤工作。村里有个小卖部,能从这里买到香烟、火柴、肥皂等生活用品。建厂初期,厂行政机构精简,设有基建组、供应组、政工组等部门,政工组有马振木、王新志、田元和、张文铭等几位同志,工作分工不分家。因为没有电,许多工作开展起来有难度,政工组想办法买了台柴油发电机,在村里和工地施工现场安装了广播喇叭,播音室设在一户农民家里,每天播放新闻和音乐,深受当地群众和施工人员的欢迎。山东红光化工厂处于紧张地基建施工阶段,平整土地、垒石坝、盖房子,大家不分昼夜工作,没人叫苦喊累,没人发牢骚说怪话,没人偷懒耍滑头。要说艰苦,应数泰安地区各县派来民工团的弟兄们,为建'小三线'军工厂,泰安地区的长清、平阴、肥城、章丘等地调动了5 000余名民工,他们来到龙泉官庄和虎豹川的山沟里施工,厂区周围村里根本住不下这么多人,只得在施工现场的山坡上因陋就简,用高粱秸支起棚子,就住在这既不挡风又不避寒、更不遮雨的棚子里,地上铺一层山草就是床,冬天-20℃的漫漫长夜,盖着厚被子也难入眠,吃的是地瓜窝头、老咸菜,连顿新鲜蔬菜都吃不上。那个年代,施工的原材料运输全靠人工推着独轮车或地排车。山东'小三线'军工建设过程中,当地政府和人民群众苦干实干,出了大力,不能忘记他们的无私奉献。"

从1964年底山东开建第一个小三线军工企业——山东第一机械修配厂，到1979年建成最后一个小三线军工厂——山东红光化工厂，在前后15年的时间里，建成的山东小三线军工企事业单位，虽然时间、地点不同，但建设经历大同小异。由于山东小三线军工企事业单位处于山区，生活条件较为艰苦，在山东各级政府的关怀和大力支持下，都设立了百货商店、邮局、粮店、银行、派出所等机构。同时还建了幼儿园、职工子弟学校、职工医院（卫生所）、菜店、澡堂和俱乐部等服务部门，极大地方便了职工群众的生活。

八、建成"大庆式企业" 功载军工史册

山东小三线军工企事业单位，自1965年开建以来，在各级党组织的正确领导下，经各单位干部职工的奋力拼搏，生产出大批合格的军工产品，为改善和保障部队的装备，加强国防建设作出了重要贡献。山东民丰机械厂被国家第五机械工业部授予"大庆式企业"；山东第一机械修配厂、山东第二机械修配厂被山东省委、省革委授予"大庆式企业"荣誉称号；山东工模具厂被国家第五机械工业部授予"学大庆先进企业"荣誉称号。上述单位是山东小三线军工人的骄傲、学习的榜样、军工企业的优秀代表！

1."大庆式企业"——山东民丰机械厂

山东民丰机械厂在1978年被国家第五机械工业部授予"大庆式企业"荣誉称号，成为山东军工系统一面鲜艳的旗帜、排头兵，其成功的关键是该厂有一个能坚持党性原则、密切联系群众、作风正派、一心为公、团结战斗、锐意进取的党委领导班子。主持厂党委日常工作的王书翰副书记是位老革命，曾在淄博的张店地区分管工业，是搞工业生产的行家里手。党委副书记张燃是抗日战争时期参加革命的新四军战士，在革命战争年代里南征北战，在山东省会济南市刚解放时，曾作为军代表接管国民党银行，后在北京中国人民银行工作，为了照顾家庭，他申请调到青岛市人民银行担任领导工作。厂长吕华林曾是八路军战士，在硝烟纷飞的战场上英勇善战，多次负伤、屡立战功，是位二等甲级残疾军人。副厂长毕玉山同志是位从重庆四五一厂调到山东的老军工，

生产技术过硬。这些从四面八方为了一个共同革命目标走到一起的老领导们政治水平高、工作作风正、党性原则强、懂生产和技术管理、会经营,很有战斗力。

从建厂初期起,该厂的党政领导同志就着重抓政治制度建设和党员干部、职工群众的思想教育,把完成军工生产、带好一支过硬的队伍当作首要任务,常抓不懈。在厂党委领导班子的带领下,全厂职工艰苦奋斗、勤俭创业、昼夜奋战,实现了当年设计、当年施工、当年试制、当年出产品即"四个当年"的建厂目标。厂党委组织职工开展勤俭建厂活动,发动职工自己动手挖输水管道、挖山洞、修路等,不仅为国家节约了大量资金,还培养了职工自力更生、艰苦奋斗的工作作风。厂领导教导职工从大处着眼、小处入手,从节约一副手套、一两棉纱、一寸钢铁等细小环节开始,使全厂职工养成精打细算、勤俭节约、爱厂如家的良好习惯。对勤俭节约积累下来的资金,厂领导从不乱花,全部用于扩大再生产和基本建设。如1973年从国营九三五四厂引进的高射机枪曳光管生产线建设的费用以及建造厂职工俱乐部的费用,用的全是职工勤俭节约积累下来的资金,为国家省下一大笔投资。

国营山东民丰机械厂有一支能担当、有真才实学、敢打硬仗的工程技术人员队伍,当军工生产遇到困难的时候,技术干部能冲锋在前、排除万难,为军工生产顺利进行创造条件。1967年,该厂镀铜液槽池出现裂缝,如不能及时补救,不仅会导致生产停滞,更会对周围环境造成巨大影响。厂领导和技术科高度重视,工程技术人员为了解决这一难题,查资料、做实验、昼夜攻关。技术员李黎同志终于攻克了这道难关,他研发了用弹壳电泳涂漆工艺取代过去镀铜工艺的新技术,这项发明成为全国同行业首创,不仅解决了环保问题,更革新了技术。李黎同志还从根本上解决了曳光管易燃易爆的问题,改进了引燃剂配方,大大钝化了其敏感性,提高了产品质量,确保了生产安全。以上两项成果,荣获1978年山东省首次颁发的科学成果奖(全省共28项),并被纳入国家第五机械工业部产品图和工艺流程。

山东民丰机械厂生产的高射机枪子弹,在全国同行业中创下成本最低、质量最优、经济效益最好的纪录,而且民丰机械厂年年提前完成生产任务。

山东民丰机械厂的厂社关系融洽,每当农忙季节,工厂在保证军品生产正常进行的前提下,抽调职工开展支农活动,帮助当地村民抗旱、夏收、秋种,工农关系亲如一家，从未发生过厂社纠纷。

山东民丰机械厂从1965年至20世纪80年，由于党政领导同志抓工作方法得当、措施有力，在生产经营、勤俭节约、科技改造、思想政治工作等方面做了大量开创性的工作，为山东小三线军工的兄弟单位提供了宝贵的经验，是山东小三线军工的一面旗帜！

2."大庆式企业"——山东第一机械修配厂

山东第一机械修配厂是1965年初，在中国人民解放军济南军区、山东省人民政府后方建设指挥部的领导下，在山东建设的第一个小三线军工厂。其主要军工产品为56式7.62毫米半自动步枪、56式7.62毫米冲锋枪；56-1式7.62毫米轻机枪等。

1965年6月，在山东省委、济南军区主要领导的提议下，后方建设指挥部从省经委借调王耕田同志到山东第一机械修配厂（国营九七六厂）主持行政工作。1965年10月，山东省委工交政治部批准成立厂党委，宋协贵同志任书记，王耕田同志任副书记（主持行政工作），隋翰成同志任副书记兼政治处主任，江玉泉同志任副书记兼政治处副主任。是年11月17日，经山东省人民委员会批准，王耕田同志任山东第一机械修配厂厂长。在工厂党政领导的正确领导下，经广大职工的奋力拼搏，克服重重困难，实现了当年设计、当年试制、当年上工装、当年批量生产的目标，为后来山东的小三线建设做出了榜样。

该厂自建厂以来，在王耕田、宋协贵、隋翰成、江玉泉、张玉理、侯君格、刘佳玉、李宝林、江景富、曲洪义、王宗君、王庆常、朱显武、钟守福、杜能忍、袁文清等历任厂领导的带领下，工厂在生产管理、技术管理、质量管理、思想政治工作等方面取得较为理想的成绩。1971年11月，国家第五机械工业部56式7.62毫米半自动步枪技术协调会在该厂召开，全国22个同类产品军工厂家全部参加。国家第五机械工业部对该厂多年来取得的成绩予以肯定，同时颁布文件确定国营九七六厂为全国56式7.62毫米半自动步枪的第一底图厂。这不仅是国营九七六厂的光荣，也是山东小三线军工的荣耀。

多年来，该厂年年按时完成上级下达的军品生产任务，1979年6月，山东第一机械修配厂被中共山东省委、省革委评为"大庆式企业"。

3."大庆式企业"——山东第二机械修配厂

山东第二机械修配厂建厂初期,济南军区和山东省主要领导同志先后来厂视察、指导工作,极大地鼓舞了全厂干部职工建设好小三线军工的信心。

厂党委书记侯君格同志在抗日战争时期就是八路军山东滨海军区军工厂的一位老兵工,曾先后荣获滨海军区中心模范旗帜和劳动模范、新四军山东军区直属政治部特等功等荣誉称号。中华人民共和国成立后任山东省淄博市重工业局副局长。厂长董传明在抗日战争时期就是山东省胶东军工厂的一位老兵工。副厂长石汝安是从沈阳五三厂调到山东的老兵工。这些老兵工无论政治素质还是业务能力都很过硬,是山东第二机械修配厂的好领班。

根据毛泽东主席"好人好马上三线"的指示,上级领导机关从山东省济南、青岛、潍坊等地遴选了158名政治可靠、业务精湛的干部、工人;从沈阳五三厂调来108名老兵工;从山东省劳动厅技校、山东省济南市劳动局技校、山东省潍坊市劳动局技校等7所技工学校分配到厂114名毕业生。这批同志组成了山东第二机械修配厂的创业者和创业精英。

山东第二机械修配厂干部职工发扬自力更生、艰苦奋斗的精神,建厂初期,他们因陋就简、以土代洋、科学攻关,当年10月就试制出56式7.62毫米复铜枪弹样品,经有关部门和专家鉴定:试制产品的射速、膛压、强度、精度等主要技术性能均符合国家标准。1966年4月,山东第二机械修配厂生产出第一批批量试制枪弹,同时向上级申请产品鉴定。5月,由国家第五机械工业部、中国人民解放军总后军械部、济南军区装备部、山东后方建设指挥部等领导机关组成的鉴定委员会进行了产品鉴定,认定产品符合标准要求,同意转入56式7.62毫米枪弹批量生产。1968年5月,根据国家第五机械工业部第五设计院的建议,将56式7.62毫米复铜弹壳改为钢质涂漆弹壳工艺。1970年10月,山东第二机械修配厂完成新工艺试制任务,经山东省国防工办、济南军区后勤部装备部组成鉴定委员会鉴定,产品投入批量生产。

1972年3月,山东第二机械修配厂开始试制53式7.62毫米枪弹,8月完成批生产试制并进入鉴定阶段。10月,由山东省国防工办、济南军区后勤部装备部组成鉴定委员会一致认为:产品主要性能合格,技术资料齐全,操作工人能够熟练掌握生产工艺,同意进行批量生产。

上述两种枪弹,至1972年根据国家第五机械工业部和山东省国防工办的规划,56式枪弹形成3条生产线,53式枪弹形成2条生产线。从1977年开始,军品产量大幅度提高,各项经济指标达历史最优水平。

山东第二机械修配厂还担负着援外任务。1975年根据国家第五机械工业部的要求,该厂专派工程技术人员赴东南亚援助53式7.62毫米枪弹项目建设,厂内同步成立援外办公室,专门负责军品援外工作。

山东第二机械修配厂注重工农关系,经常组织职工到厂区周围农村,为孤寡老人义务服务、帮助干农活;厂职工医院免费为村民防病治病;村里需要维修机器、加工机器零件,工厂优先安排;自建厂以来免费向周围3个村供水,并对其驻村深水泵及时维修更换零件,极大改善了当地农民的生活条件。

山东第二机械修配厂党政领导在抓军品生产任务的同时,注重抓党员队伍的建设,做好职工思想政治工作,使广大职工树立艰苦创业、扎根山沟安心小三线军工建设,一心为公、为国无私奉献的精神。该厂以大庆的管理标准,要求每个岗位、每位职工对照大庆标准找差距。厂党委制定了"学大庆,争取实现大庆式企业"的规划,在日常工作中分步实施,具体落实,请山东省军事工业局学大庆检查团进行检查指导,对提出的有关问题及时进行整改。经全厂干部、职工的共同努力,学大庆活动取得了明显效果。1979年6月,山东第二机械修配厂被中共山东省委、省革委评为"大庆式企业"。

4."学大庆先进企业"——山东工模具厂

山东工模具厂建厂后,党政领导班子成员配备合理、政治素质高、有较强的战斗力。

主持党委工作的厂党委副书记陈安同志原为山东省淄博市重工业局副局长,在抗日战争时期是八路军胶东军区军工厂的劳动模范,曾冒着生命危险到敌占区采购军工厂急需的生产材料,由于敌人封锁得很严,只能避开大路走小路,三九寒天、破冰过河,结果膝盖严重受损,从此走路一瘸一拐。当接到支援小三线军工建设的调令时,他克服种种困难,毅然服从党组织安排,走上建设山东小三线军工的征途。

厂长车华堂同志在抗日战争时期就参加革命,南征北战、冲锋陷阵,身体多次负伤,是位残疾军人。从部队转业到山东青岛内燃机厂任厂长,虽年近五旬,妻子多病、子女年幼,但他还是坚决服从组织安排,积极投入山东工模具厂的建设事业。

副厂长张锡亮同志原是山东青岛工具厂的副厂长、工程师,上有老父亲、妻子无工作,6个子女年幼上学,当接到参加小三线军工建设的通知后,坚决服从组织调动,立刻动身走马上任。

副厂长余启光同志,父子两代都在重庆军工厂工作,当他接到援建山东小三线军工的通知后,上有古稀之年的老母亲,妻子患有癫痫病、子女年幼正在上学,但他从没向组织提任何条件,来到山东后克服了个人饮食习惯、气候不适应等各种困难,一心扑在山东小三线军工建设上,在他的组织和领导下,该厂锻冲压车间在全国和小三线军工企业中首先建成,其生产的军品模锻件支援了全国十几个省区。

山东工模具厂与当地农村建立了良好的工农关系。过春节时,厂党委动员职工每人节省3斤白面,无偿援助驻地村民,让农民兄弟春节都能吃上白面饺子。1967年春,当地遭遇大旱,该厂职工抓紧军品生产,并帮助老百姓挑水抗旱。工厂初建时没有仓库,大批的设备、材料都露天存放,当地村民像爱护自己的财产一样认真看护国家财产。有的职工因公出差,在院内晾晒的衣服,回来后发现村民早已帮忙叠放整齐,淳朴善良的沂蒙人民给山东小三线军工留下了难忘的美好回忆。

山东工模具厂试制的56式四联14.5毫米高射机枪产品,从1971年开始,采取了将扩建施工、工装试制、设备自制、人员培训等工作同时交叉进行的办法。经过半年多的努力,于1972年1月,初步装成了首挺实验产品,生产线扩建工程也同时进行。1973年,山东工模具厂建成了南峪洞室,并新组建2个车间,开始安装军品生产设备,开展以进一步考核工艺资料为重点的产品试制工作。该厂派出100余名职工赴湖北对口厂进行全方位的技术培训。在省内外兄弟单位的大力支持和驻厂军代表的具体指导下,山东工模具厂于1975年1月组装成功第一批3挺56式四联14.5毫米高射机枪的试制品,经过初步精度射击测试,机构灵活性测试以及3 000公里的拖载试验,试验后按照产品技术条件进行了复查。

1975年11月6日—12月2日,山东省军区后勤部、山东省军事工业局组织由14个单位、30名有关人员参加的鉴定委员会,对该厂试制的首批10挺56式四联14.5毫米高射机枪产品进行全面鉴定工作,经鉴定顺利投入批量生产。

山东工模具厂党政领导同志注重技术改造,发动职工群策群力加速生产,为了使56式四联14.5毫米高射机枪产品早日投产,靠职工的智慧和创造力,自制通用设备11种103台,自制工艺装备5 953套(件)。为解决钢板切割,该厂与山东工业学院联合开发制造了12毫米钢板大型剪板机一台。为解决大规格棒型铣刀的加工,自制汽、水、油、电四种功能合一的大型对焊机一台。为解决机床大修精度,自制大型导轨磨床一台。为提高大修机床床面硬度,自制导轨自动淬火机一台。1977年,该厂和山东师范学院联合试制的大型四坐标数字控制铣床,填补了山东省自主制造数控的空白,并于1978年荣获山东省科技成果二等奖。

自开展工业学大庆活动以来,山东工模具厂建立健全了各项规章制度,并汇编成册发至各部门严格执行,做到了"有章可循、违章必究",使企业逐步走上科学管理的轨道,工厂的面貌焕然一新。

1976年4月,在山东省军事工业局召开的工业学大庆会议上,山东工模具厂被评为"山东省军事工业局工业学大庆先进企业";1978年3月,在山东省军事工业局第二次召开的工业学大庆会议上,山东工模具厂再次被评为"山东省军事工业局工业学大庆先进企业";山东工模具厂302车间获评"工业学大庆先进车间",财务科和技改办公室获评"工业学大庆先进科室",301车间模锻三班等6个班组获评"工业学大庆先进班组"、刘玉芳等9名职工获评"工业学大庆先进生产(工作)者"。是年6月,在国家第五机械工业部召开"工业学大庆"会议,山东工模具厂被评为"学大庆先进企业"。

九、山东小三线军工领导机关名称的变更

1964年,遵照毛泽东主席"三线建设要抓紧"的指示,山东省于当年下半年成立了中国人民解放军济南军区、山东省人民政府后方建设指挥部,具体领导山东小三线军工建设。

1965年上半年成立了山东省机械工业厅第二局。

1969年3月,调整加强了中国人民解放军济南军区、山东省革命委员会国防工业办公室。

1973年11月,中国人民解放军济南军区、山东省革命委员会国防工业办公

室撤销。新成立了山东省革命委员会国防工业办公室,与省革命委员会生产指挥部工业交通办公室合署办公,同时成立山东省革命委员会第二机械工业局。

1975年8月,山东省革命委员会第二机械工业局更名为山东省革命委员会军事工业局。

1979年12月,山东省革命委员会军事工业局更名为山东省军事工业局。

1983年7月,山东省军事工业局更名为山东省国防科学技术工业办公室(同时将原设在山东省经委的山东省国防工业办公室并入)。十几年来,山东小三线军工领导机关名称虽然多次变更,但负责山东小三线军工的业务职能一直没有变,确保了山东国防建设的持续加强和巩固。

十、二次创业,再铸辉煌

随着国内外形势的发展,中国国内政策也做了相应的调整。1978年,党的十一届三中全会召开,作出了国内经济战略重点转移的重大决策,国防军工也确立了"军民结合、平战结合、军品优先、以民养军"的战略方针。从1979年开始,军品生产任务大幅度下降,军工企业为了渡过难关,解决生存问题,走上了"军转民"、二次创业的艰难历程。

面对激烈的市场竞争,山东小三线军工不等不靠,不找市长找市场,发挥主观能动性,积极找出路、谋生存、求发展、先后开发出数百种民品项目,多项产品获省优、部优等荣誉,取得良好的经济效益,成功地实现了二次创业,铸就了新的辉煌。实践再次证实:山东小三线军工各级党组织在关键时候能发挥领导核心作用和战斗堡垒作用,多项工作坚强有力,是一支特别能战斗的队伍!

1. 山东小三线军工企业实施"军转民"

山东小三线各军工单位自建立初期贯彻执行计划经济,"皇帝的女儿不愁嫁",生产军品时根本不用考虑原材料供应和产品销售。实行"军转民"战略方针后,山东小三线各军工单位开始生产民品后,自己找米下锅、产品自己销售、资金自己解决,由计划经济转为市场经济,从思想观念到具体实施都面临着严峻的考验。

山东省军事工业局领导带头转变思想观念,积极落实"军转民"的战略方针和具体措施,组织人员多方进行市场调研,结合军工系统自身设备、技术优势,综合分析研究,认为国内市场与人民生活密切相关的缝纫机、自行车是紧俏商品,有着较大的市场潜力,且这些商品也适应山东军工系统的生产。经反复研究决定组织军工系统部分企业生产缝纫机、自行车。报经山东省经委、山东省计委审批并列入国家生产计划。1980年,山东省以山东第一机械修配厂为龙头单位,成立"山东缝纫机厂"。组织山东工模具厂生产缝纫机摆梭和梭床等零部件;组织山东民丰机械厂生产缝纫机上轴零部件;组织山东新华翻砂厂生产缝纫机机头、机架铸铁件和台板等零部件;组织山东机械修理厂生产缝纫机9种零部件及铸件等;组织山东裕华修配厂生产缝纫机挑线机构、面板、铰链、针距旋转和夹紧簧等零件;组织山东光明机器厂生产缝纫机大小连杆等7种零部件;组织山东第二机械修配厂生产缝纫机锁边器,各军工企业分工协作,配合山东缝纫机厂生产双喜牌缝纫机。山东小三线军工战士凭着特别能战斗的拼搏精神和精湛的军工技术,经过初步试制,生产出价廉物美的双喜牌家用缝纫机并投入市场。

同时,山东省军事工业局领导决定生产自行车,并下发文件,在山东工模具厂的基础上组建"山东自行车厂",保留山东工模具厂原厂名和军工代号。组织山东工模具厂生产自行车车架、前叉、链盒、前后挡泥瓦等零部件及烤漆、总装;组织山东前进配件厂生产自行车脚闸、大飞轮、前轴、车圈等零件及电镀;组织山东光明机器厂生产自行车中轴、大牙盘等零部件;组织山东裕华机械厂生产自行车车把、前闸和保险叉等零部件;组织山东民丰机械厂生产自行车链条、支架货架等零部件;组织山东第二机械修配厂生产自行车辐条、条帽;组织山东新华翻砂厂生产包装箱。

1980年,山东自行车厂生产出206辆金象牌自行车。1985年3月25日,经国家五部一司到山东自行车厂鉴定验收,按部颁标准进行了50项鉴定,产品完全合格,山东自行车厂达到一类企业标准,特发给生产许可证。山东自行车厂的军工技术、军工质量、军工速度令同行们赞叹不已。是年,金象牌自行车被评为山东省优质产品。山东自行车厂先后生产96万余辆金象牌自行车,为充实市场需要、提高人民生活质量作出了应有的贡献。

以上两种民品批量生产、投放市场后,受到广大人民群众的青睐和市场追捧,在那个计划经济的年代,属于凭票供应的紧俏商品,一度出现"一票难求"

的局面。

从此,山东小三线各军工企业发扬军工精神,"八仙过海、各显神通",结合本单位的特点、发挥各自优势,走上了"军转民"、二次创业的艰难之路,根据市场需求,生产出数量众多、人民群众急需的民用产品,有的民用产品还先后被评为省优、部优及国家优质产品,取得较好的社会效益和经济效益,为供应市场需求、改善人民生活作出了积极贡献。

2. 山东光明机器厂——"军转民"的排头兵

20世纪80年代,山东光明机器厂根据国家"军转民"的战略要求,与有关兄弟军工单位共同走上了艰难的二次创业之路。该厂在山东省军事工业局的统一组织下,承担了部分金象牌自行车、双喜牌缝纫机零件的生产任务。但微量产品利润根本解决不了千余职工的吃饭问题。为此,山东光明机器厂由厂长王岚同志挂帅,组织专门班子,走上了开发民品的艰难历程。王岚同志带队考察了全国各大油田,发现油田用得最多的零部件是缸套、安全阀等产品,而这些产品山东光明机器厂就能生产。回厂后,他立即组织了精兵强将研制、生产缸套,并研制、生产安全阀、打捞公锥、活动房、链条式抽油机等一系列新型产品。通过油田实验得到认证并赢得了大量订单。从此,山东光明机器厂成功地迈出了民品开发的第一步。

初战告捷,取得较好的经济效益。但光明人并未陶醉在这胜利之中,而是始终保持着清醒的头脑,密切关注着市场的变化,谋求更大、更好的民品项目。天上不会掉馅饼,机遇往往会留给那些对事业孜孜不倦的追求者。有次,厂长王岚同志外出考察民品项目。在途中,他发现一位农民驾驶着一辆自制的、用皮带传动、没有变速档位、仅几马力的三轮农用车,突然引起了他的兴趣,马上仔细观察该三轮车并与这位农民兄弟攀谈。通过互相交谈他意识到:国家改革开放以来,富裕起来的广大农民对农业机械化的渴求是强烈而且迫切的。中国是个农业大国,农村市场潜力巨大,如果山东光明机器厂立足开发生产农用车,肯定会大有作为。他向厂党政一班人提出这个想法后,马上得到大家的高度赞同。于是,山东光明机器厂以该厂四车间为主,组织了一个精干的研制小组,不分昼夜搞设计、算数据、放大样、下料,自制工装压制车厢瓦楞板,精密计算车架材料构成和承载数据,装卸焊接、反复试验,很快成功试制了第一辆三轮农用运输车。在厂区测试取得理想的效果后又生产了15辆。经反复试验证明:该型的三轮农用运输车设计合理,无论是山区的山路还是平原的泥浆土路都能适应,拉土、运肥很方便,价格合理、经济实惠,能够被广大农村人民群众所接受。为了精益求精,山东光明机器厂又从南方其他生产厂家购置了一台更为先进的三轮农用运输车样机,工程技术人员借鉴这台样机进行了创新,终于研制出我国第一台无大梁、方向盘式、四个档位的三轮农用运输车。一经推出,该款光明牌三轮农用运输车便成为农村百姓最抢手的运输工具,畅销全国各地,一度供不应求。

光明牌三轮农用运输车的生产让企业得到快速发展,全厂职工猛增至2 400余人。1980—1985年,山东光明机器厂先后开发了GM-500型柴油机动三轮车和CBD系列电动搬运车等民用机电产品,实现产值1 980万元,荣获"山东省先进企业"称号。

1986年,山东光明机器厂调整至山东省泰安市,归山东泰安市机械电子局管理;1987年在山东泰安市建新厂;1988年12月20日,该厂全建制搬迁至山东泰安;1992年,山东光明机器厂的农用车产品被列入全国首批农用车目录;1994年,山东光明机器厂研发的内燃液力机械叉车和微型电动平衡重式叉车荣获山东省科技进步一等奖。从此,企业注册"山东叉车总厂"为第二厂名。

1995年12月26日,国家经贸委批准山东光明机器厂为国家大型(二)企业;1996年7月,山东光明机器厂被中国兵器工业总公司授予"标兵单位"和"先进企业"荣誉称号,并获山东省工业企业"五十强"、山东泰安市"十大经济支柱企业"等荣誉称号;1997年,光明牌三轮农用运输车年产销量过15万辆,年销售收入逾7亿元,山东光明机器厂获"全国军工企业'军转民'排头兵"荣誉称号。

(根据山东光明机器厂原销售公司副经理张永强同志提供的资料整理)。

3. 山东鲁光化工厂发挥思想政治工作优势保证"军转民"顺利进行

山东鲁光化工厂按照山东省人民政府的要求,调整至山东省临沂地区,由地区负责调整、转产民品,进行二次创业。在严峻的形势下,该厂党政工领导班子紧密团结,坚持"两手抓、两手都要硬"的原则,面对复杂多变的市场经济,发挥思想政治工作优势,干群团结一致,战胜种种困难,保证了企业搬迁出山、重建新厂目标的实现,取得了较好的经济效益,企业连年被山东省、临沂市授予"先进企业""思想政治工作优秀企业""优秀企业党组织"等荣誉称号。

山东鲁光化工厂调整至地方后面临着诸多困难:一是职工对调整下放的政策不理解,一度出现人心思走、职工队伍思想不稳定的情况;二是没有军工生产任务,民品尚未形成生产能力,企业亏损,职工收入下降,技术骨干外流严重;三是企业搬出山区搞什么民品、资金如何筹措等一系列问题亟待解决。在严峻的形势下,山东鲁光化工厂党委认真分析面临的困难,认为机遇和困难并存,过去靠艰苦创业建小三线军工,为国防建设作出了贡献,今天还要继续发扬党的优良传统和作风,靠艰苦奋斗,一定能够在"军转民"二次创业中取得成功。经党政工领导班子多次开会研究,确定了"攒钱出山、挣钱吃饭""在调整中发展、在搬迁中搞活""搬迁不误生产、生产促进搬迁"等企业近年发展的战略目标。

在这期间,企业组成两套班子,一套抓搬迁,一套抓生产和日常工作。厂长刘庆余同志全面掌控、精心协调;党委书记吴锡平同志抓好思想政治工作,为企业发展保驾护航;党委副书记兼工会主席武善省同志发动职工积极参政议政,确保该厂战略方针的贯彻落实。"三驾马车"一个目标,全厂团结一致夺取"二次创业"的成功。

厂党委在深入细致做好党员、职工思想政治工作的同时,编写《艰苦创业传统教育材料》,对党员、职工进行教育;开展主题为"企业有困难我们怎么办?"的大讨论;要求大家继续发扬艰苦奋斗、无私奉献的三线军工精神⋯⋯这些举措多方位激发了全厂职工的工作热情和为搬出山区、建设新厂区贡献力量的积极性。

1988年,鉴于浓硝酸市场价格上扬、供不应求的局面,厂长刘庆余同志决定对浓硝酸生产线氧化工序进行扩建,将硝酸、"两钠"作为企业的主导产品。对此,全厂上下热气腾腾,涌现出忘我奋战的场面:工程技术人员为了早日拿出施工设计图自发加班加点;承担安装工作的职工昼夜奋战于生产一线;政工部门举办现场广播,宣传鼓励工作深入车间。副总工程师江淑梅同志负责此项工程的设计,她大搞节约代用,仅这一项工程就为企业节约投资24万元。她先后被中共山东省临沂地委、临沂地区行政公署授予"优秀共产党员""劳动模范"等荣誉称号。全厂职工为了早日搬迁出山,从一分钱、一个螺丝开始节约,精打细算,仅1988年一年全厂就节约资金27万元;全厂对外承揽加工、运输收入达40余万元;厂里组成安装队,先后承担起了浓硝酸、"两钠"、循环水系统、输煤系统、化学水处理、酸库、空压站等项目的安装,节约费用开支200余万元。在全厂上下的共同努力下,从1988年8月初开始施工,到10月初投产仅用了63天便完成扩建工程,比原计划提前了两个月。氧化工程将工厂浓硝酸年产量由5 000吨提高到8 000吨以上。该厂当年甩掉亏损帽子,实现利润140.47万元。

1989年年底,山东鲁光化工厂在山东省临沂市南郊建设新厂破土动工。该厂的搬迁改造工程是山东省经委批准投资6 400万元的大中型技术改造项目,完成后实现整体搬迁至城市的转移。此期间该厂有党员380余名,约占职工总数的三分之一。在生产经营中,该厂党委发挥领导核心作用,基层党支部发挥战斗堡垒作用,广大党员处处冲锋在前,发挥先锋模范带头作用,赢得了广大职工群众的赞扬。1991年冬,新厂建设转入设备和管线安装阶段,工地上有5 000余立方米的土方亟待挖掘。干部职工得知后纷纷请战,党团员组成突击队,在厂党委书记吴锡平同志的带领下,自带被褥,从山东省蒙阴赶至临沂新厂工地。突击队的队员们睡稻草地铺,不惧天寒地冻,克服种种困难,很快完成了土方挖掘任务。临沂电视台曾在新闻节目中对山东鲁光化工厂党团员突击队从蒙阴赶至临沂新厂工地挖掘土方的艰苦创业精神作了专题宣传报道。

据不完全统计,山东鲁光化工厂在调整搬迁过程中,组织职工义务劳动挖掘土方1 900立方米、装卸货物7 790吨。这种以厂为家、艰苦创业、无私奉献的精神多次受到山东省临沂地委、临沂地区行政公署领导和主管部门的表扬。

搬迁过程中企业遇到资金不足的困难,厂党委发出集资共渡难关的号召,党团员带头积极响应,全体职工群众踊跃参加。有的职工拿出准备搬到临沂新家买冰箱、彩电的钱,有的职工甚至走亲求友借款为厂集资,仅20天时间,全厂集资267万元,确保了企业搬迁工程的顺利进行。

1992年,山东鲁光化工厂在蒙阴老厂区的设备拆迁、临沂新厂区进行设备安装和试车生产的过程中,全厂职工以大局为重、服从命令听指挥,"三人工作两人干、抽出一人上前线",在短时间内,生产能力为2万吨浓硝酸生产线和6 000吨"两钠"生产线相继开车成功,生产出合格产品。

1993年1月25日,山东鲁光化工厂总投资6 700余万元的搬迁改造工程结束,全线开车投产,形成了年产2万吨浓硝酸、4 500吨亚硝酸钠、1 500吨硝酸钠、1万吨合成氨的生产能力。

仅用3年时间,山东鲁光化工厂克服了重重困难,圆满完成了搬出山区、建设了新厂,实现了"军转民"二次创业的预定目标。

厂长刘庆余同志在国家经济体制发生重大转变、企业面临生死存亡的关键时刻,思路清晰、决策正确,带领山东鲁光化工厂走出了一条成功之路,赢得各级领导和广大职工的高度赞扬。1993年春节后,在山东鲁光化工厂召开的职工代表大会上,刘庆余同志总结搬迁工作,部署出山后的工作安排,厂党委副书记兼工会主席武善省同志根据职工代表的提案,经大会一致通过,决定奖励厂长刘庆余同志现金一万元。职工奖励厂长,这在当时全国军工系统尚属首次。1993年3月27日、4月23日,《中国军工报》和《中国军转民报》分别在头版头条刊登了这一消息。该厂职代会的这一举动,不仅仅是对厂长个人工作的褒奖,也是对这届领导班子团结带领职工顽强拼搏、完成举厂搬迁、二次创业的肯定。时隔多年,许多老职工还在说:"这届领导班子风清气正、一心为公,最大的功绩之一就是将山东鲁光化工厂圆满顺利地搬迁出山,成功地实现了'军转民',功载三线军工史册。"

"革命尚未成功,同志仍须努力",这句大家耳熟能详的孙中山先生的名言,被厂长刘庆余同志作为结束语用在了他在职工代表大会报告中,他说:"搬迁出山,只是万里长征迈出的第一步,今后的路更长、任务更加艰巨繁重。市场激烈的竞争对我们是一个严峻的考验,我们不能有半点懈怠,要以战斗的姿态迎接新的考验。"

面对已取得的搬迁、投产成果,山东鲁光化工厂党政工领导班子成员始终保持清醒的头脑,广大干部职工保持着旺盛的革命斗志,以崭新的精神面貌在创业的道路上追逐新的梦!

(根据原山东鲁光化工厂党委书记武善省同志提供的材料编写)

4. 山东红光化工厂产品获省优、部优等荣誉称号

山东红光化工厂原设计规划生产梯恩梯炸药。工厂建成后尚未进行军品生产,就贯彻执行"军转民"的方针,进行二次创业。经市场调研,1981年,山东红光化工厂决定生产味精。1981年3月11日,经国务院国防工办和国家计

委批准，同意该厂将梯恩梯生产线封存待用，利用合成氨、硝酸生产线转产味精。随之，山东省经委、山东省建行和山东省军工局也分别下达文件批准该厂生产味精的实施方案。总体设计年产1 500吨，第一期工程投资391.17万元，年产味精500吨。

1982年4月，山东红光化工厂转产味精的工作正式启动，在此期间，厂党委组织全体职工打了"三个硬仗"：

第一个硬仗，味精工程的设计。原计划由山东化工设计院承担，但该院以利用旧厂房改造生产味精难度大为理由，没能承担这项设计任务。如重新安排设计单位，整个工程还需延期半年时间。该厂技术科科长郑学智同志临危受命，组织本厂工程技术人员自己设计。他们在一无经验、二无完整资料图纸的情况下，仅凭去其他味精厂考察时手工绘制的工艺流程图，结合山东红光化工厂实际，边学边干，绘制成工艺流程图、总平面设计图和施工图，不到4个月的时间，完成了全部设计。经厂组织论证并请青岛味精厂校正，基本符合标准要求。此举既缩短了工期、节约了18万元的设计费用，又锻炼培养了一批本厂的设计人才，为企业快速发展奠定了基础。

第二个硬仗，拆卸原生产线设备。厂党委进行全厂总动员，发动组织职工大会战，干部职工不讲条件、不计报酬、不分昼夜，在短时间内拆卸设备220多台，总重达450吨；磁环200余吨；管道2 500多米，总重达50余吨。

第三个硬仗，自制、改造设备，该厂机修车间和动力科的职工争分夺秒，自制设备94台，同时，还自制了高低压配电盘等，总价值超过58万元。

山东红光化工厂选派了部分生产技术骨干赴兄弟厂家进行岗位技术培训，通过学习培训，这些同志掌握了味精生产的基本知识，均达到了岗位独立操作的水平。

1983年6月，味精生产线基本建成，车间进行单机和联动负荷试车。7月26日，山东红光化工厂生产出第一批质量完全达到部颁标准的味精产品，实现了一次试车成功。

1984年3月4日至6日，山东省军工局、山东省第一轻工厅组织了20多个单位的有关人员和31名专家参加该厂召开的味精产品鉴定会，对味精生产线和味精产品进行了鉴定，与会专家一致认为：该厂生产的山菊花牌味精已达到或优于同行业水平，同意正式投产。山东红光化工厂"军转民"初战告捷，拉开了民品生产的序幕。

有了生产味精的成功经验,山东红光化工厂的职工乘胜前进,1985年,根据市场的需求,决定建设一条年产万吨啤酒的生产线,并计划在1986年7月前建成投产,向"七一"献礼。

为了保证啤酒生产线按时竣工,该厂成立了以副厂长郑学智同志为首的"啤酒工程建设指挥部"。在基建施工过程中,全厂干部职工齐参战,自己动手挖工房地基,为了赶进度、争时间,"三九"寒冬都不停施工。为确保水泥浇筑的工程质量,职工们专门购买了帆布将水泥梁进行覆盖,并在内部点燃焦炭炉以保温。在啤酒生产线建设过程中,职工一无奖金、二无加班费,每天工作都在十几个小时,甚至连节假日都没休息过。经过8个月的艰苦奋斗,建成了一条万吨啤酒生产线,节约了资金600多万元,创建了国内啤酒制造业建设史上的奇迹,得到同行和专家的高度评价。在1986年"七一"前,山东红光化工厂的啤酒生产线通过试车一次成功顺利投产,所生产的"奥波""洛神"两个品牌的啤酒分别达到国家标准和部颁标准,济南广播电台、《济南日报》等新闻媒体曾对此进行宣传报道。山东省委领导到厂视察时盛赞这是"高速高效、创新上新、开拓进取、务实求实"的济南精神。

1987年,该厂生产的山菊花牌味精被评为山东省优质产品和国家商业部优质产品;1988年底,山菊花牌味精荣获中国首届食品博览会金奖。

1988年,奥波牌啤酒被评为山东省优质产品、国家商业部优质产品称号和中国首届食品博览会金奖。

山东红光化工厂在正式生产山菊花牌味精、奥波牌啤酒的基础上,又相继建成了饲料酵母、淀粉、热力发电等配套民品项目,成为山东省济南市的大型食品生产基地,取得了较好的经济效益和社会效益。

十一、已逝的地方军工,永存的三线精神

1. 无悔无怨的军工人

山东小三线军工虽然先后搬出山沟、迁入城区,但这些军工单位中有不少无法适应市场经济的发展,逐步走向了破产。企业没了自己的主要产品,多数小三线军工人一度在工作、生活上遇到了极大困难,过去的"白雪公主"变成

了现在的"丑小鸭",心中充满困惑、迷惘、不解,这是小三线军工人最为困苦艰难的时期。为了生存,他们奔波于各地,投亲靠友,分布在社会不同层面靠打工谋生。虽然如此,他们挺起腰杆勇往直前,坚定信心,无论从事何种工作,始终保持着军工人的尊严,发扬军工的优良传统和作风,坚守做人的思想道德底线。不给军工抹黑,不给党丢脸,不给社会添乱,坚持给社会增加正能量,为人民做贡献,创造出许多可歌可泣的业绩。这些在极度困难中度过的小三线军工人,有的是领导干部,有的是共产党员,有的是普通职工,他们都负重前行、无悔无怨,那么平凡却更显伟大!他(她)们是当代工人阶级的骄傲,是三线军工人的自豪,是我们学习的榜样!

2. 部分小三线军工遗址得到保护

山东十余家小三线军工单位,自20世纪80年代开始相继"出山进城",搬迁至城区,原址移交当地,由于其中部分资产处于无人管理状态,当地有些村民便砸碎楼板卖钢筋、挖出管道卖废铁、拆卸窗户当柴烧,致使原生产工房、宿舍区建筑物和附属设施严重受损,残破现象令人叹息。

党的十八大发出美丽乡村建设的伟大号召。山东东蒙集团认真贯彻落实党的十八大精神,与当地政府签订了《岱崮地貌旅游景区保护性开发协议书》,该景区囊括原小三线军工山东民丰机械厂旧址及周边山崮。东蒙集团请上海社会科学院旅游研究中心对岱崮地貌进行了总体规划,投资数亿元,拟把它建成国内外著名的综合性风景旅游区。经多年保护性开发,景区面貌大为改观,原山东民丰机械厂的生产区、生活区得到有效保护、利用,受到各级党委和政府领导的高度评价。2016年11月28日,国家国防科技工业首席专家第八次学习交流会在北京中国航天科工三院隆重召开,国家国防科技工业局、中国国防科技工业文化交流协会授予山东岱崮地貌旅游景区的岱崮三线军工文化园"中国军工文化园"的称号,并隆重举行了"中国军工文化园"授牌仪式。岱崮三线军工文化园成为全国继江南造船厂后第二家获此殊荣的园区,这也是山东小三线军工的骄傲和光荣!

山东民丰机械厂所在地是世所罕见的岱崮地貌奇观。2019年9月6日,在第六届联合国教科文组织亚太世界地质公园大会上,正式批准沂蒙山地质公园为联合国教科文组织世界地质公园,其中岱崮园区是"沂蒙山世界地质公园"的中心景区。2020年4月20日,山东临沂大学和山东省蒙阴县政府双方共建,由山东东蒙集团在景区投资2亿元建立了山东临沂大学乡村振兴学院。沂蒙精神、三线军工精神、红色文化教育、高等文化教育在这里高度融合汇集,成了闻名中外的世外桃源。

山东新华翻砂厂(国营九三六三厂),自1977年11月整建制搬迁至山东泰安市后,该厂遗址得到山东省济南市钢城区的有效保护。2017年,钢城区人民政府规划建设了"9363军工遗址公园"为主题的国防教育基地。建成后,该处成为人们旅游、观光、接受革命传统教育的理想之地。

中共山东省委、省政府在原山东红光化工厂遗址建成"山东老战士广场",并建有"老战士历史资料陈列馆"和一座长72.6米、刻有27 262位革命老战士名字的"老战士纪念墙"。这里是山东省仅有的一处全面展示"山东兵"精神的爱国主义教育基地。2010年4月21日,来自全国各地老战士的亲属,各级党组织、政府的领导同志和各界代表,参加了由山东省老干部局举办"山东老战士广场"的落成典礼暨揭牌仪式。

同时,山东福寿园还在此筹建一座"红光军工纪念馆",馆内用大量的实物、图片、资料向世人展示当年军工战士为国无私奉献的峥嵘岁月。

当年参加小三线军工建设的老军工们,大部分已年逾古稀,但他们早已把"好人好马上三线"那段光荣历史铭刻于心,难忘三线军工情,把原工厂所在地当作自己的第二故乡。原山东光明机器厂、山东前进配件厂联谊会,分别发出在军工厂原址建"小三线军工纪念碑"的倡议,均得到军工人的广泛响应,在短时间内就收到离退休职工、家属、军工二代,甚至兄弟军工单位退休同志的捐款。终于在2018年11月3日、2019年7月13日相继在原厂遗址分别建起了军工纪念碑。刻石立碑,昭告后人,军工精神永相传。正如习近平总书记所指出的:"党员、干部要多学党史、新中国史,自觉接受红色传统教育,常学常新,不断感悟,巩固和升华理想信念。革命博物馆、纪念馆、党史馆、烈士陵园等是党和国家红色基因库。要讲好党的故事、革命的故事、根据地的故事、英雄和烈士的故事,加强革命传统教育、爱国主义教育、青少年思想道德教育,把红色基因传承好,确保红色江山永不变色。"山东小三线军工人用自己微薄的收入、集体的力量、大爱无疆的行动,又一次诠释了赤心为国、无私奉献的宽广胸襟,落实了习近平总书记的伟大号召。

3. 撰写军工故事,宣传三线军工文化

习近平总书记在党的十九大报告中指出:"文化是一个国家、一个民族的灵魂。文化兴国运兴,文化强民族强。没有高度的文化自信,没有文化的繁荣兴盛,就没有中华民族伟大复兴。要坚持中国特色社会主义文化发展道路,激发全民族文化创新创造活力,建设社会主义文化强国。""要繁荣文艺创作,坚持思想精深、艺术精湛、制作精良相统一,加强现实题材创作,不断推出讴歌党、讴歌祖国、讴歌人民、讴歌英雄的精品力作。"

山东军工人积极响应习近平总书记的号召,在习近平新时代中国特色社会主义思想指引下,纷纷拿起笔撰写昔日小三线军工的光荣历史,赓续红色文化。据不完全统计,近年来,山东小三线军工编著了以下书刊:

原山东民丰机械厂张志强等同志编著《三线军工岁月——山东民丰机械厂(9381)实录》,该书于2017年由上海大学出版社出版,被国家图书馆、山东省图书馆、山东省档案馆、国内各大学图书馆等单位收藏。

刘耀华、胡淑华、孙文祥等同志编著《沂蒙军工情》,该书于2018年由中国博学出版社出版。

李赋春、孙殿文、董怀勇等同志编著《岁月光辉——九四五厂纪事》,该书于2019年由现代文学出版社出版,被山东省图书馆、山东省档案馆、山东省史志馆收藏。

原山东光明机器厂谢少鹏同志著《小三线军工厂的难忘岁月》,该书于2015年由山东文艺出版社出版。

原山东第一机械修配厂王连成同志著《回望沂蒙》,该书于2018年由中国博学出版社出版。

原山东红光化工厂穆宝忠同志编著《红光记事》,该书于2019年由现代文学出版社出版,被国家图书馆、山东省图书馆、山东省档案馆、山东省史志馆、济南市图书馆、济南市档案馆、济南市史志馆等单位收藏。

原山东工模具厂职工庄锦华、夏兆芳、刘永贞等同志于2015年编著《山东工模具(九四二九)厂志》。

国营五〇八五厂章国宁、蒲赛恪、石生瑞等同志于2021年编著《砥砺奋进五十载》。

山东军工文化研究室在王吉德、张志强和夏兆芳三位同志的领导下,从2017年起每年编辑《军工文化研究》内部刊物,其形式新颖、内容丰富多彩,深受山东小三线军工人的喜爱。

以上著作、刊物,有的已出版发行,有的为内部资料,但它们在社会上,在军工人中都引起了强烈反响,取得了很好的社会效应。尤其是《三线军工岁月——山东民丰机械厂(9381)实录》出版发行后,引起山东唐人文化传播有限公司的极大关注,该公司唐亮同志以此为蓝本,将其改编成电影《崮上情天》,上映后社会反响热烈,获得了上级有关部门的高度评价。

4. 军工人相互关心爱护,三线军工精神永存

山东小三线军工各单位认真贯彻落实国家"军转民"的战略方针,先后搬出山沟、迁到城市新的驻地。山东小三线军工的老职工们退休后天南地北,见面机会甚少。人到暮年更加思念在小三线军工那段艰苦创业、团结协作、勇于创新、无私奉献的时光,牵挂过去朝夕相处、亲如兄弟姊妹的军工战友,很想与老同事们在有生之年多见几次面,互诉衷肠。为了圆老战友们的聚会梦,山东民丰机械厂、山东工模具厂、山东前进配件厂等单位都自发地成立了"联谊会",并推荐一批政治思想好、群众威信高、热心为群众服务、乐于奉献的同志具体负责此项工作。各单位在厂"联谊会"的组织下,举行了多次老同事联谊活动,取得了良好的效果。通过这种联谊活动,进一步增进了军工战友情,使居住在各地的小三线老军工们有了亲切的归属感。

山东民丰机械厂"联谊会"会长张志强同志工作有创意,在组织多次亲情聚会后根据老同志们的愿望,于2018年10月,成立了"山东民丰厂公益基金会",在该厂职工中开展募捐活动,得到广大职工的赞扬和支持,参与捐款者不仅有年过八十的退休老军工,还有军工二代甚至三代共200余人,首次捐款就筹集公益基金29 300元。该公益基金会对大家募捐的善款进行严格管理,制定财务制度,每年定期公布账目。2019年春节期间,公益基金会的领导及成员对山东民丰机械厂58名为三线建设作出卓越贡献的老同志及7名长年患病的老职工进行慰问,获得了社会各界的一致好评。公益基金会全体成员义务为职工服务,不谋私利的无私奉献精神赢得了全厂职工的赞扬和支持。

山东工模具厂"联谊会"在夏兆芳、刘永贞等同志的组织下,在山东全省不同范围内举办了多次亲情大聚会,编写了《山东工模具厂(九四二九)厂志》,为工厂留下了重要的历史资料。最后还成立了"山东工模具厂公益基金会",积极开展工作,得到职工的高度评价。

山东前进配件厂"联谊会"在王秀宝、王玉琪和张明泉三位同志的领导下,每逢春节除给建厂元老拜年外,还到长年患病的老职工家进行慰问,对居住在山东临沂市区去世的职工,都派员献上花圈,为其送行。会长王玉琪同志个人出资支持各车间、科室组织的亲情聚会。会长王秀宝、王玉琪两位同志都强调:"前进联谊会就是前进厂的职工之家,真诚欢迎全国各地前进人来临沂做客,只要有外地前进军工人回老厂怀旧,到山东临沂省亲者,联谊会都将热情接待,让他们有回家的感觉。"该厂军工二代王英同志还在2017年1月1日注册了公众号"前进家园",通过这种创新的方式弘扬宣传军工文化。五年来,发表了400余篇原创内容的推文,在社会上尤其是在山东小三线军工群体内影响广泛。2018年,"前进家园"报道了山东鲁光化工厂张师傅家庭生活困难的情况,短时间内山东小三线军工兄弟姐妹就为张师傅募捐善款数千元,由会长王玉琪同志代表"联谊会"交到张师傅手中。山东军工文化研究室副主任兼秘书长张志强同志也参加了善款交接仪式并捐款1 000元。此举不仅感动和温暖了张师傅一家,也在山东小三线军工系统中得到高度赞扬。山东小三线职工虽然分散在全国各地,退休后养老金不多,自己生活也不宽裕,但听闻军工战友有难,无不伸出援手为困难职工慷慨解囊,令人感动。

这些"联谊会"都是自发成立的民间组织,虽默默无闻,但起到了维护社会稳定、促进家庭和谐、传承三线军工精神、增强正能量的重要作用。

山东小三线军工是特殊年代出现的特殊产业,从1964年下半年开始筹建,到20世纪末,经历了从无到有、从小到大的辉煌,也走过了"军转民"、二次创业、涅槃重生、转移或重组的历程,圆满完成了它的历史使命,功在千秋。

遥想当年,根据党中央提出的"好人好马上三线"的伟大号召,各级政府机关、大中城市的大批优秀分子服从组织分配,奔赴山区参加小三线军工建设,头顶蓝天、脚踩荒山、只争朝夕、艰苦创业。在广大干部、职工奋力拼搏下,实现了当年设计、当年施工、当年试产、当年出产品的"四个当年"的建设目标。生产出了大批优质武器弹药，不断改善、保障了中国人民解放军和民兵的装备，提高了战斗力，为维护祖国的安全作出了贡献。山东小三线军工人在创造物质文明的同时，也造就了"艰苦创业、团结协作、勇于创新、无私奉献"的三线军工精神。这种在党和祖国需要的时候，不怕牺牲个人利益，勇往直前的精神，在新时代仍然值得传承和发扬。

山东小三线军工建设带动了驻地经济的发展和观念的转变。由于当年小三线选址遵循"靠山、隐蔽、分散"原则，所以军工企业都选在偏僻的山区，修建的公路既为小三线军工建设所用，也为当地老百姓提供了方便，使长年居住在大山里的农民兄弟姐妹有条件乘车走出大山，看到山外世界的变化，开阔了视野、转变了观念，带动了农村的经济发展。小三线军工建设从厂区架设电线，沿线为驻厂附近的农村通上了电，结束了周围农村点油灯的历史。小三线军工建设钻机井取水，为工厂周围的农村安上自来水管，彻底解决了山区农民吃水难的问题。小三线军工建设不仅从驻地招收了大批农民兄弟，也为农村积极开展农业技术升级……

山东小三线军工为社会培养、输送了大批各类人才。多年来，因工作需要，小三线军工厂向全省、市、县各级党政机关、企事业单位培养、输送了大批优秀的管理和技术人才。这些同志在新的工作岗位上"不忘初心、牢记使命"，发扬三线精神和优良传统，为社会作出了应有的贡献。

山东小三线军工建设和其他事物的发展一样，有成功的经验，也难免有一些教训。总结这些经验、教训，对今后的国防建设、经济建设和精神文明建设都是一笔宝贵的财富！

本章顾问：穆玉璋、王可志

穆玉璋，1932年3月7日生于山东省平度县明村镇辛安南村，1954年参加工作，先后在山东省公安厅、中国科学院山东分院机械动力研究所、山东省机械工业厅农业机械研究所、中国人民解放军济南军区、山东省人民政府后方建设指挥部、山东省机械工业厅第二局、中国人民解放军济南军区、山东省革命委员会国防工业办公室、山东省国防科技工业开发总公司工作。历任办事员、副科长、科长、副处长、经济师等职务。1992年5月退休。2021年10月8日因病辞世，享年90岁。

王可志，1937年6月出生于山东省青岛市。1954年于青岛国棉七厂参加工作。1960年6月加入中国共产党。1966年调入山东民丰机械厂（国营九三八一厂）工作，任党委秘书兼组织科长。1971年11月调至中国人民解放军济南军区、山东省革命委员会国防工业办公室，历任保卫处处长、教育处处长、政工处处长、机关党委书记、机关工会主席等职务。1997年8月退休。

第二章　山东小三线老军工访谈录

　　山东人民兵工从1938年诞生，经历了抗日战争、解放战争、抗美援朝以及小三线建设时期，至今已有80多年的历史了。其间，十余万兵工战士为了新中国的解放、维护国家的安全，英勇斗争、艰苦创业、无私奉献，生产出大批武器、军需物资，有力地支援了人民武装的对敌斗争，为新中国的诞生和强大立下了不朽功勋。

　　山东人民兵工在长期的革命斗争中，涌现出大批可歌可泣的英雄集体和先进个人，积累了深厚的兵工文化，他们的优良传统是党和人民的宝贵财富，我们应当赓续和发扬。写一部记载人民兵工的资料是笔者多年来的夙愿，退休后，笔者就开始整理资料、采访、创作，在山东小三线军工文化研究室领导和各位同仁的激励下，虽然受到新冠肺炎疫情的影响，还是克服了种种困难，多次到山东省档案馆、史志馆查阅资料，并采访了数百名老军工及其亲属，获取了大量原始资料。被采访的有在抗日战争时期、解放战争期间参加革命的老兵工，也有在国家20世纪60年代参加小三线军工建设的老同志，他们用亲身的经历向作者叙述了那段为党和国家艰苦创业、无私奉献的峥嵘岁月。笔者在研究这段历史的过程中，深感山东人民军工文化深厚丰富，拙作的内容只不过是冰山一角，更何况这些亲历者年龄越来越大，挖掘更增加了困难。所以，"一万年太久，只争朝夕"，加速挖掘这段历史是我们每位军工文化研究人员义不容辞的职责。现将部分对老军工的采访进行整理，旨在为社会、为子孙后代留下珍贵的爱国主义教育资料，铭记这段多少山东军工人为此付出的青春岁月。

一、为小三线建设以身殉职的上校——向禹

向禹

向禹同志是山东省泰安北集坡镇窦家村人,少年时期便投身革命,1969年任中国人民解放军济南军区、山东省革命委员会国防工办副主任。无论在抗日战争、解放战争年代,还是抗美援朝时期,他总是身先士卒、冲锋在前、骁勇善战、屡立战功、充满传奇经历。新中国成立后,抱着残疾的身躯,为加强人民军队正规化建设方面做了大量的工作。

20世纪60年代,为贯彻落实毛主席"三线建设要抓紧"的伟大号召,向禹同志先后担任山东省军区国防工办主任,济南军区、山东省革命委员会国防工办常务副主任,全身心投入山东小三线军工建设,忘我工作、积劳成疾,因心脏病突发而不幸离世。他用实际行动展现了一位革命军人"生命不息、战斗不止"的光辉形象!

1. 参加小三线建设,谋长远发展战略

1964年,鉴于严峻的国内外形势,毛主席发出"三线建设要抓紧"的伟大号召,全国上下展开了轰轰烈烈的三线建设。1969年初,由于形势的变化,山东省小三线军工建设改由济南军区负责,济南军区任命向禹同志为国防工办常务副主任。

上任伊始,他根据首长的安排和工作需要从济南军区遴选了数十名政治素质过硬、业务水平高的军官充实到新建的国防工办各局、部,在组织建设方面做了大量的工作。

当时的国防工办由于办公楼面积小、人员多,无法正常工作。家属宿舍更是少得可怜,这是机关面临的首要矛盾。他请示成少甫副司令员、王一民主任盖一座简易办公楼和三座能安置五十余户的简易家属宿舍楼。经批准后即组织有关人员施工。军人的工作作风历来是雷厉风行,基建施工也不例外,不到一年时间,简易办公楼和简易家属宿舍楼就拔地而起提前竣工交付使用,解决

了机关的办公拥挤和随军家属住宿的后顾之忧,使机关干部能脚踏实地安心工作。

山东小三线各单位的形势不容乐观,"文化大革命"对国防军工生产造成极大影响,长期下去,后果难以想象。对此,向禹认为首先要抓好各单位的基础工作,便向成少甫副司令员、王一民主任提出"抓基础、稳大局、保证完成军工任务"的建议,与两位首长的想法不谋而合。据此,他们分系统召开会议,要求山东小三线各军工系统要统一思想、稳定大局,机关干部要经常深入基层指导工作,保证国防军工生产顺利进行。经过几个月的努力,山东小三线各军工系统的局面大有好转,军工产品均能够按时完成。

鉴于山东的电子行业方兴未艾、航空造船行业亟待发展的状况,向禹多次与国防工办的领导研究电子工业和航空造船行业的战略发展规划,在他的积极努力下,山东国防工业有了较大发展,取得了较好的社会效益和经济效益。许多老同志回忆往昔,都认为那些年是山东国防工业发展的辉煌时期,向禹副主任功不可没。

向禹副主任重视国防事业的发展壮大,他慧眼识人,爱才惜才,团结部属,与各部、局的领导,如杨崇富、孟庆华、李荫栋、赵宗岐、陈泰东等同志团结合作,调动他们的工作积极性,发挥他们的长处,做到了人尽其才。他对基层干部要求十分严格,但也理解基层干部的艰辛,只要不违背党的方针政策、不违背组织原则,对基层干部提出的合理要求,基本都予以满足,各单位领导都愿与他说知心话,从内心尊重这位兄长般的领导。

他经常到各军工单位检查指导工作,深入车间班组一线与工人促膝谈心,征求意见。大家想不到这位高级干部竟没有一点架子,普通得像一位老工人,都对他格外尊敬。

2. 坚持党的政策,对干部关心爱护

向禹副主任不仅日夜操劳谋划着山东国防军工的发展大业,对身边干部的困难也关怀备至。国防工办机关食堂的管理员傅君臣把食堂管理得井井有条,工作非常出色,其父母均在烟台老家,年老多病无人照看,他又在济南工作,无法忠孝两全。家中老人如此状况,他难免整日愁眉不展,唉声叹气。向禹副主任得知此事后,很是同情,嘉其孝心,同意他调回老家工作。在向禹副主任的帮助下,傅君臣调至烟(烟台)威(威海)警备区招待所任食堂管理员。机关干部们闻知后,无不对向禹这充满浓浓人情味的决定给予赞许。

由于向禹战友多、人品好,经常有亲友前来向他求助。对此,他从来都是慷慨解囊,毫不吝惜。那个年代不允许公款招待,尽管他的经济并不宽裕,但只要亲友来访,他都自掏腰包安排其吃住。有的老战友求他办事,只要是符合国家政策的,他都尽力而为。只要这些请求有丝毫违规,他都一概拒绝,不留私情。用他的话说:"共产党的干部是为广大人民群众谋利益,不是为个人捞好处的。"平时他一日三餐粗茶淡饭,始终保持着革命战争年代艰苦朴素的生活作风。

几十年来,无论是在抗日战争、解放战争、抗美援朝的战争年代,还是在社会主义建设的和平时期,他就像一头不知疲倦的老黄牛,日以继夜,超负荷为党工作,身体严重超支,并患有心脏病、肾炎等多种疾病。20世纪六七十年代,我国的医疗水平较以前有了较大提高,他经过全面检查,发现身体内还有多处弹片,其中在左肾内还有一块,严重影响着他的身体健康,但他从来不在乎,依然是那么乐观,积极工作。1974年9月8日,向禹同志突发心脏病,虽及时抢救但还是医治无效,终年50岁。这位战争年代的英雄、小三线建设的功臣,用自己一生的实际行动做到了对党和人民鞠躬尽瘁、死而后已!

(资料来源:2017年5月向禹同志之子向东、穆玉璋老人的采访记录)

二、山东小三线建设的先锋——杨崇富

杨崇富

杨崇富同志是位抗日战争时期就参加八路军的老革命,出身贫寒,自幼没有机会上学读书,参加革命后在部队这所大学校里学会了识字、打仗。从当班长、排长、侦察连长起一直到团长,先是侦察兵,后当工程兵,打山洞、盖营房都是内行。1964年,因建设小三线军工的需要,时任中国人民解放军济南军区工程兵基建处长的杨崇富被抽调至后方建设指挥部,负责山东小三线军工厂的选址、建厂工作。他中等身材、身体健壮、性格乐观爽快、胸襟坦荡、工作雷

厉风行,在山东小三线建设中立下了不可磨灭的功勋。

1. 选址建厂,身先士卒

自1964年后方建设指挥部筹备开建第一个小三线军工厂——山东第一机械修配厂以来,杨崇富便是后方建设指挥部里最忙的领导之一。由于他负责选厂址及基建工作,成了去基层各小三线军工单位次数最多的领导。

选定厂址是建厂过程中最重要的一环。按照上级将山东小三线大本营建在沂蒙、泰莱山区的决定,这位建小三线军工厂的先锋即率领后方建设指挥部的同志及有关专家,昼夜兼程、风餐露宿,穿梭于沂蒙、泰莱山区,白天钻山沟,根据"靠山、隐蔽、分散"的原则,考察地形地貌。一日三餐经常是吃了上顿顾不了下顿。晚上开会商讨遇到的问题、查看地图、确定第二天的行动方案,每每到了深夜才休息。那时山区交通条件有限,汽车开到山沟就没路了,常常将车停在路边,大家背着行军包钻进了山沟,直到天黑才拖着疲倦的身体回到停车的地方。往往是选一个厂址要先后勘察数次才能大致确定。在当时,他的那辆吉普车轮胎换得最勤、维修最频繁、司机也最辛苦。

虽然当时已年近五旬,侦察兵出身的他无论爬山还是钻山沟,从不甘落后,都是身先士卒,走在队伍的最前面。地面勘察确定厂址大体方位后,杨崇富还陪同杨国夫副司令员、李春之副主任等领导及专家乘飞机从空中进行勘察,观察是否符合防空要求。

小三线军工厂开始建厂,杨崇富就更忙了。他领导山东第一机械修配厂筹建小组的同志日夜奋战在现场,直到工厂建设基本竣工他才暂时得到休整。但往往不等到这个厂建成,另一个工厂又要开始选址建设。他就这样长年累月奔波在沂蒙山区和泰莱山区。山东小三线军工十几个单位的选址、建厂都是他亲自抓、亲自跑、亲自带头干,踏实的工作作风成为山东小三线军工建设学习的榜样。

2. 面向基层,服务小三线军工

杨崇富无论在后方建设指挥部任处长还是在国防工办任军工局局长,只要基层单位需要,就立即赶赴现场,为基层单位分忧解难。

1972年,国防工办接到山东红旗机械厂告急电话:厂在基建施工过程中,当地村民提出希望工厂为村里铺设一条灌溉渠道,厂方因基建工程紧张一时无力满足此要求,部分情绪激动的村民来到工厂建设工地阻止施工,职工和村民双方僵持不下,这样下去,将直接影响军工生产。杨崇富接到电话后便立刻动身解决,他先赶至沂源县政府,该县副县长是位老革命,党性原则强,一听情况介绍后立即与他连夜来到施工工地,现场召开党员干部会议,他与老县长一起苦口婆心地向村民解释,整整一夜的说服,情绪激动的村民得到了安抚,铺设灌溉渠道的问题经双方协商得到圆满解决。

杨崇富是1964年山东开展小三线建设初创时期的参与者之一。十余年来,他为了军工建设身先士卒、冲锋在前,他把晚年的余晖全都撒在了山东小三线军工的大地上,一直到1975年6月离职休养,才恋恋不舍地告别了山东小三线军工。

(资料来源:2017年7月穆玉璋的采访记录)

三、为人师表的厂领导——刘吉乾

刘吉乾

刘吉乾同志原名解秉满,抗日战争参加革命期间改名刘吉乾,他是山东红光化工厂(国营五八〇五厂)建厂以来的第一任厂领导,也是第一位党政一肩挑的领导,从1971年下半年调入开始筹建至1976上半年因工作需要调至山东省军事工业局任副局长,五年来,他带领全厂职工艰苦创业、奋力拼搏,基本完成了厂的基建施工任务,为企业的发展奠定了坚实的物质基础。忆往昔峥嵘岁月,他的一生充满了传奇色彩,无论是在革命战争年代,还是在社会主义建设时期,他用实际行动书写了一位共产党员的辉煌人生。

1.搞建设、建企业,经济战线捷报传

新中国成立后,山东省委组织部调刘吉乾赴省委党校学习深造。两年多的脱产学习,使他的文化水平有了很大提高。学习结束后,在山东省委工业部任巡视员之职。1958年,山东省为了加快农业发展,决定在济南新建一座大型化肥厂。这是山东省第一家国营氮肥企业,任命刘吉乾为厂长。1967年,山东省决定建山东鲁南化肥厂,因刘吉乾领导有方,又调刘吉乾任建厂总指挥职务。在刘吉乾指挥和协调下,不到3年的时间便建成山东鲁南化肥厂。山东鲁南化肥厂当年一次试车投产成功,赢得了上级领导和广大职工的好评。

2. 响应党的号召,建设小三线军工

1971年,国家决定在全国部署新建一批三线军工企业。国家计委下达文件,决定在山东省各建一座由国务院第五机械工业部归口管理的年产万吨梯恩梯的炸药厂和由国务院燃料化工部归口管理的为梯恩梯配套的浓硝酸厂。确定梯恩梯炸药厂的厂名为山东立新化工厂(国营五八〇五厂);确定浓硝酸厂的厂名为山东红光化工厂。经第五机械工业部、中国人民解放军济南军区、山东省革命委员会国防工业办公室及济南军区副司令员成少甫等领导历时数月的考察、论证、选点,最后这两个厂的厂址定点在长清、平阴、肥城三县的交界处。

新建工厂,首先要配好领导班子。山东省按照"好人好马上三线"的要求,由军代表牵头,从全省化工企业选调最优秀的领导干部到红光化工厂任职,于是刘吉乾成了该厂厂长的不二人选。1971年11月26日,由国防工办党委下达文件,决定中共立新、红光工程指挥部(临时)委员会由毕树清、岳彩岂、刘吉乾、崔继闵、张福浸、甄广福、刘春梅7位同志组成。毕树清同志任第一书记。岳彩岂同志任第二书记。刘吉乾、崔继闵同志任副书记。在1971年11月26日,山东省国防工办又下达文件,决定毕树清同志为指挥,岳彩岂同志为政治委员,刘吉乾、崔继闵、张福浸、甄广福、刘春梅、孙树芝、贡林瑞7位同志为副指挥。严超同志、冯翠善同志为副政委。工地指挥部党政机构健全,两个厂齐头并进、分头建厂,经过8个月的实践大家都深切感到两个近在咫尺的厂分建,给当前施工和今后生产、生活带来诸多不便,于是向上级请求合并。经国家第五机械工业部、燃料化工部批准,两厂于1972年6月底正式合并,合并后的厂名为山东红光化工厂,军工代号仍是国营五八〇五厂。同时,中共国防工办党委下达文件批复中共红光五八0五工地指挥部(临时)委员会常委由毕树清、岳彩岂、刘吉乾、崔继闵、冯翠善5位同志组成。刘吉乾、冯翠善两位同志都是老革命,行政级别在当时山东小三线军工厂各级干部中也是最高的。

从此,山东红光化工厂的建厂工作进入一个新时期。

建厂初期的工作、生活是极其艰苦的。那时的工厂一无宿舍、二无厂房,有的只是头顶的蓝天和脚下的荒山。这些从祖国四面八方奉调而来的创业者们,住在距厂最近的孝里公社龙泉官庄。这个数百户的山区村庄,一下子来了这么多干部职工,住房都困难。那时的领导从不搞特殊化,吃的是"大锅饭",喝水自己去井里挑。刘吉乾虽是高级干部,也丝毫没有特殊待遇,与职工们一道在临时搭起的棚子里排队打饭。他临来厂时,妻子王武华知道建厂时期条件艰苦,特意给他买了一个铝合金小饭锅和一个煤油炉,带着一些挂面,叮嘱其晚上加班饿了时自己煮点面条充饥。尽管妻子叮嘱再三,但他却经常忘记,忙起来顾不上自己的生活。

建厂伊始,长清、平阴、肥城三地按山东省政府要求,派出5 000余名民工支援三线军工建设。刘吉乾有建济南化肥厂、山东鲁南化肥厂的经验,有指挥大兵团作业的能力,排兵布阵有条不紊,交叉施工,忙而不乱。2年下来,厂区基本实现了"三通一平",即水通、电通、路通,厂区现场平整,建成东山区、北山区、南山区三个片区的平房和家属宿舍、单身宿舍。

化工厂的建设不同于机械加工厂,梯恩梯药厂的特点是管道多、储罐多,地下管道占很大比例,给施工造成较大困难。

为了突击建设施工,工厂的干部职工很少有公休日、节假日,在没有任何加班费和补贴的情况下,毫无怨言不分昼夜地苦干。1974年夏,为了在山顶建一座供全厂用水的3 000立方米的高位水池,时间紧、任务重,当时往山上运沙子、石子、水泥全靠人背肩扛。刘吉乾动员全厂职工一起向山上运送施工材料。那年的夏天特别热,人一活动就浑身冒汗。清早大家来到施工现场,身为厂长的刘吉乾现场动员,他往前一站,用洪亮的声音喊道:"同志们!有命不革命,要命有啥用?跟我上。"说完,这位年近六旬的高级干部脱下外衣,扛起沙袋大步往山上走去。全厂职工目睹此情此景,无不热血沸腾,不甘落后,纷纷扛起沙袋、石料袋等材料争先恐后奔向山顶。就这样,在全厂职工和建筑队的共同努力下,高位水池的施工任务提前完成了。

刘吉乾白天现场监督施工进度,晚上开会解决施工中的问题。职工们看在眼里,疼在心中,都劝厂长悠着点,别累坏了身体,可谁也劝不住他。当他听说成品仓库防爆墙施工不能如期完成任务时,立即下令从机关及各车间抽调大部人员去施工现场抬土筐筑防爆墙,他带头与年轻人一起抬土筐。中午炊事班送饭到施工现场,他和大家一起在现场就餐,稍事休息后又继续干。就这样,带领大家连续干了二十余天,终于如期完成了预定任务。

工厂为了按时完成基建施工任务,即使"三九"寒天也不停工。在对三车间地面做防酸防腐处理的过程中,正值"三九",为了抢时间,职工们在工房内架起炉子边为建材保暖边进行施工。就这样,到1974年年终,山东红光化工厂的基建施工基本完成,但有些设备尚未进厂。眼看着山东省其他军工厂都是实现了当年设计、当年施工、当年试产、当年出产品的"四个当年"的建设目标。而山东红光化工厂建了三年还没完成设备安装的任务,急得刘吉乾坐卧不宁。在1974年下半年一次中层干部会上,刘吉乾要求全厂各部门齐心协力,保证明年"五一"前投产。话音刚落,技术科长李克勤同志站起来说:"刘厂长的心情可以理解,但明年'五一'前完成设备安装,进行正常生产是办不到的。"刘吉乾一听就火了,桌子拍得啪啪响,高声说:"无论多难都要按时完成,没有余地可讲。"说完头也不回离席而去。这些中层干部你看看我,我瞧瞧你,都愣了。副厂长孙学信请李克勤同志把无法如期进行生产的理由向大家说清。这位在20世纪50年代初曾经留学苏联的专家,是国内梯恩梯生产的技术权威,办事实事求是,从来不说假话,他解释道:"我们厂虽已按时完成了基建施工任务,但设备尚未到齐,现在主要问题是制作生产梯恩梯的设备还没有落实,有些铸件的规格上级有关设计部门尚未确定,致使铸造厂没法加工。再说制造设备的不锈钢板至今还没着落。因为国内生产的不锈钢板达不到标准,需从国外进口,而国外目前对我们控制得很严,国家外贸部门至今也没采购到。没有设备我们怎么生产?我们也是干着急,但确实无能为力。"全体中层干部听后明白了事情的原因,心情都很沉重。事后,孙学信与刘吉乾交流了此事,其实刘吉乾对这事也很清楚,他心中不满上级有关部门的工作,致使我厂无法按时投产,自己经常憋气窝火,这次开会没控制好情绪发了脾气,他不仅不责怪李克勤同志当面直言,还佩服他坚持原则。后来他专门向李克勤同志表达歉意,两位同志互相理解、握手言和,又投入到生产设备的工作讨论,其实他们都有海一样的胸襟,根本没把工作中的争议当回事。

刘吉乾在任何时候、任何情况下对自己要求都十分严格,对单位和个人的宴请一律不参加,一律不收礼,绝不占公家便宜。他常说:"吃人家的嘴短,拿人家的手短。共产党的干部在这些问题上把持不住,就会丧失原则,被资产阶级的糖衣炮弹打中。"他一身正气,两袖清风,是干部和职工的楷模。

1974年冬,他在沂源参加山东省第二机械工业局召开的各军工单位负责人会议。其间,该县鲍县长闻知老战友刘吉乾到来,就到会议驻地拜访,顺便带来两筐本地产的苹果让人搬到刘吉乾住的房间。刘吉乾见到老战友非常高兴,两人畅谈良久,送走老战友回房间后才发现苹果,急问是谁送来的,得知是鲍县长后,他很不高兴,马上打电话请鲍县长将苹果拉回去,鲍县长再三解释,但刘吉乾态度坚决。无奈,鲍县长又回到他的住处,劝其留下几个尝尝。刘吉乾表示一个也不留,全部退回。

他对自己的要求从来都是那么严格,可对下属却是慷慨大方的。他经常因公去济南开会办事,每次外出,搭他顺风车的干部也不少,每到吃饭时,他都是主动掏钱交给司机孙文法同志,拜托他张罗着买饭,钱若不够,回来再补。那个年代大家工资普遍比较低,生活消费也低,出差补贴每位每天仅五角钱。三五个人吃顿饭的花费还是不少的,但刘吉乾每次乐意请大家吃饭。

他政策水平高、演讲能力强,极少让秘书给他写发言稿,开全厂职工大会也只拿一纸提纲,在台上侃侃而谈,旁征博引,理论联系实际,思路清晰,逻辑性强,职工们都愿意听他讲话。

根据工作需要,省领导决定任命刘吉乾为山东省军事工业局副局长。消息传开,全厂为之震动。尽管此决定是上级领导对他的提拔重用,也是对他多年工作的肯定,但全厂职工从感情上都舍不得这位德高望重的老领导。其实,刘吉乾又何尝不是如此,他也不想离开这些患难与共的小三线军工战友,这么多年来与大家同甘共苦、风雨同舟,彼此结下了深厚的军工情。无情并非真豪杰,夜深人静之时,他独自徘徊在厂区,触景生情,潸然泪下。但是军令如山,由不得自己,只得恋恋不舍地与职工们道别。

虽然他离开了红光厂,但在其任军工局副局长期间还多次来厂检查指导工作,对厂的发展作出许多重要指示。每次来厂他还是那个样子,到食堂与职工有说有笑排队买饭。在职工心目中无论他职务多高,他都是把自己当作普通的一员。

在山东省军工局任职期间,刘吉乾担负着全省小三线军工的领导责任,他在山东省人民政府的领导下,紧密团结局机关干部,积极为基层服务,做了大量工作,赢得了山东小三线军工系统各级领导的好评。

(资料来源:2017年10月刘吉乾的夫人王武华、其子解毅同志的采访记录,原山东红光化工厂司机孙文法同志提供的材料及笔者的亲身经历)

四、为军工事业奋斗终生——成安之

1. 挑重担奋力拼搏,求发展不遗余力

成安之同志是位解放战争期间在山东滨海军区参加革命的老军工,因为在军工工作中成绩突出,1956年在北京出席先代会,受到党和国家领导集体接见并合影留念。根据工作需要,1976年2月,成安之同志从国营七三二厂调至山东新华翻砂厂,历任革委会副主任、党委副书记、厂长等职务。他任职期间,坚决贯彻执行党的方针政策,带领干部职工奋力拼搏,使山东新华翻砂厂有了重大变化。

成安之同志调至山东新华翻砂厂时,正逢我国大部地区闹地震,沂蒙山区虽不在地震中心地带,但也受到较大影响。他组织职工搭建防震棚,采取积极措施加强预防。新华厂厂

成安之

区分散,家属宿舍也不集中,最远的相距十余公里。他关心群众的安危,经常夜间步行到各个宿舍区检查防震情况,使职工家属深受感动。由于该厂地处沂源、新泰、莱芜三县交界,平时职工生活比较艰苦,春节期间为了改善职工生活,成安之派人四处联系副食品的采购,忙得不可开交。就在春节前几天的夜间,几位厂级领导去各车间检查安全生产,当下半夜查到一个车间时,有些职工围着领导询问:"快过年了,也不给供应点生活副食品,大家怎么过年?"厂党委书记对职工们说:"大家有所不知,今晚安全检查是成厂长组织的,刚才他还在,为什么现在见不到他了呢?因为他现在正带着两辆大汽车跑在去日照的路上呢!为了让大家过个好年,成厂长费尽心思,从日照联系到大批的鱼肉蔬菜,保证让大家过个好年!"书记的话音刚落,车间里响起了雷鸣般的掌声,

职工的工作积极性更高涨了。第二天晚上，双眼布满血丝的成安之拖着疲惫的身躯带领满载生活副食品的两辆汽车顺利归来。春节期间，当大家享用着饭桌上丰盛的美餐时，无不对成厂长表示由衷地感激。

平时，为了保证职工家属的正常生活，厂里每个星期至少出动三辆汽车去临沂运输生活副食品，由于路途远，有些蔬菜运回厂就难保新鲜，受气候等因素影响，有时候还没法保证正常供应。为此，成安之决定就近联系副食品供应基地。经与地方协商，本着互惠互利的原则，在就近的新泰县建立了副食品供应基地，不仅降低了运输成本，还保证了职工们能吃上新鲜蔬菜。

为了提高职工的生活水平，他还在厂区内建了一座冷库，新华厂成了为改善职工生活最早建冷库的单位。

新华厂有一条十余公里长的厂区公路，由于建厂初期就是沙土路面，人来车往晴天一身土、雨天两脚泥，职工上下班很不便利，成安之多番考察后决定重修这条公路。经与多方联系，各项工作准备就绪，计划修新公路的地基用地瓜石铺底，铺成单车道的宽度。刚施工时，有位职工向他提出这样的路面太窄，若夏天雨季山水冲下，路就有被冲毁的危险，修路是百年大计，不妨多花点钱把它修好。成安之觉得很有道理，迅即修改了原设计，不仅加宽路面为双车道，而且还把有些易受洪水冲击的地方做了基础加固。不长时间，这条小三线军工厂厂区最宽、质量最好的柏油马路便竣工通车。时至今日，它还完好如初地继续使用着。当大家走在这条公路上时，有谁还能记得当初成安之厂长为修公路付出的心血呢？

企业的工作琐碎而又具体，成安之从不眉毛胡子一把抓，他胸有全局，善于发现和抓主要矛盾。平时，他不坐办公室听汇报下指令，而是深入车间、班组了解情况，掌握第一手资料。在铸造车间，他发现由于铸造工艺落后，管理松懈等原因，所铸造的军品合格率不足60%，废品率高，严重影响了工厂的经济效益。该车间主任是位老同志，工作粗心、得过且过、缺乏责任心。成安之找他谈话，请他尽快制定具体措施解决废品率高的问题，但他根本没当回事，依然我行我素，继续凭自己的经验组织生产，还扬言："我是老军工了，厂长能奈我何？"第二天上班后，他照样坐在办公室抽烟、喝茶、看报纸。成安之认为：各级领导干部是群众的带头人，应成为带领群众开拓进取、完成任务的模范，而不应该"当一天和尚撞一天钟"，更不应该当阻碍生产发展的"绊脚石",此风不刹,如何树正气?如何提高军品质量?如何保障生产秩序?他一面与其他厂领导统一意见,写出报告向军工局领导请示,一面继续找这位车间主任谈话,提出批评,限期整改。谁知这位车间主任不仅不听劝,还态度蛮横。对此,成安之当即宣布免除其中层干部职务,调离工作。他还不服气,专门到省军工局提出申诉,结果受到局领导的严肃批评。

此事在全厂干部职工队伍中引起很大的震动。铸造车间在新的领导带领下,发动群众出主意、想办法,通过技术革新,改进了铸造方法,将过去使用的湿模铸造法改为干模铸造法,使军品合格率大大提高,降低了成本,提高了工厂的经济效益。

成安之作为一位国营小三线军工企业的领导,手中掌握着一定的自主权,但他从不用这种权力为己谋私利,他一身正气、两袖清风,不占公家和他人半点便宜。他为兄弟单位和职工办了那么多的好事,给他送礼的很多,他一概婉言谢绝。其子成欣准备结婚,请他帮忙批点木材做几件家具,他都婉言拒绝。

他历来严格要求自己,在厂区检查工作走一圈往返十余公里,他都是靠双腿步行走。经常半夜三更才回家,腿都跑肿了,妻子于可训见了心疼,劝他少跑点路,到车间去检查工作,不坐汽车骑辆自行车也行,他根本不听。无奈,妻子只得等他半夜回来用中药为其泡脚消肿。有次夜间天降大雨,成安之下半夜还没到家,于可训实在不放心,半夜打电话给办公室主任:"老成出差了吗?为什么现在还没回家?"办公室主任忙解释厂长没出差,估计他又去车间检查工作了。随即召集办公室几位年轻人打着手电四处寻找,找了好长时间,找到104车间周围,发现瓜棚里的灯还亮着,并传出说话声,大家前去询问时发现成安之正在瓜棚里与看瓜老农聊天。原来当晚突降大雨,他没带雨具,就在这瓜棚里避雨,大家虚惊一场。瓜农听说与自己说话的竟是厂长,感叹不已,连连称赞:"共产党的干部就是好,没有一点官架子。"从此,两人便成了好朋友。

他常年深入各车间检查指导工作,不论环境如何变化从不间断。1979年3月上旬,气候突变,老天先是下雨,随之又降暴雪,房檐下挂满了冰溜子,公路成了溜冰场,职工们又见他脚缠着草绳、拄着棍子,到各车间检查安全生产情况,无不深感敬佩。

在他的带领下,工厂各方面有了很大变化,生产年年提前完成任务,经济效益大增。

他关心群众生活,心中时刻装着群众,职工家属有心里话都愿与他讲,有困难都愿请他帮助解决。他有超凡的记忆力,全厂近两千名职工,他绝大多数都能叫出姓名,厂里哪位职工有特长,也记得清清楚楚。职工的困难他都记在心上,只要不违背原则、政策,有条件就给予解决。20世纪70年代末,因工厂经济效益大幅提高,山东省军工局领导拟为该厂领导配发一辆小轿车以资鼓励。成安之得知后连忙说:"配小轿车的事先别忙,如果领导想对我们进行鼓励的话,拨点钱让我们把医院扩建一下,先解决职工看病难的问题。"军工局领导认为他的想法很好,拨款将厂医院进行了扩建,彻底解决了职工家属看病难的问题。

2. 谋全局尽心竭力,为军工奉献一生

1981年元月,成安之同志根据工作需要,先后被任命为山东省军工局副局长、国防工办副主任(主持工作)。此间正是小三线军工厂面临"军转民"、职工面临下岗的最困难的时期。他临危受命,竭尽全力,按照政府有关政策,做好稳定工作,在军工岗位上奉献了自己的一生。

成安之同志就任山东省军工局副局长期间,正值党的十一届三中全会召开,国家根据形势的发展对军工生产做了调整。之后,军工系统普遍出现了生产任务不足,经济严重滑坡的现象。成安之同志根据国家政策要求,想办法、出主意,帮助军工企业找出路,做好小三线军工厂的"军转民"工作。他在与各厂领导的调研中,发现缝纫机、自行车等民用物品在国内市场较为紧缺,而对于军工系统的设备和技术及人员素质而言,生产这些绰绰有余。于是便与政府有关部门申请军工企业转产这些民品。经批准后,山东第一机械修配厂、山东工模具厂等几个单位很快联合生产出双喜牌缝纫机、金象牌自行车。但市场竞争激烈,这些民品由于种种原因先后出现了滞销。军工企业路在何方?职工、家属何去何从?这是成安之当下无法回避的重大现实问题。经反复研究,上级决定将山东小三线军工企业逐步交给地方政府管理。成安之随即与各地方政府积极联系,与地方政府一道寻求军工企业的出路。

成安之"不忘初心、牢记使命",在机关工作期间,经常深入基层,去各军工单位检查指导工作,他作风深入细致,检查工作的方式也很有个性,去单位时,不是先去办公楼找领导、听汇报,而是直奔生产现场了解情况,掌握第一手资料。因为他出身基层,懂生产、善管理、有着丰富的基层经验,生产现场管理

中存在着的问题，他都能及时发现并提出改进意见。所以，有些厂领导对他都有敬畏之心，工作中的疏漏绝对不敢对他隐瞒。

他任军工局副局长期间，老单位有些老同事顺便来看望他，他都是自费盛情款待，从不用公款请客，经常入不敷出。无奈，家中常腌一缸咸菜，没钱的时候就吃咸菜度日。妻子于可训经常埋怨："大人苦点还好说，连孩子也跟着你受委屈。"他总是说："老同事数百里之外来看望咱们，情分难得，招待他们吃顿好的是应该的。"他始终与企业职工保持着亲密联系。这种干群关系，现在想来，实在难能可贵。

20世纪90年代初，成安之任省国防工办副主任（主持工作），上任伊始，他就面临国防工办机关人员被精简、机关办公楼部分楼层被划给其他单位的严峻局面。一时间，机关人员人心惶惶。面对这种情况，他壮志难酬，心中很是郁闷。中午刚下班回到家，电话铃就急促地响了起来，只听见他说："省长好！我刚下班，工作刚与前任交接完毕……省长，属下有个建议不知当讲否？还是下个文件把我免了吧，我刚上任就让其他厅局来瓜分国防工办的办公楼，机关人员又要精简，现在机关人心不稳，我没法向大家交代，还不如痛快点把我免了吧。再说下放到地方的那些军工厂没有军品生产任务，职工们基本生活难以维持……好！谢谢省长的关注，等见面再向您汇报。"

后来经他多方面努力，抽调本机关部分干部成立了"山东省国防科技工业开发总公司"，对机关人员进行了分流。机关办公楼也得到了保留，使机关干部、职工思想趋于稳定。

他在其位、谋其政。虽身处山东小三线军工高级领导职务，但难忘沂蒙、泰莱山区的军工战士，时刻牵挂着这些患难与共的军工兄弟。虽前任领导已将这些军工企业移交地方管理，但他了解这些企业的困境，思虑再三，与省里领导及有关部门协商，拟分两批将下放地方的山东第一机械修配厂、山东第二机械修配厂、山东民丰机械厂等8家单位收回省国防工办领导。为此，省国防工办与省经委组成专门领导班子，深入这些单位征求意见，但最终由于难于统一，未能达成共识，此事成为他的终生遗憾！

1993年，早已"超期服役"的成安之恋恋不舍地离开了他为之奋斗了一生的军工事业，离退休养，安度晚年，于2016年3月18日与世长辞，享年86岁。

（资料来源：2019年1月成安之之子成欣等的采访记录）

五、小三线二次创业的领头人——张燃

张燃

1977年年底,张燃同志奉山东省军事工业局党委之命,从山东民丰机械厂(国营九三八一厂)调至山东红光化工厂任党委书记。山东红光化工厂是1971年由国家第五机械工业部和省国防工办在山东境内建的最后一个小三线军工单位。因为建厂晚等种种原因,至张燃调入时还没全部建成,尽管厂的前部分已开始生产合成氨,但后部分梯恩梯军品生产线依然没有完全竣工。张燃这届领导班子担负着继续抓好前部分的生产,巩固已取得的成果,尽快将后部分建成并试车投产,生产出军品梯恩梯的艰巨任务。

张燃同志上任时间不长,国内外形势发生了很大变化,上级明确了"调整、改革、整顿、提高"的八字方针,国内一批军工被列入停缓建单位,红光化工厂也是其中之一。面对突如其来的重大历史转折,这位经过战火硝烟考验的老战士,猝然临之而不惊,坚守阵地,稳定大局,带领党委一班人独辟蹊径,走出困境,成功地闯出了一条适合红光化工厂"军转民"之路。

1. 稳定思想 发展生产

张燃调入山东红光化工厂之前,职工们对他并不了解。只听有人说他1922年出生于江苏省淮安市一户贫苦农民家中,1941年参加新四军,1944年加入中国共产党,1947年南征北战来到山东。济南解放后,人民解放军接收了国民党政府的银行,组织决定他参与接管银行的工作,从此成为人民解放军自己培养的第一代金融经济管理人才。新中国成立后,张燃便一直在银行系统担任领导工作。20世纪60年代初,山东省根据国家要求,在沂蒙山区开始建设小三线军工厂,要求各地"好人好马上三线"。于是张燃同志由青岛市人民银行调至小三线军工厂——山东民丰机械厂任党委副书记,他与妻子刘敬仁同志及年迈的岳母、子女从繁华的青岛市搬到偏僻荒凉的山区,开始了他异常艰苦的小三线军工生涯。都知道他在山东民丰机械厂任党委副书记时领导有

方,民丰厂是国家第五机械工业部授予的"大庆式企业"先进单位,是山东小三线军工的一面旗帜。

张燃书记没来红光化工厂之前的一年多时间,省军工局已从民丰厂调来两位领导,先后在该厂担任党委书记,由于种种原因,都在这儿干了不长时间就先后调走了。领导机关这样频繁更换工厂主要领导,对单位产生很大的负面影响。这次张燃从民丰厂调到红光化工厂任党委书记,部分职工除对上级领导机关这样的安排颇有微词,对张燃同志的到来也持怀疑态度。

为了稳定人心,张燃多次在各种场合旗帜鲜明地表明自己会与红光厂荣辱与共的态度,他深入车间、班组与职工交流谈心,熟悉情况。尽管他的南方口音一时令人无法全都听明白,但他的诚心实意不久就赢得了职工们的信任。

这时的红光化工厂的合成氨、硝酸铵车间已投入生产。由于生产时间较短、职工技术水平有待进一步提高等原因,原材料消耗居高不下,生产成本较高。张燃认为这个矛盾不解决,红光化工厂无法维持长期生产。为此,党委组织了旨在降低成本、提高产量的"大会战"。各车间、岗位都制定了明确的考核指标,为了实现目标,张燃可没少在挖掘内部潜力方面动脑筋。1978年冬,红光化工厂组织全体中层干部利用星期六晚义务去肥城焦炭厂运焦炭回厂,胡义仁、胡振辉、李亭、沈阿福、王传成等中层领导干部,都是在战争年代参加工作的老革命,年龄均过半百,但这些老同志干起工作来都是好样的。他们带头跳进余热未尽的焦炭窑中用手搬运焦炭,人人争先恐后、个个汗流浃背,不一会都成了大花脸,从晚上7点一直干到凌晨2点,虽然又累又困,但没人退却。

拉回厂去的焦炭卸在车间焦炭场,需雇用农村临时工将其砸到如同拳头大小,这样才能够在造气炉中完全燃烧。农忙季节,农民工都要回家抢收抢种,但工厂生产不能停产,张燃动员干部们星期天不休息,大家都去车间焦炭场砸焦炭,保证了生产的正常进行。

经多方努力,原材料消耗大幅度下降,产品质量稳步提升,生产形势越来越好,从1978年到1980年,共生产合成氨5 197吨,生产硝酸铵1 616吨,有力地支持了当地的农业生产。

1979年上半年,山东省军工局会同省经委、化工局、财政局等12家单位,对红光化工厂前部工程进行了竣工验收。

1979年上半年,梯恩梯生产专用设备终于运至生产车间,安装部门对其抓紧进行安装、试车,车间生产人员也做好了生产准备。至此,山东红光化工厂全部建成。

张燃同志及时召开党委会,做出了关于红光化工厂工作重点转移的决议,决定全厂从原来以基建为主,转到以生产为主上来。

2. 工厂停缓建,面临严峻考验

20世纪80年代初,国内外形势发生了重大变化,和平发展已成为世界发展主流。国内军工厂的军品生产任务也都大量减少,像红光化工厂这类新建的军工厂再生产梯恩梯已是不可能的事了。对此,上级明确了"调整、改革、整顿、提高"的八字方针,红光化工厂也被列入停缓建单位之一。消息传来,全厂为之震惊,职工们无法理解上级的决策。特别是1980年年初省军工局决定从厂抽调一部分人员去沂蒙山区军工厂工作时,更使得人心惶惶,许多职工投亲靠友调离本厂。就这样,大批职工在短时间都调离,致使原有1 200余名职工的红光化工厂到1982年只剩下了874名职工,工厂的前途渺茫。

3. "军转民"中涅槃重生

红光化工厂到了生死存亡的关键时刻,最难的莫过于党委书记张燃,这位在战争年代南征北战经过多次生死考验的老干部,此时已年近六旬,目睹红光化工厂之艰难处境,寝食不安,坐卧不宁。摆在他面前有两条路,一条是向领导机关提出离休申请,离休回家享清福,脱离开这块是非之地。但这么做不符合他的性格和处事原则,这位从入党那天就把让劳动人民过上好日子当作自己奋斗目标的老党员,回首审视自己的人生革命征途上的脚印,每一步都是那么踏实。他不忍心让国家投巨资建的军工厂就此垮下来,他不放心这800多名职工今后的生活。另一条路就是推迟离休时间,在工厂最关键的时候迎难而上,带领职工奋力拼搏,闯出一条"军转民"的道路。思考再三,他下定了决心和工厂荣辱与共,工厂搞不好,自己绝不离开红光厂。

在党委会上,面对各位党委成员,他坦诚相诉,党委成员们听后都热血沸腾,孙学信、贡林瑞、徐忠纯、张宗范、刘德发、李佃玉等党委主要成员纷纷表示:目前红光化工厂面临生死存亡的关键时刻,党委的每一位成员一定要坚定信心,共同面对风浪和考验,宁愿倒在冲锋的路上,绝不后退半步,誓要带领全厂职工冲出逆境,完成党赋予小三线军工人的历史使命。

世上无难事,只要肯登攀。思想统一了,事情就好办了。张燃书记认为,红光化工厂不仅要有壮士断腕的勇气,更要有独辟蹊径的智慧。对此,党委确定了近期工作目标,即党委在生产停缓建期间的三大任务:第一,加强厂的保卫力量,保护好厂区安全,不使国家财产受任何损失;第二,组织职工学习文化知识,提高全体职工的文化素质,打造一支高素质的职工队伍;第三,组织专门班子进行市场调查,立即转产找出路,开发民品。

实践证明,这次党委会议是红光化工厂发展史上具有重要历史意义的一次会议,它统一了思想,稳定了大局,是实现"军转民"的转折点。从此,红光化工厂在以张燃书记为代表的党委的正确领导下,稳步走上"军转民"的道路。

张燃书记有着高超的领导艺术,他在政治上对干部严格要求,在工作中放权支持,在生活上关心爱护。在党委明确军转民期间的三大任务后,为了加强保卫工作,党委决定由党委书记、厂长亲自负责保卫工作。在此期间,党委任命笔者为保卫科副科长(主持工作)。至此,笔者有幸在他麾下工作,受益匪浅。他慧眼识人,从谏如流,笔者刚主持保卫工作时就向他提出:为建设一支高素质的保卫人员队伍,保卫干部由笔者本人在全厂范围内物色挑选,选定后由组织部门审查同意即可调用。对此,他欣然同意,在他的支持下,笔者先后挑选了李绍华、李道广、袁丽明为保卫干部。保卫科的4名干部平均年龄不到30岁,是全厂最年轻的科室。4名干部不辱使命,工作优秀,在工厂停缓建期间出色地完成了厂党委赋予的"保护好厂区安全,不使国家财产受任何损失"的任务,多次受到了省军工局保卫处和各级公安机关的表彰。

实践证明:张燃书记在识人、用人、培养人方面有着独到之处。

他关心干部成长,对干部全面负责,他对笔者在工作中吃苦能干、开拓进取的精神很是赞赏,但也多次提出如不学习文化知识,仅凭年轻、有热情、有干劲,难胜大任的忧虑。他的担忧令笔者醍醐灌顶,幡然醒悟,后来的发奋求学,与张燃书记的教诲有着直接关系。

党委抓的第二项任务即组织职工学习文化知识。该任务由刁福全、姜春田、李化志三位中层领导负责,这三位领导虽然都年逾五旬,但工作积极性非常高,他们在本厂聘请了20多名工程技术人员担任教师,先后举办文化扫盲班、小学班、初中班、高中班、业余中专班,组织职工进行文化课学习。这三位中层干部因工作需要调到其他科室工作后,由王秀兰同志任教育科长,她再接再厉,带领教育科的全体教师,采取多种形式对职工进行教育,先后有634人参加了文化课学习并取得毕业证书,这些职工通过学习提高了文化素质,都成为工厂的生产、管理骨干。

刚开始探讨发展民品之时,红光化工厂的工程技术人员曾提出了多套民品生产方案,如生产硝酸磷肥、医药产品、香精、啤酒等。经过一段时间的努力,这些方案都因种种原因无法实施。针对部分工程技术人员的畏难情绪,张燃书记没少找他们谈话交流,鼓励他们大胆设想,不要有思想包袱,不要怕失败,坚定了大家的信心。"失败是成功之母",有些探索虽然没取得成功,但是大家积累了经验,总结了教训,对今后走民品之路是非常有意义的。

在孙学信厂长和工程技术人员的共同努力下,经过反复考察论证,认为红光化工厂生产味精是一种比较理想的"军转民"方案。张燃书记多次召开党委会,对转产味精进行研究,发挥集体智慧,作出转产味精的决定,并向山东省军工局及有关单位写出专题报告。

1982年上半年,国务院国防工办、国家计委、省经委、省军工局分别下达文件,批准红光化工厂将后部梯恩梯生产线封存待用,利用合成氨、硝酸生产线转产味精,总体设计年产1 500吨,第一期工程投资391.17万元,年产味精500吨。至此,红光化工厂转产民品的方向得以确定。

1982年4月,红光化工厂转产味精的工作正式开始,在这期间,张燃书记召开党委会,研究部署工作,带领全厂干部职工打了三场硬仗。

第一个硬仗就是味精工程的设计。该设计原定由山东省化工设计院承担。但该院认为设计难度大,无法承担这项设计任务。工厂组织工程技术人员在一无经验、二无完整资料图纸的情况下,仅用不到4个月的时间就完成了全部设计,不仅节约了设计经费,还为厂里培养了设计人才。

第二个硬仗是拆除前部生产设备。全厂党员和职工认真落实党委的要求,不计条件、日夜奋战,在较短时间内就拆除了设备220余台,磁环200余吨,管道2 500余米。

第三个硬仗是自制和改造设备。机修车间和动力科的全体职工充分利用废旧设备,自制设备94台,总价值达58万元。

在厂党委组织全厂攻打三个硬仗的同时,厂还挑选了部分生产骨干赴沈阳、青岛等地的味精厂进行实习,这些同志学习目的明确,在短时间内就能达到独立操作的水平,回厂后成了生产中的骨干。

经过周密的组织准备,在先后试车运行的基础上,红光化工厂于1983年7月26日终于生产出第一批质量完全达到部颁标准的味精产品,实现了一次试车成功。

1984年3月4日至6日,由省军工局、省第一轻工业厅在红光化工厂召开山菊花牌味精产品鉴定会,与会的20多家单位和31名专家对红光化工厂的味精生产线和味精产品进行了鉴定,最终一致认定:山菊花牌味精具备正式批量生产条件,产品已达国家优质产品标准。从此,工厂走出困境,在转产民品的道路上迈出了坚定的步伐。

此时的红光化工厂,干群情绪高涨,沉浸在胜利的喜悦之中。但最高兴的当属张燃书记,他和党委一班人带领全体职工成功地实现了"军转民",使工厂有了发展目标,让大家的生活有了奔头。

1984年,早已"超期服役"的张燃书记经山东省军工局批准离休,他用实际行动为国家军工事业的发展、为自己四十余年的革命生涯画上了圆满的句号。

(资料来源:笔者的亲身经历)

六、期颐寿星军工情——王惠民

在山东小三线军工系统,提起山东红旗机械厂厂长王惠民同志,无人不竖起大拇指啧啧称赞。他不仅是一位在抗日战争时期参加革命的老军工,还是国庆十周年作为山东军工优秀代表出席国庆招待会、登上观礼台、与党和国家领导人集体合过影、山东军工系统厂级干部唯一年逾百岁、德高望重的老寿星。

1. 主动请缨支援小三线建设

20世纪60年代,毛主席、党中央高瞻远瞩,作出了"三线建设要抓紧""备战备荒为人民"的伟大战

王惠民

略部署。从1965年开始,在全国开展了一场大规模的"三线建设"。山东党政军领导根据党中央的指示,按照"好人好马上三线"的要求,自1965年开始,从省直机关、企事业单位抽调了大批领导干部、技术骨干奔赴沂蒙、泰莱山区,开展了小三线建设。王惠民主动请缨,向领导提出参加小三线建设的请求,到军工厂生产武器,加强国防力量。上级组织研究后认为:王惠民多年来对党忠心耿耿,虽然现在年近五旬,但雄心壮志不逊当年,在党和国家需要的时候,主动要求到艰苦的地方工作,其精神可嘉,行为可赞。正逢国家第五机械工业部要在山东境内建一座大型火箭弹军工厂,于是,就任命王惠民同志负责该厂的筹建工作。

建厂先选厂址。按照三线建设的选址要求,王惠民等一行人乘车来到沂蒙山区选择军工厂址。早晨,他们就开车钻山沟、爬山梁,仔细勘察地形地貌,中午饿了就吃自己带的干粮,晚上继续在县招待所开会研究工作,直到深夜才休息。经过一段时间的选址,最后确定了将厂址定于沂源县境内。由于产品性质的原因,工厂占地面积较为分散,占用了沂源大张庄公社的狗刨泉村、鲁家泉村、王家庄、许村、刁崖村、仁里村、固坡村、下高村等8个村庄的土地。工厂从最北边的材料库到最南端的总库房,相距十余公里。

建厂初期,地方政府组织了民工团到厂区支援小三线建设,现场人数达2万余人,工地上红旗招展、人山人海、热火朝天。在当地政府和施工人员的共同努力下,基建施工任务提前完成。沂蒙老区人民为小三线建设作出的贡献,王惠民铭刻肺腑、永志难忘。

在现场紧张施工的同时,上级领导机关从湖南省、陕西省、四川省、宁夏回族自治区等地军工厂以及山东机器厂、山东化工厂、济南机床二厂、济南机床四厂、济南机床六厂等大型企业遴选了大批优秀的工程技术人员调到山东红旗机械厂,这些同志来厂后,由于工厂正处于基建施工阶段,没有现成的房子居住,只能住在附近农村社员的家中,睡觉在室内打地铺,没有水也没有电,生活非常艰苦。工厂还在济南市、青岛市、烟台地区招收了大批家庭出身好、政治表现好、历史清白的社会青年和沂蒙地区的复转军人。这些同志经过一段时间的业务学习、实践锻炼,都成了工厂的骨干。在全厂职工的共同努力下,工厂实现了当年设计、当年施工、当年试制、当年出产品的"四个当年"的建设目标。

在王惠民的带领下,山东红旗机械厂有一支特别能吃苦、能打硬仗的职工队伍。凡在小三线军工厂工作过的同志都有亲身体会,工厂平时不放假,春节假期对职工来说就尤为珍贵。1979年春节,上级下达火箭弹的紧急生产任务。在全厂职工大会上,王惠民代表厂党政领导做动员,要求全厂职工在国家需要的时候,为国家舍小家,春节期间不放假,保证按时完成军品生产任务,为国防建设贡献力量。尽管许多职工都已买好了过节的物品,大多提前写信或打电报给远方的亲人说好了回家的时间,但军令如山,国家利益高于一切,一声令下,整个工厂无一人请假。除夕夜,王惠民等领导都带头坚持在生产一线,全厂职工加班加点,提前完成了军品生产任务。

王惠民重视知识分子,鼓励工程技术人员开展技术攻关。在王惠民的带领下,山东红旗机械厂培养了一批优秀的工程技术人员,这些知识分子不计名利,团结协作,密切配合,在科技攻关方面做了大量工作。从1982年9月开始,红旗机械厂的工程技术人员与兵器工业部有关单位成功研究出84式四〇火箭弹,1985年鉴定定型,主要性能达到国内同类产品先进水平,获国家部委的嘉奖,为工厂的产品更新换代作出了贡献。

1980年,国内外形势有了重大变化,军品生产任务大幅减少,王惠民积极谋划"军转民",带领红旗机械厂先后开发生产自行车中轴总成、自行车B型中轴、手压水泵、油压减振器、钢筋对接机、电视机天线等民品,取得了较好的经济效益。

1982年9月,已经超过法定离休年龄的王惠民,办理了离休手续,依依不舍地离开了他为之奋斗了数十年的军工岗位,在家颐养天年。

2. 不忘初心、牢记使命

王惠民离职休养后,读书看报、看电视新闻成了他生活的主要内容。他常说:"人不学习要落后,要活到老,学到老。"虽然他已年逾百岁,仍勤学不辍,并时刻关注着工厂的发展情况。逢年过节,厂领导到家中走访、看望,他还对企业发展提出合理化建议。他再三叮嘱领导干部们要继承和发扬党的光荣传统,密切联系群众,培养一支能打硬仗的职工队伍,使军工企业焕发青春活力,让"三线精神"代代相传,为国家多作贡献!

王惠民自参加革命以来,一直保持着艰苦奋斗的作风。1993年红旗厂除军品部留在沂蒙山区原厂址外,大部都搬到潍坊市,并在市区建了职工宿舍。

王惠民作为离休干部,一直住在普通的职工宿舍里,家具也都是沂蒙山区的老物件。有的领导想为他在市区安排一套新的住房。他却认为:工厂职工的住房都不宽裕,领导干部应当与群众同甘共苦。等职工都住上了好房子,自己再改善也不迟。

他勤俭节约、生活俭朴,有人觉得他长寿的原因是注意吃喝或增补营养品。其实则不然,虽然他是位离休干部,但吃饭从来不搞特殊。子女们为了让他吃得好一点,有时单独给他加个菜,他坚决反对,坚持与全家吃一样的。一日三餐,都是普通饭菜。他总是说现在生活很好,与旧社会相比,已是天壤之别了。要说长寿的诀窍,应与他心胸开阔、乐观向上、饮食、作息有规律有很大的关系。他不吸烟、不饮酒,无不良嗜好,生活简朴,从不乱花钱。人们常见他夏季穿着布汗衫,春秋一身中山服,冬天一套老棉衣。从衣着打扮看不出他是一位高级干部。1993年,山东红旗机械厂从沂源搬迁至潍坊后,他嫌夏天穿的上衣没有口袋,便到一个小服装加工店做了一件带口袋的短袖衫。除此以外,数十年没增添新衣裳。他经常教育子孙后代:"一粥一饭,当思来之不易;半丝半缕,恒念物力维艰。中华民族的光荣传统不能忘,艰苦奋斗的革命光荣传统不能丢。"2021年6月30日是他的百岁寿辰,在银行工作的孙子给他买了一件桑蚕丝料紫红色的上衣作为礼物。他对孙子说:"不能这么奢侈,买这么好的衣服不应该。"他穿在身上格外精神,笑得合不拢嘴,和全家人一起合影留念。

王惠民同志对自己及其家人严格要求,但对身边的同志及国家的困难却关心备至,慷慨解囊,不求回报。20世纪50年代,他在山东机器厂工作时有位姓栾的同事被抽调到外地党校脱产学习。该同事上有老下有小,生活较为困难,在学习期间没法照顾家庭。那个年代大家工资普遍低,王惠民从自己每月几十元微薄的工资中挤出10元钱送至他家予以帮助,直到该同事党校毕业回厂上班。他这种帮人所难,雪中送炭的行为成为全厂的美谈。平时,无论谁家有困难,只要他听说,都会主动伸手相助。

山东红旗机械厂从沂蒙山区搬至潍坊后,厂里有位老职工,退休前按国家政策为在农村的家属办理了"农转非",家属从农村来到工厂定居,但没有工作。这位老职工退休不久就因病去世了。不长时间,儿子因交通事故也不幸身亡。儿媳带着十几岁的孩子与婆婆相依为命,家中生活较为艰难。孰料儿媳又得了尿毒症,住院治疗欠费,婆婆急得在家掉眼泪。社区王主任得知后,找到身为老领导的王惠民商量能否在社区进行一次募捐。他听说后非常同情,当下挥毫书写募捐倡议书张贴在小区内,当场捐赠现金一万元。在他的倡导和带动下,小区居民积极响应,踊跃参加,很快就收到捐款六万余元,帮助这户困难家庭渡过了难关。

夕阳无限好,晚霞别样红。在王惠民同志的心中,年龄不过是个数字而已。一个真正的革命者应当"生命不息,奋斗不止",在有生之年,不停地为革命事业奋斗,不停地为党工作,不停地为人民做好事。虽然他离开工作岗位多年,但一直牵挂着山东小三线军工,经常回到沂蒙山军工厂看看。2021年国庆节前,他不顾百岁高龄,让长子王勇驾车带他从潍坊市来到沂源县红旗厂老厂区。在那里,他见到了坚守在生产岗位上的职工。大家纷纷表示:"老领导年逾百岁尚且如此关心军工的发展,我们没有理由不好好为党工作,一定要继承和发扬'三线精神',接好革命的班,把我们的国家建设得更美好。"

(资料来源:2021年7月王惠民及王惠民之子王勇的采访记录)

七、德高望重的老军工——贡林瑞

贡林瑞1943年就从事和领导火炸药生产,中华人民共和国成立后又继续在我国几个大型兵工单位领导火炸药生产。1971年9月,他奉命调至山东红光化工厂进行筹建工作,一直干到1984年12月光荣离休。几十年来,无论是在革命战争年代还是在社会主义经济建设时期,他对党和国家忠心耿耿、勤勤恳恳、无私奉献,为我国军工生产作出了贡献。

贡林瑞及妻子

1. 从事军工生产,为国防贡献力量

1954年10月,贡林瑞作为我党培养的第一代知识分子,中专毕业后被分配到庆阳化工厂工作,这是一座始建于日伪时期的火炸药军工厂。在生产车间,他看到一台台设备整齐排列,密闭的设备内搅拌器在电机的带动下高速运

转,车间内也无那呛人的废酸气味。想想当年在晋察冀军工厂用大铁锅、大瓷缸,人工轮流搅拌生产火炸药的场景,今昔对比,天壤之别,感慨不已。革命就是解放生产力,军工生产必须掌握先进的科学生产知识。

虽然他先后在技术监督科、车间担任领导职务,但在办公室很难找到他,在车间的生产岗位倒经常见到他的身影。他经常说:"干部深入基层有很多益处,一是能随时了解生产情况,生产中有问题能及时解决;二是能及时了解职工的想法,密切干群关系,杜绝官僚作风。"所以他与工人们思想贴得最近,干群关系最为密切,工人们有什么话都愿与他讲。

他多次强调:工厂生产重要,培养人才更重要,因为产品是靠人来制造的,没有一支政治素质、业务素质过硬的职工队伍,企业是没有前途的。他身体力行,为三线军工培养了大批管理、技术骨干。

20世纪50年代,庆阳化工厂是全国唯一一家生产火炸药的工厂,它的战略地位举足轻重。贡林瑞和他的战友们在这座从日伪时期留下来的老军工厂植入新思想、新技术、新管理模式,使它焕发了青春活力,成为我国培养火炸药人才的基地和摇篮。后来几十年中,随着国内外形势的发展,我国先后建设了多座火炸药生产厂,其人员、技术都源于庆阳化工厂,贡林瑞与其战友们的心血没白费。

1960年4月,根据工作需要,贡林瑞和妻子刘志明一起被调至银光化学材料厂,这是我国新建的一座现代化的大型火炸药厂。从美丽的辽东半岛来到偏远的大西北,虽有诸多生活不便,但为了发展祖国的军工事业,贡林瑞和妻子坚决服从组织安排。在该厂他先后任车间主任、人事劳资科科长、政治干部部部长、三大队政委等领导职务。在他刚调入厂的那几年,由于国内发生严重自然灾害,全国上下各行各业生活物资极为匮乏,军工厂的职工们同样也吃不饱,致使有的职工情绪很不稳定,当时厂里流传着当工人不如当农民的说法,有的职工很想回家务农,既能与家人团聚,又能吃上饱饭。不少职工提出离职回乡务农的请求,有的甚至不告而别。身为人事劳资科科长的贡林瑞对此是心急万分。职工们要求吃饱饭的想法从情理上讲并不过分,但是大家都走了谁搞军工生产,拿什么巩固国防?国没了哪里还有家?因为该厂单身复转军人多,如果这批人离职回家,生产就无法正常进行了。他越想越着急,那几个月与各单位的支部书记一起,白天到车间,晚上去宿舍,找这些职工谈话,希望大家向长远着想,不能光看眼前利益。几个月的时间,他不厌其烦,磨破了嘴,跑细了腿。精诚所至,金石为开,经过深入细致的思想政治工作,有了明显的效果,许多职工打消了回乡务农的念头,表示服从组织决定,与大家共渡难关,战胜困难。在他的积极努力工作下,厂里挽留了大批的生产技术骨干,保证了厂军工生产的正常进行。

银光化学材料厂是当时我国新建的一座现代化的化学材料厂,设备、技术、管理都是国内同行业一流,因此,它是本系统中的龙头企业,不仅担负着为国内新建的同类企业输出人才、技术等任务,还担负着为其培训学员、试车投产等任务。贡林瑞和他的战友们胸有全局,在这些问题上从不谋小集团利益,向全国各地同行业输送了大批技术骨干,为同行业培训了大批合格优秀人才。

该厂自建成以来,在贡林瑞与其战友们的共同努力下,军品产量逐年提高,产品质量稳定上升,为巩固我国国防作出了突出贡献。

2. 奉命支援山东军工建设,筹建红光化工厂

1971年,国家根据国内外形势的变化,计划在山东等数省各建一座梯恩梯火炸药厂,贡林瑞于9月奉命赶赴山东省国防工业办公室报到,那时的工厂还是一片荒地,他与先期到达的几位领导住在孝里公社龙泉官庄农民的家中,按工作分工,他被任命为厂工程建设指挥部副指挥,具体负责劳资、技术等方面的工作。建设新军工企业,国家第五机械工业部在宏观上有总体规划,在一些重要环节上也有周密、具体部署,人事劳资方面亦然。人事局领导对于人员配备、来源等问题多次与贡林瑞交谈商定,原则上,生产骨干应以银光厂为主要来源,不足时可从本系统同行业军工单位遴选。所需管理干部、生产服务部门的干部应从山东化工厂、山东机器厂等几个部属单位抽调,也可以从省属小三线军工企业遴选补充。所需生产工人应从本地区采取招工的方式,招收入厂后通过培训尽快使其掌握本岗位生产技术,达到独立操作之要求。

根据上级的要求,贡林瑞与自己老单位和山东省国防工办的领导多次协商,从银光厂和辽宁省、四川省等部属同行业单位遴选了近百名军工技术骨干。又从山东化工厂、山东机器厂和省属军工企业抽调了数十名管理、技术干部,在近一年的时间里,组建起红光化工厂的生产、技术、管理、服务骨干队伍。

根据省国防工办和驻厂军代表的要求,贡林瑞、郭长岱等厂领导对工厂的招工培训等问题进行了统筹安排,提前联系培训单位,落实带队干部。由于厂正在初建时期,无居住条件,指挥部决定由外出实习带队干部在当地招待所进行短期集训后,直奔提前联系好的实习单位。在招收新工人、联系实习单位、委派带队干部等重大工作中,贡林瑞、郭长岱等领导费尽心思、竭尽全力。

从1971年12月至1978年,红光化工厂等单位向全国各地同行业单位派出十余支实习队伍,受训人员合计达600余人次。

这些刚入厂、对军工生产知识和本职业务知识一窍不通的青年学生、复转军人,经过一段时间的培训,从思想上、业务上有了很大的提高,都成了政治合格、业务精良的军工战士,成为红光化工厂生产岗位上的主力军。

红光化工厂首批招收的职工都是生在新社会、长在红旗下,从小就沐浴着新中国的阳光,受着光荣革命传统教育的新一代青年,爱党、爱国、爱人民,政治素质还是合格的。由于在那特殊的年代里,文化课学得少,基础文化知识甚是薄弱,这批青年男女尽管人人青春靓丽,个个活力四射,可是在文化知识方面相当欠缺。对此,贡厂长看在眼里,急在心中。"一支没有文化的军队,是一支愚昧的军队",他虽然负责全厂职工教育工作,但又不能与生产抢时间,只能见缝插针组织职工学文化、学技术。

20世纪80年代初,国家根据国内外形势的变化,将国内一批军工企业列入调整缓建单位,红光化工厂也是其中之一。为此,工厂面临重大方向性的抉择,工人无工可做,处于待命状态,贡林瑞及时向党委提出利用此时间隙,对全厂职工进行基础文化教育的建议,得到了党委张燃书记的赞许。他认为,此建议至少有以下两个优点:一是抓住这个机遇组织全厂职工学习文化知识,能提高职工队伍的整体素质,为企业的后续发展积蓄力量;二是通过这种方式能够稳定职工情绪,有利于搞好军转民品生产。于是厂党委研究决定在"军转民"期间的三大任务之一就是抓好职工的基础文化教育。

贡林瑞对待工作向来雷厉风行,认真负责。他的助手刁福金、姜春田、李化志、王秀兰等同志也是一些事业心很强、有较高工作能力的领导,在他们的集体努力下,全厂举办起了在职职工文化扫盲班、小学班、初中班、高中班、业余中专班、电视大学班十余种形式多样的文化学习班,聘请厂内工程技术人员担任教师。几年来,先后有600余人参加了文化课学习并取得了毕业(结业)证书,职工的文化水平普遍得到提高,职工培训取得丰硕成果。

贡林瑞还有重点地选拔多名干部采取脱产、在职等形式,参加山东省、济南市组织的电大、夜大学习。他放眼长远,不急功近利,支持干部参加学习。有一批年轻的中层干部提出脱产学习的请求,他认为很有必要,表示支持。但遭到部分行政领导反对,他们认为现在工作这么忙,不能让骨干们脱产上学。对此,他与党委书记张燃同志取得一致意见,表示支持年轻的中层干部上学的请求,使这些干部终于如愿以偿,圆了求学梦。这些干部学成毕业后,回厂加倍工作,为工厂的发展作出了积极贡献。

贡林瑞自担任红光化工厂副厂长以来,一直负责人事、安全生产等工作。在人事管理方面,他坚持原则,认真按国家政策办事,从不以权谋私。在招工、安排工作和职工调动过程中不吃请、不收礼、不徇私。笔者清楚地记得在保卫科任职期间,一位40岁出头的保卫干事英年病逝,他责成劳资科长和工会副主席与笔者组成三人小组,负责该职工的后事。由于该职工的遗属在农村,家庭经济状况很差,大家对此非常同情,但限于国家政策给予遗属一次性生活补贴不能超过一千元的规定,三人小组提出给予其遗属一次性顶额补贴的建议。贡林瑞听后大为赞赏,当即予以批准。

对那些家庭有困难需要办理调动的职工,只要符合国家政策规定,贡林瑞都及时准予办理。但要是遇上托人求情、变着法送礼的,他也会动之以情、晓之以理,退回礼品,婉言拒绝。他是位有名的清官、好官,在群众中有着很高的威望。

安全生产无小事,在那个年代有着响亮的"政治是统帅、政治第一"的口号,但在他心目中,安全生产同样是高于一切的头等大事,因为他不愿意看到国家财产、职工生命遭受不必要的损害。1976年一车间合成氨顺利成功试车投产,但到年底时合成岗位数次发现不明电火花,他听说后极为震惊,立即命令停止生产查找原因,查不清原因不准开车生产。事实证明他的决定完全正确,排查中发现若不及时维修,整个生产线都存在爆炸的危险。

1984年11月,贡林瑞办理了离休手续,回原籍颐养天年。离休后的他天天读报纸、看新闻,关心国家大事,积极锻炼身体,儿女孝顺,心情舒畅。

(资料来源:2020年9月贡林瑞之女贡喜庭、女婿靖培生等的采访记录)

八、一身正气两袖清风的书记——李亭

李亭

李亭1924年9月出生于山东省文登县胡格庄一个贫农家庭。抗日战争期间在八路军山东胶东军工厂参加工作。1971年5月,他作为首批干部从国营七三二厂到山东红光化工厂工作支援小三线建设。几十年来,无论是在革命战争年代,还是在社会主义建设时期,他始终用共产党员的标准严格要求自己,清正廉洁,忠于党的事业,热爱军工工作,用自己的实际行动践行"三线精神"。

1. 为我国的军工事业奉献了青春

1971年3月,国家根据国内外形势的变化,决定在山东建一座梯恩梯火炸药厂。同时国家第五机械工业部从国内其他军工厂选调干部支援小三线建设。李亭作为首批援建干部,于1971年5月调入该厂,因他是来厂报到最早的干部,彼时济南军区副司令员成少甫少将、国防工办军工局杨崇富局长正在组织选定立新厂、红光厂厂址的专家班子,就命他加入其中,他与选址专家班子一直忙到7月工作才告一段落。随后,他来到立新化工厂驻济南临时办事处,与陆续来到的崔继闵、冯翠善、贡林瑞等同志会合。他们在该厂厂址确定后,即抵达离厂区最近的长清县孝里镇龙泉官庄村。面对满目的荒山,李亭无畏无惧,像一名冲锋陷阵的战士,率先冲在为小三线军工建设的大道上。

在红光化工厂,他先后在实习队、动力科、职工子弟学校、职工医院等单位担任党支部书记。多年来,无论在哪个基层单位,都坚持原则,光明磊落,密切联系群众,完成党交给的各项任务。

建厂初期的那几年,冬天特别冷,雪下得特别大,工厂至肥城石横发电厂约15公里的高压电线上就挂满了冰,如不及时清理,随时有被压断的危险。此时,李亭不仅动员动力科的全体人马出动,而且组织厂里党团员积极参加,大家冒着刺骨的寒风和雨雪,分段把高压线上的冰敲掉,保障了人民群众的生

命和财产安全。

他出身工农,富有基层领导经验,带兵有方,教育有法,关心爱护下属,凡和他相处过的人都对其留下难忘的印象。

他无论在哪个领导岗位上,始终保持着党的优良传统和作风,从不以权谋私。在动力科当书记,有的职工利用工作之便焊个铁炉子、火钩子、火铲子等小物件拿回宿舍用,可他从不占公家便宜,家里缺这类东西时都是从商店购买,他说这样用着安心。

孝里公社龙泉官庄离工厂最近,厂方为了搞好厂社关系,自建厂以来一度给村里供着廉价电,村干部对工厂和动力科的领导心存感激。春节前大家都在忙着置办过节的物品,村里派人给他家送去一个大猪头,在那个大家生活水平普遍比较低的年代,这是一件贵重的礼品。他坚决拒绝,但来人又是那么执着,放下就走了,他觉得有些无奈。最后,他让儿子李令刚将猪头送到职工食堂,又给总务科长打电话说明情况,请炊事员把猪头加工好给春节加班的职工改善伙食,职工们得知此事无不交口称赞。

2. 心潮澎湃,作诗咏志

1993年他70岁寿辰之际,外地的子女及亲属都赶来庆贺。他见子辈事业有成,孙辈品学兼优、茁壮成长,目睹革命事业有成,家庭兴旺发达,难掩心中激动。回忆自己70年的人生经历,心潮澎湃,久久不能平静,顿时诗兴大发,即席作诗一首。诗曰:

> 年少参军驱日寇,坚定马列跟党走。
> 忠心实干搞社建,光明磊落至离休。
> 清闲无事习养生,舞剑练功永长久。
> 勤动常乐身康壮,喜看子孙写春秋。

此诗是李亭对自己革命经历的高度概括,是实事求是的评价,他对生活充满了革命的乐观主义,对后人的事业和生活充满了无限希望。

(资料来源:2018年1月李亭同志之女李伶芹、女婿吴文生及同事李本友等的采访记录)

九、一生军工情——王勤培、赵道绪夫妇

王勤培于1946年参加革命工作,她无论是在战火纷飞的年代还是在社会主义建设时期,在军工战线为满足前线部队军需供应,舍生忘死、夜以继日、忘我工作,将自己最美好的青春年华无私地奉献给了我国的军工事业。

王勤培和赵道绪

1.适应新形势,服务新军工

济南解放后,王勤培及其军工战友们随部队进入济南市,鞋厂的军工战士大部合并到济南军区后勤部三五二〇工厂继续制作军鞋。

根据工作需要,要选调部分军工战士到公安、街道担任领导干部。王勤培虽然工作能力强,但从小没上过学,很难参与领导大城市的工作。组织便安排她脱产学习文化知识。两年半的脱产学习使她的文化水平有了很大提高。学习结束后,她被分配到国营二三四厂计划科工作。1958年,国营二三四厂与山东化工厂合并,她继续在化工厂劳资科做统计工作。尽管学习了两年多的时间,但由于文化基础差,有些知识还总觉得不够用,如做统计工作应会用算盘,对她来说是个不小的难题,劳资科的同事赵道绪见她对业务不熟悉,就主动利用业余时间教她打算盘,还教她使用手摇计算机。这使王勤培对他产生了好感,经侧面了解,这位小伙1944年参加革命,1949年1月入党,跟着部队南征北战,最后转战至山东后被分配到二三四厂。两人通过长期接触,由相识、相知到相爱,最终于1954年结为连理。

随着形势的发展,山东化工厂理化室从工厂分离出来并成立了"五三研究所",王勤培被任命为五三研究所首任党支部副书记。她紧密团结支部一班人,在五三研究所创建初期做了大量的工作。后因工作需要又调回山东化工厂任劳资科副科长。这时的山东化工厂正处于鼎盛时期,军工产品供不应求。该厂规模在济南地区屈指可数。她深知在企业管理中,人是第一位的,做好人的工作,调动人的积极性,是劳资部门的一项重要工作。她合理调度、科学安

排、做到人尽其才。因该厂创建于清代,人事关系盘根错节,老职工历史问题复杂。对此,她坚持原则,正确处理历史问题和现实表现的关系,发挥每位老职工的特长,使他们从思想上放下包袱,安心本职工作,稳定了职工队伍,赢得了领导和广大职工的好评。

2. 支援小三线建设,终生难忘军工情

1971年,国家决定在山东省长清、平阴、肥城三县交界处新建一座年产万吨梯恩梯的火炸药军工厂——山东红光化工厂。随即从全国各地军工单位抽调生产技术骨干和管理干部对该厂进行筹建。王勤培夫妇服从组织安排,从山东化工厂调至山东红光化工厂。建厂初期,诸事维艰。此时的工厂一无厂房,二无宿舍,大家居住在离厂区最近的孝里公社龙泉官庄的老百姓家中,炊事班将大锅架在村头烧水、做饭。当时的领导和职工一样,没有高低贵贱之分,喝水自己从井里挑,吃的都是"大锅饭"。上自济南军区派来的军代表及两位国家高级干部刘吉乾、冯翠善,下至普通工作人员,吃的是一锅饭、住的是农家房,都是同样的待遇。虽然条件艰苦,但同志们的工作积极性非常高,毛主席他老人家都因三线建设问题睡不着觉,这些军工战士能不拼命干吗?济南刚解放就进入省会大城市的王勤培夫妇,已在城市里生活工作了20多年,刚过惯了城市生活,现在又回到了荒山僻壤的山沟,生活、心理的落差确难适应,但这里紧张的工作又不容她俩多想,只能尽快适应新的工作环境。王勤培被任命为劳资科副科长,赵道绪被任命为计划科副科长,夫妻均为中层干部。王勤培按照厂领导要求忙于招收新工人,联系工人外出培训,天天忙得不可开交。赵道绪编制工厂施工计划、规划等,昼夜加班加点。由于他工作认真细致,不论是编制年度、季度计划还是每月计划,都科学细致又切实可行。曾经主持建设济南化肥厂、鲁南化肥厂,现又领导建设红光化工厂的刘吉乾厂长,审阅赵道绪编写的计划时多次大加赞赏,在全厂职工大会上对其进行表扬,号召全厂职工学习赵道绪同志这种认真负责的工作作风。

王勤培负责劳资工作,她办事坚持原则,严格掌握政策,无论是招工还是人事调动,对不符合政策要求照顾的,她都耐心做好解释工作,对符合政策的就尽快予以办理,从不吃请受贿。这么多年她为职工办了多少好事,就连她自己也无法记清了。根据工作需要,领导调她去厂职工子弟学校任党支部副书记,她深感责任重大,因为厂内许多老职工因为文化水平低,一辈子吃了不少苦头,都抱着望子成龙、望女成凤的心愿,期盼着子女好好学习,将来出人头地。她到学校后,支持校长的工作,与老师们想方设法提高教学质量,不长时间,学校工作有了长足发展,教育质量也在当地数一数二,得到全厂职工及家属的好评。

学校工作趋于稳定后,领导又把她调回劳资科任副科长。有人说她像块砖,哪里需要哪里搬,她总是服从组织分配,党叫干啥就干啥,说这是党员干部必须遵守的原则。多少年来,无论在哪个岗位,她都无悔无怨、勤勤恳恳、兢兢业业,像一头不知疲倦的老黄牛,在军工战线这块土地上默默无闻地耕耘着。

由于国内外形势的变化,1980年,山东红光化工厂被国家列入停缓建单位,全厂职工无工可做,无奈只有自谋出路,到能够发挥自己能力的地方,继续为党工作。于是,1981年王勤培夫妇调至济南缝纫机厂,在那里,她俩踏踏实实一直工作到离休。赵道绪同志由于多年只顾埋头苦干,积劳成疾,于1996年4月7日因病去世。老同事们闻讯无不悲痛至极。

王勤培至今随女儿们一起生活,孩子们对其照顾得无微不至,生活幸福美满。老人虽已年逾九旬,但身体健康、思维清晰、乐观豁达,最大的爱好就是关注军工发展新动态,当看到电视上播放我军的新装备、新技术时,心情就格外激动,禁不住盛赞我国军工的迅猛发展,为祖国的强大而点赞。她经常教育下一代,今天的幸福生活来之不易,是无数革命先烈流血牺牲换来的。要听党的话,继承老一辈的军工精神,发扬老军工的优良传统,在平凡的岗位上做出不平凡的业绩,努力工作,把祖国建设得更加美好。

(资料来源:2017年10月王勤培的采访记录)

十、把一切献给党的兵工人——王学初

在庆祝中国共产党成立100周年的前夕,笔者采访了军队离休老干部王学初同志,王老虽已年逾九旬,除去腰部因公受过伤,活动有点不方便外,身体还是很健康的。他精神矍铄、思维敏捷、乐观开朗,始终保持着一位革命老战士的风度。当谈起山东军工的发展以及20世纪60年代山东小三线军工建设时,王老难抑激动的心情,滔滔不绝讲起山东兵工人艰苦创业、为党无私奉献

鲜为人知的往事。

1. 排除万难建设"七〇六工程"

因工作需要,1970年5月,王学初与省国防工办几位军官奉命到山东机器厂参加三支两军(支左、支工、支农、军管、军训)工作。

山东机器厂是集山东各地军工力量建起的一座大型军工企业,该厂自建成后一直承担着重要的军品生产任务,有着光荣的革命传统。王学初来厂后,与各位军代表紧密依靠广大干部群众,消除诸多阻碍

王学初

生产的问题,有效推进了军工生产。他听厂领导介绍现在国家第五机械工业部拟在兵器系统建一条85炮弹生产线,但具体建在哪个省还没最后定。王学初听说前期厂里已经做了一些工作,觉得这项工作是件大事,企业要发展,必须有新产品,这个项目若落实在山东机器厂,对厂今后的发展极为有利,在这关键时候不能大意。他把自己的想法向陈永福主任汇报后,陈主任非常赞同。于是,他把自己当前的工作向其他几位同志交接一下,抓紧"跑部进京"落实项目。一个多月来,他先后三次到国家第五机械工业部找有关领导,汇报山东机器厂的技术优势、国防工办领导们对此项目的期盼以及全厂干部职工搞军品生产的积极性。他的诚心、韧性和敬业精神感动了部里的领导,终于批准该项目落户山东机器厂。当这一大好消息传到工厂后,干部职工无不欢欣鼓舞。

为了把这个项目尽早建成并顺利投产,不辜负第五机械工业部领导的期望,厂革命委员会决定成立"七〇六工程"指挥部,遴选了40多位中层干部参与此项工作。指挥部下设材料组、基建组、保卫组等,整个工程由王学初同志负责。新建这个项目由于老厂区没有多余的空间,必须另选厂址。王学初带领工程指挥部几位主要领导,按照"靠山、隐蔽、分散"的要求,经过半个多月的反复勘察、对比,提出初步意见,经厂革委会研究批准,将新项目的建设确定在离老厂区不远夏庄的山沟里。

建厂初期,王学初带领"七〇六工程"指挥部成员住在夏庄农民的家中,吃饭就在老乡院内搭了个临时伙房,喝水就到井里挑,晚上睡在土炕上,冬天没有取暖设施,夏天无处乘凉,条件是艰苦的,面对这些困难,没有人发牢骚、

说怪话,都保持着革命的乐观主义精神,无怨无悔默默奉献,这段创业史令王学初终生难忘。在新厂区建设过程中,他保持冷静头脑,坚持全局观念、科学安排、合理布局的原则,在施工过程不死搬教条,坚持原则性与灵活性相结合,取得理想的效果。如在建成品仓库过程中,时任技术科副科长成安之同志提出,上级设计单位设计的仓库规模过大,不符合厂的实际情况。理由有三:第一,山东机器厂有专用铁路运输线,生产的合格产品能及时运出,无须盖这么大的成品仓库;第二,厂区成品仓库存放大量的成品炮弹,危险性太大;第三,建规模过大的成品仓库,国家投资大、占用土地多,造成不应有的浪费。因此他建议压缩成品仓库的建设规模。王学初听后认为此建议非常重要,及时向厂革委、第五机械工业部有关部门写出书面报告,上级领导机关接到报告后认为建议合理,同意修改原设计。此项建议为国家节约了资金、杜绝了隐患、节省了土地,利国利民。

建工厂征地过程中,王学初本着"不占良田、少占可耕地、多用山坡地"的原则,采取用多少就征多少的方法,为国家节约了不少土地,受到当地人民群众的好评。

为了加快新厂区的"三通一平"(通水、通电、通路、场地平整),"七〇六工程"指挥部的同志们加班加点、不分昼夜,两眼一睁、干到点灯,奋战在基建施工现场,从没休过假。平整场地时没有机械工具,全靠人拉肩扛,人手不够就发动全厂的力量,采取分片包干的办法,实行责任制。这个办法还真不错,各单位组织职工全员上阵,就连业余时间、公休日甚至夜间都不休息,挑灯大干,场面震撼。在全厂职工的共同努力下,提前完成了厂区的"三通一平"任务。

当地政府在征地、派出民工等方面给予大力支持,桓台建筑队负责厂区房屋建设,施工进度快、质量高。工程指挥部遵循"先生产、后生活"的原则,先建厂房后建职工宿舍,提前完成了施工任务。

建厂初期,建筑队盖了几排宿舍,室内用泥抹的墙皮还没干,"七〇六工程"的创业者们就从夏庄村租用的房子搬了进去。恰逢冬天下雪,新宿舍又没有采暖设施,室内外温度没有多大差别。带来的被褥又冷又潮,睡了没几天,王学初就感到腰部疼痛难忍,站立困难,他到厂医院要了几片止痛药、几贴膏药,就又坚持回到了施工现场参加劳动。刚开始他还不当回事,觉得自己年轻,多活动一下就没事了。可是后来痛得越来越厉害,起床都困难,大家都劝他到医院治疗一段时间。其实他也不是讳疾忌医,但施工已经到了关键的时候,他一旦住院就会影响整个施工进度,为了按时完成上级领导交给的任务,为了用具体行动落实山东省提出的大办国防工业要求,为了军工生产线早日建成投产,他咬紧牙关坚持着。经过两年左右的拼搏,工程终于提前建成,一次试车成功,顺利生产出合格的军工产品。在国家第五机械工业部主管领导的掌声中、在国防工办领导们的赞扬声中、在全厂上下一片欢庆声中,王学初如同一位冲刺到终点的长跑运动员,再也支持不下去了,他被战友们紧急送往医院,经过二十多天的治疗,王学初才逐渐恢复。但从此以后,每逢劳累过度、天气变冷时腰部就隐隐作痛,落下腰痛的后遗症。

2. 工作调动不改军工本色

1973年11月7日,山东省革委根据发展的需要组建第二机械工业局和电子工业局,国防工办的干部也随之由济南军区做了妥当安置,王学初被调到山东省军区工作。1979年,他被任命为山东省军区机械厂厂长兼党委副书记。这位老共产党员无论走到哪里,担任什么职务,都严格要求自己,在工作中发挥先锋模范带头作用。团结工厂党政一班人,对企业实行科学管理,取得了良好的经济效益,赢得官兵们的一致好评。平时,他深入基层,脏活、重活抢着干,没有一点官架子。有次在组织修厂区公路时,他与年轻人一起挖土、搬石头。结果他那曾经受过伤的腰部又因劳累过度而疼得使他无法工作,不得不住院治疗,虽然在医生精心治疗下疼痛有所减轻,但已无法正常工作,不得已于1984年12月办理了离休手续。

虽然王学初同志因病离休,但他时刻关心国家大事,读书、看报成为他的重要生活内容。王家从老一代就家风正,他与妻子孙连珍教育子女有方,儿女们在工作单位上都是骨干,孙辈们学习刻苦认真、健康成长,王老夫妇很是满意。平时,他教育子女孙辈们要听党的话,遵纪守法,多做对党和社会有益的事。

王学初同志生长于战乱年代,尝尽人世动荡之苦,少年时期发奋读书,立志长大参军报效国家,青年时期参加革命,成为一名光荣的解放军兵工战士。在党组织的培养教育下,加入了中国共产党。在军工厂先后担任工人、技术员、中层干部,为兵工生产做出应有的贡献。根据工作需要,于1965年参加中国人民解放军,在济南军区领导机关继续做好国防工业工作,山东小三线军工建设时期,他无论在机关还是在基层单位,工作勤勤恳恳、任劳任怨,把人生最美好的时光都无私奉献给党和人民,终因劳累成疾,无奈提前离开工作岗位休养。尽管如此,他还是无怨无悔,生活乐观向上,离休后仍关心人民兵工,在他身上体现出了一位老共产党员的高贵品质,是我们年轻一代学习的榜样。

(资料来源:2021年5月王学初的采访记录)

十一、奉献军工终无悔的老领导——石国龙

在山东省质量技术监督局机关宿舍院内,曾住着一位该局退休多年的老领导——石国龙。尽管他年近九旬,但还是精神矍铄、思维敏捷、乐观向上,读书、看报、做广播体操、关心国家大事是他多年养成的生活习惯。局里有些干部只知他退休前是省质量监督行业一位德高望重的老前辈,少有人知他还是一位颇有名气的老军工。

石国龙

1. 青年工匠

石国龙祖籍江苏省镇江市,1933年出生于湖北省汉口市。1951年春,重庆日报刊登了重庆市劳动局介绍所为保密单位招收学徒工的消息。石国龙有两位同学的哥哥就在军工厂工作,主动向他介绍单位的基本情况,并鼓励他报名。经过报名、政审、体检、书面考试、面试等一系列程序,石国龙终于被录取分配到重庆四五六厂。进厂后,年轻的石国龙一头扎进工作,努力学习各项技术,很快在青年工人当中脱颖而出。

1958年,工厂任命石国龙为工具车间夹模具工段工段长,夹模具要求精度高,结构复杂,石国龙利用工作之余努力向老职工求教学习,很快熟悉了整个工段的业务和人员情况。当上工段长后,他严格要求自己,不仅带领职工按时完成上级交给的生产任务,还把职工紧密地团结在一起。他以厂为家,除夜间休息回宿舍外,全部精力都用在工段管理上,经常带领职工加班、谈心或看书学习,从而密切了干群关系。他大事讲原则,小事讲风格,非原则问题灵活处理,采用人性化的管理,职工们觉得这位年轻的工段长既严肃认真、原则性强、

又办事灵活体贴群众,很有人情味,都从心底赞成他。

1964年下半年,国际形势严峻。党中央决定加强三线建设,以防战争的发生。随之就有同事先后调到全国各地支援三线建设,建设新的军工厂。四五六厂生产12.7毫米高射机枪的车间也按照上级部署,一千多职工整建制搬到了四川省宜宾的深山中。

1965年底,根据上级安排,石国龙等五位骨干被调到山东前进配件厂支援小三线建设。当时,从山东到四五六厂出差的李华珍、王锡正两位领导,还找石国龙谈了一次话。两位领导欢迎他到山东工作,有什么困难可以提出来,一定帮忙解决。石国龙表示:服从组织安排,党叫干啥就干啥。直到后来他才知道这两位领导是中国人民解放军济南军区、山东省人民政府后方建设指挥部的李华珍主任和王锡正中校,他们虽然是便衣装扮,实则是现役军官。那时山东前进配件厂刚开始筹建,急需制造高射机枪的专业人才,山东前进配件厂领导前些日子到四五六厂联系工人来该厂实习时,在宣传橱窗中看到优秀共产党员石国龙的先进事迹介绍,顿觉眼睛一亮,这不正是前进配件厂急需的专业技术人才吗?于是便向上级领导提出调石国龙到山东小三线工作的请求。

根据组织安排,石国龙等五位同志抓紧整理行装到山东支援小三线建设,这五位青年技术骨干都是在重庆长大,年龄都在30多岁,此去千里迢迢,难舍山城的一草一木,难舍培养自己成长的四五六厂,更难舍家中妻儿老小。石国龙的三个子女都还年幼,调往山东后全家的担子全落在妻子一人肩上,心中五味杂陈,这份乡愁难以言表。为了响应党和国家的号召,只能舍小家为大家,他义无反顾地踏上了赴山东支援小三线建设之路。

2. 肩负重任

为了在短时间内建成山东前进配件厂,省经委、省后方建设指挥部、省国防工业办公室、省机械工业厅第二局的领导制定了该厂基建施工和人员调配方案,同时组织制定全省有关企业高射机枪零部件试制和非标准设备工装制造的工作方案,安排人员赴重庆培训,各项工作分工协作、齐头并进,全省上下一盘棋。

建厂伊始,军工建设者们来到这儿,头顶蓝天、脚踏荒山,居住在附近农民家中,没有水、没有电、没有公路,一切从零做起,开始了艰难的创业。为了抢时间、赶进度,加快小三线建设,山东省在蒙阴县岱崮镇坡里设立了后方建设办公室,李春之副主任亲自坐镇指挥,设计院的同志也驻扎在工地,边设计边指导施工队作业。后方建设指挥部下属的国营七一一五工程队也来到工地开挖山洞。在大家的共同努力下,当年做到了"三通一平",在施工建设方面取得了可喜的成绩。

1965年12月25日,石国龙从重庆出发,到达济南后先到山东前进配件厂驻济南办事处报到,1966年元旦后,重庆四五六厂的段开禄、刘永科、孙发财也先后来到前进配件厂驻济南办事处,受到厂党委秘书王宪泉、生产科长王永远、劳资科长伊继淳等同志的热情接待。因工厂刚开始在沂蒙山区筹建,就安排他们暂时住在办事处。由于他们几位都是在重庆长大的,没出过远门,到济南后对什么都感到新鲜,有个适应过程。1966年春节就要到了,济南市民都忙着置办年货,有着浓厚的节日气氛。为了让这几位远方来的新同事过好春节,办事处的同志们给他们买了戏票、电影票,还安排食堂做了一桌颇为丰盛的年夜饭,让他们感受到组织的温暖和关怀。

由于山东前进配件厂正处于筹建时期,济南有大量工作需要开展,所以石国龙等人过了春节后按上级要求到省机械工业厅第二局上班,他们每天早上乘坐11路公交车从纬十二路起点到大明湖东南门终点站下车,约一小时才能到机械工业厅第二局机关所在地。李本均局长热情地向他们介绍了54式12.7毫米高射机枪的全省安排及当前进展情况,并为这几位同志准备了办公桌椅、电话等。各地市电话接连不断,主要咨询12.7毫米高射机枪制造的技术问题,石国龙等不仅通过电话予以指导,有时还要到现场共同研究解决。

万事开头难,生产54式12.7毫米高射机枪并非易事,山东省81个机械加工厂在试制过程中都不是一帆风顺的。石国龙是前进配件厂的首任技术科长,他深知自己肩上的担子有多重,"没有金刚钻别揽瓷器活",军工厂产品的产量和质量是靠工艺装备保证的,工艺装备决定了工厂的生产能力和技术水平。他在重庆四五六厂就是搞工艺装备的主要骨干,所以到山东后是信心满满。他工作认真负责、满腔热情地为试制生产单位服务,无论哪个单位有困难,都会及时想办法予以解决。石国龙踏实能干,赢得了有关单位的一致好评。1966年4月,烟台附件厂来电话,其厂在高射机枪枪机击针尖同心度弹性夹具制造方面遇到难题,望派员现场指导,石国龙随即赶到烟台。到了附件厂，石国龙发现该厂对军品试制这项工作非常重视，专门成立了保密车间，组织精兵强将进行生产，但是几个月来制作的击针尖弹性夹具达不到要求，工厂觉得这个标准定得太高。烟台市政府也很着急，开了几次专题会也没解决问题。此番石国龙的到来，烟台市政府马上召开经委、机械局等有关单位领导参加的专题会议，希望彻底解决这些生产中遇到的技术难题。石国龙和一行的几位同志听取工厂汇报的问题后大致梳理了一下，认为工厂从来也没生产过军工产品，对工装要求的精细程度还没有达标，以致出现技术难题。于是，石国龙介绍了军品工装为什么制造精度高、公差小的原因。同时结合小三线产品的生产特点详细介绍了制造过程中的技术手段和质量控制措施。他提议从根本上抓起，先给工厂有关工种的工人和工程技术人员共同研究编制弹性夹具的工艺流程，然后再到生产现场对技术人员和操作人员进行具体指导。烟台附件厂按照石国龙的方案执行后，问题很快得到解决，生产出了合格的弹性夹具产品。

3. 再创辉煌

20世纪80年代，国内外形势发生了很大变化，国内经济政策也作了适当调整，军工企业纷纷实行"军转民"，开始了艰难的第二次创业。1978年8月，石国龙参加国家第五机械工业部在北京召开的全国兵工企业大会，国务院国防工办指出，从1980年开始，地方小三线军工企业由地方政府管理，部里不再下达军品计划，工厂转入民品生产，参加地方经济建设，生产适销对路、群众急需的产品。两年时间由军品转民品，从计划经济转向市场经济，对任何一个企业而言都不是一件容易的事情，对军工企业而言更是生死存亡的重大考验。已是山东前进配件厂党委书记兼厂长的石国龙深感责任重大，他整日思对策、想办法，就是到了深夜躺在床上也辗转反侧，终夜难眠。"军转民"宜早不宜晚，这可是全厂数千名职工和家属吃饭的问题。他冷静地分析了前进厂的实际情况，认为当下厂里最大的优势是热处理、表面处理、电镀等工艺技术，是一般企业不具备的，更重要的是有一支素质高、技术能力强、特别能打硬仗的职工队伍。不足之处在于地处山沟交通不便、信息传递慢，工厂是个小社会，工厂担负着许多社会职能，因此生产成本偏高，但只要能开发出合适的产品，工厂的前途是光明的。当前的任务是要转变思想观念，先统一党委一班人的思想，要求大家跟上形势的发展，再解决中层干部的认识问题，只有认识统一了，才能够做到心往一处想、劲往一处使。石国龙组织党委学习讨论，党委一班人认清了形势，坚定了开发民品的信心。党委迅速发动群众利用社会上亲朋好友的关系，利用节假日放假外出的时间发掘民品线索。众人拾柴火焰高，军工厂的职工最关心企业的兴旺发展，大家提出了许多民品开发的建议，如生产麻花钻头、钻帽、牙科椅、自行车、缝纫机等。但经过考察分析，有的产品用量小、销售难度大，有的产品到款周期长、资金周转慢，都不适合工厂生产。为了摸清市场情况，党委决定派出两路人马外出进行调研，一路由党委副书记尹长安带队到湖北和广东一带；一路由党委书记、厂长石国龙带领李希华、张继山、王建伦在本省进行调研，挖掘民品线索。石国龙一行到达临沂市后，大清早就准备到百货公司搞市场调研，由于来得早百货公司还没开门，就在修自行车的小摊位旁与摊主交谈，这位师傅很健谈，说现在生意不好做，干修车这一行的太多了，一天下来挣不了几个钱。能挣钱又好脱手的又无货源。说者无心，听者有意。石国龙感到诧异，什么产品还这么紧张？问了才知道是自行车脚闸，有一个就可以装一部车，可以挣50元。全国只有青岛自行车厂生产，自行车脚闸又不零售。真是踏破铁鞋无觅处，得来全不费功夫。谁都没料到，这个偶然得来的信息，竟成了前进厂的主导民品。石国龙感到这个信息很重要，正好这时百货公司开门营业了，就进入其中，只见货架上钟表、自行车、缝纫机应有尽有，当问及营业员自行车时，营业员回答：有永久牌、飞鸽牌和五羊牌自行车的手闸，但目前没有自行车脚闸，什么时候能进到货也说不清楚。他们走了几家商店，情况都是这样。他们几位分析研究，看来自行车脚闸是当前市场上的紧俏商品，从脚闸的结构看大部分是车工和磨工工艺，适合前进厂，以现有的设备稍加改造就可以组织大批量生产。于是他们决定尽快回厂，在返回途中顺道来到沂水县百货公司和自行车修理摊位进行了解情况，结果基本情况一致。返回厂后他们召开领导班子会议通报了以上情况，经研究先到青岛自行车厂实地考察后再决定。生产科的计划员王健伦到省轻工厅开了介绍信，石国龙一行五人到了青岛自行车厂，为了不引起注意，就在自行车厂附近找了一家小招待所住下，这样便于步行去自行车厂。因为那时到该厂学习的同志很多，他们介绍信上写的是政工干部，属于普通参观者。在厂参观时，他们重点考察了脚闸生产车间，认为前进厂只要把现在的车床改造成专用车床，热处理工艺稍加改动,自行车脚闸便可以实现批量生产,大家对生产自行车脚闸充满了信心,在招待所商量后统一了思想。石国龙准备用一周时间针对脚闸零件的加工方法,结合前进厂的实际情况设计出生产工艺、工艺装备等的草图,白天到车间边看边设计构思,同时考虑如何调整现有军品生产线,建成脚闸生产线,晚上画图定方案。他们还从自行车厂脚闸车间购买了一批脚闸锻件,照着样子边摸索边修改图纸,经过五天努力,终于完成了初步设计。回厂后石国龙先后召开了党委会、中层干部会、职工代表会,三个会上,石国龙通报了生产自行车脚闸的想法,大家一致认为生产自行车脚闸是上策。有了群众的支持,领导的决心更坚定了,当即决定:前进厂立刻转产自行车脚闸。军工厂的工作作风就是雷厉风行,说干就干,石国龙组织力量调整生产线、改造设备、突击生产工装。生产自行车脚闸至少要日产2 300套才能有利润。经全厂职工努力,在当年国庆节前完成20套样品,其中2套送青岛自行车厂检验科进行产品质量鉴定,10套装车作载重试验。经自行车厂鉴定:前进厂生产的脚闸在电镀、刹车方面都优于同类产品。1980年,前进厂的山鹰牌脚闸正式投入生产。

　　脚闸一经推出,省和地区外贸公司便纷纷来到厂里商议订货出口,这对工厂来说是个新问题:出口价格如何定? 前进厂是军工企业,享受国家的优惠政策,所以成本低,生产民品不再享受优惠政策必然丧失政策优势,成本就会上去。当时石国龙提出三条:第一,离厂价每套13.88元,厂外包装、运费由买方负责;第二,现金交易;第三,其价格要随着企业实际情况和市场情况波动。石国龙强调,脚闸支板上一定要压制英文"中国制造"字样。山东省外贸公司同意,从第二年开始便大量购货进行出口贸易。

　　石国龙为了调动职工的生产积极性,于1980年在前进厂实行超工时奖励的政策,奖金与产品质量、数量挂钩,奖金上不封顶,多劳多得,工资下要保底,不少于本人基本工资80%。并对一线工人、车间管理人员、后方服务人员、机关科室、厂级领导都确定了不同的比例,严格考核制度。坚持奖金向生产一线倾斜的原则,厂级领导和机关科室干部只拿一线工人平均奖的38%。自施行奖励工资以来,有的工人每月能多拿奖金百余元,充分调动了劳动者的积极性,保持了自行车脚闸产量、质量的稳步提升。

　　1982年初,因工作需要,石国龙调至山东省标准计量局任质量监督处处长兼任产品质量监督检验所所长。在沂蒙山中17年,他和军工战友们从一片荒山创业开始,工厂从无到有、从小到大,不断发展,在山区建设成了一个初具规模的大型地方军工厂,军品从试制、投产到大批生产,为装备部队、巩固国防作出了重大贡献。为了响应党和国家"军转民"号召,工厂全体干部职工奋力拼搏,在短时间内开发出民品并取得理想的经济效益,成功实现了二次创业。在这种情况下离开军工厂,离开这些朝夕相处、亲如弟兄的军工战友们,真是难舍难分!但是个人服从组织,他一步三回头,离开了第二故乡沂蒙山!虽然到了新的工作单位,他的心还是牵挂着前进厂。前进厂的职工们更是舍不得这位一心为公的老领导。

在新的工作领导岗位,石国龙继续发扬军工人的优良传统,勤勤恳恳、牢固树立为基层服务的观念,做了大量的工作,赢得了基层单位的一致好评。1993年他达到退休年龄,离开了为之奋斗数十年的工作岗位。退休后,石国龙继续发挥余热,为单位做一些力所能及的工作。在庆祝中国共产党成立100周年的日子里,石国龙认真学习《中国共产党简史》,联系自己退休后的生活,心潮澎湃,挥毫泼墨写下了"退休不褪色,离岗不离党"的座右铭,这是他退休后生活的真实写照,也是一位老共产党员"不忘初心、牢记使命"的真正本色!

(资料来源:2021年3月石国龙的采访记录)

十二、勤勉奉献在军工——颜景福

颜景福

颜景福是山东省1964年小三线军工建设初创时期后方建设指挥部的成员之一,从调入后方建设指挥部那天起就投入了紧张的小三线军工筹建中。在那激情燃烧的岁月里,无论当普通办事员还是后来担任领导,他都能认真执行党的方针政策,忘我工作,无私奉献。几十年的军工生涯,为山东省小三线军工做了大量的工作。退休后,继续发挥余热,做好单位退休老同志的党务工作,多次受到省委有关部门的表彰,是一位深受军工战线干部职工尊敬的老同志。

1.服从组织调动，投身军工建设

20世纪60年代初，国内外形势严峻。毛主席、党中央审时度势，向全国发出了"三线建设要抓紧"的伟大号召，具有光荣革命传统的山东党政军民积极响应。为了落实党中央的指示，山东省党政军经研究成立了"后方建设指挥部"，由李华珍、赵克明两位主任负责，在济南军区杨国夫副司令员和山东省经委李春之副主任领导下进行工作。指挥部成员则由从济南军区、省政府相关部门干部队伍中遴选出的政治过硬、专业水平高的中青年干部组成。

1964年9月底，正在山东省机械设计院工作的颜景福接到去后方建设指挥部报到的通知，他抓紧交接工作，匆忙赴任。颜景福是1959年山东省机械学校的优秀毕业生，是省机械设计院重点培养的青年干部。这次被调入后方建设指挥部参加小三线建设，颜景福深感任务光荣而艰巨。

后方建设指挥部设在省政府大院内，他到后，根据工作需要，领导命其负责军工产品的图纸资料工作。尽管指挥部人员不多，但成员非常精干，分工明确，每位成员都具备独当一面的工作能力，可谓精兵强将。

此时，山东建的首个小三线军工厂——山东第一机械修配厂正在紧锣密鼓进行筹建。后方建设指挥部的成员都按各自分工，积极主动做好本职工作，颜景福也按要求提前准备好第一机械修配厂的图纸、资料。根据上级安排，该厂军工产品图纸、资料由四川省某军工厂负责提供，由于军工产品图纸、资料均属国家机密，不能邮寄、托运，必须由专人领取、武装押运，这一工作便由颜景福负责。临行前，领导专门找颜景福谈话，规定了行动路线，指出了注意事项，并专门为其配备了两名全副武装的解放军战士一同前往。四川省自古就有"蜀道难，难于上青天"之说，那个年代到四川出差无直达列车，要先坐火车抵达南京，再乘船到四川省的军工厂。去的时候由于空手而行，大家还比较轻松，可是带着图纸往回走时，情况就完全不同了，颜景福一行都高度紧张。当他带着两名解放军战士登上轮船和火车径直走向包厢时，引起了不少乘客的羡慕和猜测，这么年轻就有两名警卫员跟随，这三位一定是在执行特殊任务呢！他们进入包厢，告诉服务人员非请莫入，把门关上，三人昼夜轮流值班，无论吃饭、上厕所，包厢内必须保证有两人守护图纸、资料。就这样，先坐轮船、后坐火车到达济南，到站时，赵宗岐处长已备车在站台等候多时了。

他们出了包厢,携带机密图纸、资料,迅速登上了汽车,汽车风驰电掣般地开到后方建设指挥部。这时,颜景福如同卸下千斤重担,长舒一口气。图纸、资料放入资料室后,他又抓紧昼夜整理分类,然后通知厂方前来领取,工作方告一段落。那些年,所有的图纸、资料都是他一个人负责管理的,工作十分紧张。

每次去外地取资料,在别人看起来是件很风光的事,但他深知:这些军工图纸、资料如不慎泄密,那是影响国防建设的大事,会给党和人民造成不可弥补的损失。所以每次他都是小心谨慎、百倍警惕,其中艰辛,唯有他知。由于他工作认真负责,从没发生过失泄密事件,保证了山东小三线军工生产的顺利进行,多次受到领导的表扬。

2. 学习的榜样,力量的源泉

在山东小三线军工建设和生产过程中,颜景福多次深入各厂检查指导工作,为基层服务,每次去基层单位都使他受到很大的教育。他目睹了各厂来自天南地北大中城市的老军工们,为了响应党的号召,扶老携幼,放弃了城市优越的生活条件,举家奔赴沂蒙、泰莱山区建设小三线军工,住的是"干打垒",点的是煤油灯,喝水自己挑,寒冬无条件取暖,酷暑没地方纳凉。但他们始终保持着高昂的革命工作热情,无悔无怨。在他们的努力下,创造了山东小三线军工多个厂的"四个当年",堪称奇迹。

3. 做好人事劳资工作,为干部职工服好务

根据工作需要,颜景福同志先后在省军工局、国防工办任机关党委副书记、劳动工资处处长、劳动人事处处长等职务,负责小三线军工系统劳资人事工作。在此期间,他按照领导的要求做了大量工作。

1978年,党的十一届三中全会胜利召开,实现了党的工作重点转移到社会主义现代化建设上来的战略转移,确立了我国改革开放的大政方针。至20世纪80年代初,经济形势大有好转。鉴于此,国家下发了对在三线军工企业工作达到一定年限、家属尚在农村、符合条件的军工家属给予"农业户口转为非农业户口"的文件,这个文件的下达,对于长期夫妇分居两地的三线老军工无疑是天大的好事。喜讯传来,老军工们无不奔走相告,欢欣鼓舞。这项工作政

策性强,有着严格的条件标准。山东省人民政府接到国家文件后,责成省军工局牵头,省经委、公安厅等单位参与共同办理。

按照上级要求,山东省人民政府成立了由省军工局劳人处颜景福处长、保卫处陈尚恩处长以及省经委、公安厅几位领导参加的"农转非"工作小组,颜景福任组长。大家认真学习上级有关文件,深刻领会文件精神,制定实施细则。颜景福组织召开山东小三线军工各单位领导参加的"农转非"工作会议,部署工作、统一思想、落实行动。会后,颜景福一行深入基层各单位检查指导工作,要求各单位按照文件要求把好关,把好事办好。颜景福反复给老军工们解释国家对三线军工的"农转非"政策不是"一阵风",而是今后一项长期的工作,今后只要符合条件要求就可以随时办理。对那些当时因工龄年限达不到要求的老同志,他责成单位领导务必要做好深入细致的思想工作。在他与工作组全体同志的努力下,"农转非"工作稳步地开展起来。1984年,首批符合办理了条件的1 000余户小三线老军工顺利完成"农转非",成为山东省小三线军工历史上的大事,在社会上也引起很大的反响。这年秋天,颜景福正在办公室上班,山东第一机械修配厂来了两位"农转非"的家属,她们抬着一大筐苹果,感谢颜处长给办了"农转非",两个孩子都参加了工作,她们也都在厂里当了临时工,家中生活发生了天翻地覆的变化。"喝水不忘掘井人",今天特意送点苹果表示心意。颜景福见此情景格外激动,再三表示,办"农转非"是国家政策,自己按领导要求做了一点应该做的工作,真要感谢就感谢党和政府的好政策。他解释再三,并按市场价格支付苹果钱,两位女同志坚辞不受,最后还是辗转把钱交给了她们。他就是这样,尽管给大家办了那么多的好事,但一身正气、两袖清风,从不沾公家和个人半点便宜,保持了一名共产党员的本色。

从那时起,三线军工"农转非"作为一项正常工作每年都有符合条件的老军工办理"农转非",它起到了稳定三线军工队伍、促进军工生产顺利进行的重要作用。

在工作中,他认真落实国家的人事劳资政策,对符合政策的人事调动,无论是普通工人还是领导干部,都热情服务、及时办理,从不人为设置障碍,不收受礼品。对老同志的困难,只要在政策范围内允许的,他都尽力帮助解决,赢得了干部、职工的好评。

4. 关心职工生活，为干部职工服好务

根据工作需要，颜景福调任省国防工办秘书处任处长之职。秘书处工作繁杂，上传下达、协调服务、大事小事他都带头干，不得清闲。他始终坚守着一个信念：无论在哪个岗位上，自己都是人民的服务员。他从来不摆官架子、打官腔，脚踏实地为领导、为群众做好工作。上任伊始，离休干部王超群向他反映：家中坐便器长时间不畅通了，自己和老伴年迈多病，生活多有不便。他听说后立即与维修人员一道赶至老人住处察看，经现场仔细检查，此坐便器使用多年，已无法维修，当即决定买一个新的换上。久拖不决的问题就这样迅速解决了，王超群老人高兴地逢人便夸："颜处长工作就是深入，是我们党的好干部。"

他不仅对领导干部热情服务，对普通工作人员也是如此。有人说他就像一团火，不论到哪里都会燃烧自己、温暖别人。是啊，他就是这样，时时处处为别人着想，唯独没有自己。小车班的宋长茂是位老司机，工作认真负责，任劳任怨，但由于妻子在农村老家，身体长年有病，无人照料，生活非常困难，而他又无法照顾家庭，致使这位中年汉子经常苦恼，颜景福得知后，一方面找其谈心、做思想工作，一方面找当地公安机关反映情况，请公安机关按照国家有关政策尽快办理"农转非"，在他的多方努力下，公安机关将按政策为其妻子办理了"农转非"户口。

5. 心系小三线，军工情未了

多年来，山东小三线军工从山沟到城市、从军品到民品、从兴旺到逐步衰退甚至破产，几经波折，职工生活遇到暂时困难。目睹此情此景，颜景福也是坐卧不宁、寝食不安，他时刻牵挂着这些老军工。当他看到大部分军工战士自谋出路，凭借自己的能力闯出一片新天地，取得新的成就时，脸上不禁露出发自肺腑的微笑。2014年12月22日，颜景福在国防工办机关老同志召开的纪念山东小三线建设五十周年座谈会上即兴赋诗一首：

> 风云1964年，举国上下齐备战，
> 主席下达动员令，各省都建小三线。
> 抓紧建好小三线，快速生产枪炮弹，

一旦敌人来侵犯,各省独立去作战。

居住房屋"干插缝",不挡风来不挡寒,
吃的粗茶和淡饭,缺水缺电少油盐。
道路崎岖山连山,一片荒凉无炊烟,
生活条件虽艰苦,决心建好小三线。
为了建好小三线,全家老少一起干,
献了终身献子孙,心甘情愿做贡献。
为了建好小三线,齐心协力拼命干,
一颗红心向着党,再苦再累心也甜。
风风雨雨五十载,艰苦奋斗五十年,
军工战士贡献大,后人永远记心间。
今日召开纪念会,回顾历史向前看,
写诗献给老军工,祝福安康度晚年!

颜景福情深意长地回忆、赞美了当年山东省小三线老军工们筚路蓝缕、艰苦创业,把一切献给党的无私奉献精神;为维护祖国安全所作出的巨大贡献。这段历史人民和祖国不会忘记!

(资料来源:2018年10月颜景福的采访记录和原山东省国防工办有关材料)

十三、恪尽职守的军工"粮草官"——穆玉璋

穆玉璋是山东省1964年小三线军工建设初创时期后方建设指挥部的成员之一,从1964年9月调入后方建设指挥部就负责小三线的物资工作,数十年来,勤勤恳恳、任劳任怨,确保了山东小三线的物资供应,为军工建设作出了应有的贡献。

1.奉命报到,参与山东小三线军工建设

1964年9月,正在山东省农机研究所工作的穆玉

穆玉璋

璋，被所长、书记找来谈话，主要内容是根据需要，穆玉璋被调到后方建设指挥部工作，到新单位后的工作很重要，希望穆玉璋努力为党工作，不要辜负党的期望等等。谈话结束后将调令交给穆玉璋，让其马上就去报到。尽管那个年代是一切服从组织安排，党叫干啥就干啥，但他手头上还有一些研究所的紧要工作，领导似乎看透了他的心思说："我们所的工作耽误了没关系，你先去报到，工作交接只能利用晚上和公休日了。"就这样他骑着自行车很快到了后方建设指挥部。做梦也没想到这次工作调动竟使他与山东小三线军工结下了一生的不解之缘。

后方建设指挥部设在山东省政府大院内的一座三层楼里，因该楼是用灰色砖建成，大家都习惯称它为"灰楼"。穆玉璋进入后发现楼内是间大办公室，摆着几张大长条办公桌，有几分像会议室，有几位军人和地方人员在伏案办公。见他进来，都用警惕的目光审视着，穆玉璋赶忙掏出调令递了过去，他们看后笑道"又来了一位同志"，他们把穆玉璋领到一位领导身旁。经介绍才知道这位领导是赵克明主任。赵主任热情地与他握手说："欢迎，欢迎，就等着你来了。"随后，赵主任向他简要介绍了后方建设指挥部的情况和注意事项，让他先看文件、熟悉情况，尽快适应新的工作。

下午上班后，后方建设指挥部召开全体人员会议，大家分别坐在大长条办公桌两边，右边是来自济南军区各重要部门的军方人员，他们人人戎装整齐、精神抖擞，举手投足之间透出军人的威武。左边是来自省各厅局及有关单位的地方政府人员，他们都是重要的业务骨干、技术精英，举止言谈温文尔雅一派阳刚之气。会议由赵克明主任主持，李华珍主任讲话。李主任环视了在座的同志，脸上露出了满意的笑容。李主任介绍了当前的国内外形势，指出根据毛主席、党中央的要求，济南军区、山东省党政领导研究并报中央批准，山东省将在沂蒙山区建立小三线军工基地，且务必早日建成投产。前些日子省委组织部门已物色了一批干部，他们将分批进入各拟建的军工企业。后方建设指挥部要按照济南军区、省委、省政府的具体要求，做好各项工作的落实。会上还对各位成员的工作进行了分工，命穆玉璋负责基本建设物资供应，涉及国家统一分配和部管物资，主要是钢材、木材、水泥等。

就这样，山东小三线军工建设的大幕在没有公开宣传报道，没有任何庆典仪式，没有鲜花和掌声中悄然拉开。

2. 面向基层，积极为基层服务

后方建设指挥部成立后工作异常繁忙紧张，李华珍主任率杨崇富等几位同志经常去沂蒙、泰莱山区勘察地形，选择厂址，指导工作。有时候杨国夫副司令员也亲自带领他们和有关领导从空中、地面两个方位详细勘察，忙得不可开交。

创业初期，一切从零开始。虽然明确由穆玉璋负责小三线军工基本建设物资供应，但他当时无一斤钢材、一方木料、一吨水泥。常言道：兵马未动，粮草先行。两手空空怎么搞小三线军工建设？这些问题当然早在省经委李春之副主任运筹之中，他通知召开省有关厅局一把手会议。在会上，传达了党中央关于进行三线建设的文件，进行总动员。他特别强调要抢时间赶进度，建设好山东小三线军工厂，用实际行动让毛主席、党中央放心。特殊时期，要采取特殊措施，不能"等、靠、要"，当前就要开建第一个小三线军工厂——山东第一机械修配厂，随后其他几个厂也要陆续开工建设，但国家统一调配的物资没法马上到位，因此，要暂用有关部门的物资，大家要支持小三线军工建设，做到小三线军工建设需要的物资优先供应，违者严肃处理。当然也请各厅局放心，只要国家调拨的物资到位马上如数归还。此次会议的召开为山东省小三线军工建设提供了可靠的物资保障。

会后，李主任嘱咐穆玉璋要建好账，记清借用地方物资的数量，以利今后还清。后来穆玉璋去国家第五机械工业部订货，回来后如数将借用的物资还清。当他把这事向李主任汇报时，李春之很满意，直夸小伙子办事利索。

此时的山东第一机械修配厂的王耕田厂长、张玉理副厂长等几位领导已到职。根据领导安排，穆玉璋到公安机关办理手续，为该厂刻制了第一厂名和第二厂名的两枚公章，当把公章交给张玉理副厂长时，他高兴极了，连说："真是雪中送炭啊，没有公章到哪里办事都没人相信，今后可以主动开展工作了。"

随着形势的发展，1965年，山东省机械厅第二局成立，其职责是负责全省小三线军工建设，由李本均同志任局长。穆玉璋也随即调至二局工作，继续分管原来的业务。此时，山东第一机械修配厂已进入紧张的施工和设备安装阶段，在设备安装时发现缺少一台靠模铣，如无这台设备，工厂将无法正常生产，急需二局帮忙解决。李局长责成穆玉璋负责完成这项任务。他查阅了大量的资料后得知山东无厂家可以生产这种设备。于是,他带领第一机械修配厂的技术员去国家五机部求援,国家五机部业务部门查阅资料后也找不到这种设备,只得介绍他们去国家第一机械工业部请求帮助,该部让他们去北京第一机床厂看看,虽然该厂很热情但结果令人失望。军情紧急,大家都感受到了事态的严重性。那时各省都在搞三线建设,它虽然不是高精尖设备但对山东第一机械修配厂而言却是不能缺的。第一机械工业部领导当即决定由云南省机械工业厅、安徽省机械工业厅各安排一个技术水平高的工厂生产靠模铣,并限期保质保量完成任务。第一机械工业部的领导还再三嘱咐他们最好去安徽省联系,毕竟从那里提货比去云南省方便。他俩火速回到济南向李局长汇报,李局长即派穆玉璋马上赴安徽落实。这事被机械厅李振庸副厅长知道了,这位从安徽省机械工业厅调来不久的老领导热情地对穆玉璋说:"安徽省机械工业厅的刘厅长是我的老同事,我写封信给他,请他帮忙办理。"就这样,他又快马加鞭赶至合肥市,找到机械工业厅刘厅长并呈上李厅长的信。刘厅长说:"我们已接到第一机械工业部的指令,安排有生产能力的蚌埠机床厂生产,请转告李厅长,一定按时完成任务。"为了将任务落到实处,他即刻去了蚌埠机床厂。该厂虽有雄厚的技术力量,但从来也没有生产过这种设备,接到任务后,厂党委觉得既艰巨又光荣,从全厂抽调精兵强将突击生产这台设备,确保按时完成任务。落实后他回济南向李局长进行了汇报。此时万分焦急的李局长听完汇报后说:"你立即回蚌埠,到厂里盯着,什么时候生产出合格的靠模铣你什么时候回来。"就这样,他连口水都没来得及喝就又返回了蚌埠机床厂,天天到车间盯进度。约半个月,该厂在一机部规定的时间内将靠模铣生产出来了,经有关部门验收完全合格。全厂职工敲锣打鼓欢庆。厂长说:"我们接到生产一台的指令,为了防备万一,实际生产了两台,编号02号的交付你们使用,01号我们留在厂荣誉室以教育后人。"他们将设备包装好,穆玉璋就去铁路部门联系运输,铁路部门按军用急需物资的要求办理了运输,安排了一节30吨的专用车皮,一刻不停地装车、运输。穆玉璋立即电告李局长,说清设备到站时间、卸货站台。李局长指示第一机械修配厂按时到济南站指定的站台接货。货到济南时已是夜间11点左右,早在此等候接货的第一机械修配厂的干部职工分秒必争,用吊车直接将设备从火车上吊到汽车上,连夜运回厂,立即进行安装、调试。作为山东小三线军工的"长子",该厂实现了当年设计、当年施工、当年试制、当年出产品的"四个当年"的目标。

随着小三线军工企业人数增加,有些生活供应困难问题也突显出来。有几个厂向穆玉璋反映:当地连卫生纸都买不到,男同志没有还凑合,可女同志的确不方便。穆玉璋找到商业厅的老朋友王德成科长,请他帮助解决,他一听是小三线军工战士生活急需,立即给调拨了大批卫生纸,满足了各厂的需要。

3. 锲而不舍,为小三线军工建设做好物资供应

基建物资供应是一项计划性、细致性、时限性很强的工作,丝毫马虎不得,稍有不慎即会导致基建工地大面积停工待料,造成人力、物力的浪费。穆玉璋十分清楚自己肩上的担子有多重。虽然那个年代是计划经济,但只靠在办公室写报告、打电话是绝对无法保证物资正常供应的。

从山东小三线建设开始,穆玉璋一直负责小三线军工基建物资工作,这些年山东省小三线从无到有、从小到大,主要基建物资都是经他手计划、订购、分配,从来没有发生因基建物资供应不及时而停工待料的情况,确保了各单位施工的顺利进行。每当看到各小三线军工企业的一幢幢厂房、一排排宿舍、一座座办公、生活设施时他都充满了无限深情,因为那里面也有他的辛勤汗水。

这期间最令穆玉璋终生难忘的是负责基建物资供应时与各单位军工战友们建立的军工情,各单位老军工们那种为了三线建设把一切献给党的无私奉献精神,是我们宝贵的精神财富。尽管现在穆玉璋已是耄耋之年,每当想起那些为了三线建设而献身的老领导、老战友、老朋友,他还是忍不住老泪纵横。他们无愧于党的事业,无愧于人民,无愧于我国的三线建设!

(资料来源:2017年5月穆玉璋的采访记录)

十四、山东小三线军工系统的首位团委书记——魏嘉瓒

1976年5月,为适应形势发展和工作任务需要,根据全省小三线军工各单位党、团组织的愿望和要求,经山东省军事工业局党委研究并报省委组织部、

魏嘉瓒

团省委同意,正式成立了共青团山东省军事工业局委员会筹备工作领导小组。早在1966年就曾担任山东机器厂团委副书记(后兼任团委书记)的魏嘉瓒同志,被任命为该筹备组组长,并成为省军工局机关最年轻的处级干部。时不我待,在山东小三线军工系统共青团组织长期空缺的情况下,魏嘉瓒同志团结带领筹备组一班人,不等不靠,充分发挥主观能动性和创造性,在积极做好局团委筹备工作的同时,主动承担起全省小三线军工系统共青团组织的相关职能和工作任务。与时俱进,开拓进取,在不长的时间里,全省小三线军工系统共青团工作就出现了一个"党委有位置、行政皆支持、组织当先锋、部门多联动、团干精而强、工作声色扬"的新局面。围绕党的中心任务、备战军品生产、建设军工文化等方面,小三线军工系统共青团组织紧紧团结和带领广大团员青年充分发挥了党组织的得力助手和党的主力军、突击队作用,使各项工作和活动搞得热火朝天,有声有色,取得了优异成绩,作出了突出贡献。

1. 复转退伍,走进军工系统任团委书记

1965年1月,魏嘉瓒带着对军营的眷恋和对未来美好生活的向往,与军委总部司政后机关及济南军区200余位转业、退伍军人,走进山东机器厂,开始新的生活。

对于魏嘉瓒这批复转退伍军人的到来,厂领导及全厂干部职工表现出极大的热情。他们刚下火车,就见车站到处张灯结彩、红旗招展、锣鼓喧天,欢迎的人群高举横幅,"向解放军学习""热烈欢迎复转退伍军人来我厂建功立业"等口号声此起彼伏。厂长、书记、工会主席率领各部门领导及职工,就像欢迎凯旋的英雄那样隆重,帮着扛行李,手拉手走进早已为他们安排好的宿舍,端来洗脸水,递上热毛巾,那股热情劲,一下子就拉近了距离,有了到家的感觉。

魏嘉瓒等200余位复转退伍军人经厂部进行短期培训后,就进行了分配。

大部分分配到各分厂、车间,只有2名留在厂部机关,魏嘉瓒就是其中之一。他被分到厂政治部团委任工作员,这使他感到有点意外。其实对工作的分配,组织上是根据工作需要和个人表现决定的。济南军区防化团送退伍兵的领导已将魏嘉瓒在部队的情况向厂方作了介绍,档案中也有记载。这让魏嘉瓒从中悟出一个道理,诚实肯干、与人为善是做人的根本,天道酬勤,历来如此。

魏嘉瓒在团委主要负责内勤工作。业精于勤,勤能补拙,这是他成长进步的一把金钥匙。不论干哪行、不论做什么工作,他都能用这把金钥匙打开各种困难之门,走上一条光明大道!

他每天提前半小时上班,总是第一个到达办公室,先清扫厂政治部走廊卫生,再打扫团委办公室,打水、扫地、擦桌子,把同事的茶杯洗干净。中午吃完饭就回办公室,下午总是最后一个下班。晚饭后又回办公室学习或完成当日没完成的工作,大家都觉得自他来后办公室完全变了样。

对领导交办的工作,他都能按时圆满完成,每日工作有计划、忙而不乱、紧张有序,晚上回宿舍躺在床上还回忆、小结当日工作,计划明天的工作。每逢星期天,他也闲不住,到同事家帮忙运煤、拉刨花、盖小厨房等。

1971年11月,山东机器厂召开党代会,选举产生了新的厂党委。魏嘉瓒被选为厂党委委员,并担任组织科长兼厂团委书记。正当他满怀激情抓工作的时候,1972年3月,一纸公文调他去省国防工办工作。"一切行动听指挥、个人服从组织",这是必须遵守的组织原则。干部、职工们闻讯后,纷纷赶到他的身边,祝贺他进入山东省小三线军工领导机关担负更重要的职责任务。

魏嘉瓒从1965年1月进入山东机器厂工作至1972年3月(开始时是借调)离开,前后将近八个年头。他早已与厂里的干部职工结下了深厚的友谊,军工人的光荣传统和优良作风使他刻骨铭心、终生难忘。

1972年3月,魏嘉瓒同志奉命来到省国防工办政工处工作。政工处除负责局机关政治工作外,还统管全省20多个小三线军工企事业单位的政工、党务、宣传、教育、安全保卫、人事管理及工青妇等方面的工作。政工处处长马仲忱是位德才兼备的老领导,其成员有王荣先、孙方茂、李方莲、王可志、冯冠军、刘玉湘、陈尚恩、宋玉华等同志。由于大家都是来自小三线军工基层单位,有着大致相同的思路、方法、语言。那时的国防工办机关尚处于变动调整时期,还没设组织处、宣传处、保卫处、团委等处室。政治处的同志们互相密切配合,工作分工不分家。因大家都是从基层调来机关时间不长，都住集体宿舍，上下班几乎都在一起，关系处得非常融洽，工作开展富有成效。由于魏嘉瓒在原单位就是团委干部，来到政工处不久后领导就让他具体负责小三线军工系统共青团的日常工作。

2. 抓培训学习，提高团干的综合素质和组织领导水平

从山东小三线军工系统团干部的配备情况不难看出，这是一批年轻有为、朝气蓬勃、堪当重任的优秀队伍。用一分为二的观点来看，虽然他们有着满腔的热情，但团的基础知识、工作方法、领导水平都有待提高。为此，已由原省国防工办转入省军工局的魏嘉瓒同志被委任为团委筹备工作领导小组组长。他以局团委筹备组的名义，积极向局党委提出申请并得到同意，确定除对所属各单位专职团干部分期送至省团校进行为期3个月的脱产培训外，充分利用从省团校培训回来的同志作师资，把从省团校学到的共青团工作理论知识和全省共青团工作的先进典型经验，同省小三线军工系统共青团工作的实际情况相结合，认真备课和编写教材，分期分批对全省小三线军工系统团支部书记以上的团干部进行每期一周的轮训学习。

1977年5月，山东民丰机械厂团委书记岳泰和山东第一机械修配厂团委书记龚晓青，到省团校参加了山东省第五期青年干部培训班。培训结束后，由魏嘉瓒主持在山东新华翻砂厂招待所举办了山东小三线军工系统首次团干培训班，收到了很好的培训效果。接着又分别在济南、山东第一机械修配厂和山东前进配件厂举办了三期团干培训班，都收到了预期成效。大家普遍反映：参加这样的团干培训班，时间虽短，但内容丰富，安排紧凑，注重实效，非常管用，收效很大。既学习到了共青团工作的丰富知识和工作方法，又了解到了共青团工作许多先进单位的典型经验，解决了许多工作中遇到的疑难问题，从而更加坚定了进一步做好共青团工作的决心和信心。

在认真总结两期团干轮训班成功经验的基础上，魏嘉瓒因势利导，又在山东民丰机械厂、山东红旗机械厂、山东第一机械修配厂、山东前进配件厂、山东泰山机械厂、山东红光化工厂等单位的招待所连续举办了八期共青团干部轮训班。对每期轮训班，魏嘉瓒都高度重视，轮训班开班时都到场讲话，轮训班结业时对轮训班进行认真总结，对参加轮训的同志提出希望和要求。对轮

训班期间举办的联欢活动,他都积极参加,经常在现场作诗或高歌一曲,很受大家欢迎和好评。他善于抓机遇抢时机,勤向省军工局领导请示汇报团的轮训工作情况,经常陪同到基层检查指导工作的领导同志到团干部轮训班上看望大家。李春之、李本均、陈泰东、王树国等局领导和轮训班学员们所在的单位党委领导,都曾先后到轮训班上看望学员,提出希望和要求。由此收到了意想不到的显著效果,使小三线军工系统团组织的影响力迅速扩大,使参加轮训的团干们深受鼓舞。大体用了一年时间,共分十期对380余名基层团的干部轮训了一遍。通过培训,既有效地促进了各级团干部在政治理论素质、业务水平、工作技能等方面普遍提高,又有力地推进了整个小三线军工系统共青团工作的快速健康发展。

3. 抓点带面,推动全盘工作

在抓好团干部轮训的基础上,魏嘉瓒和筹备组一班人非常注重抓典型引路,通过召开经验交流会、现场会、表彰会等形式,及时发现、总结和表彰先进典型,推广先进经验,树立学习标杆,在全省小三线军工共青团系统营造出"比、学、赶、超、帮"的浓厚氛围,使大家学有榜样,赶有目标,干有动力。

1976年5月,魏嘉瓒和省直机关团委书记李鲁云同志到小三线军工企业检查指导工作时,听取了时任山东机修厂团委主持工作的副书记孙常才同志关于山东机修厂共青团工作汇报后,对该厂团委在团员青年中通过广泛开展"创建红色宿舍"活动、对团员青年有针对性地深入进行政治思想教育的经验和做法非常认同。魏嘉瓒认为这项"创建红色宿舍"活动针对性强,非常符合当时团员青年中普遍存在的单身青年宿舍多、思想比较混乱、8小时外宿舍内成了"自由港"等实际情况。特别是该厂团委在四车间试点成功的基础上,详细制定了目的明确、责任落实、操作性强、要求合理的活动方案,在"创建红色宿舍"的标准、确定"创建红色宿舍"负责人以及具体考核认定等方面下了很大功夫。该厂团委在征得厂党委和车间党支部领导的高度重视及大力支持下,将活动在全厂团员青年中推开。仅半年多的时间,全厂单身青年宿舍就出现了崭新变化,团员青年的思想和精神面貌焕然一新。具体表现在:一是单身宿舍有人管了,责任得到落实。特别是团支部委员、团小组长、团员骨干基本上都担任了"创建红色宿舍"的负责人,他们在8小时外的业余时间中发挥的骨干引领作用更具体、更明显了。二是8小时以外的打牌、酗酒、打架等不良现象逐步消除了。三是宿舍卫生面貌显著变好了。四是在团员青年中积极要求进步、读好书、钻研技术、搞革新的多了。对于这些明显的变化，从厂党委到各车间党支部领导同志及全厂干部职工都看在眼里、喜上心头，对该厂团委的工作给予了高度评价。

魏嘉瓒很快决定，让孙常才同志进一步做好相关工作，在充分准备的基础上，一个月后就在山东机修厂召开了由全省小三线军工各单位团委书记参加的"创建红色宿舍"活动现场会。现场会期间，一是听取了机修厂团委关于开展"创建红色宿舍"活动的全面情况介绍；二是请先进团支部和"创建红色宿舍"活动负责人代表作典型发言；三是参观"创建红色宿舍"活动现场会；四是与会人员谈心得体会及今后打算。现场会之后，各单位的团委书记向各自厂的党委作了认真汇报。许多单位的党委书记对局团委筹备组在山东机修厂召开的现场会给予了充分肯定和高度评价，认为这项工作抓得非常及时且很有成效，解决了当时小三线军工各单位团员青年中普遍存在的问题。在征得党委重视和大力支持的基础上，各单位团委在团员青年中迅速掀起了以"创建红色宿舍"为抓手、以深入进行政治思想教育为重点的活动热潮。

4. 积极开展创建青年突击队和争当青年突击手活动

按照团中央和团省委的要求，组织基层团组织和团员青年广泛开展创建青年突击队和争当新长征突击手活动，是全省小三线军工系统团组织和团员青年在生产经营中充分发挥作用的有效形式和基本抓手。为此，局团委（筹备组）专门下发通知，对开展这项活动的重大意义、目标任务、实施措施等明确提出了具体要求，并召开专门会议进行动员部署。在活动期间，魏嘉瓒和局团委（筹备组）一班人还通过召开现场会、经验交流会、总结表彰会等形式，及时总结推广和表彰先进典型，树立了一大批青年突击队和新长征突击手标兵。魏嘉瓒反复要求团的各级组织摆正位置，当好本单位党委和行政的助手，紧密围绕党的中心任务和工厂的生产经营开展工作，反对华而不实、做表面文章。在这方面，魏嘉瓒率先垂范，作出榜样。他每次组织小三线军工系统团组织的重大活动，都事先做好调查研究，制定周密的方案，并向省军工局领导请示汇报，征得领导关心和支持。所以，他负责团组织的工作后，开展的许多重大活动都很顺利且取得了很好成效,这与他的思想方法和工作作风有直接的关系。如在小三线军工系统团员、青年中开展的"向团的十大献礼"活动期间,参加的团员、青年人数之多、取得成果之显著、影响范围之广是前所未有的。据不完全统计,在此期间,团员、青年义务劳动累计超过2.7万个工时,回收废钢铁66吨,修旧利废2 800余件,实现较大技术革新近百项,修建开辟体育活动场所32个,组织各类业余学习、技术比武文体活动上千场次,在全省小三线军工系统产生了极佳影响,受到局党委及所属单位各级党组织和行政领导的高度评价。

5. 抓建立健全系统团组织,成功召开系统首届团代会

在省军工局党委和局领导的关心支持下,经过局团委筹备组周密充分的准备,中国共产主义青年团山东省军事工业局首届团代会于1979年3月11日至14日在中国人民解放军六十七军招待所胜利召开,300多名团代表出席了会议。省军工局局长、党委书记李本均同志,副局长、党委副书记王树国同志,副局长刘吉乾同志均到会并发言。会上,局团委筹备组组长魏嘉瓒作工作报告,会议期间,在对候选人进行民主协商、充分酝酿的基础上,代表们一致选举了23名同志为共青团山东省军事工业局首届团委委员,魏嘉瓒被选为局团委书记,山东省军工局团委正式成立。

山东省军工局团委的成立,是山东小三线军工团员、青年政治生活中的一件大喜事,是山东小三线军工系统团的工作走上正规化、系统化的重要标志,具有重要的历史意义和现实意义。从此,在局团委正确领导下,山东小三线军工团的工作走向了新的阶段。

6. 功成不必在我,业绩永载军工史册

从1976年成立省军工局团委筹备组,到1981年因调动离开省军工局团委的五年时间里,魏嘉瓒组织带领局团委一班人,通过经验交流、选树典型等形式,先后表彰了47个小三线军工系统的先进基层团组织,560名优秀团干部和优秀共青团员,同时还表彰奖励了一大批新长征突击队和青年突击手,从而大大调动了广大团员青年大干社会主义事业,献身军工小三线建设,无私奉献军工生产的积极性和创造性。同时,在此过程中也为山东省小三线军工系统锻炼了队伍,培养造就了一大批优秀人才。由于工作出色,成绩显著,贡献突出,山

东省小三线军工系统团委多次受到省军工局党委、团省委和省直机关团工委的表彰和奖励,并多次被授予"先进共青团组织"光荣称号。在建设小三线的峥嵘岁月中,此发展阶段堪称山东省小三线军工系统共青团事业最辉煌时期。

1999年,魏嘉瓒已调离山东小三线军工系统18个年头。各小三线军工企事业单位的老团干们也都随着军工管理体制的调整,陆续调往其他部门或在企业担任领导职务。但时间和空间的变化抹不去大家与魏嘉瓒的相互思念和深厚友谊之情。2007年春天,为加强老团干们相互之间的联系与交流,由原山东机修厂团委书记刘学玉和原山东民丰厂团委书记岳泰发起了山东小三线军工老团干首次联谊活动,活动邀请魏嘉瓒夫妇和部分老团干来到青岛欢聚一堂,多年之后的相聚让大家激动不已,深情相拥。

几十年来,魏嘉瓒迈着坚实的步伐,一步一个脚印,从大山深处走来,从军营中走来,从军工基层走来,走进繁华的大都市,走进省直机关,走向领导岗位。一次次的磨炼,一次次的洗礼,一次次的凤凰涅槃、浴火重生,他把一生最美好的青春年华无私奉献给了山东小三线军工事业。他和共青团的战友们,在山东小三线军工这块阵地上引吭高歌,使共青团的旗帜更加光辉鲜艳、高高飘扬。他深爱着山东小三线这块热土,深爱着山东小三线的军工战友,军工精神永远镌刻在他的心中。无论后来走到哪里,他都以自己曾是位小三线军工人而无比自豪!

(资料来源:魏桂粤著《业精于勤——魏嘉瓒的人生之路》,魏嘉瓒著《苏鲁情怀》,原山东省军工局团委有关资料以及孙常才、王红霞、岳泰、刘志安等提供的材料)

十五、沂蒙崮乡小三线军工人——王可志

20世纪60年代,国际形势严峻,毛主席、党中央为了加强战备,发出"三线建设要抓紧""备战备荒为人民"的号召。山东省党政军民积极行动起来,以沂蒙山为中心,开展了山东"小三线"军工建设工作。山东民丰机械厂(国营九三八一厂)就是在此期间建设的一座小三线军工厂。

王可志

1. 筚路蓝缕，艰苦创业

1966年4月13日，从青岛市党政机关、国营大型企业遴选到"小三线"军工工作的王可志、王绍荃、刘方玺、于彬、吕思喜、丁学先、孙瑞迎、赵仲樱几位中青年干部，在李坤同志的带领下，先坐火车，后转乘长途公共汽车，在山路上一路颠簸直到太阳落山，才来到蒙阴县岱崮公社笊篱坪村，与先期到达的厂长吕华林、党委副书记王树翰、党委副书记张燃等同志会合。

他们的到来，增加了建厂的生力军，受到吕厂长、王书记、张书记等人的热烈欢迎。由于建厂初期，还没有宿舍，大家只能住在该村党支部书记公方坤和支部委员公方利等家腾出的房子中，生活是非常艰苦的。食堂设在一户村民家中，食堂管理员徐志明同志负责做饭，他对工作尽职尽责，想方设法把伙食搞好。当时粮食实行计划供应，干部定量每人每月13.5公斤，根本不够吃，他就经常到岱崮大集买地瓜、副食，买来山羊宰杀为大家改善生活，尽量让职工们吃饱吃好。为了方便工作，他在伙房角落里搭了张小床，日夜都不离开伙房。由于蒸馒头、煮大锅菜，室内水蒸气大，又没有排风设施，从房顶滴下水滴把他的被褥都弄湿了。同志们提醒他应多晒被褥，否则盖着湿被褥睡觉容易生病，尽管他满口答应，但往往忙起来就把个人的事忘得一干二净。

建厂工作紧张有序、忙而不乱、有条不紊地顺利进行。新建的"干插缝"单身宿舍刚竣工，内墙还没完全干时，大家就开始搬进去居住。这种房子的墙全部用石块垒成，"三米一块勾心石"，很是牢固结实。石块之间用黄泥巴灌缝，透风漏气，很有沂蒙山区建筑特色。大家都以苦为乐、以苦为荣，职工们自豪地说："大庆油田职工住'干打垒'，山东'小三线'职工住'干插缝'，我们也赶上大庆了。"

沂蒙山区人民在当地政府组织下，对"小三线"军工建设给予大力支援。来自临沂地区厂区周围几个县的近千名农民兄弟，组成民工大队开赴建厂工地，不分昼夜、不计条件、忙碌在施工现场。一日三餐吃的是地瓜面煎饼、老咸菜。白天在山上开山、放炮、挖石块、采石料，用小推车将石料运至山下供盖房、垒墙之用。夜间，他们住在十字涧、公庄和工地临时搭建的工棚里，睡觉前，厂的政工干部王可志同志去工棚组织大家学习，给他们讲述国内外形势以及三线军工建设的重要性，民工兄弟们受益匪浅。由于当年医疗条件落后，最基本的医疗条件都没有，有的民工在劳动过程中脚后跟被石料划开了大口子，自己用缝衣服的针穿上从水泥袋拆下的线缝脚上的裂口,第二天又照常上山运石块。如果没有当地政府和英雄的沂蒙人民大力支援,民丰厂不可能顺利地实现"当年定点、当年设计、当年试制、当年出产品"。

2. 抓勤俭建厂,为创建"大庆式企业"奠定基础

山东民丰机械厂从1966年3月建厂伊始,厂党政领导就继承和发扬了党的优良传统,认真贯彻执行毛泽东主席勤俭办企业的指示,精打细算、不乱花一分钱。厂领导发现有的施工队伍在垒墙、盖房过程中存在着浪费水泥、木材的现象,天黑收工时还有些没用完的水泥浆就扔在工地,等第二天上午想再用时,才发现已凝固无法使用;有的施工队在用水泥浆抹石缝时,很多水泥浆掉在地面上,也无人将其回收继续使用,等等。厂领导让党委秘书王可志同志抓紧收集有关浪费方面的资料和实物,对职工和全体施工人员进行勤俭节约方面的教育。经过紧张的准备,成功地利用图片、图表、实物等形式举办了增产节约展览会,组织本厂职工及全体施工人员参观,并进行讨论制定出整改措施,增强了职工及施工人员的节约观念,及时制止了这种浪费的现象。

为了节约开支,勤俭办企业,厂组织职工自己动手挖一条宽1米、深1.2米、长约3公里,从公庄水井到厂区的输水管道。这可是个体力活,管道沟经过的地方土层深点还少费点劲,但好多地方土层太薄,下面全是石头,只得打炮眼用炸药爆破后再人工开挖。

1970年的生产任务仅用八个月零十天就全面完成。为了调动职工的积极性,厂党委做出"自力更生、艰苦奋斗"自己动手打山洞(现为岱崮地质博物馆),扩建高射机枪枪弹生产线的决定。职工家属见自己的男人在前方出力打山洞,便自发组织起来,义务修建办公楼至山洞的公路。到1972年10月,在全厂职工及家属的共同努力下,保质保量全面完成了面积6 066平方米的山洞和通往山洞的修路工程。

在勤俭建厂方面,厂里也是从大处着眼、小处着手,一分一厘、精打细算。检验车间的检验人员在上班工作时,必须戴着手套对每发子弹进行"精准检验",最容易磨损的是手指部位,经常是手指部位磨破了而其他部分还很新。如果这样把手套扔掉,未免有些可惜,检验员们就建议供运部门专门购买手套的手指部分,自己动手将磨坏的手指部分拆除,接上新买的手指部分,就可以继续用了。

机加工车间的职工将旧棉纱回收,拿到小河沟中反复搓洗,洗净晒干继续使用。一车间工人李在业是料具员,他工作期间回收化工材料桶达6 000个,价值超4 000元;废旧棉纱3 000斤,价值300余元;废旧手套6 000副,洗补再用超3 000副,价值1 800余元;回收废工装零件10万件;回收化工材料袋7 000条,先后被授予"学铁人标兵"和"山东省劳动模范"荣誉称号,是山东"小三线"军工人学习的榜样。

生产车间的操作工在生产过程中注意节约。在制造子弹壳下料时,做到精确计算到克,下料时分毫不差。

从前方车间节约一副手套、一两棉纱、一寸钢,到后方服务部门节约一张纸、一度电、一立方水,民丰人就这样"积土成山、积水成渊",不仅使全厂职工、家属养成了勤俭节约的良好习惯,还为国家节约了大量资金。

3. 工农联盟,鱼水情深

论起工农联盟、厂社和谐相处、共同发展,山东民丰机械厂和当地的工农关系可称典范。

建厂初期的岱崮镇笊篱坪村,村中无副业,老百姓无其他经济收入,所以比较贫困落后。为了使驻地老百姓过年能吃上水饺,大家主动将自己定量中有限的细粮捐献出来送到本村农民家中慰问。建厂初期,大批的钢材、木材、水泥、设备等陆续运入,厂里还没有仓库,只能放在村庄周围平地上,笊篱坪村的民兵自发组织起来,昼夜值班巡逻,义务守护国家财产。为了帮助农民多产粮食,星期六下午厂组织职工开展义务劳动,1970年,厂组织打山洞,有些施工用的木材就放在山坡上的施工现场。夏季汛期,天降暴雨,洪水将木材冲至溪内顺流而下,村民发现后纷纷跳入水中将木材捞上岸,但还有些被湍急的水流冲走,有位社员不顾一切沿岸边紧追不舍,鞋子跑掉了也全然不顾。木材漂到岱崮公社附近时才搁了浅,这位社员将其全部捞上岸,并想方设法通知山东民丰机械厂将木材运回厂。

4. 民丰厂的优秀代表,军工人学习的榜样

在长期的生产、工作、生活中,山东民丰机械厂传承了军工人"艰苦创业、无私奉献、团结协作、勇于创新"的三线军工精神,据不完全统计,有以下单位

和个人获得突出荣誉：

1968年10月，陈同德同志作为老工人代表赴北京参加国庆观礼，受到党和国家领导人的亲切接见。

1969年10月，胡云祥同志赴北京国庆观礼，参加了国庆招待会，登上天安门观礼台，受到党和国家领导人的亲切接见。

1971年4月，在中共山东省第三次代表大会上，机修车间工人赵茂林同志当选为省委第三届候补委员。

1977年7月，三车间工人刘芳同志当选为人大代表，赴京参加党的十一大。

1978年6月，国家第五机械工业部在北京召开"兵器工业学大庆会议"，授予山东民丰机械厂"大庆式企业"锦旗一面；授予四车间"学大庆红旗单位"锦旗一面；授予李在业同志"学铁人标兵"称号。

1980年，厂科研所为主研制的外贸薄片自行车链条获评山东省优质产品。

1982年，山东省政府授予李在业同志"山东省劳动模范"荣誉称号。

1983年9月，一车间党支部书记兼分工会主席杨国华同志出席山东省优秀工会积极分子表彰大会；10月被中华全国总工会授予"全国工会积极分子"荣誉称号。

1984年9月，魏希莲同志出席山东省优秀教师表彰会，被授予"优秀少儿工作者"荣誉称号。

1985年6月，厂经济民警徐增杰同志获中华全国总工会颁发的五一劳动奖章。

山东民丰机械厂工会在1985年、1986年两次被省国防科工办命名为"先进职工之家"。

1985年，高存芳同志被山东省总工会授予"优秀工会工作者"荣誉称号。

1985年，孙兰英同志被山东省总工会授予"模范职工之友"荣誉称号。

1993年以来，王启成被国务院授予特殊津贴专家；省劳动模范；第九届、十届、十一届全国人大代表。

1998年2月，公茂田任山东省政协委员，获山东省劳动模范等荣誉。

1999年，伊树凤获"全国三八绿化先进个人""全国三八绿色优质工程先进个人"等荣誉称号。

（2020年10月王可志同志的采访记录整理）

十六、那山,那厂,那军工人——堵继亮

发生在我国20世纪60年代三线建设是一项伟大的国防建设工程,随着社会的发展和时间的推移,它逐渐淡出了人们的视野,更加之其具有保密性质,所以许多人对这段不平凡的历史知之甚少。为了挖掘宣传三线军工文化,弘扬正能量,向社会展示当年山东小三线军工人为了祖国的安全不惜牺牲个人利益,在沂蒙山区默默无闻地把一切献给党的无私奉献精神。2020年12月,笔者采访了山东省国防工办退休干部堵继亮同志,谈起当年山东小三线军工的往事。虽然堵老已是耄耋之年,但思维清晰敏捷,对自己参加军工建设的那段峥嵘岁月如数家珍。

堵继亮

1. 服从组织分配,参加小三线建设

1960年7月,堵继亮从师范学校毕业后被分配到青岛第四钢铁厂工作。领导向他介绍厂里工人多,且文化水平普遍不高,请他给工人们当业余文化教员,提高全厂职工队伍的文化素质。正当他满怀信心准备在职工教育方面大展身手的时候,厂工会秘书当兵入伍了,工会急需一位秘书,他成了唯一的人选。就这样,负责职工教育工作的堵继亮被调到厂工会担任秘书。在这个岗位上,他工作认真负责、对人积极热情,受到了领导和职工的一致好评。不久,因钢铁厂调整下马,组织部门把他调到青岛化工厂任会计。在工作中他经人介绍认识了化工厂女职工王秀风这位端庄贤淑勤劳能干的姑娘,两人由相识、相知到相爱,最终结为连理。

1965年,青岛市和全国一样开展了轰轰烈烈的知识青年上山下乡。高密县是青岛安置上山下乡知青的一个点,这项工作由于刚开展,没有现成的经验可借鉴,出现一些问题,高密县请求青岛市派人到知青点做好安置管理工作。于是,青岛市就遴选了一批干部下乡带队,堵继亮作为带队干部被选派到高密县。虽然家中有两个幼小的孩子需要照顾,但面对组织的信任

和重托,他没多想就毅然来到高密县仁和公社李家庄知青点。这个知青点人数有近百人,他和另外两位干部一起负责知青的工作。当地条件非常艰苦,土地是盐碱地,冬春季节地里白茫茫一片,喝的水又苦又涩又咸,难以下咽。地多人少,产量很低,社员们的收入非常微薄。知青和当地社员一样下地劳动,过着面朝黄土背朝天,日出而作、日落而息的农村生活。按工分进行分配,晒粮、推磨、拉碾、做饭全都是自己动手,做饭用的煤炭要到从几十里外的县城拉回来。这些从小在城市长大的青年刚到农村,无论是生活方面还是劳动方面在短时间内都很难适应。堵继亮深感责任重大,他就像对待自己的弟弟妹妹一样,对这些知识青年无微不至地关心爱护。在生活上,教他们做饭,熟悉农村生活;在政治上,教育他们听党的话,认清知识青年上山下乡的重要意义,树立正确的世界观、人生观,在劳动中锻炼自己,为今后的发展奠定基础;在劳动中,带领他们虚心向贫下中农学习,种好田,多为国家做贡献。他和知识青年们同吃、同住、同劳动,受到社员和知青的爱戴。

1966年春节刚过,堵继亮收到组织部门调他参加小三线建设的通知,并要求立即动身到山东省机械厅第二局报到。按要求他简单地收拾了行装,与妻子、儿女匆匆告别,乘火车来到位于济南的机械厅二局,向负责人事的张华实同志报到。张华实向他介绍我省正按照国家要求建设小三线军工厂的情况,遵照上级"好人好马上三线"的指示,从全省党政机关、大型国营企业遴选优秀的中青年管理、技术骨干支援小三线建设。堵继亮要去的单位是山东工模具厂,军工代号国营九四二九厂,地址在蒙阴县岱崮公社东峪,是国家保密单位。工厂已于1965年11月由车华堂厂长等人开始定点筹建,要求堵继亮现在就去报到,工作由厂领导分配。就这样,堵继亮怀揣着山东省机械厅第二局的调令,乘汽车辗转来到山东工模具厂,开始了他的军工生涯。

2. 奋力拼搏,实现"四个当年"

1966年2月,堵继亮从济南乘长途客车一路颠簸、风尘仆仆来到蒙阴岱崮公社东峪,找到比他早来几个月领导建军工厂的车华堂厂长报到。此时已经来厂的同志不过30人。领导原打算请他任会计,建厂期间先让他做基建工作。现场工地施工一片繁忙景象,淄博、临沂两地区的建筑公司和数百名民工,不分昼夜平整场地、垒坝、盖房。虽然现场施工人员众多,但由于领导调度有方,工作忙而不乱。

堵继亮来到后已是天黑,到了开饭时间,大家就到"食堂"吃饭。所谓"食堂",其实就是工地边的一间草棚,挂着盏马灯照明,几十位职工就在那儿站或蹲着就餐,分不清谁是领导和普通职工。饭后安排他住宿,工厂已建起几排半拉子宿舍,虽然还没来得及安装门窗,室内没来得及用泥巴抹墙皮,但大家就已经搬进来住了。没有电,有一盏带灯罩的煤油灯;没有床板,就在地上撒一层玉米秸秆,铺上被褥。尽管是残冬,沂蒙山区仍是北风刺骨。在这种环境里睡觉,没有人脱衣服,都用被子将身体裹严实,相互之间挤在一起抱团取暖,好不容易朦朦胧胧进入梦乡。

虽然艰苦,但全厂领导、职工和施工人员一起,自建厂开始就没休过星期天、节假日,从早两眼一睁忙到熄灯,不分昼夜、奋力拼搏,终于实现了"当年设计、当年施工、当年建成、当年出产品"的预定目标。

3. 工农一家亲,战友情谊深

沂蒙山区是红色革命老区,这儿百姓心地善良、民风淳朴。由于是山区,可耕地少,交通不发达,经济落后,人们的生活很艰苦。堵继亮刚来厂时,厂区周围农民每人一年才能分得数公斤小麦,长年以地瓜面煎饼为主食。家家自己纺线织布,年轻姑娘穿着老粗布对襟棉袄。村里没有副业,喂几只老母鸡下了蛋也不舍得吃,拿到集市场卖了换点零花钱。厂领导见当地农民兄弟们生活如此艰苦,十分同情,号召每位职工节约出三斤细粮支援当地农民,让他们过节时也能吃上顿水饺。在麦收、秋收农忙季节,还组织职工开展支农活动,帮农民劳动。这些利农举措使村民们深受感动,他们也尽最大的努力支援小三线军工建设。在工厂刚开建时,从外地运来大批物资、设备,但无仓库存放,作为权宜之计,就堆积在村旁平地里,村里民兵自发组织起来,义务昼夜值班巡逻看守国家财产,多年来没发生物资被盗案件,工农关系非常融洽。

工模具厂的职工来自山东省四面八方,大家为了一个共同的革命目标走到一起来,从领导到职工,政治素质和业务素质都比较高。在那个激情燃烧的岁月里,干群团结,一人有难大家帮、一家有难全厂帮,厂风正、人心齐,工作积极性高。堵继亮来厂时是按会计职务调来的,可是来厂后缺少基建施工人员,工作需要他改行搞基建施工现场指导。他二话没说,服从组织分配,天天盯在施工现场,严把施工进度关、质量关,工厂基本建成时才去财务科当会计。1970年他动员妻子王秀风领着年幼的子女从繁华的青岛市迁到偏僻的山东工模具厂,住在厂"干插缝"职工宿舍,全家都支援了小三线军工建设。

1971年4月,工厂建厂以来第一批发展党员,他被党组织批准光荣地加入了中国共产党,后相继担任了党委秘书、政治处副主任。在这些岗位上,他勤勤恳恳、任劳任怨,为工厂的发展做了大量工作。1975年,因工作需要他被调到山东省军事工业局工作。虽然走进了上级领导机关,但他难忘沂蒙革命老区的山山水水,难忘他曾经为之奋斗过的军工厂,难忘与他朝夕相处、亲如弟兄的军工战友。

调到上级领导机关后他先后担任秘书、军工局办公室副主任、国防科技工业开发总公司副总经理、国防工办基建财务处处长等职务,经常陪同领导到各军工厂检查工作,组织各单位开展"工业学大庆"活动,为山东小三线军工企业的发展出谋献策,给领导当好参谋,做了很多有益工作,赢得军工系统干部、职工的赞扬。

(资料来源:2020年12月堵继亮的采访记录)

十七、山东小三线军工老财会——井远明

井远明同志是山东前进配件厂建厂初期支援小三线军工建设的老财会,2020年5月笔者来访时,他身体硬朗,思维清晰,乐观健谈,为人和善。在对其采访过程中,他说的最多的话就是:"当年参加山东'小三线'军工建设的职工都是从各行业挑选出的优秀分子,是好样的。尤其是'小三线'军工的财会队伍,政治素质高,业务素质强,不仅在全省属一流,就是在全国同行业也是屈指可数。因为大家都深知财会人员责任重大。经手

井远明

钱财数千万,不能给军工抹黑。整个山东'小三线'军工系统,别说出现贪腐'老虎',就连'苍蝇'也没有,风清气正,维护了国家财产的安全,保证了军工生产的顺利进行。"

随着时代的发展,这段尘封了多年山东小三线军工建设的峥嵘岁月,这些为了祖国的安全无私奉献的军工战士,这批廉洁奉公的财会人员,终于揭开神秘的面纱,向世人展示出当年的风采。

1. 努力学习,积极进取

井远明出生于山东济南的井家沟村,祖辈都是面朝黄土背朝天的劳苦农民。1952年秋,他以优异的成绩从济南市会计学会学校毕业,分配到济南市实业公司,随着社会发展的需要,该公司撤销,成立了机械局、轻工局、化工局、纺织局等专业管理局。他在济南市实业公司财务科集训了几个月,被分配到济南市实业公司铁工总厂二分厂,该厂后来更名为济南重型机械厂。当时,全国人民的文化水平普遍比较低,井远明属于有文化、有知识、思想进步的新青年,所学的又是财务会计专业,是社会紧缺人才。进厂后,顺理成章分配到财务科会计岗位。

济南重型机械厂是济南市有名的大型工业企业,厂党政领导注重抓管理、抓质量、抓人才培养,厂风正,人心齐,职工干劲足。井远明到岗后,是财务科最年轻的财务人员,他朝气蓬勃,充满青春活力,财务科领导专门安排了一位老财务对其"传帮带"。他非常珍惜这份工作,每天早上班、晚下班,在老财务的帮助下,经过一段时间的刻苦学习,他很快就达到了独立工作的水平,得到了财务科领导和同事们的一致好评。1955年5月,他光荣地加入了中国共产主义青年团。财务科科长刘雪村同志是位"伯乐"式的领导,通过几年来对井远明的观察,认为这小伙子人品好、业务水平高,是可造之才。即有意识地在工作中给他压担子、增任务。在工作上,让他先从担任出纳会计入手,逐步轮岗任财务会计、材料会计、基建会计、成本会计,每个岗位任职两三年,就这样经过十余年的转岗锻炼,井远明成了一名德才兼备、能独当一面、具有过硬专业技能的"多面手"财务干部。其间,刘科长还积极支持他参加业余文化学习,为其创造学习条件。经过两年多的刻苦学习,他终于在1961年10月学完了中国人民大学函授的工业会计专修课的全部课程,以优异的成绩毕业。

2. 毅然决然投身小三线军工

20世纪60年代,毛主席、党中央向全党、全国发出"三线建设要抓紧""备战备荒为人民"的伟大号召,全国人民积极响应。具有光荣革命传统的山东省党政军领导坚决贯彻落实,在齐鲁大地开展了一场大规模的小三线军工建设,不过当时这项工作是在秘密进行之中,禁止对外进行宣传。1965年9月的一天,厂领导找井远明谈话,根据工作需要将调其去保密单位工作,具体去的单位和地点,暂时保密,还特别嘱咐工作调动之事不允许他同任何人(包括亲属)谈起,让他马上准备行装,做好随时出发的准备。在那个年代,国家的需要就是自己的志愿,党指向哪里就冲向哪里,井远明无条件服从组织分配。几天后,领导通知井远明马上带着行李到厂办公室门前集合,今天就出发去保密单位报到。

汽车很快驶出济南市区,在高低不平的公路上颠簸行进,中午时分到达淄博,在路边找了家饭店吃饭,稍事休息汽车就开进了沂蒙山区,在盘山路上像甲壳虫一样艰难地爬行,从车窗向外看,盘山道既惊险又恐怖,令人倒吸冷气。汽车在山里转了一段时间,司机费了好大劲,才将车拐进了一个小村庄。只听带队的杨处长说:"到了,下车吧。"这就是保密单位?除去荒草野坡就是小山村,井远明一头雾水,满脸疑惑。杨处长看出他的心思,笑着对他说:"我们现在所处的地方,根据国家的安排,将建一座军工厂,厂名叫山东前进配件厂,专门生产高射机枪。现在,你就是这个厂的首批小三线军工人了。别看现在一片荒芜,相信经过大家的努力奋斗,用不了多久,一座现代化的军工厂就会拔地而起。困难是暂时的,前途是光明的,幸福生活靠我们的双手来创造!"杨处长的话虽然不多,但挺鼓舞人心。井远明相信:有党的正确领导,有国家的大力支持,没有克服不了的困难。

小山村陆陆续续来了好几辆汽车,送来一批又一批人。负责接待的村领导带着大家走进大队办公室,这是个典型的沂蒙山区农村四合院,房子都是"干插缝",很简陋,这儿成了前进厂建厂的临时办公地点,办公室设在北屋正房,东厢房当卧室。没有床,在屋里地面铺层草和席子就成了床;没有电灯,点煤油灯;没有自来水,用水就去井里挑。大队领导给找了位炊事员,在院里架锅烧水做饭。就这样,井远明和陆续到来的创业者们在这里拉开了建设山东前进配件厂的序幕。

第二天早饭后,大家在杨处长的带领下,到杏峪村边上的厂址察看地形,具体安排建生产区、生活服务区的有关事宜,在山沟里转了几天。与此同时,济南重型机械厂陆续有许多同志来厂报到,连同厂党委副书记裴树梅等足足150人,再加上从全国四面八方调来的干部职工,前进厂领导干部、管理干部、技术干部的骨干队伍已初具规模,力量颇为雄厚了。厂领导管理有方,未雨绸缪,将这些同志作了大致分工:一部分负责建厂;另一部分到外地同行业军工厂学习高射机枪制造技术。

井远明按照厂领导的安排,负责厂的财务工作。建厂初期,一无所有,白手起家,他凭借着在济南重型机械厂十几年的工作经历,练就一身过硬的专业技术本领,带领全科人员很快建立了一整套财务会计工作的制度办法、账务设置、核算规程,保证了财务工作的正常运转。他根据国家的会计制度和济南重型机械厂的实践经验,结合高射机枪零部件繁多、车间工序复杂的特点,建立了一整套较为科学完备的会计流程,配备、培训了财务科和各车间的会计核算人员。就高射机枪而言,不同于其他军工产品,成百上千的零部件,要经过若干个车间、工序流转加工,如何核算其产品成本乃是财务科要解决的首要问题。他采取定额成本加差异的办法,计算高射机枪的实际成本,拟计算编写一整套定额成本资料,全科同志争分夺秒、日夜苦干,在技术工艺部门的配合下,终于制定出一套完整、准确的定额成本资料,为日常的成本核算奠定了基础。

财务工作要做到既有原则性又有灵活性。在不违背国家规定的前提下,可以酌情办理。国家明令禁止的规定,必须严格执行,没有商量的余地。有一次,有位副厂长拿着招待客人吃饭的单子到财务科报销,井远明当时就明确答复不符合财务制度,不能报销。这位副厂长又找到李宝林厂长请求批准报销,李宝林厂长打电话给井远明,问能否变通一下给与报销。井远明回答:"厂长同志,这是违反国家规定的!"那时候,山东小三线军工就是这样严格执行国家的财务规定,无论职务高低,在制度面前人人平等。由于严格地执行了财务制度,杜绝了产生腐败的温床,在小三线军工系统别说有"老虎",连只"苍蝇"也找不到。财务战线上的干部职工个个都是好样的,经手钱财数千万,没有一位财会人员给小三线军工抹黑。

财务科是工厂的重要管理部门,有许多工作都由财务科提前介入。如高射机枪的协商定价、价格的申报、产品的运送、结算收款等都要由财务科办理。财务科提出公开、透明、详细合理的成本价格资料,经厂领导批准,报济南军区和省物价局审定。由于前进厂的成本价格水平与全国同行业相比具有较强的竞争力,很快便得到了相关部门的认可。

  每次交货前,都先由井远明去济南军区联系交货事宜,确定送货的时间、地点、产品数量以及送货车辆等,然后工厂才组织送货。送货的车辆由工厂供运科具体组织,因为工厂没有那么多车辆,大部分是租用当地运输公司的汽车,要求运输公司选派政治可靠、技术过硬的司机参与送货。装车的时候,保卫科组织武装押运人员站岗,每辆车装载高射机枪的数量相同,所有车辆都用绿色大帆布封盖好,车辆挡风玻璃和尾部贴上醒目的编号,十余辆车上路后要按序行动,前后照应,不得打乱顺序,第一辆车和最后一辆车是本厂的汽车,井远明和保卫科的领导坐1号车带领前进,有位保卫干部乘最后一辆车压阵。每辆车上都有一位全副武装的保卫人员押运,因为车上装的都是成品高射机枪,必须严肃认真,万无一失。当装车和一切工作都准备完毕,厂长一声令下,车队徐徐开动,奔驰在沂蒙山区的公路上,翻山越岭,浩浩荡荡,颇为壮观,成为一道靓丽的风景线。就这样,车队一路小心谨慎,经过长途跋涉顺利到达目的地。济南军区仓库装卸机械齐备先进,战士们都身强力壮,身手敏捷,一声令下齐动手,十几车的高射机枪不一会儿就卸车完毕,整整齐齐地摆放在库房里,令人赞不绝口。

  从井远明入厂到1972年调至上级领导机关,他在山东前进配件厂整整工作了七个春秋,虽然时间不长,但巍巍沂蒙山、悠悠军工情,给他留下了刻骨铭心的记忆,在这里他结识了许多不是亲兄弟却胜似亲兄弟的军工战友。

3. 工作调动,服务小三线军工

  根据工作需要,井远明于1972年离开了山东前进配件厂,调到省国防工办财务处工作,这是山东小三线军工的领导机关。在那里,他一干就是17年。在财务处葛启超处长的领导下,具体分管小三线军工企业、代管的部属企业的财务会计管理,帮助企业解决财务问题。井远明经常深入基层检查指导工作,与各小三线军工财务人员之间不仅是上下级关系,而且还是亲密的战友、兄弟关系。当初的山东小三线军工财会队伍,可以说是兵强马壮,全省一流,工作得到省财政厅的认可和称赞。同志们的工作作风就是四个字——"严、细、准、狠",即严格的财经纪律,仔细的财务管理,准确的会计核算,狠抓业务水平的提高。

山东的军工财务工作在全国同行业也是出名的,财务处还代管了几个国家第五机械工业部驻鲁企业的财务工作,井远明每年都参加第五机械工业部的财务会议,与各省国防工办财务处长都熟悉,关系非常融洽,每次开会讨论热烈,相互交流,受益匪浅。如果哪位开会没参加,大家都很想念,打电话询问。那些年全国在山东开会的次数也多,山东人热情好客,大家都愿意来山东。不在济南就在烟台、青岛,都反映山东会务组织得好,对山东人民的印象很好。

每当想起山东小三线军工的财会工作取得的辉煌,井远明总是感慨万千。随着国内外形势的发展,国家号召机关经商办企业,国防工办领导积极响应,动员机关干部办企业。1988年,根据工作需要井远明被调到山东省国防科技工业开发总公司负责财务工作,在这个新单位,他勤勤恳恳,尽职尽责干好本职工作,公司经营蒸蒸日上,取得较好的经济效益。但后来,由于种种原因,公司的经济效益严重滑坡。井远明看在眼里、急在心中,但自己权限有限,心中非常纠结,1995年底已经"超期服役"的井远明正式办理了退休手续,他恋恋不舍地离开了为之奋斗了30多年的军工事业,他把自己一生最美好的时光都无私地奉献给了山东小三线军工。

(资料来源:2020年5月井远明的采访记录)

十八、我是七一一五工程队的一员——韩训修

韩训修1936年8月出生于山东新汶孙村镇的一户农民家庭,1953年在新泰速成中学毕业,同年在济南市税务局参加工作。先后在莱芜县煤炭局、泰安地区专员公署煤炭局、山东省煤炭局工作。1966年4月,为支援小三线建设,调入隶属于后方建设指挥部专门为小三线成立的七一一五工程队,作为该队的初创人之一,为筹建工程队,为山东小三线军工企业挖掘山洞做了大量工作。1971年根据工作需要调至省国防工办。在此期间,他积极努力、忘我工作,无私奉献,为小三线军工建设作出了贡献。

1. 七一一五工程队的诞生

20世纪60年代，山东开始进行大规模的三线军工建设。在军政联合领导下，山东第一机械修配厂、山东第二机械修配厂等军工单位先后开建。按照三线建设"靠山、分散、进洞"的原则，后方建设指挥部决定成立一支由其直接领导的挖洞工程队，专门为新建的小三线军工厂挖山洞。就这样，这支工程队在1966年4月正式诞生了。

当年挖洞的专业队伍首推解放军工程兵，但那时他们承担着更为重要的战备任务，根本无法分身。刚调到后方建设指挥部的杨崇富处长最清楚工程兵近年来紧张的战备任务。但小三线军工建设的挖洞工作也需分秒必争，丝毫不能拖延。尽快抽调一支"召之即来，来之能战，战之能胜"的打洞队伍，是领导们的当务之急。要说此事还是杨崇富处长最有发言权，他提出从省煤炭局抽调人员组成为小三线军工的专业挖洞队。负责山东小三线军工建设的领导们听了这个建议后无不拍手称赞，当即表态同意并让杨崇富处长尽快落实。

在那个年代，为了贯彻毛主席，党中央备战的要求，全国上下一盘棋，涉及单位无不积极响应。当省煤炭局接到此通知后，深感任务光荣而艰巨，局长、书记立即行动，按照"好人好马上三线"的要求，从本局抽调精兵强将，组建成立了"山东省煤炭局工程队"。抽调本局战斗力最强的张培山处长任该队的党政领导，由韩训修等4位同志组成该队的领导班子。该队下设施工队，施工队人员从临沂矿务局下属煤矿整建制抽调，抽调人数的多少由张培山处长根据小三线军工山洞工程量而定。在后来为小三线各军工厂挖洞时，该工程队最多时有三支施工队齐头并进，每支施工队达数十人，三班轮流施工挖洞。这些挖洞队的队员在煤矿时就是负责下井挖煤的，现在让他们挖山洞，熟悉业务，所以他们干起来很内行，工作效率极高。

山东省煤炭局工程队建队一年后，由于与从事的业务与省煤炭局分离，遂将关系转出省煤炭局，归后方建设指挥部直接领导，该队也正式更名为"七一一五工程队"。工程队成立后，张培山等领导就从省煤炭局借用其在莱芜县城北埠闲置的旧煤矿大院，在那里安营扎寨，成了七一一五工程队的总部。因为该队属县团级单位，张培山是位资历很深的正处级干部，后方建设指挥部给配备了一辆吉普车，方便队里到各小三线军工单位联系工作。

由于队里物资较多，下属各队又是流动作业，所以上级给配备了6辆解放牌汽车。

2. 攻无不克的七一一五工程队

工程队成立后，接手的第一项工作就是修复山东小三线首个军工单位——山东第一机械修配厂的"千人洞"。因该山洞是自然形成的，工程队按该厂领导的要求，该扩的地方就扩，该整理的地方就整理，对有岩石松动、有坠落可能的部位，根据情况进行喷浆灌注，有时还需要打铆钉加固。工程队克服万难，采用三班倒，提前完成了"千人洞"的修复工作，经检测，工程质量完全达标，为山东小三线首个军工单位——山东第一机械修配厂顺利实现"四个当年"建设目标作出了贡献，赢得了上级机关和兄弟单位的好评。

因工程队是流动作业，到哪个单位施工住宿是个问题，有的单位能提供住宿事情就好办了，如无条件解决时，就由工程队自搭帐篷，扎下帐篷就算安了家，吃饭就在当地买菜自己做，生活很艰苦，但队员们从没有一句怨言。

挖山洞施工实行三班倒，需要昼夜不停地干。安全是头等大事，各级领导非常重视，每个班都有安全员，发现不安全因素立即整改，七一一五工程队的队员都是矿工出身，安全意识比较强，都能自觉遵守安全制度，所以始终没发生过安全事故，这也是七一一五工程队值得骄傲的一点。

韩训修在队里负责物资材料供应保障工作，虽说那个年代是计划经济，需要的物资都是提前列好计划的，但施工过程中往往有许多不可预见因素，专用设备突然损坏的情况也时有发生，大多修一下还能凑合着用，但有些实在无法修复的，只得抓紧申请，到处联系购买。专用设备不像普通的工程设备，很多时候要开着车去厂家专程购买，韩训修全国各地的单位没少跑，他几乎没有时间照顾一下家属和孩子的生活，把自己全部的精力都用到了小三线军工事业上。

除去打挖山洞，施工队还担负着其他施工任务。1971年下半年，山东红光化工厂初建时，厂区有一条公路必须经过平阴县与长清县接壤处的一座山口，张培山处长带队在山坡上安营扎寨，与施工队的数十名队员苦干3个月，硬生生在山脚下挖出一个大豁口，将厂区对外联系的主要道路打通了。

这支攻无不克，无坚不摧的工程队在山东小三线各军工厂留下了许多"作品"。时至今日，当人们走进这些山洞时，总会想起七一一五工程队全体队员不畏艰难、敢打硬仗的拼搏精神。

3. 不忘初心、牢记使命,为基层服好务

因为工作需要,1971年韩训修调入省国防工办,在基建处配合穆玉璋同志做基建物资供应工作。从国防工办下属的工程队调至领导机关,身份、职责都有了很大变化,但他初心没变,为人民服务的思想没变,自己是人民的勤务员的理念没变。但凡各军工单位派员来办理业务,他都是热情服务、竭力帮助,不等不靠,工作主动,广受基层单位好评。山东红光化工厂刚开始筹建时,急需铺设两条约3公里长的500毫米口径上水管。如按部就班申请采购,起码要半年后才能拿到货。他特事特办、急事急办,打破常规,与该厂的业务员一起专程赴国家第五机械工业部,找到专门负责此项业务的同志申明急需理由。国家第五机械工业部从马鞍山钢铁厂紧急调货至济南,保证了红光化工厂基建施工的顺利进行。山东红光化工厂建厂初期急需的材料,有许多都是在韩训修的帮助下迅速落实的。

韩训修工作不分分内分外,见困难就上。山东机修厂因生产需要大量金属废料,该厂从上级部门分配和市场购买的金属废料,无论从数量和质量方面都无法满足生产需求。韩训修得知这一情况后,注意留心这方面的信息,利用业务关系解决机修厂的供需矛盾。他通过一位老朋友从济南钢铁厂轧钢车间购买边角余料,那是济南钢铁厂作为材料的二次分配给内部分厂做原料用的,机修厂用废料的价格购进,无论是价格还是质量都再合适不过了。

由于韩训修工作积极主动,处处起模范带头作用,他于1978年光荣地加入了中国共产党。

山东民丰机械厂刚开始生产12.7毫米和14.5毫米高射机枪穿甲弹时,产品一度达不到穿甲标准,多次打靶试验均出现表面脱碳现象。工厂组织力量多次试验,也没攻克这一难关。领导派韩训修与省冶金厅联系,请有关专家与厂方工程技术人员一起攻克这一技术难题。韩训修迅速联系到省冶金厅的工程师,会同山东莱芜钢铁厂、民丰机械厂的工程技术人员齐聚莱芜钢铁厂反复多次试验终于攻克难关,取得成功。

深入基层为企业服务,韩训修也有很大的收获,尤其是看到小三线军工单位的职工家属住的都是"干插缝"石头房,看病、购买生活用品都不方便,条

件这么艰苦,但革命热情却空前高涨。为了完成军工任务,不分昼夜、加班加点,这种把一切献给党的无私奉献精神,给他留下了终生难忘的印象。尤其攻克军工技术难关时,车间、班组的工人和工程技术人员不知进行了多少次试验,如果没有他们大量的基础工作,这些军工技术难题还不知要用多长时间才能解决呢!

韩训修自1966年4月因国家需要,调入七一一五工程队参与山东小三线军工建设,后又调入山东省国防工办、省国防科技工业开发总公司,先后任主任科员、科长、副处长等领导职务,为做好各小三线军工单位物资供应做了大量工作。他一身正气、两袖清风、团结同志,尊重领导,从不为己谋私利,把自己一生最美好的时光无私奉献给了小三线军工事业。退休后还关心国家大事,关注我国军工事业的发展,拥护中国共产党的领导,是位令人尊敬的军工老前辈!

(资料来源:2018年3月韩训修的采访记录)

十九、小三线军工献青春,绿化科技带头人——公茂田

20世纪60年代,面对严峻的国际形势,党中央审时度势,在国内部分省、自治区开展"三线建设",同时要求其他省、自治区开展小三线建设。山东人民在中国人民解放军济南军区、山东省委、山东省人民政府的领导下,在沂蒙山区展开了小三线建设。在建设过程中,除从全国各地抽调工程技术人员、管理骨干外,

公茂田

还从本地招收了一批思想觉悟高、政治表现好、有一定文化知识的社会青年进厂当工人。蒙阴县岱崮镇的90余名符合条件的青年被山东民丰机械厂招收为工人,公茂田就是其中一员。他入厂后,虚心向老师傅们学习科学技术,工作积极努力,不计条件报酬,成了生产技术骨干,为军工生产作出了应有的贡献。

20世纪80年代,国家将工作重点转移到经济建设上来,军工企业实行战略性调整,开始"军转民",生产民品。随着改革开放的深入推进,人们的思想

观念也发生了重大转变。公茂田与妻子伊树凤决意停薪留职,回乡承包了岱崮镇十字涧村旁獐子崮的360亩荒山,向大自然进军,开始了创建绿色产业。经过近40年的拼搏,他克服了常人无法想象的困难,失败,成功,再失败,再成功,用愚公移山的毅力、先进的科学技术、高度的环保意识闯出了一条青石板上开荒种植新品种果树、推进绿色产业发展、引领贫困地区群众脱贫致富、建设美丽中国的新路。

1. 青春似火的年代,难忘的三线军工岁月

20世纪60年代,国内外形势突变,毛主席、党中央为了国家安全,要求各省、自治区开始建设小三线,山东省党政军民积极响应,在沂蒙、泰莱山区开展了小三线建设。1966年,根据国家安排,在山东省蒙阴县岱崮镇一带建一座小三线军工厂,生产高射机枪子弹,该厂名为山东民丰机械厂。是年4月,从青岛、淄博等地支援小三线建设的领导们先后到来。顿时,这个群山环绕的小山沟热闹了起来。各大城市来的小三线军工建设者们,头顶蓝天、脚踏荒山、房无一间,借住在岱崮镇笊篱坪村社员家中,睡地铺、点煤油灯,紧锣密鼓地开展了平整场地、建房、修路等基建工作。建厂初期,工厂根据需要,从蒙阴县岱崮镇招收了90余名新职工。就这样,当年17周岁、高中刚毕业的公茂田被招收进厂当了工人。

1966年7月,新入厂的90多位同志被编成三个民兵排,公茂田、李在业、王焕叶分别担任三个排的排长。建厂初期,基建施工是工厂的中心任务,当地政府都组织民工团支援小三线建设。三个民兵排根据厂领导的要求,配合民工团挖沟、抬土筐、平整场地,干得热火朝天。每天收工后还要组织政治学习,由于工厂没有宿舍,这些新学员只能下班后回各自家中住宿,第二天一大早还要按规定的时间到厂上班。虽然劳动强度大,时间紧张,但这些年轻人浑身有着使不完的劲,没有人叫苦喊累。公茂田家在蒙阴岱崮镇十字涧村,离山东民丰机械厂约有一公里之遥,所以上下班回家很方便。在此期间,他认识了厂长吕华林、党委副书记王树翰、张燃等领导。这些领导虽然是经历过战争年代的老革命、老军工,但他们对群众和蔼可亲、平易近人、吃苦在前,给他留下了终生难忘的印象。在全厂干部职工及当地民工队的共同努力下,山东民丰机械厂实现了当年设计、当年施工、当年试制、当年出产品的"四个当年"的目标,生

产出合格的军用高射机枪子弹。

公茂田这批新入厂的学员干了4个多月的基建施工,在1966年年底分配了工种,大部分学员都分到生产车间当操作工。公茂田等四位被分配到动力科当电工。当时动力科有40余名电工,老师傅们大都来自山东省各大企业,技术水平很高,从工厂架设外线到厂内线路安装,都能独当一面。每天上班时,公茂田都提前到达岗位,打扫卫生、提开水、做好班前准备工作。电工在工厂生产中起着重要的作用,新上项目都离不开电工的参与。建厂初期从在厂内架设高压线到变电室的安装,从将电线铺设到各生产车间、工房到厂区周围的岱崮镇、公家庄、燕窝村打深水井,这些都少不了电工。即便是下了班的业余时间也不得空闲,无论家属宿舍、单身宿舍电线发生了问题还是电灯泡的更换都会让电工帮忙解决。公茂田积极主动,随叫随到,从不耽误工作,经常是"两眼一睁忙到熄灯"。

动力科领导见公茂田工作认真负责,电工技术水平高,团结同事,便提任他当电工值班长、电工班班长。他以老领导为榜样,处处以身则则。山东民丰机械厂地处沂蒙深山,夏天多雷雨,那个年代丁厂的电气设备比现在落后,经打雷振动就跳闸,必须由电工检查合闸后才能保证车间的正常生产。建厂初期,全厂共有28台电气设备,公茂田分管其中的9台。所以,无论是半夜三更还是天将黎明,雷声一响,就是命令,公茂田无论多困都会从床上爬起来穿上雨衣往厂里赶。夜里,山沟的雷鸣震耳欲聋,大地都被震得颤抖,时而伸手不见五指,时而闪光又亮得人都无法睁开眼,他全然不顾,多次因看不清道路而摔倒受伤。有时候因为打雷,一夜电气设备跳闸多次,他干脆"枕戈待旦"整夜坚守在车间里,靠着这份韧性,保证了军工生产的顺利进行。

公茂田任电工班班长后,处处严格要求自己、事事以身作则,对班组工作严格管理。他建立了严格的物资管理及领用制度,发现问题及时处理,从不姑息迁就。有位电工到车间铺设电线工作结束后,有部分剩余电线忘记带回交电工班仓库,被该车间几位职工私分。他得知调查属实后,找到这位电工谈话,进行批评教育,责成其尽快将电线追回。否则,一定严肃处理。在他的帮助下,这位电工认识到自己的错误,及时将电线如数追回交公,此事在电工中引起很大的震动。自此后,节约材料、反对浪费、爱厂如家的良好习惯在电工班蔚然成风。

2. 抓住机遇,养长毛兔走上致富路

20世纪70年代,沂蒙山区兴起家庭饲养长毛兔的热潮。长毛兔吃青草,饲养成本低,兔毛可卖钱,不需要投入很多的资金,是一种比较理想的家庭副业。公茂田思维超前,有经济头脑,从中看到了商机。1980年8月,公茂田通过战友李在芳从蒙阴县八大峪村买了两只长毛兔作为种兔。这种长毛兔的优点是产毛多。一只兔子45天可剪半市斤兔毛,兔毛一市斤的回收价格为100元。有的母兔一窝能生10只左右小兔,每只小兔售价为100元。喂养20只母兔,一次就能剪兔毛10市斤,价值1 000元。在那个年代,小三线军工厂的二级工每月工资才36.5元,养长毛兔是一笔很可观的收入。公茂田夫妇就是靠业余时间喂养长毛兔走上了致富的道路。1979年,他成了山东民丰机械厂第一个家里拥有彩色电视机的职工,同时还买了一架海鸥牌照相机,引起了不小的轰动。在山东民丰机械厂,公茂田和李在芳既是工厂的先进生产工作者,又是养长毛兔致富的带头人。公茂田夫妇靠养殖长毛兔,发家致富,为山区人民闯出一条切实可行的致富路,让人们看到贫困山区脱贫发展的巨大潜力和美好前景。在公茂田夫妇的影响下,山东民丰机械厂部分职工和当地村民都养起了长毛兔,走上了致富路。

3. 树立科技发展理念,引领绿化科技产业发展

公茂田生长在沂蒙山区,是位典型的山东汉子,尽管他进军工厂当了工人,但离老家很近,父老乡亲经常见面,每当看到乡亲们搞了几十年的经济建设还是没从根本上解决温饱问题,他心中就不是滋味。党的十一届三中全会胜利召开,改革开放春风吹拂祖国大地,公茂田看到了国家兴旺发达、人民生活幸福的曙光。他与妻子伊树凤商量应当抓住机遇,趁着年轻干一番事业,回乡搞养殖、种植业,引领群众共同富裕,改变家乡贫穷落后面貌,不负青春韶华。对他的这一决定,亲朋好友反对的多、支持的少。山东民丰机械厂的领导再三找他们夫妇俩谈话,但拗不过这两位归心似箭、回乡大展身手的决心,于是,忍痛割爱批准他俩办理了停薪留职手续。

1985年3月,公茂田、伊树凤夫妇告别了"铁饭碗",回到蒙阴岱崮镇十字涧村老家,在村旁獐子崮承包了360亩荒山,搞起了养殖、绿色种植产业,成了

当地的头号新闻。獐子崮是沂蒙山区著名的七十二崮之一，相传那儿一直人迹罕至，时常有獐子在崮上出没，故名"獐子崮"。崮上是石灰岩层，土地极其瘠薄，除稀稀落落长了点草外，没有别的植物，被当地人称作"兔子不屙屎的地方"。数十块七零八落的可耕地累计不足三亩。创业初期是非常艰难的，他们将两个孩子交给父母照料，夫妻俩在獐子崮山坡搭个窝棚安了家。荒凉的自然环境挡不住夫妻的雄心壮志，在这里制定了"先治窝、后治坡"的宏伟蓝图。公茂田从银行贷款3万元，按照小三线军工厂建厂初期的做法，先修上山的路，再架设电线、安装电话，最后平整场地、建房舍。前后用了78天的时间，建起10间瓦房、380余间长毛兔舍，垒起600余米院墙，办起了养殖场，成立了"蒙阴茂田园艺场"，公茂田任场长。

1986年春，浙江省杭州市召开全国长毛兔养殖交流会，公茂田用9 000元钱为养殖场购入200余只长毛兔，伊树凤像照顾自己的孩子一样细心照料。

无论从事何种职业都没有一帆风顺的，有些教训要付出代价才能被总结升华为经验。公茂田夫妇饲养长毛兔也曾付出过惨痛的教训。1986年春，公茂田从浙江省杭州市买回来的长毛兔，刚剪完兔毛，寒流突如其来，由于保暖防护措施不到位，当晚就有97只长毛兔被冻死，损失惨重。这对刚开张的养殖场而言是个致命的打击。老母亲看到又黑又瘦的儿子、儿媳，心疼得声泪俱下，劝儿子别干了。公茂田是位执着的男子汉，认准了的理，谁也劝不回。他痛定思痛，认真总结经验教训，又从外地购进180只獭兔，两年多的苦心经营让公茂田夫妇盈利2万余元，养殖场又起死回生。

1986年下半年，公茂田夫妇的工作重点开始从养殖长毛兔转向发展种植业。他们夫妇设想在獐子崮栽上经济树种，这样既能绿化荒山又能增加经济收入。獐子崮属于青石山，要在山坡上栽树，就得挖树坑，獐子崮的土质极其坚硬，镐头挖不动就抡大锤打炮眼，光炮眼就打近万个，然后再用炸药放炮炸出树坑。没有适合栽树的土，公茂田夫妇就发扬愚公移山的精神，从崮后的山沟里挖土运上山，有路的地方用独轮车推，没路的地方用担子挑，在山上新造一亩地需要挑上千担土，行万里路。公茂田夫妇就这样披星戴月一直干到年三十，大年初一是万家团圆的日子，公茂田让伊树凤带着两个孩子下山到父母家过个团圆年。这是伊树凤上山以来休的第一个节假日，她含泪带着孩子回到公婆家，而公茂田自己却留在山上吃着开水泡馒头，凑合着过的春节。创业者的艰辛，不是常人能想到的。冬去春来，公茂田夫妇在山上栽下了第一批560棵桃树，獐子崮上有了生机。年复一年，两人新垒地堰400多道、种植桃树9 000余株、杏树4 800余株、特早红苹果1 000余株、各种新品种果树苗2.6万余株，獐子崮从此绿树成荫、瓜果飘香，旧貌换新颜。

公茂田不断开拓发展，从1990年至2000年，先后在蒙阴岱崮镇、旧寨乡、桃墟镇等地累计开发荒山960亩，建成果品、苗木生产试验基地4个，对沂蒙山区的青石山区、砂石山区开发、种植、绿化进行了有益的探讨，对沂蒙山区脱贫致富起到了良好的带头示范作用。

脱贫致富要与时俱进，必须学习新技术、掌握新科技，不断创新。公茂田为了搞好养殖、种植事业，订购了多种刊物、杂志，每天再忙也要抽出时间学习、掌握科技新动态，当他从电视上看到辽宁铁岭有位养长毛兔的专业户，靠饲养长毛兔成了全国劳动模范、受到党和国家领导人接见的报道后，就先后两次赴铁岭向其取经学习。他听说山东烟台举办果树培训班，就抓紧赴烟台参加了两个月的学习；为了学习栽培果树新品种技术，他曾去山东莱阳农学院拜师学艺……多年来，他仅外出学习的费用就高达数万元。天道酬勤，公茂田努力学习先进的科学技术，不断更新观念，不断科技创新，不断引进和培育、选育适宜在青石山、砂石山上生长的果树新品种，并积极与山东省科技厅、农业厅、林业厅和山东农业大学的有关专家合作，战胜了前进道路上的种种困难，成为绿化科技创新带头人，取得了令人羡慕的成绩。

（资料来源：2021年11月公茂田夫妇的采访记录）

二十、德艺双馨的军工书画家——张献春

20世纪60年代，我国开展了一场大规模的三线建设。按照毛泽东主席"好人好马上三线"的指示，从国家政府机关、企事业单位、复转退役军人中遴选了大批思想觉悟高、政治表现好、有专业特长的优秀分子充实到三线建设队伍中。这些同志在党和国家需要的时候，响应号召、坚决服从组织分配，从条件比较优越的大中城市来到偏远的山区搞三线建设，进行军工生产，几十年如一日，默默无闻，把一切献给了党，为新中国的国防建设作出了重要贡献。在

多年的磨练中,他们的思想、业务水平都有了进一步提高,涌现出大批管理、技术、文化、艺术等方面的高级专业人才,有的甚至成为某些行业的领军人物,他们是三线军工人的骄傲和自豪。山东民丰机械厂的干部、书画家张献春就是其中的一位。

张献春

1. 小三线军工建设岁月,无私奉献的火红年代

1969年4月,张献春带领中国人民解放军济南军区后勤部卫生学校的其他7位复转退役军人,乘坐山东民丰机械厂派去的解放牌大汽车到厂报到。汽车从济南出发穿过淄博就进入沂蒙山革命老区,在蜿蜒盘旋的山道上颠簸而行,翻过无数座大山,终于到达蒙阴县岱崮镇笊篱坪村旁的山东民丰机械厂。沂蒙山区有七十二崮,仅蒙阴一带就占一半,这种独特的地貌是大自然的鬼斧神工。张献春等人到厂后,受到厂领导、工会、人事劳资、武装部等部门领导和部分职工的热烈欢迎,大家帮着他们拿行李,领着他们来到早已准备好的宿舍中,这股热情劲,使这些复转退役军人们感受到了家的温暖。厂领导介绍了工厂的基本情况后张献春才知道,原来这是一座国家刚建的小三线军工厂,是保密单位,担负着为部队生产高射机枪子弹的任务。军品生产车间大部在山洞内,生活区盖的房子是农村院落式的"干插缝",幼儿园、职工子弟学校、商店、职工食堂等服务设施基本建成,工厂如同一个独立的小社会。尽管生活在深山,物资供应不甚理想,生活条件比较艰苦,但军工厂职工们的劳动热情非常高涨,不讲条件,不计报酬,经常自觉加班加点,在夜班的车间工房里,也经常能见到吕华林厂长等领导们的身影。工厂风气正、政治气氛浓,实行准军事化生活、工作标准。张献春在部队就受"毛主席的战士最听党的话,哪里需要到哪里去,哪里艰苦哪安家"的教育,来到军工厂觉得很适应。根据工作需要,他被分配到机加车间当工人。他工作中虚心向师傅们学习,坚持每天提前到达生产岗位,打开水、收拾卫生,做好生产准备,下班都是将卫生打扫干净才离开车间,师傅们和车间

领导都很喜爱这位年轻的复转退役军人。不久,领导调他到厂部工作,军代表和厂领导找他谈话,希望其负责工厂公章、文件的管理,还兼顾受组织委托搞外调工作。作为党外群众从事这项工作,他深感诸多不便,就多次向领导提出回车间的请求。经领导研究同意他的申请,特此颁发文件将其任命为机加车间统计员,他成了民丰厂唯一用正式文件任命的统计员。

2. 潜心书画,硕果累累

在山东民丰机械厂复转退役军人中,张献春不仅长得五官清秀,为人诚实守信,做事脚踏实地,而且在书画方面有着较深的造诣,深受领导和群众的喜爱。因为工作努力,思想觉悟高,加之在书画方面的特长。张献春在1972年光荣地加入了中国共产党组织,并先后在工会、武装部、宣传科、后勤科当干事,后又陆续担任服务公司、宣传科、四车间、政工处、考核办公室、党委办公室、厂纪委等部门领导。

热爱书画的张献春为了不断提高艺术水平,在1985年报名参加了中国书画函授大学。该大学每年在济南艺术学校进行两期面授,由中国书画界的大师娄师白、李铎等授课,学员们受益匪浅。三年寒窗,张献春学完了所规定的课程,以优异的成绩取得大专毕业证书。"一花独放不是春,百花齐放春满园",为了提升工厂职工们的书画艺术水平,他还配合工会领导举办职工书法艺术培训班,挑选优秀书画作品进行书画展览,取得较好的效果。他积极参加各级组织的书画艺术活动,如1987年的山东省首届艺术节展览、1990年全国军工工会组织的书画、摄影展览等都有他的作品,被国家有关部门授予"德艺双馨人民艺术家"等多种荣誉称号。

(资料来源:2021年10月张献春的采访记录)

二十一、埋头苦干奉献一生的老军工——王学德

在山东省国防科技工业办公室机关宿舍大院,说起老军工王学德,无人不翘起大拇指啧啧称赞。尽管他已九十高龄,但依然身体健康、精神矍铄、思维敏捷、与人为善。他不仅是机关大院德高望重的老寿星之一,还会熟练地使用智能手机,会操作电脑。王老健谈,古今中外、天南海北、时事政治都愿意与人

谈论。2020年8月笔者采访他,请他谈一下当年参加山东小三线军工建设那段峥嵘岁月时,王老难抑激动的心情,讲述了曾在山东第一机械修配厂为国无私奉献的军工经历。

王学德

1. 好人好马上三线

王学德1931年出生于山东德州禹城县安仁镇的一户贫苦农民家庭。20世纪60年代,国内外形势发生了重大变化,毛主席、党中央向全党、全国人民发出"三线建设要抓紧""备战、备荒、为人民"的伟大号召。后方建设指挥部具体负责山东的小三线军工建设,并于1965年在沂源县土门公社建了座小三线军工厂。该军工厂急需大批技术骨干,除从全国同行业军工厂抽调了部分骨干人员外,按照"好人好马上三线"的要求,还从全省各行业抽调了大批又红又专的管理干部和技术人员。1966年年初,上级要求从济南自行车厂抽调了15名技术骨干支援该小三线军工厂的建设。到了4月下旬,上级主管部门来到济南自行车厂,指名道姓要王学德到沂源新建的军工厂工作。当时王学德还很纳闷:自己是个抛光工,从来也没有制造过枪炮,也没有其他专业特长,点名要自己有什么用?他心中百思不得其解。事后才知道,原来前几个月调到军工厂的那15名同事,其中有位是他师兄陈风海,他到军工厂后因工作需要被任命为一车间党支部书记,在生产过程中,他发现厂里只有一位从事抛光的师傅,就带着几个刚入厂不久的学员承担着全厂的枪支零件抛光工作,产品严重积压,影响正常生产,就向厂里建议把济南自行车厂的王学德调来从事这项工作。厂领导即派劳资科的王梅香同志来济南自行车厂,务必将王学德调到军工厂,以解决军工生产中遇到的这一难题。领导们找王学德谈话,把调动他工作的因由说清,请他服从组织分配,尽快交接工作,抓紧出发,支援小三线军工建设。

就这样,王学德告别了妻子和孩子,义无反顾,坚定地加入了山东小三线军工建设的大军队伍,成为一名光荣的军工战士!

2. 埋头苦干搞军工

王学德随即乘长途汽车来到沂源县土门公社附近的军工厂,被安排在一个地名叫"马场"的地方，住在"干插缝"石头房的集体宿舍里。经领导介绍方知这个军工厂的名字叫山东第一机械修配厂，军工代号是国营九七六厂，是个保密单位，主要生产56式7.62毫米半自动步枪等军工产品。

安顿好之后，王学德先到厂劳资科报到，劳资科长代表厂表示热烈欢迎，向他简要介绍了工厂的情况，并告诉他二车间抛光班急需技术骨干，请他来厂后尽快开展工作，不要辜负领导的期望。王梅香同志带他到有关车间先熟悉情况，一车间的工作地点在一号山洞，也就是当地群众称的"千人洞"，这是个天然山洞，洞内高度达数十米，其规模有几个足球场大。一车间负责生产枪管、机匣、机身等。二车间在二号山洞里，它是人工刚开凿的山洞，主要生产模具、量具等。三车间在三号山洞里，它也是一个刚用人工开凿的山洞，主要生产枪支零件等产品。随后他俩来到二车间抛光班，与全班的同仁见面。抛光班的班长叫任忠伦，是位来自重庆二九六厂的老军工。全班有2间工房、4台抛光机，七八位刚招收入厂的新职工，承担着全厂枪管、机匣、机匣盖、机身、刺锥等枪支零件的抛光任务。由于新职工多，还不具备独立操作的能力，靠任忠伦一人无法完成这么多的工作，所以工房内积压了不少待抛光的枪支零件。王学德的到来，增加了有生力量，全班表示热烈欢迎。

尽管王学德有多年的抛光工作经验，但抛光枪支零件尚属首次，刚开始操作时有些缩手缩脚。班长任忠伦看出了他的顾虑，就一边操作一边告诉他注意事项，并再三嘱咐："枪管及有关零件要经过粗抛、细抛2次抛光，氧化后才是合格产品。现在的枪支由过去的刺刀改为刺锥了，刺锥上的三个槽的抛光要求很高，刺锥的顶部是扁的，要求1厘米宽、1毫米厚，误差不能超8丝。检验科的检验员会对每个枪支零件进行检验，要求合格率达百分之百。"经过几天的"传帮带"，王学德不愧是位老抛光工，在很短时间内就熟悉了这项新的工作。面对成堆的枪支零件，沉着应战，配合班长早上班、晚下班，昼夜突击，硬是把积压的零件在短期内全部加工完毕。首战告捷，他那敬业的精神、精湛的技术，赢得了车间领导和班组同事的好评。

这时的山东第一机械修配厂还属于建设时期，工人们白天下班后，晚间还要参加义务劳动，到施工现场扛石头、运材料，一直干到很晚才回宿舍休息。山沟里没有什么娱乐活动，也没处游玩，文化生活单调枯燥。车间领导为了活跃职工的业余生活，组织大家自编自演文艺节目。演出现场，观众是演员、演员也是观众,你方唱罢我登场,都能上台过把瘾,是名副其实的群众性文艺活动。周末看电影是大家最期待的文娱项目,厂电影队在生活区找块平地,架起银幕就成了露天电影院,天还没黑,职工、家属就都早早到露天电影院,期待着这场"文化盛宴"。那个年代放映的电影大多数是《地道战》《地雷战》《南征北战》等,大家百看不厌。山沟的物质生活、文化生活都很清苦,这些从大城市来的职工都一度不适应。但为了小三线军工建设,为了保卫祖国的安全,为了给部队生产更多、更先进的武器装备,这些老军工们没人发牢骚、闹情绪。王学德没别的爱好,劳动是他最大的乐趣,一天到晚都"长"在车间里,每当在车间听到机器的轰鸣声,看到那些粗糙的枪支零件被打磨成油光铮亮的合格产品时,脸上便会露出满意的笑容。除去每年的探亲假和春节全厂放假,他的活动轨迹就是生产车间—宿舍,两点一线,天天如此。他已经把军工厂当成了自己生命的重要组成部分,离开它就觉得心里空荡荡,生活失去了意义。

大约半年后,工厂对部分生产车间的业务重新进行调整。厂劳资科下调令让任忠伦带着抛光班的部分职工和业务去了四车间。王学德被任命为抛光班班长,带领原抛光班的几位职工承担起全厂的抛光工作。随着形势的发展,厂又招收了新职工充实到抛光班,全班24人。人多了,任务也增加了,急需扩大生产工房、增加新设备。厂里计划为抛光班新建6间工房、再新增2台抛光机。盖工房是百年大计,王学德得知后非常高兴,他找到基建科的人员,详细询问有关新工房设计的具体细节。经与设计人员交流他对新工房总体设计很满意,但对工房室内排尘沟的初步设计提出了不同意见,他根据多年从事这项工作的亲身体会认为:抛光工房的粉尘问题是多年来整个行业的老大难,每当上班,抛光机一转动,整个工房粉尘弥漫,呛得人难受。尽管现在国家提高了抛光工的福利待遇,也发放了劳防用品,但没有从根本上解决粉尘污染的问题。他建议加宽、加深地下排尘管道,安装大功率抽风机,加高室外排尘管,采取这些措施从根本上解决粉尘污染问题,改善职工工作环境。基建科和分管厂领导对他的合理化建议极为重视,经研究决定按他的建议重新进行设计。生产实践证实:王学德的建议非常科学、有效,工房内的环境彻底变了样。抛光工们告别了过去那种粉尘弥漫的工作场合,同事们无不拍手称赞。

新抛光工房基建竣工后,如何将旧工房的设备顺利搬至新工房是件大事。王学德按照设备搬家、军工生产两不误的原则做了周密安排。他指挥全班人员先将厂给新购的2台抛光机在新工房进行安装,用水泥把底座浇灌好,等一个星期后2台抛光机底座水泥全部凝固,就将它们投入生产。然后再每周从老工房搬迁1台旧抛光机至新工房,其余的抛光机照旧生产。就这样,不到一个月的时间,老工房的4台抛光机搬迁完毕。搬迁和生产交叉作业,各项工作正常进行。车间领导对他的这种安排极为欣赏,在车间大会上主任点名表扬了王学德。

新抛光工房搬迁完毕后,王学德发现离工房不远处有一间旧仓库闲置无人使用,他向领导申请将它给抛光班当宿舍,这样更方便工作,领导当即同意。抛光班24人实行两班轮流工作制,即白班从上午8点至16点,中班从16点至24点。每天早上8点之前,王学德就把工房大门打开,做好开工之前的准备工作。夜间24点大家都下班后,他还要在工房检查一遍才肯关门回宿舍休息,每天工作十几个小时。班长是全班的排头兵,领导的行动就是无声的命令。在他的带动下,全班各项工作都走在车间的前头。

在那个年代每逢年终岁首,厂都开展"生产大会战",力争提前完成年度生产任务和迎接年初"开门红"。厂长、书记开大会动员,会上,各级领导都慷慨激昂、争相发言。会后,各单位加班加点搞突击,经常是饿了才想起吃饭,这时候食堂已经关门了,只好回宿舍啃几个凉馒头、几块老咸菜,但大家吃得都很香。虽然物质条件很艰苦,但工作热情很高涨,大家都保持着革命的乐观主义和冲天的干劲。

王学德自从当班长后,就认真履行自己的职责,关注班里的各项工作。他发现兄弟车间向抛光班运送需抛光的枪支零件时不按时,有时候几天不送,有时候一次送来一大堆。这就造成了抛光班职工的工作有时几天闲着没事干,有时候连续几天加班也干不完。他知道这事对各车间来说是件小事,但协调起来有些难度。为了解决这一矛盾,他干脆主动出击,"找米下锅",自己拉着地排车到有关车间收抛光件。对他这种工作积极性,其他车间领导很受感动,也都主动改变了过去的做法,及时把该抛光的枪支零件送来,使抛光班的工作逐步有序。

他喜欢动脑,观察生产中存在的问题,并努力进行解决。他刚到山东第一机械修配厂抛光班时,班里采用布砂轮刷上水胶、黏上砂子对枪支零件进行抛光的工艺,他发现用这种方法对其他枪支零件效果不错。但对刺锥槽的抛光效果很不理想,不仅消耗布砂轮多,而且工作效率低。如何解决这个生产路上的"拦路虎",王学德突然想起,轴承厂生产的轴承也有凹槽,他们是采用什么工具进行加工的?于是他向领导提出拟赴济南轴承厂取经学习。车间领导非常支持他的想法,并给他开了介绍信。王学德到达济南轴承厂讲明来意后,厂有关部门热情接待了这位来自小三线军工厂的同行,领他到生产车间现场观摩。王学德发现该厂采用橡胶砂轮对轴承凹槽进行抛光,效果非常好。但用这种橡胶砂轮对刺锥凹槽进行抛光是否可行,他心中尚无把握。为了试验,他经轴承厂领导同意,从该厂淘汰后扔到废物堆里型号不同的橡胶砂轮捡了一提包回厂试验,取得了很好的抛光效果,既提高了工作效率,利用废旧橡胶砂轮又能节约成本,一举两得。

从此后,王学德每年都要到济南轴承厂去捡该厂的废旧橡胶砂轮,为厂节约了大量资金。

3. 几经转岗,永葆军工本色

20世纪70年代,工厂供运科根据工作需要,拟在济南设立山东第一机械修配厂办事处。供运科长蒋波对王学德的人品和实干精神颇为赏识,向厂推荐他到山东第一机械修配厂驻济南办事处工作。该办事处设在济南市历山路历山旅社,厂在该旅社长年租了一个房间,办事处只有王学德一人,直属厂供运科蒋波科长领导,具体负责济南片区供运科的业务以及山东第一机械修配厂来济南人员的接待。万事开头难,由一个生产骨干转行当业务员,确有不少困难。蒋波科长手把手教给他当业务员的基本知识。虽然事情过去近半个世纪,他还清楚记得蒋科长交给他一本100页的划拨单。其中50页盖有山东第一机械修配厂的公章;另外50页盖有国营九七六厂的公章,并嘱咐说:"在济南市场购买20元以下的商品可用现金支付;购买20元以上的,如果购买的商品是军工系统的,可开具盖有国营九七六厂公章的划拨单;如果购买的商品是非军工系统的,则要开具盖有山东第一机械修配厂公章的划拨单。"在蒋波科长的领导下,他很快适应了新的业务,出色地完成了领导交给的各项工作,得到各级领导和业务单位的好评。

1976年,山东省国防工办机关食堂缺少管理员,国防工办领导将王学德调至机关食堂任管理员。该食堂有3位炊事员、2位临时工,因国防工办机关与家属宿舍都在一个大院,所以食堂担负着机关干部、家属的一日三餐。机关食堂是非营利单位,要做到卫生第一、物美价廉。在这方面,王学德可没少动脑,他团结全体炊事人员把食堂内外收拾得干干净净,把食堂供应的食品搞得多种多样。除星期日休息外,其余六天每天饭菜都不重样,什么小笼蒸包、糖包子、大包子、豆浆、油条、烤面包、烤地瓜、杠子头等,尤其是老面馒头,味正醇香,不仅机关干部和家属抢着买,就连基层小三线军工厂来国防工办办事的都必定要买了带回去吃。由于他管理有方,食堂工作赢得了机关上下人员高度赞扬。机关食堂还被评为"食堂卫生优质单位"。

1991年,按照国家政策,王学德办理了退休手续,在家颐养天年。尽管离开了工作岗位,最令他怀念的还是在山东第一机械修配厂与军工战友们朝夕相处的那段峥嵘岁月。他永远忘不了在没有奖金、补贴、加班费的情况下,小三线军工战友们不分昼夜为国无私奉献的精神;永远忘不了由于指标有限只能给部分职工调工资时,大家互相谦让,一心为他人着想的高尚风格;永远忘不了在"军转民"期间,军工战友们为了谋生存,四处奔波打工,虽然生活极其艰苦,但还是继续发扬军工人的优良传统,挺直腰杆保持着小三线军工人的尊严……事实证明,小三线军工人是好样的,他为自己是小三线军工人感到自豪、骄傲!

(资料来源:2020年8月王学德的采访记录)

二十二、终生难忘军工情的财务科长——张明泉

张明泉

在这些年山东小三线军工系统举行的活动中,总能见到一位慈眉善目、年逾古稀的老翁挎着照相机,健步如飞地跑前忙后,不停地拍照、摄像,忙得不亦乐乎。这位长期为大家义务照相、摄影的老同志就是原山东前进配件厂财务科科长张明泉。他于山东前进配件厂"军转民"时期改行应聘于沂蒙晚报社、鲁南商报社、临沂电视台、山东工人报社、山东理论创新研究会等单位,担任记者工作。同时,他还是中国摄影家联盟会员、山东摄影家协会会员、临沂诗词学会会员,是位才华出众、多才多艺、令人尊敬的老军工。

1. 小三线军工厂的"亦工亦农轮换工"

20世纪60年代,国家开始在沂蒙山区建设小三线军工厂,其中山东前进配件厂就建在了沂水县王庄公社杏峪村旁,离张明泉的家只隔一座山头。因为军工厂建厂征用了当地的土地,按照国家政策,山东前进配件厂需要从王庄公社招收120名符合条件的青年去工厂当"亦工亦农轮换工"。按当初的说法,国家旨在通过这种方式为地方培养技术人才,推动革命老区的经济发展。"亦工亦农轮换工"不是军工厂的正式职工,进厂后从事技术性较高工种的,如车工、焊工、刨工、钳工、电工等,可在厂干7年;从事简单工种的,如搬运工、勤杂工等,可在厂干5年,到了规定的时间后要返回农村,届时再新招一批适龄青年进工厂,这就是"亦工亦农轮换工"。学徒期间每月工资20元,其中40%交生产小组,60%归自己,生产小组给记工分、分口粮。还要按规定向国家粮库卖粮食,换成粮票,再到工厂交粮票,按工种定量换成饭票,方可到工厂食堂就餐。这些"亦工亦农轮换工"进厂后学习认真、吃苦耐劳,工作积极肯干,5—7年后都成了各个岗位的骨干,如将他们退回农村,再换一批新手进厂,这就直接影响了军工厂的正常生产。因此,经上级领导机关批准,这些"亦工亦农轮换工"后来都转为军工厂的正式职工,军工厂也再没有招收过"亦工亦农轮换工"。

1966年9月24日,张明泉等113名王庄公社的"亦工亦农轮换工"正式赴山东前进配件厂报到。入厂那天,被录取的年轻人同乘解放牌大卡车到沂水县医院体检。这些青年男女心情格外激动,虽然大家大都互不相识,但一见如故,在车上有说有笑。晚饭后,这些年轻人还聚集在宿舍唧唧喳喳说个不停,畅谈企业的发展、今后美好的人生,直至很晚才回各宿舍休息。

张明泉这批"亦工亦农轮换工"被分配到各个连队(军工厂当时是部队编制,连队就是后来的生产车间)。进厂后他才得知这是一座制造高射机枪的军工厂,对外名称是山东前进配件厂,军工代号国营九四二六厂。他暗自庆幸有缘进入这么一个神秘的单位工作,同时暗下决心:一定要抓紧时间学技术,积极工作,不负青春年华,干出一番事业。

给他留下更深印象的是从济南、烟台、潍坊、济宁、淄博、德州、莱阳等地市以及重庆四五六厂、重庆二九六厂、西安八四七厂等调来的各位领导和师傅,为了小三线军工建设,他们从条件比较优越的大城市来到沂蒙山区偏僻的山沟,不怕艰苦,昼夜加班建设厂房、安装设备、组织生产,克服种种困难,终于实现了当年设计、当年施工、当年试制、当年出产品"四个当年"的预期目标,这种拼搏精神和工作效率,至今令人感叹不已!

根据工作需要,张明泉被分配到三连当擦膛工,就是为高射机枪加工膛线。这项工作不仅是个力气活,还有一定的技术含量,掌握不好,产品就成了废品。他在老师傅们的指导下,很快掌握了技术要点,经他加工出来的枪管质量好、合格率高。不久,他就成了这个岗位的骨干。

2. 努力学习,为"军转民"奋斗

20世纪80年代初,国内外形势发生了很大变化,山东前进配件厂和山东其他兄弟军工企业一样,根据国家"军民结合、平战结合、军品优先、以民养军"的方针,开始了"军转民"、艰难的第二次创业。厂党委在抓"军转民"的同时,按照1981年中共中央、国务院下达的"加强职工教育的决定"的指示,成立了抓职工教育的专门机构,制定了职工教育规划,建立健全了职工教育规章制度,除鼓励干部职工多渠道参加社会组织的文化学习外,还在厂内掀起了一场轰轰烈烈学习科学文化的高潮。工厂举办了工人大学、电大工科机械专业班、电视统计专业班、党政干部工业企业管理电视中专班、政工干部刊授党校学习班、车工专业班、职工文化、技术补习培训班等各类不同形式的培训班,对干部、职工进行培训、轮训。经过近十年不懈地努力,全厂一大批职工取得了国家颁发的大中专毕业文凭,职工文化水平有了普遍提高,职工教育取得了丰硕成果。出于对文学的爱好,张明泉参加了北京语言文学自修大学的函授学习,三年期满取得结业证书。1982年,山东省从各小三线军工厂挑选了一部分专业人员到山东经济学院学习,张明泉有幸被选中。山东经济学院是"文革"后全国最早恢复教学的高校之一。在学院他如鱼得水,倍加珍惜这次难得的学习机会,不分昼夜、孜孜以求,各门功课都取得了好成绩,尤其是"企业管理"这门课程,考试成绩98分,是全班最高分。最终,张明泉以优异的成绩取得山东经济学院毕业证书。

毕业回厂后,他被分配到财务科担任成本会计。成本会计在企业财务工作中有举足轻重的位置,如果把企业财务工作比作一座金字塔,成本工作无疑就是这个金字塔的塔尖,企业财务的所有过程,都是围绕这个金字塔尖开展工作的,有的财务人员干了一辈子也没登上这个塔尖,而他一进财务科就站到了这个塔尖上,难免引起一些同行的羡慕和妒忌。对此,他感恩厂领导和财务科领导对自己的信任,工作中始终保持着清醒的头脑,谦虚谨慎,虚心向老同志学习,处理好每笔账目,赢得了同事们的赞扬。

我国实行技术职称制度后,上级首次分给山东前进配件厂五个会计师指标,当时还没实行考试制度,专业技术职称的确定是通过评议的方式进行的,即在全厂干部、专业人员和职工中挑选有代表性的人员组成领导评议组、专业评议组、群众评议组,把参加被评议的专业人员名单发到以上三个组,按照学历、从事专业年限、专业水平和能力分别打分,然后再把三个评议组的分数加起来除以三,得出的结果就是被评议人员的最后成绩。当时财务专业有6名同志参加评议,张明泉的总分排名第二,不负众望取得了会计师职称。

获得会计师职称的张明泉更加坚定了继续学习科学文化知识的信心。1984年,我国刚刚实行自学考试制度,他就报考了由山东省自学考试办公室和山东教育学院主办的汉语言文学本科自学考试。他将工作之外的全部业余时间都用在了看书学习上,仅"古代汉语"这门课的笔记就记了300多页。事过多年,笔者在他笔记本第135页中发现有这样一段记录:"1990年6月30日凌晨1:30,听完此讲(当时的自考教材除了教科书以外,还配有正规大学各学科高级教授的教学录像带),气温高达30多度,余赤膊上阵、汗流浃背、蚊叮虫咬、全不顾耳!"短短数语,足以反映出他当时学习的刻苦、决心和韧性。翻阅他当年的读书笔记,发现几乎每门课的笔记本都超过了教科书的厚度。这么多年,他从一位文化水平较低的"亦工亦农轮换工",化蛹成蝶,成为一个大型企业的财务负责人,成为一位优秀的小三线军工财务干部。其中的苦与累、失败与教训、成功与欢乐,唯有他知道。

1987年2月,根据山东省政府有关文件要求,山东前进配件厂被下放至临沂地区,归临沂地区第一轻工局管理。前进厂的财务科长被派到新厂负责基建时期的财务工作,老厂的财务工作重担就落在了张明泉一个人的肩上。在老厂主持厂财务工作期间,他带领全科财会人员和各车间、科室的成本核算员,节能降耗、节约挖潜、精打细算、开源节流,做了大量工作,因此,财务科被评为当年的先进科室。

前进厂搬迁到临沂地区后一分为二,一部分称为山东第一前进机械厂,另一部分称为山东第二前进机械厂。山东第一前进机械厂后被山东临工集团兼并。后经数次改组改制,又分离出山东临工挖掘机有限公司和临沂梦派自行车有限公司两家单位。

2007年,山东第一前进机械厂政策性破产。职工们为了生存四处奔波,靠打工谋生。企业破产,职工生活没了着落,面对如此困境,年近花甲即将退休的张明泉只能外出打工谋生,所应聘的工作也都是财务专业和企业管理。由于对文学的热爱,他扬其所长,先后应聘于沂蒙晚报社、鲁南商报社、临沂电视台、山东工人报社、山东省发改委证券报社、山东省理论创新研究会等单位。由于他文字底蕴丰厚,适应能力强,此间,除了继续坚持他对诗词歌赋的钟情,作为记者,还独自完成多篇报告文学作品。

(资料来源:2021年1月张明泉的采访记录)

二十三、为军工事业鞠躬尽瘁的厂长——孙学信

孙学信

孙学信同志原籍山东省沂水县,1972年为支援小三线军工建设,从山东沂源化肥厂调入山东红光化工厂任副厂长,负责厂的基建施工、设备安装工作。他密切联系群众,带领广大职工奋力拼搏,按要求顺利完成了基建施工、设备安装任务。1976年担任厂长后,领导了工厂合成氨、硝铵化肥的试车、生产。工厂军品生产线建成准备生产时,国家下达了部分军工企业停缓建指令。在工厂艰难时期,他与厂党委张燃书记积极配合,带领全厂职工开展了艰难的二次创业,经几年的奋斗建成味精生产线,生产出合格的"山菊花"牌味精后,被调往山东寿光纯碱厂、山东省化工厅工作。他在小三线建设、率领职工进行第二次创业、"军转民"生产中作出了重要贡献。

1. 服从组织调动,参加小三线军工建设

1971年初,国家计划在山东建一座年产万吨梯恩梯的军工炸药厂以及一

座为炸药厂配套的年产万吨浓硝酸的化工厂。炸药厂的厂名为山东立新化工厂,浓硝酸厂的厂名为山东红光化工厂。立新化工厂的干部、技术骨干由国家第五机械工业部、国防工办从隶属的同行业单位选调。红光化工厂的干部、技术骨干由山东省化工厅从同行业中遴选。按照"好人好马上三线"的要求,化工厅领导优中选优,1972年初调沂源化肥厂孙学信副厂长以及姜敏华等领导筹建红光化工厂。这个领导班子可谓强将云集,战斗力非常强。

1972年初,孙学信同志来到了位于长清县孝里公社龙泉官庄的红光化工厂厂址,与先期到达的刘吉乾、郭长岱两位同志会合。此时工厂正在筹备建设时期,大家都住在农村中的"干插缝"民房里,条件是艰苦的,点的是煤油灯,吃的是"大锅饭",喝水自己挑。

孙学信副厂长具体负责基建施工、设备安装。按设计方案,红光厂建在立新厂址的东部山坡,两厂互为犄角,相距一公里左右。此时,厂区生产车间的基建图纸尚未最后确定,但孙学信不等不靠,先从单身、家属宿舍建起。他指挥民工团在附近山上开山采石,就地取材,运来建房的石头,按山坡自然地形,建起一排排单身、家属宿舍,解决了职工们的住房问题。

生产设备需按照图纸要求订货,他立即派由采购人员和工程技术人员组成的采购小组按图索骥,到指定的生产厂家考察订货,由工程技术人员把住质量关,由采购人员逐台按计划落实,工作进展顺利。

红光、立新两个厂分头建厂,齐头并进,经过8个月的实践,"临时党委"察觉到两个厂分建不利于今后的生产、生活,于是向上级请求将两厂合并,经国防工办、化工厅呈报上级单位批准,两厂于1972年6月正式合并,两套领导班子整合成一家。在合并后的厂级领导班子中孙学信最年轻,他仍负责基建施工、设备安装工作,但工作量增加了一倍。

孙学信副厂长领导过合成氨、硝铵化肥的生产,没从事过梯恩梯火炸药生产,在这方面是外行。但他有很高的天赋和领导艺术,他一方面虚心学习,一方面注意发挥技术科长李克勤、张国兴这些老专家的作用,调动他们的积极性,取得了很好的效果。

他工作深入细致,立足基层,夏天一身工作服,冬天一身破棉袄,终日坚持在工地现场办公。民工团的民工刚与他接触时,还认为他也是位民工,后来听人说才知道他是位副厂长,无不惊讶赞叹,钦佩之情油然而生。在全厂职工和施工队伍的共同努力下,到1972年底,全厂的单身宿舍和部分家属宿舍初步建成。到1973年全厂实现了"三通一平"(通水、通电、通路和厂基平整),使工厂基本有了模样。

为了完成国家规定的施工任务,他和施工人员一起,不论春夏秋冬还是刮风下雨,争分夺秒,与时间赛跑。当建馒头山北侧山顶高位水池因施工材料运送不及影响施工进度时,他与刘吉乾厂长汇报,刘厂长和他带领全厂职工一起往山顶运送施工材料,"厂领导带领职工运沙石"成为当时小三线军工建设的美谈。"三九"寒冬,他为了按时完成梯恩梯生产车间地面防腐层的铺设任务,与施工人员将工房门窗用篷布遮挡严实,采用电炉保温的方式,从而保证了施工质量和进度。

他处处冲锋在前,充分发挥了领导干部的带头作用。从工厂建设开始,到生产区盖起一座座工房,从第一台设备安装到工厂前部设备联动试车成功,处处都有着他辛勤的汗水。几年的辛勤努力,馒头山下、虎豹川边名不见经传的小山沟发生了翻天覆地的变化,幼儿园、学校、邮局、粮店、派出所一应俱全,成了一个名副其实的小城镇、小社会,到处呈现出一派生机盎然的景象。

1976年上半年,厂区机器轰鸣,前部合成氨、硝铵车间全部建成,设备安装完毕,进入试车生产阶段。

2. 领导班子变动,厂前部进行生产

1976年,红光化工厂领导层发生了较大变动。上半年建厂元老刘吉乾厂长调至山东省军工局任副局长,孙学信接替其行政工作,晋升为厂长。从山东民丰机械厂调来的党委书记杨乐家同志在厂主政3个月后也因工作需要调走,留下了与他一起来厂的赵茂林同志任党委副书记。短时间内,主要领导变动频繁,难免给厂的工作带来一些副作用。

这期间,孙学信配合赵茂林副书记多次召开会议,研究工厂前部试车生产有关事宜。

1977年初,锅炉车间开始点火试运行,厂内锅炉房大烟筒冒出了浓烟,给厂区带来了无限生机。在车间书记郑培坤、主任赵洪训带领下,锅炉车间职工首战告捷,极大地鼓舞了全厂职工的信心。

一车间的干部、职工也不甘落后,他们在车间书记姜春田、主任聂玉堂、副

主任董泉生的带领下,有条不紊地进行试车投产,做到一次试车成功,全厂职工无不欢欣鼓舞。

二车间(硝酸车间)在书记曲子民、主任刘廷仁的带领下,也完成了设备安装、试车过程,等一车间试车检修完毕生产后,也实现了一次试车成功投产。

在孙学信的带领下,锅炉车间、一车间、二车间这3个车间依次成功试车投产,为厂后部的梯恩梯炸药生产奠定了坚实的基础。

1979年6月,山东省军工局会同省经委、化工局、财政局等12家单位对厂前部工程进行了竣工验收。

至此,只剩三车间(梯恩梯生产车间)尚未生产。其实三车间的基建施工早已按时完成,但上级有关部门由于种种原因没按时提供生产梯恩梯的专用设备。三车间的干部、职工"巧妇难为无米之炊",干瞪眼着急。一直到1979年上半年,这些专用设备才入厂。安装单位昼夜不停突击安装、调试,单车试车和联动试车一次成功,只待一声令下就可进行生产了。至此,红光化工厂历经8年的曲折、拼搏,终于全部建成。

3. 工厂停缓建,艰难"军转民"

20世纪80年代初,国际形势发生了重大变化,国家将一批军工企业列入关停并转行列,红光化工厂是在其中之一。消息传来,全厂干部、职工无不为之震惊。昨天的军工重点单位、天之骄子,今天却成了落地凤凰不如鸡,没人能接受这一残酷的现实。许多职工投亲靠友、找机会调走,不长时间,这个曾有1 200余名职工的企业只剩下八百余名誓与工厂共存亡的军工战士。孙学信作为一名厂长,心情更是着急。他也知道国家的困难,明白中央的决定是正确的,但就这样让国家投巨资建的工厂白白荒废?千余名职工及家属今后路在何方?一系列问题摆在面前等他解决,这位当家人压力巨大。他与厂党委书记张燃同志研究,与各位副厂长听取厂内有识之士的意见,梳理自己的思路,很快头脑冷静下来,思路也清晰了。他决心工厂不能就此停产,工人不能就地遣散,工作不能消极等待。天无绝人之路,只要奋斗就会有结果。在厂党委会议上他袒露自己的心胸,赞成张燃书记提出开发民品找出路的设想。党委会召开得非常成功,这届党委成员素质非常高,在工厂重大历史转折时期空前团结,大家争先表示誓与工厂共存亡,态度是积极的。同时会议明确了红光化工厂的工作重点，布置了具体措施。会后，孙学信组织数十位工程技术人员率先踏上了"军转民"的艰难探索之路。

孙学信带领工程技术人员收集转产民品的信息，他有几位老朋友在省医药局工作，制药行业前景好、效益好，他也想让工厂转投医药行业。到医药局与几位老友相聚后，他们把自己的想法如实告知孙学信：制药行业审批手续非常严格，红光化工厂转产制药难度非常大，还是早做打算另谋别的出路。

技术科工程师侯福旺向他汇报了济南市轻工研究所提出生产香料的建议，经多次商谈考察，双方都认为此产品市场太小，不合适。侯福旺又从《大众日报》看到有关啤酒方面的消息，向孙学信汇报后当即被派去济南啤酒厂考察。很快带来了好消息，孙学信听完汇报后很高兴，第二天便与技术科长李克勤到济南市第一轻工局找到王局长商谈，双方对合作生产啤酒都很感兴趣，合作意向很大。于是，孙厂长又带领李克勤、侯福旺去省军工局汇报，军工局领导对此也表示支持。他还命侯福旺草拟了一份合作生产啤酒的协议书，三方商定时间签字生效后就开始合作。谁料天有不测风云，等到签字那天，军工局突然指示，转产啤酒需要再调研，红光化工厂与转产啤酒失之交臂。

孙学信厂长无论走到哪里都把工厂转产当作头等大事，他去国家第五机械工业部汇报工作时，说起"军转民"的事，有位部领导告诉他，沈阳飞机场内有个工厂生产"麦精露"饮料，挺好喝，但至今市场上没见过这种商品。他回厂后即派技术科副科长郑学智带领侯福旺赴沈阳考察。他们两位经过认真考察后回厂就组织人员进行试制，很快获得成功，开始批量生产。虽然"麦精露"是个小产品，但也是红光化工厂开发的第一个民品，它让职工看到了开发民品的曙光。

孙学信厂长到省一轻工厅联系工作，遇到以前就认识的副厅长王亚声同志，王亚声同志告诉他味精是一个有很好前景的产品，建议"军转民"可考虑转产味精。那个年代人民生活水平普遍比较低，对味精这种调料别说食用，有好多人见都没见过，在认识上有些信心不足。孙厂长组织技术科李克勤、郑学智、王永生、侯福旺、顾大志等工程技术人员去青岛味精厂、鄄城味精厂考察学习，这些人员经过考察学习后，观念发生了很大的变化，都认为这个产品技术含量不高，适合红光化工厂生产。供销科副科长于宪武查阅有关资料得知：

当时日本人均年消费味精880克,而我国人均年消费仅4克。这说明味精这个商品在我国有着巨大的市场潜力。为了避免在重大问题上决策失误,孙学信向党委书记张燃同志汇报后,党委又多次召开专题会议审慎研究,党委全体成员达成共识:工厂转产味精,路子完全正确。

党委决定后,孙厂长又马不停蹄去国家有关部门汇报工厂转产味精事宜。在他的不懈努力下,国务院国防工办、国家计委、山东省经委、省军工局等领导机关先后下达文件予以批准转产民品味精。

梯恩梯炸药和味精,两个风马牛不相及的产品,红光化工厂转产谈何容易。而我们的军工战士就能创造这种奇迹。孙学信派郑学智等工程技术人员去省内外味精厂学习,这些工程技术人员深知自己责任重大,每到一家单位都刻苦钻研、虚心学习,在短时间内掌握了不少味精的生产基本知识,为后来领导味精生产奠定了基础。

1982年4月,转产民品味精的工作正式开始。

经过一年多紧张而有秩序地准备,红光化工厂于1983年建成味精生产线。当年7月26日,红光化工厂生产出了第一批质量完全达到部颁标准的味精产品,实现了一次试车投产成功的目标。

从此,工厂在孙学信厂长的带领下,在"二次创业"的道路上迈出了坚定的步伐,成功走上了"军转民"的成功之路。

(资料来源:2019年6月孙学信之子孙献录等的采访记录)

二十四、小三线建设中的优秀知识分子——郑学智

1971年,为了加强小三线军工建设,山东省按照国家要求,在长清、平阴、肥城三县交界处新建一座年产万吨梯恩梯的军工炸药厂以及一座为炸药厂配套的年产万吨浓硝酸的化工厂,除需大批技术工人外还需要大批专业技术人员。郑学智有此方面的专业特长,顺理成章地被抽调去支援小三线军工

郑学智(右)及妻子魏淑美

建设。

1. 舍小家为国家，投身小三线军工建设

郑学智1941年出生在章丘县普集镇郑家寨村一个贫困家庭里，贫寒的生活使他从小就养成了刻苦学习的好习惯，学习成绩一直名列前茅。1965年8月，郑学智以优异的成绩毕业于吉林化工学院，分配至明水化肥厂工作。他中等身材、文质彬彬、眼镜后闪烁着一双睿智的双眼，颇有学者风度。工作中他理论联系实际，吃苦肯干，在技术改造和创新方面取得了很大成绩，赢得了领导和职工们的一致好评。章丘县吕剧团的女演员魏淑美闻知后对他十分仰慕，经人介绍，俩人终成眷属，男才女貌，令同事们羡慕不已，随后两个儿子相继出生，夫妻恩爱、事业有成，家庭生活幸福美满。当组织抽调郑学智支援小三线军工建设时，他思想上是矛盾的：从生活比较优越的县城调到偏僻的山沟、与爱妻幼子分居两地、年迈的岳母需人照顾等一系列困难摆在了他的面前。尽管如此，郑学智还是无条件地服从了组织分配。当他在1971年底入厂报到时，厂里只有几十位为了一个共同的革命目标、从祖国四面八方奉调而来的同志。

为了支援小三线军工建设，长清、平阴、肥城等地的政府根据山东省的要求，抽调了大批民工组成声势浩大的民工团，在厂区修路、筑坝、建房，到处是施工人员忙碌的身影。此时，厂内极缺懂基建施工的专业人员，这些先期到来的同志不分专业特长，一律到施工现场指导基建施工，都成了名副其实的基建施工指导员。建厂时期的生活条件和工作条件极其艰难困苦，这里没有舒适的住房，没有平坦的道路，只有头顶的蓝天、满目的荒山。他们居住农村民房、点煤油灯、自己到水井挑水喝。白天在基建施工现场督导，晚上开会研究施工中遇到的各类问题，每天工作十多小时，经常加班到深夜。夏天夜间闷热难眠，有的同志干脆带着毯子睡在山坡上，冬天房子透风漏气，无取暖条件，夜间下雪雪花飘进屋内落满了被子。为了解决就餐问题，炊事班支起大锅做饭烧水，夏天还好说，可一到冬天吃凉饭就在所难免了。就这样，他们晴天一身土，雨天一身泥，但没有人叫苦喊累。一年多来一排排宿舍、一栋栋厂房拔地而起，工厂有了点眉目，可人都累得变了模样。尤其是郑学智，他是个公认的"工作狂"，忙起来经常废寝忘食，从不注意自己的身体健康。当妻子魏淑美携子来厂探亲见到他时,简直不敢相认。眼前的郑学智又黑又瘦,分别一年多的时间就完全变了模样,妻子见了禁不住泪流满面。郑学智给她介绍了厂区一年来的巨大变化及远景规划。她对工厂的发展前景坚信不疑,最担心的是这样下去用不了多久爱人的身体会累垮。思绪良久,她决定调到爱人身边,担负起照顾他和共同建设小三线军工的任务。就这样,她放弃了优越的县城生活和自己热爱的舞台艺术生涯,毅然带着两个年幼的孩子调入地处偏僻的小三线军工企业。

随着施工的顺利进行,郑学智担任了合成氨、硝酸车间的施工技术代表。他参加了由省军工局、省化工设计院、厂方"三结合"的施工图纸审查工作,提出了因地制宜设计的60余项合理化建议全被采纳。在基建、安装工作顺利结束后,两个车间的试车、投产并取得一次成功,首战告捷。合成氨、硝酸车间正常生产,为梯恩梯的生产奠定了坚实的基础。

2. 谋生存,图发展,转产民品大显身手

20世纪70年代末,在全厂职工的共同努力下,梯恩梯炸药生产线的生产准备工作基本就绪,职工们摩拳擦掌,准备在军品生产中大显身手。此时国内外形势发生了重大变化,国内对军品的需求量大为减少。工厂被国家列为停缓建单位,这对全厂职工无疑是个重大打击,职工们纷纷想方设法调离。此时工厂不占天时、不占地利,唯剩八百余位不甘认输的老军工,是等靠国家给予优惠政策,还是另辟蹊径生产民品自谋生计,这是摆在全厂职工面前的两条路。在厂党委张燃书记的领导下,孙学信厂长带领以郑学智等几个主要部门领导组成的考察组跑市场、搞调研,很快就制定了生产味精、啤酒、硝酸磷肥三种产品的方案。在省经委、省计委、军工局领导和专家参加的研讨会上,确定了转产味精。从此,厂拉开了军转民品的序幕。

生产味精谈何容易,当时厂里连这方面的资料都没有,更别说生产味精的专业队伍了。何况隔行如隔山,这些大半辈子都从事军工生产的职工转行生产食品,其中难度可想而知。但困难吓不倒坚强的三线军工战士。郑学智带领部分技术人员赴全国各地的味精厂学习,他每到一个单位都逐个岗位进行详细了解,重点岗位还跟着老师傅一起操作。味精厂的技术人员及老师傅被他这种认真学习的精神所感动,主动向他介绍味精生产知识。不长时间,郑学智便对味精的生产技术有了全面了解。

1982年，工厂决定建设一条年产1500吨味精的生产线，刚开始该工程设计由山东省化工设计院承担，就在洽谈过程中该院认为其无法完成设计，遂退出。此时如另找设计单位，整个工程要拖后半年时间。孙学信厂长决定让郑学智担任设计组长，组织本厂工程技术人员自己设计。临危受命，郑学智深感责任重大。在无图纸、无资料、无经验的情况下，他利用去其他味精厂学习时绘制的工艺流程图和得到的有限资料，结合本厂的实际，和几位工程技术人员一同绘制成总工艺流程图、总平面布置图及几个主要工序设计和施工图，短短数月就完成了味精工程项目整套施工图的设计任务。经施工、安装、试车一次成功，产品质量达优质水平。此年产1500吨味精生产线的项目原计划投资600万元，由于郑学智在设计中利用了原厂房、设备，实际投资仅120万元，节约投资480万元，同时节约设计费18万元，且仅用10个月时间就顺利建成。

味精生产线的建成和顺利生产，是厂"军转民"的成功尝试，结束了一直吃国家财政补贴过日子的局面。

1983年，任技术副厂长的郑学智发现味精生产过程中每日需排放百余吨废液，对地下水源和环境造成一定程度污染。尽管那个年代国家对环保工作要求不太严格，但他认为企业应文明生产，不该给社会环境造成危害。对此，他考察了江苏、北京等几个厂家，对利用味精废液生产酵母的新技术进行研究，与几位工程技术人员进行多次试验取得理想结果。然后主持设计、改造，酵母生产一次试车成功，产品经有关部门鉴定符合优质饲料标准，居全国领先水平。酵母生产线项目原计划总投资400万元，由于因地制宜自行设计，实际投资仅70万元，节约投资330万元，且正常生产后每年获利120余万元。

3.锐意改革，善于纳谏，争创国内同行一流

任何事物的发展都不会一帆风顺、完美无瑕，组织企业生产也是如此。郑学智所学专业是化工，与食品生产风马牛不相及，为了企业的生存他只能边学边干、硬着头皮带领大家往前闯。虽然靠自己的能力完成味精、啤酒等项目的设计、施工、安装、试车，顺利地产出合格产品。但有的环节不可避免地存在着不足。对此，他从来没有固执己见，更没有推诿指责，遇事都是主动承担责任，不让工程技术人员在思想上背包袱。他锐意改革、从善如流、虚心听取各方面

的意见和批评,只要是正确的,就尽快改正。如味精车间刚生产时,引风机和袋式过滤器因为外界温度低,造成热空气中的水分冷凝析出,同味精一起黏附在引风机叶轮上,导致引风机剧烈振动,噪声震耳欲聋,同时袋式过滤器也因此无法正常工作。他马上召集工程技术人员开会,分析原因,找出症结,制定出解决问题的方案,很快使生产恢复了正常。

味精生产过程中,提高大颗粒味精的产量和质量是提高经济效益的关键。味精车间副主任李家声提出可用振动筛和自然干燥法实现此目标,郑学智认为办法可行,经过论证取得大家一致同意。技术改造后提高了大颗粒味精的产量和质量,大幅提高了企业的经济效益。

4. 作表率,严要求,弘扬三线精神

从建厂初期到工厂实施"军转民",郑学智很少休公休日、节假日。白天生产车间常见他的身影,晚上他办公室的灯光熄灯最晚。几十年来他把自己最美好的青春年华都奉献给了小三线军工。有人问什么是"三线精神"?许多老军工把它高度概括为"艰苦创业、无私奉献、团结协作、勇于创新"十六个字。是啊,郑学智用实际行动诠释了"三线精神"。领导的行动就是无声的命令,全厂职工无人甘心落后,加班加点、义务劳动、无私奉献蔚然成风。他任副厂长后分管厂的技改工作,手中掌握着一定的决策权,有些基建、安装队的负责人为了和他搞好关系,没少给他送礼,他都坚决拒绝。他常说:"他们送礼无非是让我在项目质量和施工方面放松把关的尺度,我是项目总负责人,收了礼就是砸我自己的锅,这种缺德事坚决不能干。"工厂的许多项目之所以都能保质保量提前竣工,和他的一身正气、两袖清风有直接关系。

他尊重、关心知识分子。由于工厂地处偏僻的山沟,物质生活和精神生活相对匮乏,有的大中专毕业生来厂后不安心工作。对这部分同志他关爱有加,在生活上嘘寒问暖,帮助解决遇到的具体困难;在工作上手把手指导,使他们尽快熟悉业务工作。在他的帮教下,这些同志都安心在山区工作,在政治上、技术上进步很快,成了企业的骨干。他注重职工队伍的基础建设,多次举办中层干部、班组长培训班并亲自授课,使他们成为懂管理、懂技术的中坚力量,为工厂稳步发展培养了大批人才。

郑学智同志一身正气、两袖清风、胸襟坦荡,在小三线军工建设和军转民生产过程中,带领全厂职工战胜各种困难,闯出了一条军转民的成功之路,他是我们军工人的榜样!

(资料来源:2016年10月郑学智的夫人魏淑美及其长子郑东的采访记录)

二十五、小三线军工厂的第一批大学生——侯福旺

侯福旺(左)和妻子黄玉兰

侯福旺1944年出生于河北省故城县的一户普通农民家庭,自幼聪明好学,1965年考入山东大学化学系,1970年毕业后,与其他11名大学生一道选择了支援小三线军工建设,被分配至山东红光化工厂。侯福旺先后任助理工程师、车间主任、生产厂长、技术厂长等职务。任职期间为小三线军工建设、为"军转民"开发、为生产味精、啤酒、淀粉等民品做了大量工作,为工厂的发展作出了重要贡献。

1. 在"军转民"二次创业中大显身手

1972年1月,侯福旺、黄玉兰等11名大学毕业生乘一辆解放牌大汽车来到山东红光化工厂,他们是工厂建厂分配来的首批大学生。由于侯福旺与黄玉兰是同乡,高中同班同学,两人早就相识,入厂后很快就结了婚,成为工厂第一对结婚的新人。建厂之初,大家都住在龙泉官庄的农户家中,点的是煤油灯,吃的是"大锅饭",喝水自己挑。尽管条件艰苦,但大家都无怨言。侯福旺被分配到技术科做技术工作,黄玉兰张罗着办厂职工子弟学校教学,他们都全身心投入到紧张有序的工作中。就这样,全厂职工一起不分昼夜,奋力拼搏,终于把工厂基本建成,使工厂的合成氨、硝酸车间投入正常生产。因侯福旺在技术科负责标准设备管理,工作比较出色,省军工局物资处领导对其大为赞赏,把他借调到军工局物资处做设备管理工作。此时的红光化工厂已被国家列入停缓建单位,工厂决定转产民品。孙学信厂长找到了侯福旺,讲述了红光化工厂面临的困难,谈到了利用厂的优越地理条件和公用工程的优势条件开发民品

的设想,建议他回厂参加关系红光化工厂命运大转折的"二次创业"工作。侯福旺考虑再三,毅然决定回厂参加"军转民",为工厂的前途尽自己的一份力量,不辜负党组织的期望。他抓紧交接工作,回厂后就紧张地开展了民品开发工作。

此时的红光化工厂人心浮动,许多职工投亲靠友早已调走。但侯福旺不信邪,坚信工厂一定会搞好。他和技术科科长李克勤一起,在孙学信厂长的领导下开始了转产民品的艰辛探索。他不辞辛劳,到处调研、请教,查阅有关资料。他从《大众日报》上看到有关啤酒生产的报道,称中国啤酒发展将进入快车道。他认为工厂环境优美、水质优良,生产啤酒具有得天独厚的条件。就把自己的想法向李克勤科长汇报,获得了领导的赞同,第二天他来到了济南啤酒厂,拜访了该厂的张总工程师。那个年代人们的合作意识、大局观念比较强,张总工程师弄清他的来意后非常热情地带他到各车间参观了一番,向他介绍说:"随着国内人民生活水平的提高,啤酒需求量会大幅上升,我厂由于受地域所限,无法再扩大生产,领导对此也很着急。你们若搞啤酒,应先去市一轻局与领导取得联系。"侯福旺听后非常高兴,告辞后急忙来到济南市第一轻工局,找到生产技术处刘处长说明来意,刘处长听后对此很感兴趣,向他介绍山东省现在只有烟台、青岛、济南三家啤酒厂生产啤酒,远不能满足市场需求。济南市想再建一个啤酒厂,由于受资金所限,目前有一定困难,红光厂若生产啤酒是件好事。不过今天王局长外出开会,希望他明天再来向王局长汇报。侯福旺当下约定明早就来汇报,当晚他连厂也没敢回,唯恐误了明天与王局长的见面,就在周围找了个小旅馆住下。第二天刚上班,他就去了。显然王局长已听了刘处长的汇报,对他的到来很热情,大家相谈甚欢,大有相见恨晚之意。侯福旺立即回厂向李克勤科长和孙学信厂长作了汇报,大家觉得这是件好事。第二天,孙学信厂长率领李克勤和侯福旺来到济南市第一轻工局找到王局长,介绍了红光厂的情况,进行了详细的交流,对合作生产啤酒之事达成了共识。为了谨慎起见,王局长还与刘处长等领导数次来厂考察,觉得很满意。

孙厂长带领李克勤科长、侯福旺去山东省军事工业局,向局领导汇报了拟与济南市第一轻工局合作生产啤酒之事。正为红光化工厂前途担忧的军工局领导得知此消息后,也认为是件好事,当场应允。为了把合作之事办好,红光厂还草拟了一份合作协议书,请军工局、济南市一轻局领导审阅后,约定时间三方签字生效。

谁料到签字那天,市一轻局王局长等几位领导,红光厂孙学信厂长、李克勤科长、侯福旺等均按时到场,就是不见军工局的领导,打电话询问时,军工局领导说今天不签了,你们也回来吧。一头雾水的红光厂领导们来到军工局时才明白,原来军工局领导对红光化工厂另有考虑。与转产啤酒擦肩而过,侯福旺扼腕叹息。

过了不长时间,孙学信厂长从国家第五机械工业部得到一个生产"麦精露"饮料的信息。派技术科副科长郑学智和侯福旺到生产场地考察,两人根据信息来到沈阳飞机场内部的一个工厂进行了考察学习。原来这种饮料源于苏联,在苏联称它为"格瓦斯",传于中国生产后,国人给它取名"麦精露"。其主要原料是烤馒头干,加入适量白糖,进行生物发酵,再进行加工即可饮用,技术含量并不高。他们两位带回几瓶样品进行试制,很快取得成功,领导很是高兴。1981年成立"麦精露"车间,侯福旺任车间副主任,负责主持车间工作。他和刘金江同志一起利用新建的理化室完成了设备选型和工艺设计,编写了一整套生产工艺操作规程和管理制度。他与机修车间的同志一起设计制作了半自动灌装设备,仅用了3个月的时间就完成了生产线的建设,达到了投产的条件。由于该产品成品率低,市场销售较为理想,稍有盈利,工厂生产了数年,直到拳头产品味精生产后,才终止了"麦精露"的生产。

2. 生产味精,加强管理增效益

根据工作需要,侯福旺被任命为味精车间副主任,主持车间工作。上任后,他经常深入班组生产岗位,发现问题,及时解决。当他到中和班时发现当班操作工将跑冒滴漏在地面上的味精液用自来水管冲入下水道时,他就找来王健班长,让他加一个味精液收集罐。这样,凡是滴漏的味精液,都可以全回流到收集罐中。在分离岗位,他也发现了类似情况,就与班长丁昌玉一起设置了味精液收集罐,将滴漏的味精液体收集起来。此举从细微之处减少了浪费,提高了经济效益,增强了职工们的成本意识。

他发现包装工段的包装工因"吃大锅饭",工作缺乏积极性,致使仓库大量味精积压。他大胆改革,实行定额承包责任制,设立在保证包装质量的前提下,只要完成定额就可以随时下班的灵活劳动制度。此举调动了全体包装工的积极性,大多数包装工都能提前完成定额,随着包装工熟练程度不断提高,侯福旺把指标逐步上调,极大地提高了劳动生产率,承包责任制也一直沿用了下来。

3. 啤酒建设,济南精神之体现

1985年,随着形势的发展,厂决定建一条万吨啤酒生产线,而且拟在1986年"七一"前生产出合格的啤酒。该工程时间紧、任务重、困难大,是工厂一项从零开始的浩大工程。

侯福旺先是在郑学智副厂长领导下参与这项工程的建设,随之被任命为该车间主任,组织啤酒生产。这担子的分量和其中的酸甜苦辣,他体会最深。搞工程必须有资金,可工厂缺的就是资金。为了解决资金,他配合郑学智副厂长跑银行、找政府,想方设法与中国信托公司取得联系,他俩先后三次去北京,用诚心打动了信托公司的领导,终于在较短时间内争取到270万元的资金贷款,保证了整个啤酒工程得以顺利进行。

为了保证啤酒试车一次成功并投入生产,红光厂从各车间抽调了几十名思想政治过硬、工作认真负责的同志,赴石家庄、北京等地的啤酒厂学习,经过严格培训,这些同志都很好地掌握了啤酒生产操作技能和处理解决问题的能力,成为独当一面的操作能手。侯福旺一方面抓培训管理工作,一方面又和职工一样在每个岗位上实习操作,同时根据兄弟厂的生产经验与红光厂的实际相结合,编写了啤酒生产、质量、卫生等十余项规章制度和各岗位的操作规程及啤酒生产方案,为试车和投产做好了技术准备。

那时候他只有一个想法,就是趁着自己还年轻,多为工厂做点事,也对得起党组织对自己的信任。在啤酒工程突击施工中,处处都有他的身影。酵母洗涤和清酒工房施工期间,正值"三九"寒冬,为了不误整个工期,没有条件,创造条件也要上。他和施工人员一起,为了保证施工的质量和进度,专门购买了大篷布将施工现场进行篷盖,内部燃起保温炉,保证了施工的质量和进度。当生产设备进入紧张的安装阶段时,他干脆带着铺盖卷搬进了车间办公室,昼夜与施工人员奋战在施工现场,就这样,1986年"七一"前夕,红光厂生产出了第一批合格啤酒。

8个月来,他和全体啤酒工程建设者一道,在没有奖金、加班费、任何补贴的情况下,从未休过公休日,每天工作都在12小时以上,建成一条万吨啤酒生产线,堪称国内啤酒制造行业的奇迹!

4. 上马淀粉工程,为企业发展添异彩

1990年,根据工作需要,侯福旺担任红光厂技术厂长,负责全厂的技术工作。此时的工厂已成为年产3 000吨味精和万吨啤酒的食品工业企业。

生产味精的主要原料是淀粉,当时工厂每年从淀粉厂购进万余吨淀粉以满足味精生产之需要。如果自己建一座万吨淀粉厂,不仅能降低味精成本,而且还能保证原材料质量,更何况淀粉生产技术含量并不高,生产淀粉对工厂来说是一个非常理想的项目,厂领导们对此项目的认识高度一致,下决心建设一条年产万吨的淀粉生产线,这项工作就由侯福旺具体负责。

为了不负组织的重托,侯福旺精心筹划、细心部署,从大事抓起。他多次去国家食品工业协会汇报,取得各级领导的支持。在他的努力下,国家计委很快下达了同意该项目建设的批文,并且在国家经济比较困难的情况下,给予投资250万元,令全厂干部、职工倍加鼓舞。

侯福旺精打细算,为了节约投资,他组织职工挖掘内部潜力,把原有闲置工房、设备及库存材料加以利用。购置新设备也货比三家、讨价还价,能省就省。为了保证资金不超预算,他组织本厂工程技术人员自行设计生产工艺、安装设备;他动员全厂干部职工参加义务劳动,自己动手,节约了施工费用。

设计组在侯福旺的带领下,十几名设计人员不辞辛苦,行程数千里,考察了山东、河南、河北的十几家淀粉厂。回厂后反复论证,取众家之长,很快完成了万吨淀粉生产线的设计,保证了淀粉生产线按时开工建设。

原计划3个月的工艺设备安装任务,在王代启、刘善雷两位班长的带领下,打破工种界限,团结协作,只用2个月就完成了。

电气设备安装由动力车间的15名电工负责,计划要用2个月的时间,他们齐心协力,只用了1个月就圆满完成。

97台非标设备的加工任务交由机修车间铆工班负责,要求8月底完成。焊工们头顶着烈日照射,一干就是几小时,没有一人叫苦喊累,97台设备均按时加工完成。

侯福旺加班加点连轴转,在工程最紧张的9月,干脆一日两餐就吃在工地,每天都在工作12小时以上,淀粉生产线投产了,他也累得爬不起来了。

1992年因工作需要,侯福旺夫妇调至济南市工作。无论走到哪里,他们都积极努力工作,发扬小三线军工人的无私奉献精神,赢得了领导和同事们的好评。侯福旺夫妇于2004年退休,住在济南市中心安度晚年,现身体健康,女儿事业有成,家庭幸福,安享天伦之乐。

(资料来源:2018年7月侯福旺的采访记录)

二十六、来自小三线的水电专家——袁明水

袁明水1945年出生于山东省长清县孝里镇袁道口村,自幼家境贫寒的他学习刻苦努力,于1969年毕业于中国矿业学院,1970年参加工作,先后在南京延安"五七"干校煤矿、南京机械厂、山东红光化工厂等单位工作,无论在哪家单位,他都凭借自己的人品和真才实学赢得了职工们的普遍好评,是位专家型、令人尊敬的小三线领导干部。

袁明水(右)及妻子

1. 小三线军工峥嵘岁月

1975年7月,袁明水从南京机械厂调入山东小三线红光化工厂,厂领导根据他所学的专业,将其分配到动力科工作。该科负责全厂供水、供电等任务,点多面广,重点要害部位多,无论哪个部位发生问题都会影响到全厂的生产和生活,责任重大。他到动力科后,去每个生产岗位熟悉情况。他来到泵房,发现一级泵房的操作工每次从深水井内抽水时,必须到2公里之外的水井上去操作,极其不便。他设计安装了一套自动控制装置,对所有深水井都实行了遥控,操作工再也不用每次都到2公里外的水井上操作了,节约了时间,提高了效率。牛刀小试,首战告捷,动力科领导和职工们对这位新来的技术员刮目相看。

工厂在馒头山北侧山顶建了一座3 000立方米的高位水池。刚投入使用时，由于二级泵房距高位水池有较远距离，操作工又无法及时掌握高位水池内水位的变化情况，经常出现高位水池水用光导致生产区没有水用或高位水池水满外溢的情况，此事令动力科领导颇为头疼。袁明水闻知此事，立即自己动手，在高位水池内设计安装了水位控制信号装置，当池中水满或低于水位线时，它能及时向二级泵房的操作工报警。至此，高位水池水位控制问题彻底解决。

红光化工厂系生产梯恩梯炸药的军工厂，按照设计必须配置双供电线路。1975年，工厂要在长清变电站铺设一条35kV的高压线路。电力部门只完成了一部分，就因紧急任务临时撤离了，若等他们回来还不知需多长时间。厂领导决定依靠自己的力量完成这一艰巨的任务。袁明水带领电工班的全体人员，从厂区用人拉着高压线，一步一步铺设到30公里外的长清变电站，经过数月的苦干，终于使整条线路竣工通电，经上级有关部门验收完全合格。此项工程的顺利竣工，标志着工厂动力科的工程技术人员和电工已达到较高水平，成了一支能打硬仗的队伍。

1975年9月，工厂变电站经济南市供电局调试合格后批准正式投入运行。锅炉房、合成铵车间均进入调试阶段。水电的保供任务异常重要，袁明水带着电工、管道工对车间的所有配电室、主要水阀门开关全部进行检查，确保其全部达标，保证了车间生产的顺利进行。

2. 发挥专业知识，为"军转民"保驾护航

随着时间的推移，他先后担任过电气工程师、动力科副科长、科长、厂长助理、副厂长等职务，身份变了，但他的初心、使命和全心全意为人民服务的观念没变。每当工作中有困难，他总是冲在最前面。夏季，厂区是重点防雷区，每逢暴风雨，无论是白天还是深夜，他总是顶风冒雨到泵房、变电所检查水、电运行情况。冬季，大雪封山、滴水成冰，他踏冰冒雪到锅炉房、水泵房检查供汽、供水情况，他心里总装着工厂。

随着形势的发展，工厂开始"军转民"，生产味精、啤酒、酵母、淀粉等民品。红光人会精打细算，每次上新项目都要利用旧工房，尽量减少工程投资。无论上什么项目，都离不开水、电、汽，袁明水都是这些重点项目组的主要成员。他结合实际，能省就省，节约了不少设计费用，保证了施工工期。1990年，

他出色地完成了味精由年产3 000吨扩至6 000吨的电气设计及万吨淀粉工程的电气设计。

袁明水是位专家型的领导干部，1986年，他根据红光厂热力系统的现状、存在问题、节能潜力，提出了热电联产建议，编写了热电工程项目建议书及施工方案，制定了并网及调度方案。他认为热力系统节能是红光化工厂节能工作的重要抓手，必须从系统工程的观点统筹安排，要从热能的转换、输送、使用和管理等方面入手，开展供热系统的节能工作，要把锅炉的节能重点放在提高锅炉的运行效率，搞好余热利用；要把热力系统的节能重点放在管道、输水改造和凝结水回收方面。

分管技术工作的郑学智副厂长对袁明水提出的建议斟酌再三，认为非常重要，与厂党委取得共识后，提交厂务会进行研究。经研究决定，同意在工厂进行锅炉改造，实施热电联产项目，并责成袁明水具体负责实施。

济南市经委节能办和市计委对此项目非常重视，认为这是一个利国利民的好项目，很快就下达了同意建设的批复。市经委节能办公室为了鼓励企业积极开展节能工作，给予低息贷款120万元的扶持。市计委从政策扶持方面拨给90万元的资金。这些资金和政策的支持，为红光厂发展热电项目提供了有力保障。

袁明水多次去济南市供电部门，与其签订发电并网协议。袁明水又赶赴邯郸设计院，请该院进行图纸设计，在较短时间内完成了总图设计。他根据要求到广州汽轮机厂订购了一台背压式汽轮机，又与郑学智副厂长等赴杭州汽轮机厂订购了一台抽气冷凝式汽轮机。

袁明水又从肥城石横发电厂请来十余位技工师傅，在他们的指导下，车间技术员成远海负责汽轮机技术；李金光负责发电机和配电设备技术；老工人王永文负责电气运行的管理；刘尚国负责汽轮机的安装和检修……在较短时间内就完成了设备安装调试工作。

袁明水还为红光厂招收了刘敏等30余名具有高中文凭的学员，并赴明水热电厂进行培训，这批学员文化水平普遍较高，外出学习目的明确，很快就掌握了本岗位的操作知识，成为热电车间的主力军。

在袁明水的具体负责下，经车间主任苏士祥、书记马仁吉及全车间职工的共同努力，1988年夏天，热电车间一次试车成功投产，从此，热电车间一直处于正常运转状态。

该项目的成功,使红光厂的3台锅炉实现了额定工况运行,合理地解决了厂区生产和生活区的用汽,提高了锅炉的效率,充分利用了热能,解决了多余热能向电能的转换。不但节约了燃料,也解决了本厂电力不足的矛盾,同时降低了车间生产的用电成本,年获利90余万元,成为工厂综合利用项目的典范。

袁明水自1975年调入山东红光化工厂至1992年调至济南市供热系统,在红光化工厂工作长达17年,他从一名技术人员逐步锻炼成为工程师、副科长、科长、厂长助理、副厂长。17年的三线军工生活,使他在业务、政治上锻炼得更加成熟,他脚踏实地、忘我工作,一身正气、两袖清风,把自己人生最美好的青春年华都无私奉献给了军工事业,无悔无怨。他深受群众的爱戴,多次被厂评为先进工作者、优秀共产党员,并被山东省军工局授予"优秀共产党员"荣誉称号。

(资料来源:2018年8月袁明水的采访记录)

二十七、懂管理善经营的军工战士——于宪武

于宪武1938年12月出生于山东省东平县大羊镇上庄村,自幼学习刻苦,1962年从济南化学工业学校毕业后分配至山东化工厂工作。1963年被领导派至国家第五机械工业部华东办事处工作。1967年又受工厂派遣至北京,专门负责北京地区的业务。1971年5月,山东立新化工厂开始筹建,为了支援小三线建设,他从山东化工厂调往立新化工厂,亲历了该厂的兴衰历程。

1. 建厂初期,筚路蓝缕

1971年5月,于宪武等一批人奉命调至山东立新化工厂工作,此时的立新化工厂刚批准成立,人员正在抽调中,厂址尚未确定,他们这批奠基者先在济南市委党校的一排平房中成了立新化工厂的筹建办事处。是年8月,他们来到了长清县孝里公社龙泉官庄,这里是选定的立新化工厂、红光化工厂的厂址。

建厂伊始,事事从零做起,首先要搞"三通一平","三通"即通水、通电、通路,"一平"即平整厂基。那个年代建厂没有机械化施工设备,全靠人工肩扛手抬,长清、平阴、肥城三地的5 000余名民工齐聚此地,施工现场可谓人山人海、热火朝天。于宪武负责物资供应工作。刚开始省国防工办给厂配备了一

辆北京吉普车,但那是领导的座驾,也不能拉物资。至于大汽车,虽已有计划,但暂时不能到货,还要等一段时间,真是远水解不了近渴。天天有全国各地的军工战友来厂报到,吃菜、烧煤、买面粉,这些生活用品也需要交通工具运输,领导让于宪武想办法。有困难还得找老单位,他回到山东化工厂求援,正好山东化工厂刚分配来一辆解放牌大卡车,他给领导商量先暂借用一阶段,此时的山东化工厂为了小三线立新化工厂的筹建,连党委书记和一大批优秀干部都"支援"给了该厂,借辆卡车是小事一桩。就这样,山东化工厂的司机刘敬民开着这辆崭新的解放牌大卡车为立新化工厂服务,解了燃眉之急。到后来连人带车都留给了立新化工厂,算是工厂的第一辆大卡车。但这绝不是于宪武爱占老单位的便宜,第二年他作为偿还,通过正当渠道将国防工办拨给工厂的一辆解放牌大卡车还给了山东化工厂。

　　立新化工厂、红光化工厂施工现场的数千名民工为盖工房和生活区正在不分昼夜地开山凿石平整土地,基建施工需要的材料,如砖、瓦、灰、沙、石等从当地就可以筹措,但钢筋、水泥、木材属国家计划控制物资得妥善做好计划才能保证供应。于宪武提前加班列计划,根据基建万元投资定额,核算出需要用的钢材、木材、水泥的数量,报国家第五机械工业部物资局批准。很快,物资局给批的2 200吨钢材、800立方米木材等基建急需的物资运至工地,工地指挥部领导们脸上笑开了花。立新化工厂、红光化工厂两厂合并后,加快了基建施工进度,但从未因缺少基建材料而影响施工进度,于宪武用出色的工作,有效保障着工程建设的进度。

　　为了尽快实现早日通电,山东省电力工程二处的职工全力以赴,从肥城石横电厂架设15公里的高压电线到厂,但从挖坑到埋电线杆都由厂里负责,电线杆上的金具也由厂里提供。这些要从哪里买?于宪武一时想不出办法,于是他就跑去省国防工办基建处请求帮忙,基建处的穆玉璋同志告诉他章丘县有个单位就生产这些物资,省内的小三线军工单位都从那里购买,而且物美价廉、质量可靠。于宪武大喜,马不停蹄就去定做购买,保证了供电施工的正常施工。

　　1981年,于宪武被任命为供应科副科长,不仅负责物资供应,还负责仓库的物资管理。他遵循国家五机部对物资管理的有关规定,按要求对仓库物资进行严格管理。

他组织仓库保管员认真学习国家第五机械工业部下发的关于物资管理的有关规定,亲自授课并进行考试,奠定了仓库物资管理的基础,使红光厂的物资管理逐步走上正规化。后来国家五机部在南京举行仓库保管员骨干培训班,供应科派仓库保管员安学珍同志参加,老师发现她上课学习时并不认真,学习也不太用功,结果考试成绩却名列第一。老师大为不解,问她有什么好的学习方法?她说:"你们讲的内容我们于科长都组织我们学习过,这些我们保管员都懂。"老师们大为惊讶。由此可见,在当时红光化工厂的仓库管理在同行业中已走在了前列。

于宪武要求仓库保管员对保管的物资要熟知型号、性能、用途,填报数据真实、时间准确、物资出入库要做到"来路明、去向清"。对物资摆放实行"五化",即五五成行、五五成堆、五五成摞、五五成串、五五成垛;物资管理要"四清",即账物要清、账卡要清、卡物要清、仓库账和财务账要清。物资堆放时要下重上轻、分门别类、有序摆放。因此,仓库保管的物资虽然多,但分类清晰,管理有序,账目和物资一一对应,运行效率极高。

建厂初期,外来施工单位多,有的施工单位很想浑水摸鱼,趁机多领点材料,占公家便宜。对此于宪武与基建科及时沟通,请基建科提前列出每个工程项目计划使用砖、瓦、灰、沙、钢筋等物资具体数量,仓库单独建账,哪个单位多领了都能及时发现。致使有些施工单位说他"太抠""太严","都是公家的东西,你管那么严图啥?"但于宪武明白,国家的财产来之不易,一针一线都必须管理好。

在他多年的努力下,红光厂培养出一支高素质的保管队伍,后来从工厂调往外单位的保管员们都成了各自单位的保管业务骨干。

2. 在"军转民"过程中发挥作用

20世纪80年代初,工厂处于"军转民"时期,于宪武协助孙学信厂长在考察民品的过程中做了大量的工作。工厂曾一度拟转产酱油、醋之类的副食品,孙厂长与于宪武在泰安地区做过一些调查,最后觉得不适合工厂生产,又拟转产染料,于宪武结合自身的专业知识,给大家讲了活性染料和普通染料的特点和区别以及有关的生产情况,各位领导听后也认为此产品不适合红光厂生产。赴青岛味精厂考察味精产品时,于宪武因工作中有急事没能与考察组一同前往，但他从市场营销角度查阅了大量资料，发现当时我国味精年总产量仅4.5万吨左右。日本人均年消费880克，而我国人平均年消费才4克，随着我国人民生活水平的不断提高，人均消费味精也将大幅提高，具有巨大的市场潜力。而且生产味精的主要原料为淀粉，山东本地就盛产地瓜、玉米，用它们就能制作淀粉，该产品原材料供应渠道有保障。于宪武从味精生产的原料供应和市场销售两个方面做了全面调查，为工厂后来转产民品味精提供了可靠的资料。

在全厂职工共同努力下，味精生产线顺利建成并于1983年7月26日生产出第一批合格的山菊花牌味精时，于宪武的目光转向了国外。他与外商谈判，迅速向新加坡销售了6吨味精。从此，红光化工厂有了"山菊花牌味精畅销国内外"这句广告词。他要求销售人员与客户之间建立牢固的业务关系，既不当老爷，也不当孙子，既当销售员，也当服务员，形成"前店后厂"的格局，共同努力占领市场。由于他和全体销售人员的共同努力，山菊花牌味精很快便占领了国内各省市的主要市场。

3. 加强车间管理，夯实基础工作

根据工作需要，于宪武被任命为厂企管办副主任。济南市要求在全市企业中开展"双增双节"活动，并明确了工厂当年实现节支70万元的目标，这项工作就由于宪武负责落实。他在厂领导的支持下，先传达文件，提出要求，各车间各部门都成立了"双增双节"领导小组，并给各车间各部门明确了具体指标，要求各生产单位对原材料、能源动力等进行严格控制，定期总结投入产出情况，采取有力措施减少投入，增加产量。他深入基层抓落实，从各车间的包装边角余料、钢材的边角余料、废包装物的收集开始，组织服务公司向养鱼场出售鸡粪、猪粪，组织锅炉房卖炉灰、炉渣，组织啤酒分厂卖废玻璃瓶渣等，从细微之处开展工作，不到7个月的时间，就完成了济南市下达的全年节支70万元的任务。

根据工作需要，于宪武被任命为啤酒分厂厂长。到任后，他大刀阔斧实施了"严格纪律""保证质量"等一系列有效整改措施，取得了较好效果。他制定了分厂职工从工作到生活的36条管理规定，经职工讨论后严格执行，对违反管理规定的，轻者批评教育，重者给予经济和行政处罚，使分厂厂风大有改观,职工队伍整体素质进一步提高。

针对啤酒质量一度不稳定的问题,他经过深入调查,针对提出的问题,采取有效对策。他调动了工程技术人员的积极性,实行工程技术人员质量责任制,即让分厂的昃元杰、王树庆两位工程技术人员分别从生产啤酒的第一道工序开始,直到啤酒灌装成瓶为止,全程跟踪负责到底。经他和啤酒分厂全体干部职工的共同努力,所生产的奥波牌啤酒先后被评为省优产品和部优产品,并在全国首届食品博览会上荣获金奖。

根据工作需要,于宪武被任命为饲料酵母分厂厂长。赴任后,他先从整顿厂规厂纪入手,建立健全24条分厂规章制度,经全体职工讨论通过并严格遵守,厂纪厂风大有改观。他懂管理、善经营,上任伊始就发现在库房还有积压的30余吨饲料酵母。他请有关权威部门化验了一下,此酵母中生物蛋白含量高达58%,是喂猪喂鸡的理想饲料。于是,他立刻派工程技术人员王泽利去北京郊区养殖场联系推销,以每吨3 500元的价格出售,打破了原来2 500吨出售都困难的局面,于宪武带车送货,当场即货款两清。

生产中,他充分调动全体职工的劳动积极性,群策群力,发展生产。自他接任以来,饲料酵母分厂的生产形势大有好转,由过去每月产量15吨发展成为每月生产30余吨,产量翻番,效益大幅增长,生产蒸蒸日上。

1992年下半年,红光化工厂的经济效益走下坡路,根据工作需要,厂里任命于宪武为经营厂长,负责全厂供应、销售工作。此时摆在他面前的是1 200余万元难以收回的货款和200余吨仓库积压的成品味精。他清理了一下思路,制定出产品销售新规定,之前账款未结清的客户不再继续供货。通过这种方式,厂里回笼了大批货款。有些难以回收的货款,他都逐一带队上门收款。

千秋功过,任人评说,于宪武于1998年正式退休。他经常扪心自问,这么多年来对得起党组织的培养,对得起全厂职工,问心无愧,足矣。

(资料来源:2018年7月于宪武的采访记录)

二十八、无悔无怨,献身军工的军转干部——李传德

李传德出生于抗日战争年代,自幼颠沛流离、饱受战乱之苦,尝尽人间辛酸。新中国成立后,在中国共产党的领导下李传德才过上了幸福生活。他听

党的话,响应祖国号召,投身于军工建设,在军工厂参加中国人民解放军,成长为一名解放军干部。后根据需要转业至山东红光化工厂,支援小三线军工建设。40多年来,他从部队到军工厂,无论在什么岗位,对工作都认真负责、任劳任怨,对党忠心耿耿、团结同志,将自己一生无私地奉献给了新中国的军工事业。

李传德

1. 转业小三线军工无私奉献

1975年,李传德所在部队接到指令,全国除新疆维吾尔自治区外,其他省区的建设兵团一律撤销,他和战友们面临着转业的抉择。思考再三,李传德决定还是干自己参军前的老本行——军工。他来到山东省军工局咨询,军工局领导告诉他:国家在长清县境内新建了一座年产万吨梯恩梯炸药厂,对外称山东红光化工厂,是座小三线军工厂,该厂正需要干部。他持军工局的介绍信到该厂考察,看到红光化工厂到处是热火朝天的感人场面,刘吉乾厂长热情地向他介绍了工厂的情况,使他深受感动,当场表态愿意来厂工作。很快,李传德就将全家搬到红光化工厂。

李传德来到红光化工厂后,因厂办公室主任刚调走,领导让其临时负责厂办公室的工作。由于工作得力,第二年李传德就被任命为机修车间党支部书记。这个车间,车、钳、铆、电、焊工种齐全,技术人员多,工作任务重。车间主任沈阿福是位老军工,对人热情豪爽,对工作认真负责,对党的事业忠心耿耿,是李传德理想的搭档。李传德着手组建了党支部委员会,分别召开了党员大会和职工大会,传达党支部、车间领导的要求,带领全体党员、职工把各项工作开展得既轰轰烈烈又踏踏实实。车间当时的主要任务是配合安装单位做好设备加工、安装工作,他与沈阿福经常加班加点,车间每次都能顺利地完成厂里下达的各项任务。

2. 克服困难,转战民品

党的十一届三中全会以后,党和国家的工作重点发生战略性转移,国内外形势也发生了重大变化,和平发展成为主流。国内军工单位大部分生产任务不足,红光化工厂由于是新建军工单位,被国家列入停缓建单位。为了搞好"军转民"、实现二次创业,李传德随孙学信厂长四处调研,结合实际,开发适合工厂生产的民品项目。在大家的共同努力下,厂领导决定生产味精。机修车间在李传德、沈阿福的带领下,工程技术人员全部参与搞工程设计,各班组职工日夜奋战在工房,在短时间内就拆除了220多台设备,总质量达450多吨。磁环200余吨。管道2 500多米,总质量达50多吨。同时,千方百计利用废旧设备和物资,自制设备94台,价值数十万元。经过一年多的时间,机修车间终于全面按时完成了任务,保证了味精生产线的顺利投产。

1985年,红光厂决定新上一条万吨啤酒生产线,李传德书记又带领机修车间全体职工转战在啤酒生产线的施工现场,啤酒车间有许多设备都是机修车间制作和安装的。在施工期间,机修车间的全体职工从没休过星期天、节假日,也没有任何奖金、加班费,他们就是这样默默无闻地无私奉献。每当想起这段激情岁月,李传德的心情都无法平静。在这支队伍面前,就没有克服不了的困难。啤酒生产线的顺利建成投产,与机修车间全体职工的辛劳付出是密不可分的。

根据工作需要,李传德调到红光厂的劳动服务公司任党政主要领导,他与高祥远、刘家成、张安华、刘宗民等经理密切配合,千方百计为职工服务。在原有的纸箱厂、瓶盖厂基础上,又筹集资金办起了养猪场、养鸡场,建了7个塑料大棚种植蔬菜。为了学习养猪、养鸡技术,他与高祥远去北京、天津等地的养殖场取经学习。回来后,他们办起培训班,把学到的技术传授给养殖工人。在李传德的领导下,服务公司很快发展到肥猪存栏1 000多头,养鸡近9 000只的规模。每逢年节,红光厂每人都能分到一定数量的肉、蛋等副食品,不但改善了职工生活,而且解决了家属的就业问题,对稳定工厂的发展起到了积极作用。

为了搞好红光厂的工会工作,李传德被选举为厂工会主席,在工会工作期间,他按照工会工作章程积极开展活动,每年组织召开职工代表大会,听取厂长工作报告,讨论厂内重大决策,虚心听取职工代表和群众的意见,维护职工的正当权益,厂工会在企业生产经营较为困难的情况下,发挥了很大作用。

1999年，李传德同志光荣地退出了工作岗位，回顾自己44年的国防、军工岁月，内心很是不平静。他由一个受苦受难的穷孩子，在党的培养下，成长为一名党和国家的干部，为新中国的军工事业鞠躬尽瘁，把自己一生最美好的时光无私地献给了党和人民。

（资料来源：2018年11月李传德的采访记录）

二十九、知难而进的军转干部——孙文法

孙文法1948年2月出生于山东省长清县张夏镇三尖台村，青少年时期在家求学、务农。1965年年底，孙文法响应党和政府的号召，应征入伍，光荣地加入了中国人民解放军高炮部队。1972年，孙文法转业至小三线军工厂——山东红光化工厂，先后任小车司机、班长、汽车队队长兼党支部书记、厂长助理等，2003年2月正式退休。几十年来，他既经历了战火硝烟的生死考验，又参与了"三线建设要抓紧""备战备荒为人民"的军工建设；既体验过计划经济时期衣食无忧的生活，也经受了市场经济企业不景气，下岗自谋出路的日子。面对种种困难，这位性格坚毅刚强的军转干部从不怨天尤人、自暴自弃，而是迎着风浪、奋力拼搏、知难而进，在人生道路上留下了一行行平凡而又闪光的足迹。

孙文法

1. 转业小三线，与军工事业结下不解之缘

1972年12月中旬，根据部队需要，孙文法脱下心爱的军装转业回到阔别多年的故乡。此时国家正在长清县建设一座小三线军工厂——山东红光化工厂。因他是转业干部，在当年12月底即被分配到该厂参加了工作。与他一起入厂的还有赵广才、王庆三、张荣基、刘传信共5名复转军人。这5名同志在部队都是汽车驾驶员，他们都被安排到汽车队，汽车队队长王万述是位在抗美援朝战场就当过运输兵的老军人，对这些战友的到来表示出极大的热情，都是经过人民解放军培养出来的战士，共同语言就多了，大家也都很敬重这位革命老

前辈。

几天后，孙文法就被分到厂部给领导开小汽车。那时工厂只有两辆小汽车，一辆北京牌吉普车，一辆罗马牌吉普车，罗马牌吉普车由李正亮驾驶，领导让他接替另一位司机驾驶北京牌吉普车。那个年代汽车是身份的象征，给领导开车可是很光荣、很体面的工作，那时的吉普车无论停在哪里，都会吸引不少目光，回头率极高。

汽车司机最重要的原则是"安全第一。"转业前，孙文法已经是一位在国内外安全行驶数十万公里以上的老司机了，抗美援越战场上，他与美军飞机斗智斗勇驾车冲锋陷阵；平日里，他驾车又快又稳，时刻把安全驾驶铭记在心。厂领导对他的开车技术、安全理念、敬业精神很是赞赏。

1989年，孙文法被提拔为小车班班长。工厂的小车班有2辆轿车、2辆北京牌吉普车，一辆面包车，还有一辆破旧的罗马牌吉普车，孙文法既当班长又兼司机。打铁必须自身硬，他那时已是安全驾驶百万公里无事故的优秀驾驶员了。仅这条就令同行们佩服不已，何况他平时谦虚谨慎，对谁都那么热情。其实他受的苦和累最多，但他从来不对人讲起。一天到晚除了开车，还要安排第二天小汽车班的工作，而且随叫随到，工作不分昼夜，有时忙得连水都顾不上喝。那个年代通信工具落后，厂里中层干部家中都少有电话，他的职务是位班长，更无从谈起安装电话之事。有的厂领导到外地有急事，经常要求第二天一早就出车，半夜三更接到出车通知，孙文法从不推脱，也从不耽误行程。

平时，他采取开会、个别谈心等形式，做好小汽车班司机们的思想政治工作，教育他们做好安全行驶、热情服务。在他的教育下，这些司机都能严守职业道德，为各级领导服好务，支持他的工作，给他留下了许多美好的回忆。

根据工作需要，领导安排他到汽车队担任队长兼书记职务。当时的汽车队有70多名职工，50多台各种大型车辆，承担着全厂每年万余吨原材料和产品的运输，任务极其繁重。到任后，孙文法紧密依靠车队全体职工，合理安排每位司机的工作量，绝不允许他们过度劳累、疲劳驾驶。他注意加强职工思想教育，抓住正面典型大张旗鼓地宣传表彰。因当时厂内驾驶人员少，跑长途也是司机一人，有的地区治安不好，在外跑车时全凭驾驶员一人的智慧和勇气。如汽车司机徐万里在拉淀粉回厂的途中，车行至东阿县境内已是午夜时分，突然发现在公路旁有名手持木棒、石块的年轻人拦车,这种情况下停车是非常危险的,他加足油门紧贴其身呼啸而过,只听"哐当"一声巨响,后玻璃被石块砸得粉碎,石头、碎玻璃落满了驾驶室,侥幸砸在后面的玻璃上,如砸在驾驶员位置,后果不堪设想。对于此类问题,孙文法都能及时做好思想工作,进行心理疏导,使驾驶员们重新振作起来,做好运输工作。

在他和全体驾驶员的共同努力下,汽车队每年都能顺利完成运输任务,保证了工厂的正常生产。

2. 不忘初心,用党员的标准严格要求自己

1994年,企业开始不景气,经济效益大幅下滑,职工情绪不稳定,想办法调走的人员很多。根据工作需要,厂里任命孙文法为厂长助理,负责后勤事务工作。屋漏偏逢连夜雨,此时的市场状况也很不理想,外部经营环境较为恶劣。工厂内部由于经济效益差,人心涣散,纪律松弛,个别领导腐败,中饱私囊,各类矛盾表现凸出。就这样艰难地年复一年,工资发得越来越少,以至于完全停发,依靠政府每月140元的补贴维持生活,职工自谋出路,只留了几位干部和有关人员值班,每月发给180元的值班补贴。孙文法看在眼里急在心中。要说缺钱他也缺,家中有2个儿子,说他没经济压力谁也不相信。但再穷也不能贪污腐败,他坚守着自己入党时的誓词,坚守着心中做人的底线,不贪、不沾、不利用职务之便浑水摸鱼。他不怨天尤人、不自暴自弃,坚持自谋出路。为此,他卖过冰糕,当过汽训队汽车教练,靠微薄的收入维持生活。

2003年孙文法和妻子办理了退休手续,两人退休后一直居住在济南市区,读书看报,关心国家大事,身体健康,生活幸福美满,儿子事业有成,儿媳工作优秀、孝敬公婆,儿孙绕膝,尽享天伦之乐。

但是,孙文法忘不了那段军工情、战友情。当年轰轰烈烈地建设小三线军工,全省乃至全国数百万大军,为了"三线建设"保卫祖国的安全,进深山,披荆斩棘,艰苦创业,建设军工。这段历史似乎被逐渐淡出人们的视野,被历史遗忘,但是这些亲历者却铭刻肺腑。每逢这些部队老战士、三线军工老战友们聚会时总会回忆起那段令人难忘的峥嵘岁月。

(资料来源:2017年12月孙文法的采访记录)

三十、小三线职工医院的好领导——靖培生

靖培生

山东红光化工厂职工医院正式启用于1976年秋,医院规模虽然不大,但科室基本齐全,管理亦较规范;医护人员大多是从外地医院调入的业务骨干,还有一部分是各医科大专院校毕业的学生,整体医疗水平较高,更为可贵的是他们具有诚心、耐心、热心为患者服务的素养。医院职工最多时达40余人。医院为全厂职工、家属及周边农村社员医疗诊治、卫生保健,赢得厂内外群众的一致好评。尤其是在院长兼党支部书记靖培生的领导下,各项工作搞得有声有色,上了一个台阶。多年后,原厂的医护人员也总会想起靖培生带领大家团结奋斗、做好厂医疗卫生事业的这段峥嵘岁月。

1. 走进小三线军工厂,治病救人行医忙

1971年3月,刚从铁道兵部队复员回到山东省冠县靖刘村的靖培生,正逢国家在长清地区建山东立新化工厂和山东红光化工厂,这是两家分别生产梯恩梯炸药和浓硝酸的军工厂(后两厂合并为山东红光化工厂)。山东立新化工厂在聊城地区招收一批工人,靖培生被招收入厂。工厂党政主要领导都是济南军区派来的军代表,生产技术骨干来自祖国的四面八方,大家之间都不熟悉。因系新建单位,进厂人员都住在长清县孝里镇龙泉官庄农民家中的"干插缝"房子里。没有电,晚上点煤油灯,没有自来水,生活用水需到村边的水井里挑,条件是艰苦的。靖培生入厂后被分配到厂办公室任文书,办公室主任许克忠、秘书林启喜和他一起住在龙泉官庄一户社员家中。和他一批入厂的同志都羡慕他运气好,刚入厂就被重用,分到一份好工作。其实,他们并不知内情。靖培生档案里如实记载了他在铁道兵几年的表现、受奖情况以及部队领导对他的高度评价。厂里招工的领导审阅他的档案时,就发现这是可造之才,又与他当面交流了几次,领导们对这位知书达理、文质彬彬的小伙子评价颇高,

所以把他安排在厂办公室当文书。"天道酬勤",历来如此。靖培生在当文书期间,工作勤勤恳恳、认真负责、表现非常出色,赢得领导和同事的一致好评。其间,国家开始采取推荐工农兵优秀分子上大学的方法培养大学生。广州中山大学化学系分给立新化工厂一名学员指标,经群众推荐、领导研究批准,靖培生成了首选对象。当领导把这个决定告诉他时,他思想陷入矛盾之中。靖培生并非不想入高等学府深造,只是他自幼喜爱文学,对化工专业并不感兴趣,所以他最终婉言谢绝,让出了名额。过了不久,厂里接到河北医学院分来的一个学员指标,他又一次被推荐,同时再次陷入深深的矛盾之中。军代表王教导员和厂党委副书记徐忠纯是两位对青年高度负责的老领导,都找靖培生谈话,让他认清形势,正视现实,把握机遇,莫失良机。领导的谈话使他醍醐灌顶,如梦方醒。是啊,从医也是一项高尚的事业,男子汉大丈夫"不为良相,便为良医"。于是,他愉快地服从组织决定,到河北医科大学医疗系学习医学专业。

在校期间,靖培生非常珍惜这来之不易的学习机会,上课认真听讲,课余时间勤学不辍。功夫不负有心人,三年寒窗,终于以优异的成绩取得毕业证书。1975年9月,圆满完成了学业回厂卫生所任内科医生。当时工厂卫生所设在单身宿舍内,条件比较简陋。他暗下决心,从现在开始,把自己所学奉献给小三线军工厂的职工和家属。为了提高他的业务水平,厂里派他赴济南中心医院进修一年。在进修期间,他孜孜不倦,虚心向老教授、老专家学习,医疗技术水平大有提高。其间,医院接收了一批唐山大地震转来的危重伤病员,靖培生主动请缨,积极参与救治,白天正常上班,晚上加班加点,虽然工作很紧张、很劳累,但当他看到经他救治的伤病员一个个康复出院,心中感到由衷地高兴和自豪。他的出色表现也得到伤病员和医院领导的高度评价。

通过三年医学院的理论学习和一年的进修实践,靖培生在专业技术方面完成了由量变到质变的历程,在人生道路上成功地实现了华丽大转身,成为一名医德高尚、技术精湛的医生。

2. 执掌职工医院,造福人民群众

红光化工厂在1976年建设了一座职工医院,设有内科、外科、妇科、儿科、眼科、理疗科、牙科、放射科、化验室、手术室等,还配备了一辆救护车,可谓

"麻雀虽小,五脏俱全"。多年来,职工医院在李亭、张怡宽、高鸿友、唐功武等几任院长的带领下,团结一致、努力工作,在防病、治病、护理等方面做了大量的工作,取得了很大的成就。

1983年10月,因工作需要,靖培生被任命为厂职工医院院长兼党支部书记。他深知肩上的担子有多重,必须带领全体医护人员"悬壶济世,造福一方",为全厂职工、家属及周边农村群众服好务。为此,靖培生着重抓了以下几方面的工作:

一是抓好医护人员的团结。靖培生深知团结的重要性,于是他把团结当作工作的重中之重,每当开会必讲团结,强调大家要心往一处想、劲往一处使,有利于团结的事多做,不利于团结的事不做,不搞无原则的纠纷。尤其在工作实践中,一定要团结一致,戮力同心。他的这一主张获得了全院上下的认同,使全院医护人员拧成了一股绳,大大提高了凝聚力、战斗力。

二是抓规章制度的落实。严格的纪律是完成各项工作的保证,单位无论大小,没有规矩不成方圆,纪律面前人人平等。他严格执行厂、院的规章制度,奖罚分明。短时间内,医院精神面貌就大有改观。

三是抓医务人员的业务学习。医务人员只有掌握过硬的医疗知识和临床诊疗技能,才能提高病患的治愈率。为了不断提高医务人员的业务素质,经厂领导批准,他有计划地派出各科室人员赴上级医院进修、培训。通过不断"充电",显著提高了医务人员的技术水平,医院的整体医疗水平迅速提高,病患的疾病均能得到及时有效的诊治,还成功抢救了多例危重病人,且从未出现任何医疗事故。

四是抓医德教育。他要求每位医护人员视病患为亲人,想病患所想,急病患所急,倾心尽力,最大限度地为病患解除疾苦,不辜负人民群众的期望。

五是抓医护人员的责任。他要求每位医护人员认清所肩负的光荣职责,积极为全厂职工、家属及周边农村群众防病、治病。为了方便职工、家属、村民看病,医院安排医护人员轮值夜班,做到24小时随到随诊。同时为方便一线车间工人及时就医,还在厂生产区设置了"一线门诊",派骨干医生轮流值班。"辛苦我一个,方便千万家",这些措施赢得了全厂职工及家属的好评。

靖培生执掌厂职工医院以来,政绩斐然,赢得广大职工、家属及厂区周边群众的赞扬。由于工作突出,多次被厂党委和厂部授予"优秀共产党员""先进生产工作者"等荣誉称号。1994年,靖培生晋升为副主任医师。

工作之余,他还在《山东中药杂志》《文化生活报》《济南厂企医刊》等报刊发表多篇论文,产生了较好的影响。现任山东省作家协会会员等职务。

靖培生,一位普通农村青年,少有志向,青年时期加入中国人民解放军铁道兵,在太行山打隧道、铺铁路,为中国的铁道建设作出了贡献。被招收到小三线军工厂后,他积极学习医学专业,成为一名技术精湛的医生。在担任山东红光化工厂职工医院院长兼党支部书记期间,他带领全院医护人员悬壶济世,为全厂职工家属及周边农村群众的疾病治疗和卫生保健做了大量工作,赢得了广大人民群众的好评。

(资料来源:2021年8月靖培生的采访记录)

三十一、在"军转民"中砥砺拼搏的军工人——刘凤斌

刘凤斌,济南市长清区人,1957年12月生,1976年12月在山东红光化工厂参加工作,历任机修车间工人、厂生产调度室调度、厂设计研究室工艺设计组组长、厂节能计量处副处长等职。1992年11月调离红光化工厂。

刘凤斌

1. 学文化谋发展,敏行务实埋头干

1976年12月,刘凤斌招工来到红光化工厂时,该厂经过5年多的建设,已初具规模,厂内一座座高大的工房、一台台崭新的设备、一条条宽阔的柏油公路;锅炉房、汽车队、维修车间、工厂配套齐全,自成体系;单身宿舍、家属楼、办公楼整齐有序;银行、医院、粮店、职工子弟学校,生活服务设施应有尽有。刘凤斌等一批新招的工人进厂后赴兰州八〇五厂学徒实习一年。其间,大家都铆足了劲学习,这种环境产生一种催人奋进的力量,从此,刘凤斌就养成了上班认真工作,业余时间刻苦学习科学文化知识的良好习惯。

1978年党的十一届三中全会胜利召开,实现全党工作重心向经济建设的转移,改革开放的春风吹拂大地。为提高国民文化水平,国家开始重视成人教

育,1979年山东省广播电视大学开始招生。红光化工厂的青年职工闻讯后踊跃参加。经文化考试,刘风斌等17名符合条件的青年职工被录取。工厂就在职工子弟学校开办电大班,并聘请了周耀宗、郑学智等人先后担任各门课程的辅导教师。1979年2月6日正式开学。

这批学员都是工厂各岗位上的骨干,让他们脱产上学,厂领导下了很大的决心。刘风斌与其他同学一样,深知此机会来之不易,所以上课认真听讲,课余按时完成作业,晚睡早起,刻苦学习,期终考试每门功课都取得优异成绩。宝剑锋从磨砺出,梅花香自苦寒来。三年寒窗,苦尽甘来,他们最终都取得了山东广播电视大学颁发的专科毕业证书。

电大毕业后,正值红光化工厂大办职工教育时期,急需大批有真才实学的工程技术人员开发民品项目和开展职工教育,根据工作需要,刘风斌等几位刚毕业的电大生被安排到职工学校任专职教师,从事职工教育工作。他虽为老师,但学生的年龄大部分比他大得多。他谦虚待人,没有老师的架子,赢得了学生的尊敬。在授课时,他结合成人的特点,理论联系实际,能把抽象的数学概念用通俗的语言表达出来,深入浅出,引人入胜,所以大家都喜欢这位年龄比自己小但学识渊博的老师。他教的课都取得了理想的效果,以至于多年后这些当年他的学生回忆起来,还都对他的授课艺术赞不绝口。

刘风斌自幼喜欢无线电,业余自学电子技术,也喜欢动手制作一些小东西、小模型。他无师自通,学会了修收音机,谁的收音机有了问题,他都会自动帮助免费修理。20世纪80年代初,红光化工厂经济条件好一点的职工家庭都买了黑白电视机。出于对电子技术的爱好,他花几十元钱买来各种电子零部件自己组装了一台黑白电视机,收视效果还非常不错。通过组装电视机,刘风斌对电视机的原理和内部结构有了深刻的了解,从此,他开始义务为职工维修电视机,无论谁家的电视机出了故障,他手到"病"除,修好了不少有故障的电视机,但他从没收取过任何费用。刚给别人修电视机时,有的职工对他的维修技术还半信半疑。收发室田孔林师傅的黑白电视机发生了故障,请他帮忙修理。他接通电源看了一下屏幕,图像扭曲得像刮风一样,他明白了症结所在,写了一个零件型号,告诉田孔林师傅买这个配件换上就行。田孔林师傅半信半疑,但还是买来了,换上后电视机果然完好如初了。从此,田孔林师傅见人就夸:"刘风斌修电视机的水平就是高,服务态度又好,小伙子好样的!"

工厂在20世纪70年代末购进第一批泰山牌黑白电视机时，因为地处山区，电视信号极不理想。为此，在办公大楼西南、招待所北面的山顶安装了一套5个频道电视转播差转台。由于差转台的电子设备长年处于寒冷酷热、雨雪潮湿的露天环境中，经常发生故障。刘风斌带领职工贾洪波主动承担起了义务维修的任务，无论什么时候发生问题，两人二话不说，拿起工具就往山顶上奔，保证了全厂职工的正常收看。后来厂里为了提高收视效果，又安装了一套12个频道电视差转台，他的工作量又大大增加了，但他从没提出任何条件、任何报酬，唯有脚踏实地、默默无闻地无私奉献着。

工厂味精包装车间工作量大，外购的多台热合封口机因使用频繁经常发生故障，为节约资金和维护费用，刘风斌和精通此方面技术的厂党委台进忠书记一道利用业余时间为车间制作了多台热合封口机，并担负起了义务修理的任务，为车间生产保驾护航。

随着人民生活水平的不断提高，厂职工家庭电视机、录放机及洗衣机等小家电逐渐普及，维修就成了大问题。这时，刘风斌带领贾洪波承担起为职工义务维修小家电的工作，一直干到他1992年调离红光厂。数年来，他维修的小家电已不计其数，他不仅没收过一分钱的服务费，反而还经常自己贴钱买零件。送人玫瑰，手有余香。每当他为职工修好一件小家电时，心中充满了欢乐。

2. 在工厂"军转民"的关键时刻发挥骨干作用

根据工作需要，刘风斌从职工学校先后调至厂生产计划处、厂调度室、厂科技处、厂设计研究室工作，这使他的工作内容有了很大变化，他有机会密切参与工厂的生产经营业务，对企业的生产有了进一步的了解。同时，他理论联系实际，在味精、啤酒、热电、淀粉等工程建设中展现自己的才华，为工厂的"军转民"工作作出了积极的贡献。

从专业方面而论，刘风斌并没有学过设计专业，更不熟悉啤酒、味精等发酵工程方面的工艺技术，但他聪明好学、勤于钻研，更加有王永生、郑学智、刘玉华、台进忠等一大批经验丰富的工程技术人员作指导，再加上与张林、冯玉田、苏士祥、李长信、李令刚等同学的技术交流，刘风斌如虎添翼。在他们的帮助下，刘风斌的业务水平不断提高，青出于蓝而胜于蓝。不久，他就能独立完成工艺设计任务,赢得领导和职工们的高度赞扬。

1985年6月,他承担了万吨啤酒工程灌装线的工艺设计任务。啤酒灌装线是整个啤酒工程的重要组成部分,它设计得是否合理,直接关系到啤酒的质量及经济效益。为此,刘风斌多次去济南啤酒厂、白马山啤酒厂、青岛啤酒厂、北京啤酒厂等参观考察,了解我国啤酒灌装线目前所处的技术水平和状况,以及国产和进口灌装设备的运转情况,并通过翻阅大量技术资料,系统地掌握了啤酒灌装线的设计要领。在此基础上及时按要求拿出了设计方案。

由于工厂距离县城和济南市区较远,生产的散装啤酒要运出直接销售就需要多台专用运输车辆,运输成本很高,散装啤酒的保质期也很短,所以瓶装啤酒是解决问题的最好方法。因此,按照整个万吨啤酒生产线的统一规划要求,按时完成啤酒灌装线的设计安装并保证按时投产运行就显得十分重要。但由于当时计划经济的思维还存在很大影响,加上当时全国新上啤酒厂较多,灌装线所需设备供应十分紧张,特别是洗瓶机,设备采购人员多次外出都没采购成功。听闻广东轻工机械厂新上了一条洗瓶机生产线,抱着试试看的心理,刘风斌直接去了广东轻工机械厂,结果成功与广东轻工机械厂签订了洗瓶机采购合同。紧接着又辗转各地,与设备采购人员共同努力,签订了啤酒杀菌机、灌装机、贴标机等其他设备购买合同。

1986年4月,在完成万吨啤酒灌装线的设计任务后,刘风斌还承担了万吨啤酒生产线酵母扩大系统的设计任务并全程指导施工安装。万吨啤酒酵母扩大系统零星设备较多,而多数啤酒厂家对此保密,谢绝参观,在此情况下,刘风斌反复翻阅有关技术资料,广泛征求各方面的意见,并多次与外厂技术工人交谈,最后经过平衡计算,确定了一只麦汁杀菌罐配合几个不锈钢槽多用的方案,这样既解决了问题又简化了设备,取得了良好效果。

1987年3月,刘风斌承担了对万吨啤酒生产线的制冷工序进行升级改造的设计任务。这项任务十分艰巨。原因来自两个方面:一是制冷是一项专业性很强的技术,如果没从事过这项工作,那就要专门去学习和研究。二是以液氨为制冷剂的制冷系统一旦投入运行,若发现问题进行停车改造就十分困难,极易发生爆炸。接受任务后,刘风斌进行了积极的学习和准备。

在整个系统的升级改造设计过程中,李家声主任给予了积极的帮助和指导。在停车施工过程中,安全生产处的张忠河处长认真负责,不离施工现场半步,啤酒车间的李长信主任积极配合,使得整个改造过程安全有序。在这次升级改造的施工过程中,对处于施工现场并装满液氨的2个贮罐进行了保护处理,这样做不但节省了费用,同时也为制冷系统在贮罐带氨的情况下安全进行升级改造积累了经验。这次升级改造一次试车成功,达到了设计要求,任务顺利完成.

发酵工序是味精生产线的核心所在,而味精又是工厂"军转民"的主导产品。刘风斌先后承担了新老两条味精生产线发酵工序的工艺设计任务。

老的那条味精生产线发酵工序一期工程,是1983年设计而建成的,也是工厂"军转民"的一号工程。它位于原一车间的一座三层老厂房里,该厂房二层平面高4.5米,三层平面高9米。东西布置有5台直径3米、罐体高9.6米、容积为60立方米的发酵罐。一期工程的设计发酵能力为年产2 000吨。这是红光厂"军转民"的开山之作,当年试车投产后,一直处于正常运转状态。1989年2月,为提高经济效益,进一步扩大生产能力,厂里决定再上二期工程。郑学智副厂长推荐二期工程由刘风斌进行工艺设计。刘风斌在参照原设计的基础上,对该发酵工序进行扩产改造,即在原来发酵罐南侧再增设3个容积为60立方米的发酵罐。种子培养系统、压缩空气过滤系统和工艺管道系统等根据需要重新布局。

对于能够承担这样一个重要工序的工艺设计任务,刘风斌深感任务光荣而艰巨。在郑学智副厂长的指导下,他顺利完成了设计和施工任务并一次试车投产成功,胜利的喜悦难以言表。至此,红光厂总发酵容量已达480立方米,发酵生产能力达到年产3 000吨,使产量、效益都有了大幅提高。

随着工厂山菊花牌味精影响力的不断扩大,产品已经供不应求,根据市场调研,工厂的味精产量需再增加一倍,就是说,工厂的味精产量要从年产3 000吨扩大到年产6 000吨才能基本满足市场需求。在这种形势下,就需要进一步扩大味精的生产能力,但在原一车间的味精生产区已经没有了扩建新生产线的空间。基于这种情况,经研究决定在厂区的西侧新建一条年产3 000吨的味精生产线,也就是要建一个年产3 000吨的新味精厂。为了与原一车间的味精生产线有所区分,大家称其为"新味精生产线工程"。新味精生产线与原一车间的味精生产线实际上就是两个独立的味精厂。

由于刘风斌在味精老线发酵工序的设计和指导施工过程中积累了一定

经验,这次他又承担了味精新线核心部位"发酵工序"的工艺设计和指导施工任务。

新味精生产线发酵工房是一座新建工房,南北长20米、东西宽12米,共四层。二层平面高5米、三层平面高8.5米、四层平面高12米。新味精生产线发酵工房内南北共布置一排4台发酵罐,发酵罐直径3.6米,罐体高12米,每台容积为110立方米。由于全新设计,不受厂房的空间限制,在参照老线发酵工序的基础上,刘风斌进行了一些工艺设计上的改进:在发酵总容积及生产能力与老线基本相同的情况下,增大单只发酵罐的容积可以使得生产更稳定、发酵水平较高、操作人员更少。因此,他设计把单只发酵罐的容积由原来的60立方米扩大到110立方米,而数量由原来的8只减少到4只,排列空间由原来的两排减少为一排,这种设计上的改进,通过投产后的生产运行来看,相比老线的发酵工序,实现了运行费用低、原料消耗稳定而均衡、减少了管理操作人员等优点,实现了预期目标。1991年6月,刘风斌完成全部所承担的施工图设计后,又参加了工程的安装指导,顺利实现了一次试车投产。

山东省茌平味精厂与红光厂是兄弟单位。该厂自生产以来,在制冷效果方面一直不理想,影响了工厂生产的正常进行。无奈,其厂领导来求援,恳请红光厂派工程技术人员帮助对制冷系统进行技术改造和对购进的一套新制冷系统进行设计安装。经厂领导研究决定派刘风斌前往支援工作。由于刘风斌较系统地掌握了制冷方面的理论和现场施工安装规程,并积累了许多解决和处理现场安装问题的经验,在改造老制冷系统、设计安装新制冷系统的过程中得心应手,仅用几天的时间,就制定出了原制冷系统的改造方案、新系统的安装草图和施工方案,改造后的新系统都达到了设计要求,满足了生产的需要。在此过程中,他还给厂有关技术人员和主要操作人员讲授了有关制冷理论、设计安装及操作方面的知识,得到车间及厂领导的高度赞扬。

刘风斌同志从1976年在小三线红光化工厂参加工作以来,在党的培养教育下,经过自己不懈的努力拼搏,由一名普通的青年学生成长为优秀的工程技术干部和中层行政领导,并光荣地加入了中国共产党,在工厂"军转民"关键时期,做了大量工作,赢得了领导和广大职工的好评。

(资料来源:2018年5月刘风斌的采访记录)

第三章 忆山东小三线峥嵘岁月

一、军工厂里办电大

1.红光厂迎来教育春风

1978年党的十一届三中全会胜利召开后,我国的各项工作逐步走向正规化建设的轨道。由于"文化大革命",教育工作受到严重影响,各高等院校教学秩序受到猛烈冲击,没法正常上课、招生,教育系统处于瘫痪状态,导致一大批中青年失去了接受正规高等教育的宝贵机会。一个文化落后的民族是无法肩负实现国家振兴的历史使命的,如此发展下去,中国与世界各国差距会越来越大,四个现代化建设也无法按计划实现。鉴于此,党中央决定:我国的教育工作除恢复正规大学正常考试招生之外,还要广开渠道,采取广播电视大学(简称电大)、高等自学考试等多种形式,招收更多符合条件的中青年参加高等教育学习,尽可能把十年造成的教育损失弥补回来,为国家培养更多的有用之才。

山东省军事工业局领导接到指示后迅速做出反应,要求所属各军工单位,结合企业实际采取积极措施落实办学事宜。凡具备师资、校舍、生源等办班条件的单位应办脱产电大班;如本单位暂时不具备办学条件,但有愿意参与报考电大的学员,可参加本系统联合举办的电大班考试,考试及格后可参与学习。

山东红光化工厂电大班合影

山东红光化工厂系山东小三线军工企业,隶属于山东省军事工业局,厂党委张燃书记、厂长孙学信接到文件后,认为这是为本厂中青年提供接受高等教育、培养后备技术骨干的好机会。当即责成组织科、教育科、工会等部门牵头,摸清拟报名学员的人数,与上级有关业务部门联系,按照规定做好筹备工作。因为工厂是新建单位,年轻职工较多,他们好学上进、求知欲强,当听到国家要办电大的消息后,难捺激动的心情,很快就有30余名职工报了名。

单位政审这关,因为报名的都是年轻人,"文革"期间年龄小,没给社会、单位添乱,政治清白,都很顺利通过了。文化考试是难度较大的一关,在那个年代,大家在学校读书时正逢"文革",文化课学得不扎实,基础课普遍差。尽管名义上是高中毕业生,但都知道自己肚子里是没多少墨水的。电大录取考试由有关部门统一命题,将考卷取回本厂后在领导们的严格监督之下进行考试,阅卷后确定了录取分数线。这次考试红光厂录取了李令刚、李长信、张继海、刘风斌、冯玉田、张林、苏士祥、石少恒、杨连江、刘万亭、贡春英、刘倩、张爱英、汪丽萍、刘明娜、庞现秀、王洪梅、冯勇、郭绪新等19名符合条件的青年职工,组成了红光化工厂山东广播电视大学理科班。后来大家才知道这届电大只设了两个理科班,另一个是化工厅举办的,都是为期3年的全日制脱产学习。

2. 电大学员刻苦勤奋

为了保证学员们的学习质量,工厂为电大班配备了工程技术人员和有专业特长的干部当辅导老师:周耀宗负责辅导英语;郑学智和许仪銮负责辅导化学;台进忠和乐福庆负责辅导物理;李佃玉负责辅导政治、党史;张平格负责辅导机械制图;张玉民和李丕雪负责辅导数学。这些老师大部分是"文革"前国内名牌大学的毕业生,文化功底深厚,授课水平高,热心于职工教育,在他们的精心辅导下,学员们受益匪浅。

为了做好学员们日常的管理,厂派技术科周耀宗担任班主任,这位老大学生,对学员的辅导起了重要的作用,至今这些学员们还念念不忘他竭尽所能为办好电大付出的心血。领导还任命李令刚、李长信两位学员担任班长,两位班长对工作积极热情,自我严格要求,处处发挥模范带头作用,受到学员们的好评。整个电大班的学员互帮互学、你追我赶、不甘落后,形成了一个良好的班风。学员张继海、刘风斌学习认真刻苦、成绩优异,在1981年4月被山东广播电视大学授予"三好学生"荣誉称号,是学员们学习的榜样。

由于学员们的文化基础较差,第一学年的学习普遍感到吃力,辅导老师们发现后在辅导内容上及时做了调整,除辅导当天电视教学课程讲的内容外,还给学员们加补高中的基础课。学员们都珍惜这来之不易的学习机会,为了搞好学习,白天专心在课堂听课,夜间认真在教室补习,经常学习到深夜,第二天又早起背英语,就这样废寝忘食地刻苦攻读,很少休息星期天和节假日,连寒暑假都是在紧张的学习中度过的。这种几近古人"头悬梁、锥刺股"的学习精神赢得全厂职工的称赞。近一年的补习取得了明显效果,学员们的学习步入了正常轨道。

在有的人看来电大学习是单调、枯燥的,但电大的莘莘学子觉得这是千载难得的好机会,大家如饥似渴,在知识的海洋里刻苦攻读、以苦为乐、奋力拼搏。"书山有路勤为径,学海无涯苦做舟",多年后,学员们在一起回忆起这段学习生活时依然感慨万千,对这段改写人生的激情岁月充满了眷恋之情。由于电大不同于普通正规大学,学员们与授课老师无法直接交流,遇有疑难问题,只能找辅导老师答疑解惑或同学之间相互请教。电大课程除"数学""英语"等几门主课外,难度最大的首推"有机化学"了,大家都认为这门课难学、难懂、难掌握。学员刘风斌至今还清楚地记得,有次化学老师授课讲了一道例题,听后有些似懂非懂,授课完毕老师布置了作业题,其中有一道与老师在课堂上讲的例题很相似。他费了一天的劲儿都没能将这题解出来,找辅导老师和同学们商讨,结果大家也都没弄明白。他是位学习认真善于动脑的学员,有种刻苦钻研、不弄明白誓不罢休的韧性。晚上他继续苦思冥想,用尽浑身解数也没弄通弄懂,实在太累了,就半仰半卧迷迷糊糊地在床上睡着了,半夜睡醒来了灵感、豁然开朗,他打开灯伏案疾书,很快就将此题解出,靠自己的智慧获得了成功,让他好一阵激动。真没料到期终考试此题竟出现在考卷中,自古天道酬勤,他暗自庆幸,顺利地完成了此次考试并取得好成绩。但"有机化学"这门课,红光化工厂电大班中多数学员在第一次考试中都不及格。这门课的难度之大,给电大学员们留下了终生难忘的印象。这也难怪,电大是一座没有围墙的大学,领导和辅导教师在平时无法对学员们进行有效的监督、考核,所以会在期终考试上增加难度,用这种方法检验学员们学习情况,提高学习质量。因此,深知考试难度的学员在平时养成了一种高度自律、踏实认真、刻苦治学的良好习惯。所以,电大班的学员所学课程的深度、广度不亚于甚至要优于正规普通大学。实践证明:上电视大学难度大、淘汰率高、能按时顺利毕业的学员很少。大浪淘沙,层层筛选,能坚持到最后的学员全凭坚韧不拔的毅力和超常的智慧。这些学员毕业后通过努力奋斗都成了各行业的骨干,改写了自己的人生,成为一代精英。

由于厂里不具备上实验课的条件,教育科出面联系到山东师范学院上实验课,每次去就需几天时间,食宿自理,那时大家的收入低,只能在学院周围找一家价格便宜的小旅馆几人挤在一间住下。1980年冬天,天气异常寒冷,学员们在师范学院的实验室做完实验回到旅馆后被告知水管冻坏热水供应不上了,洗脸、刷牙只能用冷水。无奈,有的学员干脆就不洗脸刷牙了,蓬头垢面,也顾不上什么斯文了。实验结束的当天下午,工厂派了一辆大客车将学员们接回。

每学期的期终考试是非常严格的。省电大在长清师范学校设有考场,监考老师都是一副"包龙图"的面孔,每次考试前,都要宣读考场纪律。考试期间如发现有违犯者,监考老师铁面无私,当场严肃处理。第一学期期终考试时,有位学员在考场作弊,监考老师发现后,当场把学员的卷子没收,宣布该学员此项考试作零分处理并当即逐出考场,通知其单位严肃处理。红光化工厂电大班的学员不愧为令人称赞、仰慕的小三线军工战士,在平时工作中都养成了严格的军工纪律和良好的工作作风,电大三年来参加考试数十场,无人违反考场纪律,受到监考老师的称赞。

工厂领导对电大班在物质方面给予了大力支持,为了给电大班安排教室,领导们腾出厂办公楼二楼会议室,但不久办公楼的工作人员和电大班的学员们都觉得相互之间有影响,于是厂领导又在职工子弟学校二楼腾出一间大教室,学员们搬来后,觉得这里既有宽敞明亮的教室又有体育运动场所,环境幽雅,很是高兴。由于电大班的到来,厂职工子弟学校热闹了起来,院内既有小学部、初中部、高中部,如今又增加了省广播电视大学的电大班,职工子弟学校可谓达到了鼎盛时期。

那个年代,由于大家的收入普遍低,对于电视机这种奢侈品,普通职工家庭是可望而不可即的。电大班的第一台电视机是上海牌电子管12英寸的黑白电视机,这是工厂唯一的一台为改善职工业余文化生活购买的电视机。

由于电视机质量差,加之工厂地处于山区,电视信号弱,图像不清晰而且飘忽不定,有时大家使劲伸着脖子瞪大眼也看不清楚,教学效果受到影响。于是,学员们想方设法找人制作了天线。上课电视信号不太好时,李长信和李令刚两位班长经常爬到二楼的楼顶调整室外的天线,以求取得最佳的电视收看效果。"工欲善其事必先利其器",电视收看效果不佳必然影响电大班学员们的学习质量,厂领导对此也很关注,想方设法予以解决。随着时间的推移,新的电子产品不断涌现,工厂又给电大班配备一台荷兰产菲利普牌24英寸黑白电视机,后来又更换了一台日本产日立牌20英寸彩色电视机。电视机越换越先进,收视效果越来越好,学员们的学习积极性也越来越高。三年期间厂里为电大班换了四台电视机,厂党政领导对电大班的重视程度可见一斑。

有段时间厂里供电不太正常,为了确保电大班的正常上课,教育科领导与工会张文铭主任协商,将工会电影放映队的一台发电机借给电大班,以防突然停电。电大班学员苏十祥参加工作之前就在县拖拉机站实习过,会用发电机,每当停电时,他就熟练地启动发电机,从而保证同学们正常上课。

三年来,厂领导都按照上级有关规定给学员们足额发放工资,保证了大家的基本经济收入,减少学员们的后顾之忧。

三年寒窗,学员们靠着坚强的毅力,克服种种困难,刻苦攻读,苦尽甘来,取得了丰硕的学习成果,没辜负各级领导和亲属们的殷切期望。

3. 电大班学员结硕果

山东红光化工厂电大班的19位学员,刚开学时间不长,有位学员因文化基础较差,学习比较吃力,主动提出退学申请,尽管领导和同学们再三做他的思想工作,但他还是自动放弃了上学的机会。还有位同学随父母调到潍坊市工作,因无法转学,不得已也放弃了学习,大家都深感遗憾。另外17名学员经过三年寒窗苦读,有16名考试全部合格,按时取得毕业证书。至此,他们终于凤凰涅槃、浴火重生,成为有理想、有道德、有文化、有纪律,受社会羡慕的一代新人。

电大毕业后,他们都积极投身于工厂火热的生产实践中去,理论联系实际,在这个大舞台上施展他们的才华,先后都成为工厂各科室、车间的技术骨干,并转为正式干部,工资由每月的36.5元调为48元,享受正规大学毕业学生的待遇,受到不同程度的重用,在工厂"军转民"的关键时期,大展身手,做出了很大成绩,有的成了生产、管理的领军人物。

学员张继海先后担任济南发酵食品厂团委副书记、味精分厂党支部副书记;济南专用汽车厂党支部书记;济南市历城区司法局任律师事务所主任;济南市第七律师事务所主任;济南市民信律师事务所主任;山东昌平律师事务所主任;山东海杨律师事务所主任。自1991年以来多次被省、市律师行业协会评为优秀律师。2019年,他又被济南律师协会授予"济南市优秀律师"荣誉称号。虽然张继海早已超过退休年龄,但他老骥伏枥、不忘初心,继续带领山东海扬律师事务所的全体同仁为维护人民群众的合法权益,为维护社会的公平、正义,不分昼夜地忘我工作。

学员冯玉田先后担任济南发酵食品厂味精车间主任、副厂长;华润三九(枣庄)药业有限公司总经理。从1997年至2019年底,华润三九(枣庄)药业有限公司在他的领导下,由年销售收入不足300万元增至年销售收入15亿元;由年亏损114万元发展到净利润超1亿元;净资产由2 000多万元增至5.5亿元。从在行业中倒数第一,到一年一个台阶,逐步发展成为华润集团乃至全国规模最大的生产中成药颗粒的企业,堪称我国制药行业的奇迹。多年来,他先后获得枣庄市授予"劳动模范""振兴枣庄立功奖章""五一劳动奖章""优秀企业家""枣庄市市长质量奖"等荣誉。虽然他早已退休,但华润集团舍不得让这位功勋卓著的企业家离开,聘其担任顾问,再接再厉,为企业培养人才、把关献策,继续为社会做出贡献。

学员张林先后担任济南发酵食品厂味精车间主任、副厂长;山东梁山菱花生物科技有限公司副总经理、高级工程师。

学员苏士祥先后担任济南发酵食品厂热电车间副主任、节能计量处副处长;济南市长清区人民法院民事审判二庭庭长、法院审委会专职委员(副处级)。

学员刘凤斌先后担任济南发酵食品厂计量节能处副处长;济南市长清区工业和信息化局科长。退休后继续发挥余热,任山东谷际生物科技有限公司产业部部长、总工程师,为公司发展贡献力量。

其他学员如汪丽萍、庞现秀、张爱英、石少恒、李令刚、李长信、刘万亭、贡春英、刘明娜、杨连江、冯勇等都在政府机关、大专院校、企事业单位担任领导或技术职务,为社会做贡献。

军工厂办电大班有它的局限性,尤其受生源所限,因此,红光厂只办了这一期电大班。

回首40多年前,一场成人文化补课活动在全国各地如火如荼地开展起来,电视大学、高等自学教育应运而生。山东小三线军工厂——红光化工厂的电大班虽然规模有限,但从一个侧面反映了在那个激情燃烧的岁月里电大班学员的学习、生活情况,如实地记载了在那个特殊时期采用的多种"抢救式"的办学形式,弥补了一代人的文化教育短板,为大批有志青年学习深造创造了条件,他们通过努力拼搏改写了自己的人生。电大教育为国家培养了大批人才,推动了社会进步,功不可没!

(资料来源:2020年7月原厂电大学员刘凤斌、苏士祥、庞现秀等的采访记录)

二、军工厂里放电影

山东红光化工厂系1971年建设的小三线军工厂,由于地处长清、平阴、肥城三县交界的山沟内,地处偏僻,职工的业余文化生活较为平淡、枯燥。那时厂里的年轻人又多,年轻人的特点之一是活跃,如果不加以正确引导,对青年人的健康成长是很不利的。因此,厂党政领导非常重视,工会、团委也做了大量卓有成效的工作,如组织有文体特长的职工成立"毛泽东思想文艺宣传队",自编自演一些群众喜闻乐见的文艺节目,不仅在厂里演出,还到周围县、社等地巡回演出,取得了很好的效果;开展篮球、排球、乒乓球等球类和体育比赛,活跃了职工队伍,丰富了业余文化生活。这些活动虽有广泛的群众性,但由于参加的主体都是业余爱好者,并非专业人员,水平自然有限,难以满足大家日益提高的娱乐追求。所以,看电影就成了职工、家属的最高精神享受。

为了搞好电影放映工作,工会专门调集张洪银、李学田、王传民三位同志组成电影放映队。电影放映队由厂工会张文铭主任直接领导,张洪银是位复员军人,在部队时就从事电影放映工作,复员回到老家长清县孝里公社潘庄后,红光化工厂招工时将其招收入厂,他被任命为电影放映队的队长。张洪银不仅放映技术高,毛笔字也写得也飘逸俊秀,在当地很有名气。李学田、王传民两位同志虽是建厂初期新招收的学员,但两位勤奋好学,经长清电影放映站短期培训回厂后,在张洪银的指导下,不久便取得了放映资质证书,达到了独立操作水平,成为优秀的电影放映员。

放映队配备有一台16毫米放映机,一台220V发电机以及电影放映的附属设备。

红光化工厂行政级别为正县级,电影放映业务隶属于泰安地区放映公司,该公司除领导泰安地区各县放映站外,还负责新汶矿务局、肥城矿务局、山东莱芜钢铁厂等单位放映业务的管理。每月下旬,厂放映队按要求派员到泰安地区放映公司预定下个月的放映计划,包括放映时间、影片内容等。放映公司领导按计划审批后供应影片。每逢节日期间为了慰问一线加班人员,厂工会张文铭主任就到放映公司与领导协商落实新片。泰安地区放映公司大力支持三线军工厂的工作,有新片时会优先供应红光厂放映。

建厂初期的条件有限,连放电影也都是因陋就简。厂办公楼南面有一处山坡,西高东低,坡上裸露着大片青石块,这儿别说长树,连草也无法生存,这个地形好像是老天为红光露天影院定制的观众席,那些固定的石块像是影院的座位。夏季,太阳暴晒一天,它储存了足够的热量,人坐在上面烫得难受,山坡上像蒸笼;冬季,北风凛冽,它吸足了寒气,人坐在上面电影演完了也难将它捂热。虽然条件艰苦,但大家还是不忍错过看场电影的机会。张文铭主任请基建科车锡杰科长帮忙,就地取材,在山坡最低处建造了一座数米高的石头墙,抹上白石灰,人工制作了一个电影银幕,在距银幕十余米处垒了一个固定的放映平台,设施倒也齐全,就这样,红光化工厂露天电影院正式启用了。这个露天电影院一直用到1982年4月底厂职工俱乐部建成使用后才结束了它的光荣使命。

厂里放映电影一般都安排在每个星期六晚饭后,厂工会会提前张贴海报,这好像是一条不成文的规定。所以,每当周六晚饭后有些性急的年轻人就纷纷结伴来到露天影院占据理想位置,在这里说笑打闹,享受着周末的美好时光。厂周围农村的村民们也争先恐后来厂看电影,说起来农村真不容易,当时放映一场电影的费用约三四十元,但村里人都不富裕,无力支付这部分费用,经常是一年到头看不上一次电影,得知三线军工厂在露天影院放映电影的消息,一天的劳累顿时全无,也都跑来共享这顿丰盛的文化大餐。电影开演时,往山坡望去,漫山遍野,密密麻麻坐满了观众,少则千余人,多则数千人。

张洪银队长根据厂的要求,自己动手制作幻灯片,在电影放映前向大家宣传党和国家的方针政策,工厂的时事政治、生产情况,内容简明扼要、短小精悍,深受观众喜爱。

那个年代的电影具有鲜明的时代特征。当时有人调侃说:"中国的电影是《新闻简报》;朝鲜的电影是又哭又笑;越南的电影是真枪真炮;阿尔巴尼亚的电影是又搂又抱。"实事求是地讲,我国那个时代的电影内容比较真实,政治性强,大部分是反映革命战争年代的英雄故事,尽管都是黑白片,如《狼牙山五壮士》《南征北战》《英雄儿女》等虽然看过多次,但有一种百看不厌的感觉,每次看完总有一些启迪。半个世纪前看的影片,至今有些故事情节、人物对话,还历历在目,真是刻骨铭心,可见文化艺术的魅力。不可否认,这些红色影片对教育、鼓舞我们这代人的健康成长、树立正确的人生观起到了至关重要的作用。

张文铭主任对电影放映工作要求很严格,电影放映队的同志对工作也认真负责,多少年来从没发生因工作疏忽而耽误电影放映的情况。他们无论刮风下雨、天寒地冻,就是冰天雪地也是尽职尽责努力工作。1978年春节期间突降大雪,气温骤降至-20℃,道路结冰严重,交通不畅,但节日期间放映电影的海报已经贴出,职工、家属都知道此期间的放映信息。无论如何也不能失信,放映队的同志们把信誉看得比什么都重要。王传民主动承担起外出取片的任务,等他顶风冒雪乘公交车辗转将影片取回来时,已冻得浑身发僵,他顾不上休息,喝了杯热水,跑到食堂吃了点热饭,又投入紧张的放映前准备工作中。笔者清楚地记得当晚放映的电影是《独立大队》,由于当晚天冷路滑,放映时,观众席上只有十余位浑身上下包得严严实实、不停地跺脚取暖的铁杆影迷。这是红光化工厂电影放映史上观众人数最少的一次。就是在这种情况下,张文铭主任和电影放映队的同志们还是一丝不苟、忠实履行着岗位职责,其职业素养令人赞叹。

红光化工厂地处山区,每当进入雨季后时有雷暴天气,1979年9月30日晚,红光厂露天电影院放电影时,突发强对流天气,刹那间,惊雷齐鸣,将数千位电影观众惊得魂飞魄散,至今难忘。说起来也怪,那天秋高云淡,天气晴朗,没有一点异常迹象。为了庆祝国庆节,厂里特意加演电影,职工家属和厂周围农村群众晚饭后都兴高采烈地来到露天影院看电影。电影放映不久,突然有大团黑云像堵墙一样从西北方向压来,同时刮起了怪风,又黑又浓的阴云紧压着人的头顶滚动,有种"黑云压城城欲摧"的恐怖,先是"连环雷"响声不断,铜钱大的雨点从天上猛烈地砸了下来,人群出现骚动,谁也没料到在这个季节天还会变得这么快。突然,一道道白光耀得人眼都睁不开,雷声如同巨型炸弹在头上接连爆炸,观众都被吓得呆若木鸡,露天影院死一般寂静。不知过了多长时间,只听见一个女人用变了腔的声音嚎了一声"妈呀,快跑",顿时唤醒了被雷震晕了的人们,都一下不要命似地四散逃逸,虽然都安全地回了家,但许多人一夜没睡好觉,闭上眼就做噩梦。第二天上午,露天影院还到处是遗弃的衣物、小板凳、水壶等生活用品。事后统计,除当晚奔逃回家时有几位观众摔倒受皮肉伤外,其余皆无恙。实属万幸!此事虽已过去40多年,但亲历者们每当回忆起那天晚上的黑云滚滚、电闪雷鸣,还是心有余悸,都有一种劫后余生的感受。

20世纪80年代初,红光化工厂在露天电影院北面,投资80余万元,建造了一座三层高、1 300个座位的职工俱乐部,其中一层、二层为观众席,三层为电影队的放映、办公地点。放映设备也鸟枪换炮,安装了两台35毫米电影放映机,从此红光厂也能放映宽银幕电影了。这座建筑物豪华气派、隔音及配套设施先进,一排排整齐的固定座椅、大方庄重的舞台、冬暖夏凉的室内环境,是红光厂举行大型活动的理想场所。

职工俱乐部建成后,在地方政府主管部门验收之前,厂组织有关单位先进行内部验收。在验收过程中,有位领导提出:"按照国家有关政策只要够1 300个座位的俱乐部、影院要交营业税。"我们这个职工俱乐部正巧符合交税的规定。大家认为:红光厂盖俱乐部的目的是提高职工生活水平,并非为了盈利,更何况工厂地处偏僻山沟,就是对外经营,也不会有人来看电影。为了不与国家政策发生冲突,经研究决定:将一楼第一排的两边各拆除3个座位,这样,它的实际座位就成了1 294个,就可以免交营业税,既不违反国家规定,又为企业减轻了负担。

1982年4月底,职工俱乐部正式投入使用,看电影凭票入场,票价定得比较低,属象征性收费。所以职工、家属以及周围农村的村民们尚能接受。正式开业的几天,厂里还给职工、家属免费发放电影票,为了扩大宣传、搞好厂社关系,也给周围社、村赠送了部分电影票。1985年,工厂由山东省军事工业局移交济南市后,电影放映业务也随之归济南市电影放映公司领导,由于济南属省会城市,在新片放映方面优先,工厂也能获得最新影片,而且此时的红光化工厂在电影放映硬件方面已完全达到济南市市区电影院的同等水平。

随着社会的进步和发展,电视机也在家庭普及,工厂在1987年为家属宿舍、单身宿舍安装了闭路电视转播系统,使全厂职工和家属都看上了清晰的电视节目。至此,工厂的业余文化生活丰富多彩,看电影也不再是职工、家属们业余精神文化生活的最高追求了。

在三线军工厂露天电影院看电影虽已成为半个世纪前的回忆,但几乎是每一位三线军工人都难以忘怀的。诚然,笔者无意想再回到过去那个物质条件落后、每周能看上一场电影就很满足的艰苦年代,但需要强调的是,三线军工人在那种艰难的环境和条件下,为了祖国的安全、不计个人得失,听从党的召唤、把一切献给党和国家的无私奉献精神是值得继承和发扬的。

(资料来源:2020年6月张文铭、王传民的采访记录)

三、小三线军工厂的学徒实习生活

1971年,根据国家要求,山东省在长清县建设一座生产梯恩梯炸药的小三线军工厂,同时招收了一大批政治出身好、有一定文化水平,符合小三线建设要求的社会青年。为了使他们尽快学会本岗位的专业知识,厂领导利用基建施工的间隙,组织这批新招进厂的青年到同类对口三线军工单位实习。厂里先后派出十余支实习队伍共600余人/次赴江西、安徽、兰州、上海、大连等地进行实习。

我参加工作后,在厂里的统一安排下,与其他66位同志一起组成的"山东实习队"赴江西、安徽的"小三线"军工厂进行实习,在各位师傅们的热心教导下,通过认真学习,基本掌握了本岗位专业技术,

山东实习队合影

成为一名合格的小三线军工战士。

1972年1月,我在山东红光化工厂参加工作。那个年代刚入厂的学员都有时间长短不等的学徒期,通常由领导安排一名师傅授业解惑,学徒期满考核合格后方可转为正式工人。由于厂里主要生产梯恩梯火炸药,在建厂初期没有学习实践条件的情况下,我根据厂里的安排,只得赴江西、安徽两省的同行业小三线军工厂学徒实习,为期一年半,在十余名师傅的精心指导下,除学会本工种的知识外,我还掌握了全工段的生产知识,顺利完成了领导交给的学习任务。时至今日,尽管已经过去近半个世纪,但师傅们那种对工作认真负责、热心教授、为国无私奉献的精神始终鼓舞着我不断进步,他们的音容笑貌时常浮现在我的面前。这些师傅不仅教给我生产知识,还教我树立了正确的世界观,是他们教我走上人生正确的道路,我终生难忘。

1. 山沟里建小三线军工炸药厂

20世纪60年代,国内外形势突变。为了加强战备,国家决定在山东省境内建设一座由国家第五机械工业部归口管理的年产万吨梯恩梯炸药的军工厂和一座由国家燃料化工部归口管理、专为梯恩梯配套的年产万吨浓硝酸的化工厂。经主管单位领导反复进行地形勘察,决定厂址选定在长清、平阴、肥城三县交界的山沟里。

新建企业首先要有资金和人。有了资金可以买场地、建工房、购设备,计划经济年代资金由国家统一调拨,不用企业多操心。需要的专业人才除从全国同行业老军工企业抽调一部分骨干和从大中专院校分配学生之外,大部分要通过招工这条途径来解决,由企业将招来的工人通过委托同行业单位培训的方法,尽快组建一支思想政治过硬、生产技术合格的职工队伍,这是企业的当务之急。对此,经省有关部门批准,厂里从泰安、聊城等地区招收了首批670多名出身清白、根红苗正的复转退伍军人和青年,招收进厂后由厂里的干部直接带领奔赴事先联系好的兰州、上海、大连等地对口厂家进行培训学习。1972年1月29日下午,我和其他几位年轻的同志从济南乘坐一辆敞篷解放牌大汽车经两三个小时的颠簸来到长清县孝里公社广里村,这是我们一车人的临时驻地。因前几天刚下了场大雪,又是三九寒天,倍觉寒冷,大家下车活动了一下冻僵了的躯体,跺跺早已麻木的双脚,从车上卸下随身物品。迎接我们的是位身材微胖的中年男同志,说话声音洪亮,胶东口音,经介绍他叫李亭,是我们的领导,大家都称他李书记。他率领众多比我们先到几天的学员前来热烈欢迎,给我们这些同志分了班,提了几条要求,然后就分别到了各班驻地。我与同来的刘昌华被分到四班,班长王继海、副班长王兆灵,两位都是复员军人,中共党员,据说在部队时都是班长,说话很是和蔼可亲。尽管来厂之前听家中老人说过工厂刚开始建设,条件有些艰苦。但来到住处,我才意识到这里的条件比想象中的还要差。大家住在三间破旧的民房内,屋里地上铺上干草,再铺张草席子就是睡觉的床。两位班长看出了我的心思,再三解释说工厂正在初建过程中,现在从军代表、厂长到新来的同志都是居住在农村百姓家中,困难是暂时的,何况用不了多长时间就要到外地实习去。话虽如此说,但当前的寒冷就无法解决,屋内连取暖的炉子也没有,室内外的温度并无区别。由于地方狭窄,我们只能睡在靠大门口的位置,夜间屋内只有一盏若明若暗的煤油灯。睡觉时盖上所有的衣被都难以御寒,有的人用被子将头蒙上睡觉,我不习惯,班长王继海教我戴着棉帽睡,他说在部队野营露宿时就这样,我按他所说的去做,保暖效果还不错。是夜,浓云密布,天降暴雪。第二天,天刚蒙蒙亮,就听见有人边吹哨子边推门进来,是这位长得像《小兵张嘎》电影中嘎子的小帅哥,他对我们说:"李书记命令,各班马上起床,清理村内道路上的雪。"说完一溜烟跑去各班下通知了。事后才知道他叫孟宪华,是我们这批里最小的学员,现任领导的通信员。我马上从地铺上爬起来,一看吃了一惊,怎么被子上面还有一层雪?原来后窗有几个大窟窿,雪从此处往屋内飘。那时候既无糨糊又无纸张,我急中生智,从地铺下面抽出一些山草堵住洞口,总算将飘雪挡住了。室外的雪太大了,积雪深及膝盖。我们到房东家借来铲子、扫把等工具,大家争先恐后铲雪清路,只见村内全是我们这批年轻人在扫雪,直到干得浑身发热冒汗,终于把村内主要道路清理干净了。老乡们见了甚是高兴,直夸工人老大哥能干。

生活用水要用辘轳从水井中打水,天气虽寒冷,井水倒恒温。在零下十几度的环境下,用它洗脸、刷牙,这种刺激令人难以承受,有的同志干脆就不洗刷了。我们这批来自四面八方的年轻人对辘轳这种生产工具不太熟悉,没少吃过它的苦头。学员中的党员陈谊民同志处处发挥模范带头作用,给房东挑水,在无人指导下用辘轳打水,当他将满满一桶水提升到井口时,因无经验,双手放开辘轳把去抓水桶,结果被急速倒转的辘轳打到了脑袋,当场就晕了。李亭书记得知后,专门开会要求大家注意安全。

广里村一下子住进百余名年轻人,顿时热闹了起来。工厂选派肖洪玉、刘德礼两名炊事员负责我们的一日三餐,但喝开水成了问题,一个仅能供几十个人喝水的小锅炉有百余人排队打水,不等水烧开就把水打光了。尽管这样也没有影响大家高涨的革命热情,那时最流行的话就是"苦不苦,想想红军二万五""累不累,看看革命老前辈"。

那阵我们天天盼着外出培训。3月初,我们中的李家声、孟宪华等20多人在孙庭敏书记的带领下赴兰州对口的三线军工单位培训去了,剩下我们66个干着急,几乎天天缠着李书记问什么时候外出培训。其实不只我们急,领导更着急。事后才知道厂领导在全国范围内对口的三线军工单位进行联系,江西省有家小三线军工单位——江西吉安化工厂同意接受我们,但该厂已有一批学员正在实习,我们要等到6月他们结束后方可进入,得到确切消息后大家心中踏实多了。

厂领导对我们这批年轻人的成长非常关心,唯恐浪费了大家的宝贵青春,制订了周密的学习计划,委派山东大学刚毕业来厂的侯福旺老师教文化课;技术科长李克勤、技术员那宗汉讲授梯恩梯火炸药理论课;李亭书记讲授政治课;军代表隋元兴负责军训课。通过这种方式的培训,我们这批来自农村的青年在各方面有了很大提高。

同时领导还从我们当中选拔了一些文艺骨干参加厂组织的"毛泽东思想宣传队",自编自演了《工厂建在山沟沟》《缝军衣》等深受职工群众欢迎的文艺节目,到周围农村、公社驻地、中国人民解放军部队进行演出。其中马春芳、沈小芹、李令芹等女生表演的节目,王茂莉的独唱,李令刚的笛子独奏最受观众欢迎。通过巡回演出,我们改善了厂社关系和军民关系,宣传了三线军工文化,取得了较好的效果。

2. 赴江西,井冈山下学技术

终于盼到了6月,李书记宣布我们66名学员组成"山东实习队"于14日赴江西吉安化工厂进行为期半年的培训。临行前配发了劳保护品,我们这66人中大部分是梯恩梯车间的操作工,夏装工作服是淡黄色丝绸的,冬装是蓝色呢子。在那个全国人民普遍穿着粗布衣服"新三年旧三年,缝缝补补又三年"的时代,穿上这身工作服我们都笑得合不拢嘴,况且我们这么多人都穿这种服装,无论走到哪里都吸引无数羡慕的目光。许多人都不明白我们这批人是干什么工作的,连工作服都这么高档。其实,我们自己最清楚,这完全是工作需要,丝绸和呢子是防酸腐蚀的理想衣料,其他布料都不耐酸防腐。那天,厂里派汽车将我们送到济南火车站,中午乘坐赴上海的火车,我们这批学员大部分生长在农村,没出过远门更没乘过火车,那高兴劲儿无法用语言表达,在车上有说有笑,到了深夜都睡不着觉。第二天上午到达上海市,准备次日再乘车去南昌。下车后李书记带领我们逛逛大上海。我父亲的同事陆平正叔叔家在上海,此时他正在家休假,得知我去上海之事后,就及时赶到火车站迎接,想带我多逛几个景点。我向李书记请了假,并与愿随我一同前往的十几位学员一道,在陆叔叔的带领下进入这高楼林立、车水马龙、琳琅满目的大城市,犹如刘姥姥进了大观园,都不知东西南北了。多亏陆叔叔带领,一天的时间,游历了外滩、南京路、城隍庙、豫园等景点,玩得不亦乐乎。这是我长这么大见世面最多的一天,终生难以忘怀。次日,我们乘车抵达南昌,住在接收单位的招待所,李书记吩咐大家在此休息一下,将带队的工作交付给其他同志,就带领我、单兰常、雷学信几位同志乘长途汽车赴吉安化工厂。该厂在距吉安市百公里外的山沟里,系井冈山地区。我们到该厂把各项工作落实后,才通知在南昌待命的山东实习队的伙伴们尽快来厂。

2. 过"三关",尽快掌握生产技术

李书记不愧是位老领导、老革命、老军工,富有领导经验。在关键时候总会提示我们在前进过程中应注意的问题,使我们这些既无社会经验,又无生活经验的年轻人少走弯路。在我们正式进入吉安化工厂之前,他就召开山东实习队的全体会议,要求每位队员过好"三关",即语言关、生活关、工作关。是啊,该厂师傅大部分来自上海,师傅们与我们之间讲话都难以听懂,直接影响了师徒之间的交流。此地天无三日晴,地无三尺平,气候湿热,无论昼夜都有蚊虫叮咬,令人防不胜防。宿舍距厂区约两三公里,山路崎岖,草深林密,山上植被处于原始状态,栖息着各种蛇,它们肆意横行,就连汽车来了也不避让,在路上经常看到被汽车碾压而死的蛇。宿舍很偏僻,崎岖狭窄的小路

两旁长满了密不透风的灌木丛,连上厕所的路都是如此,男同志还胆大一些,可苦了山东实习队的那些小姑娘,无论上厕所还是上下班都带着根用来探路驱蛇的木棍。吃饭顿顿都是大米配辣椒,我们一时都无法适应。工作环境方面,生产炸药的各个车间之间都保持一定安全距离,工房之间还设有高达四五米高的土围子,也称防爆墙。我被分到梯恩梯车间废药处理工房,该工房的特点是规模不大但设施齐全,技术含量不高但危险性最大。进入工房禁止穿带钉子的皮鞋,操作工具除铜制品之外就是不锈钢,就连打扫卫生用的簸箕都是用不锈钢制作的,禁止使用铁器。生产时操作设备要严格执行操作规程,包括阀门先开那个后开那个都有严格规定,用师傅的话说不能蛮干,稍有不慎,轻则个人受伤,重则爆炸,整个工房都要飞上天,这话并非危言耸听,而是在梯恩梯生产史上的确发生过。这些血的教训,师傅们能举出多例。工房有范毓贤、郭克诚、王天文等几位师傅,他们负责教我。在正式上岗前,师傅让我用一个星期的时间背熟操作规程,不让我动手操作,只允许我跟着看。过了半个月,就开始手把手地教我。我边学边做详细的书面记录,下班回宿舍后还慢慢琢磨。就这样学了3个月,师傅们才让我动手操作设备,他们在身边督导,我一边操作他们一边对我讲解操作的要求和注意事项,就这样,半年以后我就能熟练地独立操作了。师傅们对我的学习成果给予较高评价的同时也郑重告诫我:能独立操作设备进行正常生产,还不是一名合格的火炸药操作工,只有在事故发生时能临危不惧,独立成功处理突发情况,才算是合格的火炸药操作工。对师傅的话刚开始我并没在意,但后来发生的几起事故我才有了较深感受。应当说,梯恩梯生产车间操作工的危险性不亚于战场上冲锋陷阵的战士们。

9月中旬的一天下午,我近邻工房突然浓烟冲天,又听见有人呼喊,随之厂消防车、救护车呼啸而至,消防队员们全副武装冲了进去。只见有几个师傅跌跌撞撞从车间被人扶出,躺在担架上被救护车迅速拉走。从发现车间冒烟到事故处理完毕不到几分钟的时间,就在这期间发生了一起惊心动魄的重大安全生产事故。我们这批里被分配在那个车间实习的李绍华后来告诉我们:上班后生产很正常,没有任何预兆,突然有一台硝化机内的搅拌蛇管发生漏水,硝化机内的硝酸、硫酸等化合物与水混合,立即产生高温,发生剧烈的化学反应,如不及时处理,硝化机内正在生产的数吨半成品梯恩梯就会马上爆炸,千钧一发之际,还是老师傅们有实战经验,他们无法躲避呛人的硝烟,连防毒面具都来不及戴,飞速冲到硝化机旁打开安全放料阀,才避免了重大爆炸事故的发生,挽救了工房内全体人员的生命。

在这次事故中,该工房的几十位师傅及我们山东实习队的队员全部坚守岗位,积极参与事故处理,这种临危不惧、不怕牺牲、对国家财产和职工生命高度负责的精神,受到全厂职工的一致赞扬。对此,厂党委予以通报表扬,号召全厂职工向他们学习。被硝烟呛晕的几位师傅经医院检查治疗后很快就出院上班了。

事后,师傅再三嘱咐我说:"梯恩梯生产过程中发生安全事故时,千万不要逃跑,因为它的爆炸威力太大,不等你跑远它就爆炸了。若逃跑必死无疑,最正确的办法就是沉着冷静,通过平时掌握的应急处理办法迅速处理,这样才能保证安全,这是唯一诀窍,必须牢记。"对师傅的这番话,我铭刻肺腑。

3. 护送女同事下班,结识了终身伴侣

由于吉安化工厂地处偏僻,山高林密,适于各种野生动物生存,就连一些大型凶猛野兽也经常出现。我实习的工房的西部靠山,几乎全是大树,没有灌木丛,是观望森林里各种动物活动的理想位置,从那里能看到成群结队的山鸡,咕咕叫着在树林中觅食,有时候也能见到小猪到处乱跑。我好奇地问师傅们:"老表(江西人称老乡为老表)养的猪跑到山上来了?"师傅们说:"那是野猪,你可别惹这些小猪仔,母猪肯定离这儿不远,你若惹了,老母猪会与你拼命的。"鉴于此,李书记要求学员们上下班要结伴而行,禁止单独活动。7月某天凌晨1点左右,山东实习队下中班的谢丁法、王章民等几位同志在回宿舍的路上,发现前方有一头黑熊坐在公路中间,把他们吓得谁也不敢动,就这样僵持着。幸亏厂里一辆运货的汽车路过,发动机声及汽车灯光将它驱离。回到宿舍后,这几位一夜没睡好觉,闭上眼就做噩梦。

过了没几天,在成品包装工房实习的李春长与十几位师傅正在紧张有序地工作着,约凌晨3点,突然听见工房旁边的灌木丛哗啦哗啦地响,师傅们怀疑是敌特分子从山上下来了,就一面给保卫科打电话,一面拿起工房的工具做好战斗准备。班长下令停止生产,关闭室内灯光。大家紧张地朝声响处张望,只见从灌木丛中钻出一个黑家伙,等它走到工房路灯下时才看清原来是一只

大狗熊。工房内空气紧张极了,谁也不敢出声,只见它毫无顾忌地在工房周围溜达,然后用两条粗壮的后腿站立起来,两只前爪扶在传动带上。有位师傅是个调皮鬼,将传动带的开关按了一下,传动带急速转动,吓得它大叫一声就跑了。尽管这位不速之客离开了,师傅们谁也没敢再开灯,直到保卫科的人驾驶着摩托车持枪赶来才松了一口气。这些事对我们震动很大。本来光是毒蛇就够受的了,再加上这熊玩意儿,大家就更加紧张了。

鉴于队员们都人心惶惶,李书记多次开会,又是劝说又是讲道理,终于把大家的思想给稳定了下来。

我是做白班的,每天早上和大家一起上班,下班时间师傅说了算,即把当日的工作完成后就可以下班,每天实际上班是6个小时左右。当时自己年轻,初生牛犊不怕虎,加之也会三拳两脚的功夫,下班后就自己回宿舍,也不害怕。可我近邻工房的小姑娘蒋永莲就不行了,她工房和我这儿情况基本相同,下班后无人结伴而行,一个人不敢走路。当她把情况说给我听后,我说:"以后下班我和你一起走,我保护你。"从此,每当我下班时就从她工房门口叫她一起走,有时她下班晚,我就在路旁等着她。就这样半年来一直陪伴她下班,倒也平安无事。两人一路走,一路谈天说地、谈工作、谈人生,但从没谈情说爱。我俩都是军工二代,两位父亲私交甚笃。共同的家庭背景、共同的成长经历、共同的语言就很多,通过交流我们成了知己。她欣赏我有理想有抱负,还对她的安全负责。我喜欢她能吃苦耐劳,通情达理。两人由相识到相知,感情加深了一层。我们严守着在学徒期间不能谈恋爱的厂规,都懂得趁现在还年轻干一番事业,不能把宝贵的青春白白地浪费,就这样一直到数年后我们才确立了恋爱关系。

4.厂领导费心思,丰富职工业余文化生活

深山沟的军工精神生活单调而匮乏,厂领导想方设法搞好职工的业余文化生活,除每星期放映一场电影外,工会还组织一些歌咏比赛、各类球赛等活动。我的老师郭克诚师傅是位小提琴演奏爱好者,厂的每次文艺演出必请他参加,他在小提琴演奏方面已达到专业水平,当地的广播电台多次播放他的小提琴独奏,市里的歌舞团也数次与厂协商要调他去工作,但厂领导担心职工队伍不稳,不敢开口放行。是啊,吉安化工厂人才济济,是个藏龙卧虎之地,在那

个文化水平普遍较低的年代,该厂的岗位操作工竟有些是大学毕业生。这些同志技术水平高,都是革新能手,搞了多项发明创造,所以吉安化工厂在国内同行业中很有名气。由于职工队伍整体素质高,所以在各方面的追求标准也高。9月,国内正在放映朝鲜电影《卖花姑娘》,当影片传至吉安市时,厂内职工早已沉不住气了,纷纷找领导反映,请求领导联系到厂里放映两场。因那时国内拷贝量少,吉安那边也都不够放映的。厂领导很为难,但考虑到全厂职工的情绪,最后决定集中厂内几十辆大汽车用两晚的时间分批将职工送至百公里外的吉安电影院看《卖花姑娘》,就这样为了这顿文化大餐来回乘车就要4个多小时,看电影还哭了2个多小时,折腾了六七个小时,还都挺满意。现在对年轻一代说起此事,他们都无法理解。

5. 上山下矿,接受革命教育

实习生活即将结束时,12月15日至17日,领导组织我们去井冈山红色革命根据地参观学习,进行革命教育。厂派两位驾驶技术高超的司机开两辆解放牌大汽车从三湾、茅坪、黄洋界、茨坪、大井、小井、瑞金等地一路驶来,大家耳闻目睹了毛主席领导井冈山地区人民由星星之火燃成燎原之势的对敌斗争故事,使我们心灵受到极大的震撼。大家深深感受到,没有毛主席,没有共产党,就没有我们今天的幸福生活。

山东实习队的领导还组织我们到天河煤矿参观学习,当我们深入地下数百米的煤海之中,在狭窄的井巷里看到煤矿工人在那么艰苦的环境下劳动,方知煤矿工人挖煤之艰辛,体会到煤炭的来之不易,提高了我们节约煤炭的意识。

这次参观学习,使我们更加热爱中国共产党,热爱社会主义国家,热爱伟大的领袖毛主席。

6. 别恩师登征程,此情悠悠终生难忘

半年的学徒实习生活倏忽而逝,半年时间在人类历史长河中只不过是短暂的一瞬,可对我而言,这半年发生了翻天覆地的变化。我的每一天都在接受新事物,都在学习新知识。是的,无论是与李亭书记还是吉安化工厂的各位师傅交往接触,与这些高素质、高品位、高水平的人朝夕相处,耳濡目染,使我在文化素质、专业水平、思想素质等各方面由量的积累发生了质的飞跃,有了很大的进步。对这些生命中的恩师,我没齿难忘。

别了,江西吉安化工厂的领导和各位师傅,这半年你们给予我的实在太多太多,千言万语难以表达我对你们的衷心感谢!

事后我经常在想,当年这些师傅响应党的号召从繁花似锦的大上海来到这深山老林交通闭塞的大山沟进行三线建设,当时生活、心理上的巨大落差是如何克服？他们当中许多都是高级知识分子,就这样无怨无悔默默无闻地为三线军工建设献出了宝贵的青春,这种为国分忧、为国奉献、为国牺牲的精神是无法用语言、文字褒扬的,他们是祖国的骄傲、民族的脊梁,是我们学习的榜样!

7. 转安徽,大别山区继续实习

根据厂领导的安排,山东实习队在江西吉安化工厂培训结束后不回厂,直接去安徽浦信化工厂继续学习。于是,我们每人从本地买了一只樟木箱,打点行装,登上去安徽浦信化工厂的列车。

李书记命我、郭清海、罗元庆等几位同志为先行,先去安徽省国防工办办理有关手续,再从合肥乘长途汽车到安徽浦信化工厂进行接洽。那个年代通信联络不像现在这样方便,我们用事先约定的方式,用电话与山东实习队保持密切联系。我到安徽浦信化工厂把工作联系好后,又火速返回合肥,给即将到来的山东实习队联系食宿地点及租赁长途公交车。各项工作落实后李书记率众到来,听完汇报后很是满意,称赞我有组织能力。

安徽浦信化工厂是家小三线梯恩梯炸药厂,位于六安地区,厂周围山连山,竹林茶场很多,其他树木较少,没有大型野兽活动,但各种毒蛇比江西吉安地区更多。春天,满山茶树飘着淡淡的清香,到处是盛开的鲜花,空气清新淡淡的花香令人陶醉,这时候的山远看真像一个个大花堆,生活在这鲜花海洋里的人,有一种飘飘欲仙之感,真是天上人间。

来安徽浦信化工厂不长时间,李亭书记因工作需要调回厂,由杜彭彦书记接替他的工作。李书记是我参加工作以来接触到的第一位领导,他对我们总是那么和蔼可亲,那么关怀备至,但也那么严格,既像严父又像慈母,送他回厂时我们都恋恋不舍,止不住流下了眼泪。

安徽浦信化工厂的宿舍正在建设之中,我们暂时在农村民房中居住,几十个人住一个大屋,上下双人床。尽管这儿属于北方,但老乡的房子不是四合院,更无院墙大门之说。

上班离厂区不远,公路平坦,行人很多。我的好朋友蒋永莲下班就不用我陪护,自己走路很安全,我也很放心。我还是学习梯恩梯废药处理。厂里安排了贾传仁、刘万清、刘素梅等师傅带我,我感觉很幸福。他们已知我在江西吉安化工厂学习了半年,上班后的前几天先让我跟着熟悉情况,其实这厂的设备、规模、工艺及操作方法与江西吉安化工厂完全一样,看后我觉得并不陌生。过了一个星期后师傅们让我操作,他们在后面看,就这样干了一段时间,师傅们都说我基本功扎实,可以单独上岗操作了。其实我这个岗位是熟练工,技术含量低,学习一年就可以出徒。在这里干了半年后按规定我转为正式工人,定为一级工。至今我还清楚记得师傅们给我写的出徒鉴定意见,评价有点高。

安徽浦信化工厂尽管在长江以北,但气候与山东却不一样,当年春节前后阴雨连绵,我们几十个伙伴住在一个大屋里面,没有取暖设施,室内外几乎没有区别,阴冷、潮湿,连续一个多月少见阳光,被子都是潮的,日子确实难熬。

最可怕的是蛇,它们似乎对我们有些太友好,总想与我们亲近一点。4月的一个星期日,我正坐在床上看书,忽然听见旁边女宿舍的同事哭叫着跑了出来。我们几个男同事赶忙跑过去询问发生了什么事,她们说在床边发现一条很大的蛇,也不知道有没有毒。我们几个男同志拿着铁锨和木棒冲进去,见它还在床边趴着,不仅没有离开之意,还张开大口摇着三角脑袋朝我们吐信子呢,大家七手八脚把它驱出门外。这些女同事害怕屋里还有蛇,都不敢进屋。无奈,我们又进去搜查了几遍,再三解释后她们才胆战心惊地回到宿舍,重新整理了被褥,没发现异常才略心安。第二天蒋永莲告诉我:昨晚女宿舍一夜没关灯,都没睡。

是啊,不光女同事害怕毒蛇进宿舍,男同志也害怕。过了不长时间,厂建的宿舍楼竣工,山东实习队搬进新宿舍,杜彭彦书记考虑到女同志的安全,让她们住二楼,男同志全住在一楼。刚搬进新楼后的一个星期天,我去食堂买饭,同室的韩子成同志已提前将饭买回坐正坐在椅子上用餐,只听见背后有些异常动静,回头一看,见一条一米多长的竹叶青蛇正要钻进我们房间,他搬起椅子想压住它，但蛇很灵活，根本压不住，继续往房间内冲，吓得他急忙跑进里面小房间把门关上，扯着嗓子喊人。我买饭刚回来，闻讯后和其他几位男同事拿着铁锹、木棒冲进了屋，这条毒蛇毫无惧色，朝着我们把头昂起来，上半身站着，嘴里吐着信子，发出嘶嘶的声音。我们几下就把它打晕了，赵仕泰用报纸夹子将它夹住扔到院子里，没料它醒过来照旧威风不减，张着大嘴吐信子朝我们示威。

我们山东实习队外出实习时，就成立了党支部和团支部，组织机构健全。但那时候不能发展党员、团员，因为厂是工地临时党委，没有发展党员的权利，也没召开过团代会，因为暂时还没有团委这个机构。工厂招收了这么多优秀青年，进取心都很强，都积极向团组织靠拢，连团员都不能发展，令山东实习队的党团组织有些着急。对此，工厂工地临时党委决定于1973年5月召开首次团代会，并由张书宪同志为主筹备首次团代会。召开团代会是我们团员、青年政治生活中的一件大事，大家都很高兴。山东实习队按照要求选举了张忠河、李令刚、郑秋海为共青团代表，我和沈小芹作为青年代表同共青团代表一道回工厂参加会议，我们从安徽浦信化工厂专程回山东工厂参加团代会，感到莫大的光荣。团代会经过一系列的会议程序，选出以张书宪为书记的首届厂团委。

根据厂团委的要求，山东实习队团支部开展对入团积极分子组织发展的研究，确定我和沈小芹为首批发展对象，并派人专程赴原籍进行政审，其严格程度不亚于发展党员。政审结束后，党团支部认为沈小芹还需进一步考验，同意我加入团组织，经厂团委批准，我光荣地加入了中国共产主义青年团。

8. 重点培养，转岗学艺

安徽浦信化工厂与江西吉安化工厂相比，职工队伍的文化水平普遍较低。但该厂师傅们吃苦耐劳精神强，不怕苦和累，工作认真负责，同事之间关系和谐，亲如兄弟姐妹，带我的刘素梅师傅虽然是位中年妇女，丈夫又是厂保卫科科长，但她脏活累活都是抢着干，大家对她非常敬重。在此岗位学习的半年中，几位师傅都对我言传身教，严格要求，我的业务水平得到进一步巩固和提高。

山东实习队的领导很关注我的成长进步，在我一年学徒期满后，又把我调至梯恩梯成品工房,学习成品制作和包装。山东实习队的队员们都看得出来这是领导对我的重点培养。我们大家都清楚,工厂尽管在1971年招收了600余名新工人,但我们这66人实习后能分到每个班的队员也才有几个人。也就是说,厂里若要进行正常生产,我们这些实习人员肩负着带多名徒弟的职责,大家都意识到自己肩负这份沉甸甸的责任。

成品工房是倒班制的,每班6个小时。这个工房已有山东实习队的4位同事在学习,该工房每班有十余名操作工。每个班有一位实习的队员。我是后来者,所以把我安排在一班,班长姓周,对工作认真负责。此班有山东实习队的李春长随王师傅学徒。因领导交给我的任务是在半年内学会成品工房多个岗位的操作,所以没给我安排固定的师傅,而是学到哪个岗位时临时指定师傅,大家都说我师傅多,师傅多对我来说是件好事,"三人行,必有我师焉",因为每位师傅都有其独特的长处,我就学其长,受益匪浅。通过这半年的学习,我就掌握了成品工房所有的技术,能够独立进行工作,师傅们都挺喜欢我这个徒弟,我也没辜负领导的期望。

一年半的实习生活很快就过去了,此期间我们山东实习队的66人转战江西、安徽两省,到两个小三线军工厂实习。在李亭、杜彭彦两位书记的教育下,我们每位队员在政治和业务各方面有了很大的收获,完成了厂领导交给的学习任务。大家充满了胜利的喜悦。我和大家一样,在政治上有了很大的进步,树立了正确的世界观,光荣地加入了中国共产主义青年团;业务上在多位师傅的帮助下,学会了两个工房的操作技术;生活上结识了女朋友蒋永莲,我们互相帮助、互相激励、共同进步,虽没正式确立恋爱关系,但彼此心中都在深爱着对方。总之,我成功地实现了由一个农村青年向工人阶级先锋队成员的转变,还真有点凤凰涅槃、浴火重生之感。

虽然赴赣、皖实习已过去半个多世纪,现在想起犹如昨日。每当看到实习结束时全体人员的合影时,心情就格外激动,有些老友自分离之后各自天南地北,难以聚首,只得隔空喊话:"老友们,你们好,多年不见真有些想你们,但愿有机会我们再见面畅叙衷肠。"当得知其中有数位老同事已驾鹤西去,不觉老泪纵横,难以自己,愿活着的诸位老同事身体健康,生活幸福美满!

(资料来源:笔者自己的亲身经历)

四、硕果累累的职工教育

电视业余大中专毕业留念

20世纪80年代,我国内外形势发生了重大变化,山东小三线军工厂——山东红光化工厂被国家列入停缓建单位。厂党委审时度势,按照国家政策要求,及时将厂内工作重点进行战略转移,在全厂范围内开展了一场大规模群众性的文化学习活动。在教育科(后改为教育处)领导和教师们的共同努力下,经过十余年的教学,职工文化素质普遍得到提高,培养了一大批生产技术骨干和管理人才,职工教育取得丰硕成果,为企业发展奠定了坚实的基础。

1. 利用工厂停缓建期间抓好职工教育

1978年,国内外形势发生了重大变化,和平发展成为世界主流,党的十一届三中全会也带来了改革开放的春风。鉴于这种情况,国家决定将一批军工单位关停并转,山东红光化工厂也被列入其中。

在这历史的转折关头,工厂党委决定一方面搞好"军转民",二次创业开发民品;一方面利用这个难得的机遇,搞好职工文化教育,全面提高职工文化素质。实践证明,厂党委的决定是十分科学的、正确的。

当年分管人事的贡林瑞副厂长是位建厂元老,他发现建厂初期招收的600余名新职工的文化水平普遍较低。多年来,因工厂忙于施工建设、生产,抽不出空来对职工进行系统的文化教育,他是看在眼里,急在心中。国家决定工厂停缓建,倒可以利用这个机遇对职工进行文化知识教育。于是,他向党委张燃书记谈了自己的想法,未料英雄所见略同,两位领导不谋而合。

经厂党委开会研究,决定在工厂停缓建期间组织职工学习文化知识,提高全体职工的文化素质,打造一支高素质的职工队伍,为企业今后的振兴打好基础。为了加强领导,工厂成立职工教育科,选调刁福金、姜春田、李化志三位中层领导负责全厂职工教育工作。

2. 加强领导,因地制宜

为了加强领导,党委成立了厂职工教育委员会,由贡林瑞副厂长任主任,由教育科、工会、团委等各部门主要领导组成职工教育办公室。办事机构设在教育科,由教育科三位领导牵头负责。各车间成立职工教育领导小组,车间主要领导任组长。这样自上而下建立了一套完善的职工教育工作机制,既明确了责任,又方便了工作,形成了层层有人抓,事事有人管的局面。

把工厂办成一座大学校,让工人们坐下来当学生,学文化,听起来有些滑稽可笑。是啊,万事开头难。牵头负责职工教育的三位教育科领导在这方面没少动脑筋,那时候的职工教育,除人不缺外,什么都缺。他们和各单位的领导集思广益,因陋就简,因地制宜。没有课堂,利用闲置的车间、澡堂、库房;没有桌凳,搬来车间领导的办公桌就是老师的讲台,职工们找来长凳子,挤一挤就上课;没有教材,托人买,数量不够,几个职工先暂时用一本;没有教师,从全厂找,工厂共有50余名大学毕业生,为了办学,抽出20余名担任教师,其余30余名搞民品开发,为工厂找出路,世上无难事,只要肯登攀。经全厂上下共同努力,终于迈出了艰难的第一步。

3. 做好师生的思想工作,确保教学顺利进行

办学伊始,教育科的三位领导做了大量的调查了解,翻遍了全厂职工的资料,确定了以1966年后参加工作的中青年职工为主要对象,以普及初中文化为重点开展了多种形式的文化和技术学习。从1981年开始,红光厂组织职工大规模开展文化技术学习,先后举办扫盲班一个、小学班三个、初中班四个、高中班一个,还有四个其他形式的业务技术短训班,入学人数达374人,占全厂职工的42%。

其实在1979年工厂根据形势的发展就办了一个电大班,经考试招收了符合条件的苏士祥、刘风斌、张继海等17名学员。这些学员学习刻苦认真,成绩优秀。到1982年毕业时有16名学员取得毕业证书。他们电大毕业后,有的还兼任文化课辅导教师,为工厂的职工教育做了许多工作,赢得领导和职工的好评。有的同志调离红光厂后,也在不同的岗位上为社会作出了较大

贡献。

刚开始,部分被抽调来任教师的工程技术人员在思想上有"三怕":一怕干教育当教师荒废自己的专业;二怕没经验教不好落人讥笑;三怕学员不好管,出力不讨好。

针对这"三怕",教育科的三位领导与车间领导一起召开专门会议,学习有关文件,讲清形势,统一思想,提高认识。引导教师摆正三个关系:一是生产与教学的关系,生产是为四个现代化创造物质财富,搞好生产的基础在于教育;二是学生与教师的关系,教师的情绪直接影响着学生的情绪和成绩;三是个人与组织的关系,个人应该服从组织的需要。专门会议上的学习讨论增强了教师对搞好职工教育的信心。

计划科助理工程师张金柱是1978年大学毕业生,领导让其担任高中班班主任并兼化学课教师,思想上压力比较大,担心自己年轻经验少,管不好高中班。对此,教育科的领导主动找其做工作,指出担任班主任是领导和同志们对他的信任,对年轻人来说,这也是学习和锻炼的好机会,没有经验可以在实践中学到。他放下思想包袱,愉快地接受了任务,一年多的时间,他工作认真负责,大胆管理,刻苦学习,认真教课,班级工作很有成绩,得到领导和职工们的好评。厂里选设备科于联发当教师时,他认为自己才是个中专生,文化水平不高,不愿当老师。教育科的领导与设备科党支部李传德书记多次找其谈话,讲清道理,使他解放了思想,勇敢地挑起重担。为了教好课,他晚睡早起,认真备课,在授课时理论联系实际,深入浅出,使教学质量不断提高。他教的物理课成绩突出,全班考试时平均分数达82分以上,受到了大家的好评。

同时,教育科的领导还多方挖掘人才,从职工医院聘请了医务人员王永蕙担任业余初中班的语文教师,她积极热情,热心教育工作,把教课当作一项光荣任务,利用业余时间认真备课,用心写教案,讲课生动灵活,很受职工们欢迎,取得很好的效果。

教育科的三位领导关心教师的进步,支持教师工作,及时化解师生之间出现的矛盾和分歧,对于教学中表现好的教师及时表扬,对于在学习中个别职工出现的不良现象及时批评指正,从而树立了正气,刹住了歪风,增强了教师们教学的责任心和光荣感。教师张金柱说:"自己吃点苦算不了什么,教不好课,误人子弟,就是我们的失职。"由于教师们思想认识水平不断提高,为人师表,满腔热情地投入到教学工作中,在教学质量方面取得可喜成果,在1981年年底的评比中,台进忠、乐福庆、刘玉华、于联发、张金柱等教师被授予"厂级标兵""先进工作者"等荣誉称号。

各级领导注重抓学生的思想政治工作,经常找学生谈心,摸清学生的思想变化,有针对性地做好工作。在当时,工厂1966年以后参加工作的职工占全厂职工的70%以上,这些同志多数在政治上要求进步,工作很有热情,只是被"文革"耽误了学业,文化知识受到严重影响,刚参加工作时虽在招工登记表上都是填的初中、高中文化,但实际有很大差距。

虽然如此,组织他们学习文化课有一定困难,有的对参加文化学习缺乏正确认识;有的贪图轻松怕苦、怕难不愿学;有的认为工厂方向都没定,学了也没用;有的满足现状,心安理得,不想学……为了解决这些问题,各单位领导给职工们讲形势、讲大局、讲没有文化的危害。对个别职工还要单独做工作,如二车间有位姓王的青年职工,对学习就是不积极,还说什么:"我按时上班就行了,学习不学习领导管不着,学了也没有用。"

对此,二车间领导多次做工作,对其帮助教育,终于使他认识到自己的错误,并做了深刻的自我批评,对其他职工有很大的影响。二车间共青团员李良勇工作认真负责,学习态度积极。为了不耽误学习,连婚假也没休完就提前返厂上课。三车间小学班的张风梅已年逾不惑,由于从小没上过学,她知道没有文化的难处,所以学习态度很积极。她在学习中认真刻苦,遵守纪律,光练字笔记就写了十几本,看到她密密麻麻工工整整的字,无人不受感动。她的学习精神受到全厂职工的好评。有的车间开展了学习竞赛活动,对学习优秀者给予表扬和适当物质鼓励,对学习落后者给予批评教育。对于这些典型事迹,教育科的领导都能在全厂范围内予以通报表扬。

除抓师生们的学习外,教育科的领导还积极与工会联系,本着节俭的原则为各班购买了篮球、排球、羽毛球等体育器材,供师生课间休闲锻炼之用。

由于教育科的领导和各单位注重做学生的思想政治工作,学生对学习的认识由浅入深,自觉学习的劲头越来越足,已从刚开始学习的消极变为积极,从应付到认真,从"要我学"到"我要学",在全厂初步造成一个"以努力学习为荣,以不求上进可耻"的良好风气。

4. 建立必要的学习教学秩序,把职工教育逐步引向正规化

随着工厂形势的发展,教育科的刁福金、姜春田、李化志三位领导先后调出,另有任用。根据工作需要,任命王秀兰为教育科科长,由其负责全厂的职工教育工作。

王秀兰是曲阜师范大学毕业的本科毕业生,受过正规化、系统化的专业教育,毕业后在中学任教多年,在教学理论和实践方面有着丰富的经验。她自从负责厂的职工教育后,根据上级的指示精神,结合工厂实际,与教育科的同志一起制定了厂职工教育长远规划和职工教育工作的相关制度条例,并提请职工代表大会审议通过。自此,红光化工厂的职工教育有了长远规划,形成制度化,成为厂的重要发展目标之一。

在此期间,教育科王秀兰科长和刘万亭、石绍恒、李长信等教师结合实际主要抓了以下几项工作:

根据全厂各车间办学习班的情况进行正规化统一管理,以一车间、二车间、三车间和设备科原有体制为基础,统一编班,加强了领导,严格了管理,全厂共办10个文化学习班,4个业务技术班,都实行了"六有""四固定"制度。

"六有"即有教学计划、有教材、有备课、有考勤、有考核考试、有结业毕业。

"四固定"即固定上课时间、固定上课地点、固定教师、固定教材。

同时,明确课程设置。小学班设语文、算术、政治三门课。初高中设置语文、数学、物理、化学、政治五门课,并规定这些课程一年学完。期中、期末进行全厂统考,合格者发放结业证书。这些措施有效促进了职工有计划、有目的地自觉学习。

建立了学籍档案,把每个学生的统考成绩单和考试卷存入其档案,作为职工评比转正定级和晋级的重要依据,对于考试不及格的要实行补考,补考再不及格者不准毕业或进行降级。对于学徒期满的徒工,要根据考试成绩来确定是否可以按期转正和定级。这种措施,有效地激发了职工们的学习积极性和主动性。

制定了严格的考勤制度,加强了学生的组织纪律性。班级学习成绩的优劣与班级的纪律性是否严格有着密切的关系。上课如上班,学习如生产,同样有严明的纪律。班长按点名册一天点名4次,不准无故迟到早退,有事必须请假,旷课按旷工处理。严明的纪律保证了正常的教学秩序。各班学生都能上课认真听讲,按时完成作业,互帮互学,共同进步,出现了许多好人好事,良好的班风正在各班形成。

为了提高教学质量,在教师队伍中开展教研活动,每星期六下午为教研活动时间,成立了语文、数学、物理、化学、算术5个教研组,在教研组长的主持下,及时研究教学中存在的问题,统一进度、交流经验,对教学工作起到很大的推动作用。

组织开展了学习竞赛活动,激发了学生的学习热情,制定了以"遵守纪律好、学习出勤好、互相学习好、作业完成好、学习成绩好"为内容的竞赛条件,推动了比、学、赶、帮活动的开展。对于在竞赛中取得优胜的学员,召开大会进行表彰,并给予适当的荣誉奖和物质奖。学生对这一活动都很重视,努力学习,认真准备,极大地促进了学习的积极性。

5. 根据形势变化,实行职工教育战略重点的转移

随着形势的发展,厂党委组织的军转民品工作出现重大转机。工厂在1983年建成一条味精生产线,成功生产出山菊花牌味精,继而又在1986年建成一条万吨啤酒生产线,生产出奥波、洛神两个品牌的啤酒。

此时的工厂急需大批工人充实到生产经营一线,不可能再抽出职工进行学历教育。针对这种情况,教育科审时度势,及时调整职工教育的重点和内容,毅然把职工教育的重点做了转移,即由学历教育转向岗位培训;由文化学习为主转向技术学习;由单纯课堂教学转向课堂教学与深入基层指导服务相结合。在提高职工的实际技能上下功夫,开创了职工教育直接为生产服务的新路子。

啤酒车间生产初期,许多青年工人缺乏啤酒生产的基本知识,教育科的全体同志积极主动为其刻板油印了50余本啤酒生产的基本知识手册送到啤酒车间,使啤酒车间主任侯福旺和书记李传德深受感动,直夸教育科是"雪中送炭",为生产着想。在此期间,教育科的领导和各位教师根据多年的实践经验,总结出一套成功的职工教育方法,即在培训中坚持"三实""三个材料""三个环节""三项成绩""两级考核",并在工作中推广应用,取得非常理

想的效果。

"三实"即从实际出发,以工厂实际需要为教学重点,抓实际应用,抓实践考核。培训一定要取得实际效果。

"三个材料"即每次培训之前都要做好详细预案;每次培训结束都要做好书面总结;每次培训都要选立典型。

"三个环节"即抓教师队伍,聘请的每位教师必须热爱职工教育工作,教学水平要达到标准要求;抓教学质量检查,每堂课上课要有备案,讲课要通俗易懂;抓考核,好的要表扬,不足的要批评。

"三项成绩"即理论考核成绩、实践考核成绩、发明创新考核成绩。

"两级考核"即工厂负责理论考核,车间负责实践考核。

6. 职工教育成绩斐然

1989年济南市委、市政府下达了在全市企业中进行全面质量管理教育的文件,规定了学习内容、学习时间、参学范围、达到的标准等硬性指标。

接到文件后,红光化工厂决定由教育处和质管处(此时的工厂已将所属的科统一改为处)具体负责此项工作,党办、工会、团委、宣传处等部门配合。

教育处王秀兰与李令刚、于任三位领导多次研究部署,组织刻印复习提纲,人手一册,为参与学习的同志们创造了条件。同时深入各车间督促检查,答疑解惑,发现问题及时解决。当到物资回收办公室检查时,发现该单位缺少辅导员,便立即与供销处联系,当场决定两个单位一起上课,又与职工子弟学校联系,帮助以上两个单位解决了辅导场所的问题。

教育处在学习中注意发现典型、宣传典型,用典型事迹推动工作。发现动力处吴文生处长、马仁吉书记、供销处于宪武处长等领导重视抓全面质量管理的学习,职工取得了很好的成绩时,及时在全厂推广经验和做法,起到很好的推动作用。

此次红光厂在全市企业全面质量管理教育中有202名职工参加了济南市统一组织的考试,平均分数达85.72分,及格率达100%,全厂全面质量管理累计培训率达到应培训人数的90.3%。

1989年4月,济南市派专题小组来红光厂检查验收全面质量管理教育工作,经现场抽查、考核,给予满分的评分,受到济南市有关领导的高度赞扬。

班组是企业中最基层的单位,班组长的素质对产品质量、产量及企业的经济效益起着举足轻重的作用。抓好班组长的培训是企业管理的一项重要内容。

红光化工厂共有班组长70名,为此,厂领导研究决定加强基层班组建设,对班组长进行定期培训,以不断提高班组长的管理水平和整体素质。这项工作任务责无旁贷地落到了职工教育处领导和各位教师的肩上,每次培训,他们都做到了细心备课、精心教学,通过两期班组长培训班,共培训班组长67名,累计培训率95.7%。在培训班上有28名班组长在实习调查中提出各类问题81条,通过实践,共解决的问题有62条,建立健全规章制度48项,培训后比培训前同期增长经济效益20余万元。

在跟踪考核中,他们还深入车间、班组,先后到60余个班组了解和考察接受过培训的班组长的工作,指导班组长的实践,注意培养和发现典型,积极热情地宣传他们所取得的成绩。味精车间烘干班班长孟宪胜用学到的理论指导实践,组织全班职工学习技术业务,开展岗位练兵活动,取得较好的效果。教育处及时宣传他们的做法,对加强全厂各班组的建设起到很好的推动作用。

为了检验培训成果,进一步提高班组建设水平,1989年9月,红光厂在厂领导的支持下,教育处与宣传处联合举办了全厂班组长成果发布会。会上有10名班组长发布成果,其中5名班组长荣获厂级成果发布奖,宫传丁荣获济南市班组长成果发布奖。

工厂职工教育科(处)在成立后的十余年中,各位领导及教师勤奋工作,忠于职守,先后通过举办职工扫盲班、小学班、初中班、高中班、业余中专班、电大班以及其他形式的各类业务技术短训班,培训职工634人次,全员培训率达52.8%,远超济南市下达的培训任务指标,职工教育科/处连续五年被济南市评为"职工教育先进集体"。

通过十余年的职工教育,红光化工厂培养出一批生产型和管理型的人才,他们把所学到的文化、业务知识运用到生产和管理中去,促进了生产的发展和经济效益的提高,取得了较好的效果。他们当中也有许多人以此为基础,继续学习、奋力拼搏,后来在厂内和社会各行业得到组织的重用,发挥了更大的作用。山东红光化工厂进行的职工教育工作虽然过去了多年,但每当回忆起这段峥嵘岁月,大家的心情总难平静。大部分职工通过学习文化水平得到提高,一些职工通过参加职工教育学习受到启发,自此发奋学习,自学成才,为今后的发展奠定了坚实的基础。衷心感谢厂党委作出抓好职工教育的英明决策,衷心感谢职工教育科/处各位领导及教师们的辛勤工作。

(资料来源:2016年8月原红光化工厂职工教育处的材料及王秀兰处长提供的材料)

下 篇

小三线研究回顾

我与三线建设研究

学术研究报效家乡：
我的辽宁三线建设研究之路

黄 巍

辽宁大学马克思主义学院

一、幸运与机遇

2023年9月4日，国家社科基金公布了其2023年度一般项目清单。我申报的"新中国东北地区工业布局的规划与调整（1949—2019）"课题榜上有名。回想起这些年的三线建设的研究历程，既艰辛又幸运。

至今清楚地记得，那是2016年4月，我来到我读博士的母校首都师范大学，参加历史学院中国近现代社会文化史研究中心举办的"当代中国与社会（1966—1976）"学术研讨会。在这次会议上，我有幸认识了上海大学历史系徐有威教授。我知道徐教授在学术界名气很大，特别是近些年带领的研究团队在小三线建设研究领域学术成果丰硕，心中非常敬佩。利用学术会议的间歇时间，我向他请教一些学术问题。徐教授非常谦虚且很友善，耐心地对我进行了学术指导，并说我所在的辽宁省当年是支援三线建设的主要省份之一，也是小三线建设的区域。按照同心圆理论，循序渐进，可以先从辽宁小三线建设研究着手，再做辽宁支援大三线建设方面的研究，同时拓展到辽宁当代工业史，最后进行辽宁当代史的研究。

我博士论文做的就是新中国史，且是1966—1976年，三线建设和我博士论文研究的主题基本属于同一历史时段。2012年7月，我从首都师范大学历史学院博士毕业后,回到家乡辽宁,到辽宁社会科学院从事历史研究工作。刚毕业那几年,我感觉同事们基本都在做辽宁地域史的研究,我也想过要做辽宁地域史的研究,但一直没有找到适合自己研究的选题,曾经尝试做的一些辽宁地域研究也都没有取得重要学术成果,不免迷茫困惑。所以,当徐教授知道我日后可以做三线建设研究时,我想虽然我对三线建设的具体情况不太了解,但三线建设和我博士论文研究的时间段基本属于同一历史时段,所以感觉宏观历史背景、基本历史文献可以把握。辽宁被誉为共和国的长子,是支援三线建设的主要省份,我想可以先从辽宁支援三线建设研究入手,日后再拓展,做辽宁当代工业史、东北当代工业史等方面的相关研究,这是辽宁和东北的特色,应该很有研究价值和重大意义。

会议结束后,我回到沈阳,开始阅读三线建设的相关书籍和论文。2016年5月,徐有威教授非常热心地把他研究团队已出版的一系列小三线建设研究论丛和相关研究资料邮寄给我。我一方面非常敬佩徐教授带领的研究团队取得的学术成绩,另一方面感觉他们的研究思路和角度,我很感兴趣,这更进一步坚定了我研究辽宁支援三线建设的信心。此后,我进一步大范围地阅读,学习三线建设领域相关专家、学者的书籍、论文,我发现学术界对三线建设的研究地域集中于四川、重庆、上海、贵州、湖北、安徽、江西、广东、北京等地,而作为支援三线建设重要省份的辽宁,却鲜有学者关注。我又咨询了辽宁的一些党史专家,基本也都不了解如何搜集辽宁支援三线建设的相关史料,辽宁学界甚少关注这个方面,这和支援三线建设输出巨大人力、物力、财力的辽宁是极不相称的,更无法实现上游支援三线建设省份和下游建设三线省份的学术对话。

那几年,我的心情是很复杂的。每当到外省开学术会议的时候,都会有外省同行问我东北是不是经济很差,工资低待遇又不好,是否有想法到外省工作等等。此前,我从没有想过这些问题,当外省同行这么问我时,我才意识到原来我们东北在外省人看来已经很落后了,曾经的"共和国长子"辽宁已经被外界评价得这么低了,"投资不过山海关"的呼声越来越高。无论是作为一名辽宁人,还是作为一名从事历史研究的辽宁学者,我想外界对东北、对辽宁的过低评价对东北、对辽宁而言都是不客观不公平的。

当时,辽宁学术界探讨的主题基本围绕东北振兴,全国经济学家也纷纷给东北经济把脉。我想作为一名从事新中国史研究的辽宁学者,虽不能像经济学家那样从经济学角度为东北振兴提出解决方案,但我可以从历史学角度梳理东北特别是辽宁在20世纪六七十年代为支援国家三线建设所作出的巨大贡献,用事实证明辽宁确实不愧为"共和国长子",希望外界给予东北、辽宁客观、公正的评价;给东北振兴、辽宁振兴以时间和空间;给东北人民、辽宁人民以信心和支持。我想我有责任和义务做好这项研究,让更多的人了解这段历史;了解国家三线建设的战略部署、工业布局的调整;了解三线人的不易,辽宁人的"长子情怀",等等。我想无论从哪个角度,无论克服多少困难,我都要搞好辽宁三线建设研究,略尽绵薄之力,用自己的研究成果报效家乡。

二、努力与探索

虽然我以前研究的也是这段时间的历史问题,但三线建设毕竟是一个新的研究专题,大部分相关文献我需要重新收集、梳理。在梳理三线建设文献综述中,我发现只有一篇辽宁三线建设的相关文章发表于2011年的《党史纵横》,文章给了我很多启发,但属于宏观论述,要想全面、深入、细致地研究辽宁三线建设,还得进一步收集文献档案资料。

我首先查阅了《辽宁省档案馆指南》等,我感觉辽宁支援三线建设的史料应该主要保存在辽宁省档案馆、原来的东北局、辽宁省国防工业办公室、辽宁省基本建设委员会等部门的档案资料中。但是,在我收集档案史料的过程中却遇到诸多困难,由于三线建设属于国防事业,所以有关三线建设的资料在20世纪90年代前处于保密状态,直到20世纪90年代中期,随着一系列文献资料的出版和西部大开发政策的出台,三线建设这一新中国史上的重大事件的研究才开始浮出水面,并逐渐成为学术界研究的热点。但是,由于很多地方的档案资料还处于封存状态,特别是针对这种散落在各处的文献资料,我应该如何开展史料的收集呢?

从2016年下半年开始,我集中精力收集辽宁三线建设的相关文献档案资料,我先到辽宁省档案馆咨询,档案馆的工作人员说中华人民共和国成立后的档案史料基本不开放,东北局的相关史料都已经上交,目前保存在国家档案馆。经过我再三解释、沟通,档案馆工作人员给我调来几份关于辽宁三线建设的相关史料,但只允许我抄写,我如获至宝,快马加鞭赶紧誊抄。可是,只有这几份档案史料,我如何开展研究呢?于是我来到辽宁省图书馆,看看能不能查到一些资料,我翻阅了辽宁省地方志、辽宁省工业志、沈阳市志、鞍钢志等资料,查阅到一些大三线建设的文献史料,但基本都是一句话,如"某年,鞍钢支援攀枝花多少人,多少设备"等等。这种没有矛盾对立冲突的简单描述,又构不成论文的体系,特别是我的辽宁三线建设研究还要包括小三线建设,我应该到哪里去寻找辽宁小三线建设的史料呢?

此时此刻,我想起徐有威教授曾经发给我的全国小三线企事业单位排序表,辽宁在20世纪60—80年代建有七个小三线军工厂,但排序表上只有这些军工厂的代号和地址,其他的一无所知。根据地址,我发现这七个小三线军工厂都建在辽宁的边远山区,基本不通火车,从沈阳出发,自己开车到那里需要5个小时以上,但此刻我已别无选择,想着只有自己亲赴小三线原厂址去找到工厂的职工和当地的群众才能了解情况。

2017年8月初,我利用暑期调研假和我先生休假的机会,决定先到辽宁小三线军工厂最集中的桓仁县看看。根据徐有威教授提供的小三线企事业表,有三个厂在桓仁县,其中有两个厂在桓仁县木盂子公社,有一个厂在桓仁县铧尖子公社。虽然我是辽宁人,但多年来在北京读书,加之我也是比较宅的人,以前从来没有去过桓仁县,对那里的人和事都不熟悉,但我想"自己动手,丰衣足食",只能靠自己不耻下问了。

记得那天,我和先生早晨7点从沈阳出发,下午1点左右到达桓仁县木盂子镇,小三线建设的时候还叫木盂子公社,现已改为木盂子镇。看到当地的村民,我们就询问这里有没有小三线厂,厂址在哪里,职工现在都到哪里去了。通过咨询当地的村民,我简单了解了情况,这里确实曾经建过小三线厂,但到20世纪80年代后都搬到辽阳县了,至于职工们的联系方式,这几位村民并不知道,对小三线厂的变迁史,他们更不了解。即便如此,我想既然来了,得有收获,我就利用下午的时间在当地口述采访了多位村民,想从他们的视角切入小三线工业企业到农村的发展情况,嵌入村民们对小三线企业的看法等。

有的村民很热心,说这里曾经建过三个小三线军工厂,即新风机械厂、新华机械厂、新兴机械厂,简称"三新"厂,说他自己就是当年小三线军工厂职工子弟的同学,他们虽然在20世纪80年代中期搬走了,但现在每当采蘑菇、采山野菜的季节,有的同学还会回来,这位村民还给我提供了他认识的小三线军工

辽宁桓仁县的小三线军工厂——新华机械厂旧址

厂职工的联系方式,让我日后有机会去采访他们了解情况。通过对当地村民的口述采访,我了解到当地村民和日后采访的小三线军工厂职工对很多问题因立场不同,看法也不同,由此可见,不同立场的群体对同一事件的看法是不尽一致的,这种多维的视角对我日后撰写三线建设论文提供了很大帮助。

当天下午,辽宁科技学院的几位老师听说我来桓仁了,说他们恰好第二天要去当地木盂子镇老秃顶子山采访东北抗联情况,问我们是否愿意一同前往,我想来都来了,虽然不研究东北抗联,但去学习学习也有收获。

这样,第二天上午,我和先生按照约定时间来到老秃顶子山,老秃顶子山被誉为辽宁屋脊,海拔约1 360米,属于长白山龙岗支脉,被称为东北小长白山,杨靖宇领导的东北抗日联军第一军曾于20世纪30年代中期在此地建立过老秃顶抗日游击根据地,并以此为依托,在辽宁坚持抗战长达四年。东北抗联在老秃顶子山中建立起十余处能吃能住能藏东西的秘密营地,其中包括军部、师部、连部、联络处、哨所、军工厂、练兵厂、大会堂、枪械所、被服厂、卫生所、粮食仓库、地下交通站、伙房等。老秃子山自然风光优美,森林生态系统完整,森林覆盖率达80%以上,植物带分布明显,野生动植物种源丰富。当地旅游资源丰富,融山、水、石、泉、洞、林于一体,春季野花烂漫、百鸟争鸣,金秋枫叶红遍、层林尽染,呈现出一幅幅迷人的山水图画。最近几年,当地政府引进民营企业,利用老秃顶子山的自然环境和东北抗联曾经在此地建立抗日游击根据地的优势,在当地大力打造开发东北抗联红色文化旅游景区,并准备恢复、开发了多处东北抗联遗址。

当地东北抗联红色文化旅游景区负责人非常热情友好地接待了我们。经他介绍我们才知道,老秃子山不但曾经是东北抗联的根据地,而且是小三线军工厂——新风机械厂的所在地,现在部分厂房尚存,经常会看到原新风机械厂的职工们回来看老厂旧址。他还给我推荐了原新风机械厂工会的冯伟,让我有机会采访他,这又给我带来新的希望。

那天上午,我们采访了几位当地东北抗联的后代,然后又一起上山查看了东北抗联的军部、师部、连部等旧址。新风机械厂的建设确实遵循了"靠山、隐蔽、分散"的原则,这地方四周群山环绕,又是东北抗联老根据地,群众基础好,便于隐蔽。

当天下午,我和先生又到附近的小三线军工厂——新华机械厂和新兴机械厂旧址进行了考察。第三天,我和先生开车到桓仁县城,我想到桓仁县档案馆看看是否能查阅到"三新"厂的相关档案史料,经过努力,查到一些桓仁县木盂子公社、铧尖子公社当时和"三新"厂关于土地占地等问题的相关档案史料。

笔者(右二)和辽宁科技学院的老师在新风机械厂旧址合影

这次桓仁之行收获很大,不但查到一些档案资料,找到了三个小三线军工厂的旧址,还获得了很多小三线军工厂职工的联系方式,我日后可以采访他们。我决定先采访原新风机械厂工会的冯伟,听东北抗联红色文化旅游景区负责人的介绍,冯伟同志多年来坚持义务做厂史,收集了很多史料。

2017年9月6日,我和先生开车到辽阳县找到冯伟,他非常真诚、热心,退休后在当地开了一家复印社,生意还过得去。经过采访得知,冯伟历任原新风机械厂钳工、工会放映员、工会干事、工会部长、退休办主任。"三新"厂自1985年从桓仁县搬迁至辽阳县后,已于1999年破产。出于对三线建设的情怀,他多年坚持义务做厂史,他还把保存多年他父亲冯贵芳同志从1967年至1999年的日记拿给我看,这是研究三线建设的重要史料,我非常感谢,冯伟的父亲冯贵芳同志历任原新风机械厂党办秘书、劳资科长、党办主任、纪委书记。冯伟和我说,"三新"厂破产后,企业档案保留在辽宁省辽阳市档案馆,让我日后有机会去查阅。这次采访带给我很大的帮助,冯伟的真诚、热心、友善让我体会到了三线人的无私奉献精神,日后我还多次采访了冯伟,每次他都非常耐心,有问必答,给我的研究提供了很大的帮助。

新风机械厂职工旧照

原新风机械厂纪委书记冯贵芳同志的日记

新风机械厂二车间旧址

为进一步深入研究辽宁小三线建设,2018年3月初,我请单位开了介绍信,到辽阳市档案馆开始了为期三个多月的查档工作。

辽阳市档案馆馆藏"三新"厂的档案中,新风机械厂档案资料最全、最完整,共19 151卷,新风机械厂是辽宁建立最早、发展最快、影响力最大的小三线军工厂,被誉为辽宁小三线的排头兵。新兴机械厂档案共7 340卷,新华机械厂档案共6 013卷。可供查阅的"三新"厂的文书档案共计2 295卷,其中新风机械厂1 342卷,新兴机械厂522卷,新华机械厂431卷。这些文书档案记载了三新厂从1965年建厂到1999年破产的兴衰历史,档案内容涵盖办公综合类、组织工作类、武装保卫类、纪检工作类、劳动工资类、生产计划类、技术工作类、财务工作类、基建机动工作类、供应工作类、总务工作类、团委工作类、工会工作类、医疗卫生福利工作类等十几类。

那几个月,我除每周四去单位上班外,其余时间都去辽阳查阅档案,风雨无阻。因为我每周四需要到单位上班,这样我每周三晚上回沈阳,每周一早晨再去辽阳,恰好辽阳当地有亲属,我在辽阳查档案期间就住在亲属家。尽管非常辛苦,但能查到档案就感觉很有价值和意义。

时间长了,我和辽阳市档案馆的工作人员也熟悉起来。档案馆的同志说,我是他们档案馆建馆以来查档时间最长的人。每天,档案馆工作人员根据我要查阅的目录提前审核,可以查阅的内容,他们就非常认真地为我调来卷宗,我可以抄写,也可以复印。经过几个月的努力,我终于把辽宁小三线"三新"厂可供查阅的档案全部查阅完毕。辽阳市档案馆的工作人员认真负责,我非常感谢他们。临别时,我真诚地给辽阳市档案馆送了一面锦旗,印着"热情服务、真诚待人",感恩于他们对我收集史料工作的支持。

对从事历史研究的学者来说,文献档案史料的收集对研究工作至关重要,这次对"三新"厂企业档案史料的收集工作,对辽宁小三线建设研究是个巨大的突破,因为如果不掌握三线企业档案,是无法对辽宁小三线建设进行深入研究的。

三、收获与展望

经过七年的努力和探索,在三线建设研究的学术道路上,我有很多收获。承蒙各位三线建设研究资深专家的提携,我不但参与了三线建设国家社科基金重大项目课题的相关研究工作,还作为课题负责人成功申报了多项国家、省级、市级课题,如"辽宁支援三线建设历史资料的收集整理与研究""辽宁小三线建设文献收集整理研究""新时代辽宁精神的历史阐释研究:以辽宁支援三线建设为中心""新中国沈阳工业发展历程与当代价值研究""新中国70

年来辽宁工业发展历程与当代价值研究""'三线'建设的主力军""沈阳支援国家三线建设的贡献研究""中国共产党对辽宁工业的恢复与布局建设研究（1945—1957）"等，并于2023年9月成功申报"新中国东北地区工业布局的规划与调整（1949—2019）"国家社科基金一般项目。

近五年，我出版学术专著1部——《东北工业布局发展变迁与实践探索（1949—1999）》（辽宁大学出版社2022年版），并相继在《开放时代》《江西社会科学》《南京政治学院学报》《史林》《当代中国史研究》等CSSCI来源期刊发表如《突破与回归：辽宁三线建设述论》《经济体制转型中的三线调整——以辽宁新风机械厂（1965—1999）为例》《中国共产党对工业化的理论与实践探索（1921—1949）——基于东北为中心的历史考察》《20世纪六七十年代小三线职工日常食品供应研究——以辽宁桓仁县三新厂为例》《东北亚局势视域下新中国三次工业布局的规划与调整》等多篇论文，《新华文摘》《中国社会科学文摘》各转载1篇，其中，发表于2019年第8期《炎黄春秋》的《辽宁在支援三线建设中的重任》一文被2019年第21期《新华文摘》全文转载。近五年，我获得省级、市级科研规范奖励近十项，其中，获省哲学社会科学成果奖（省政府奖）二等奖1项，《突破与回归：辽宁三线建设述论》(《开放时代》(CSSCI)2018年第2期)一文于2021年6月荣获第八届辽宁省哲学社会科学奖的成果奖二等奖，此文又于2018年11月荣获2016—2018年度沈阳市社会科学优秀学术成果一等奖。

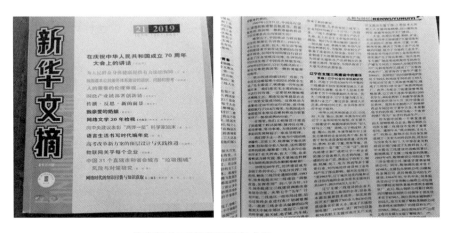

笔者部分三线建设研究成果

近三年,随着研究的不断深入和推动,辽宁支援三线建设研究也日益得到辽宁官方、学术界的重视和关注,我本人的研究成果也逐渐受到关注,并和辽宁省档案馆、沈阳市人民政府研究室、中共沈阳市委党史研究室等部门展开学术交流和合作,使我受益匪浅,更进一步坚定了我从事学术研究的信心。

学术成绩的取得离不开学术界前辈对我的帮助指导,作为全国三线建设研究的权威专家,徐有威教授一直非常关心全国各地的三线建设研究,辽宁小三线建设研究的进展情况亦是他非常关注的。

2018年9月初,徐教授到吉林参加学术会议。在此之前,他已考察全国各地200多个小三线建设企事业单位旧址。此次他难得到东北来,他说想在去吉林参加学术会议之前,提前两天专门到辽宁来,考察一下我已找到的辽宁桓仁县小三线军工厂"三新"厂的工业遗存。徐教授能在百忙之中专门到辽宁考察小三线,我感到非常荣幸,这是对我们三线建设研究后辈的巨大鼓舞。2018年9月6日早晨6点,我和先生开车,先带徐教授到辽阳县,邀请冯伟作向导,在冯伟的指引下,我们先考察了"三新"厂在辽阳县的旧址,然后驱车前往桓仁县。中午,我们到达桓仁县,徐教授非常认真地考察了桓仁县"三新"厂

徐有威教授(右)和原新风机械厂冯伟同志考察辽宁桓仁县小三线工业遗址时合影

下 篇 小三线研究回顾 | 251

徐有威教授(中)、笔者(右)采访辽宁桓仁县东北抗联文化旅游景区负责人

的旧厂址,并和当地东北抗联红色文化旅游景区的负责人亲切交谈,同时指导我在前期研究的基础上,如何开展下一步的辽宁三线建设,有幸得到徐教授的赐教指导,我是非常感谢的。

近几年,我多次参加三线建设学术会议,并提交相关学术论文。2018年10月,参加了于上海大学举办的"当代工业遗产:价值及保护与利用"学术论坛;2019年1月,参加了于四川大学举办的2018年度教育部重大攻关项目"三线建设历史资料收集整理与研究"开题报告暨学术研讨会;2019年6月,参加了于江西科技师范大学举办的"首届中国三线建设史研究工作坊"学术会议;2019年11月,参加了于三峡大学举办的"记忆与遗产:三线建设研究"高峰论坛学术会议,等等。通过学术研讨会,我有幸认识了上海、北京、四川、重庆、贵州、湖北、广东、广西等全国各地的三线建设知名专家学者,进一步拓展了我的研究思路,开阔了我的研究视野。

通过学术会议,终于实现了上游支援三线建设省份和下游建设三线省份的学术对话,在开会的时候,有四川学者和我说:"我们这么多年研究三线建设,遗憾的是,很少见到你们东北作为上游支援三线建设省份的学者,你们东北人都是活雷锋,做了好事不留名啊。多年来你们东北鲜有学者关注这个重要问题,现在你来参会了,可以学术对话了。"我想这位四川学者说的是真话,也是实话,可对于作为东北学者的我来说,内心却很惭愧。

笔者参加于上海大学举办的"当代工业遗产:价值及保护与利用"学术会议

笔者参加于江西科技师范大学举办的"首届中国三线建设史研究工作坊"学术会议

笔者参加于湖北三峡大学举办的"记忆与遗产:三线建设研究"高峰论坛

三线建设在当代史上占据着非常重要的位置,就其未来发展看,可以说是方兴未艾,已有越来越多的学者特别是中青年学者投入其中,三线建设已日益成为当代史研究中新的聚焦点与生长点。就我个人而言,尽管近几年,我在三线建设研究上有一些收获,但感觉目前存在的问题仍然较多。

首先是从事三线建设研究的东北学者比较少,每次参加全国三线建设学术会议,四川、重庆、贵州、湖北、上海等地学者较多,东北学者仅寥寥几人,无法形成学术团队和学术合力。虽然实现了上游支援三线建设省份和下游建设三线省份的学术对话,但学术力量仍很不均衡。其次是史料的收集工作仍然较为困难,由于地方上的很多档案资料目前还处于封存状态,这给文献的收集和研究工作带来了困难,日后我还需要进一步拓展文献收集工作。再次是收集渠道的局限性,三线建设文献的遗存并不十分完善,许多企业因为合并、搬迁、转制、转产、倒闭、破产等原因,导致相关文献并未得到系统保存,或遗失,或分散。最后是三线建设文献的原始资料多以非正式出版物为主,包括汇编资料、图片、文件、企业史志资料、地方志等,但三线建设由于历史原因,其相关文献的缺失仍然较多。

在这几年对辽宁支援三线建设的研究中,我也有很多心得体会。我除了到辽宁的沈阳、桓仁、辽阳等地档案馆、图书馆收集史料外,又到北京、四川、湖北等地的档案馆、图书馆收集相关史料。我觉得要想搞好三线建设研究,不仅需要档案史料,还需要口述史料作为有益的补充。口述史作为史学研究的重要方式和手段,近年来日益受到研究者的重视,三线建设作为当代史、新中国史研究的重要领域,大量的三线亲历者至今仍能对三线建设情况有深刻的记忆。

我在辽阳市档案馆查阅档案的几个月时间里,经常会遇到"三新"厂职工到辽阳市档案馆查阅他们当年的工资、保险等情况,我就和他们聊天,并采访他们,收集了一些口述史料。我又多次深入基层收集口述史料,如到鞍钢、本钢、沈飞、沈阳黎明等企业采访当年辽宁支援大三线建设的职工,又到桓仁、辽阳、朝阳等地采访当年辽宁腹地的小三线建设职工、当地村民等。口述史料往往是更鲜活,更具体的史料,这些"自下而上"的民间话语往往和"自上而下"的官方话语形成互补与对应,研究者如果能将两者有效结合,定会使三线建设研究更全面、更客观、更立体,或许可以给研究者带来意外收获,进一步推动三线建设的研究。可以说,档案史料和口述史料的收集与整理都为我国的三线建设研究奠定了重要的基础。

通过一次次采访三线职工,我被他们的无私奉献精神深深感动,他们生动诠释了"艰苦创业、无私奉献、团结协助、勇于创新"的三线精神。我想无论是三线建设研究者,还是三线建设亲历者,都对三线建设有着深深的情怀,正如三线职工冯伟所说的,他这些年之所以义务收集原新风机械厂的资料,编写厂史,制作厂史视频,都是出于对三线建设的情怀。我知道他们是想重温一下当年的三线岁月,感怀一下当年的军工情,他们忘不了的还是自己投入其中的那段青春岁月。曾经,他们当中的很多人,刚刚大学毕业,正值青春年少,芳华似锦,为了国家的三线建设,扎根深山建设三线,默默工作,无私奉献,一干就是几十年。可以说,三线建设不仅见证了国家发展建设的历史轨迹,更饱含了三线人献身国防,建设三线的革命热情,历史不应该忘记他们,人们更不应该忘记他们。

七年的研究之路,我对三线建设研究充满了信心和感情,在学术研究上有了很大的进步,正如当初徐有威教授指导我的那样,我这些年从辽宁小三线建设研究做起,进而拓展至辽宁支援三线建设的大三线建设研究,并于近三年拓展至新中国东北工业布局的相关研究,并于2023年获批国家社科基金一般项目。

回首一路走来,既艰辛又幸运。虽然前期取得了一点成绩,但感觉差距还很大,还需继续努力,进一步深化、拓展新中国辽宁乃至东北工业史、辽宁乃至东北当代史的研究。此项研究,对于深化党史、新中国史、改革开放史、社会主义发展史的学术研究领域均具有重要意义。同时,也由衷希望为笔者所在的辽宁大学的人文社会科学建设和相关专业的人才培养发挥作用。

(本文原载"澎湃新闻"2023年9月27日)

贵人相助：我的三线建设学习之路

陆 婷

复旦大学马克思主义学院2023届博士研究生、
中共安徽省委党校中共党史教研部

2023年9月28日，我完成了博士论文的答辩。不久，我便收到上海大学历史系徐有威教授的微信，邀我写一篇回忆三线建设研究历程的文章，并发给我几篇前辈所写的回忆。答辩结束后琐碎的事务性工作很多，耽搁了写作进程，加之看到前辈们丰富的研究历程，相较之下我的经历真的乏善可陈，亦未取得成绩，举手不知如何下笔。

一、选题

将三线建设作为选题充满了偶然性。我的导师杨宏雨教授研究的主要方向是中国近现代思想文化，学生选题多是期刊研究，像我这种选择当代史方向的并不多见。该选题的最终确定本是对导师研究领域的一大创新，他提出要将三线建设最突出的两个属性——国防属性和经济属性充分结合起来，以国防经济学的研究视角和研究方法去做进一步的阐释，足见导师独到的学术见解和宽阔的学术视野。

三线建设，最初对于我来说是极为陌生的。我既不在三线地区成长和生活，我的祖辈与三线建设也无任何交集。我像个懵懂的孩童，无意中闯入了这座大厦。无数个日夜，在无数本档案、著作和回忆录中，时常感慨三线建设历史的丰富凝重和波澜壮阔,每每读到三线建设者们的艰苦创业和无惧牺牲的历史资料时,真的是数度潸然泪下。三线建设是中国共产党探索经济建设和国防建设尽可能协调发展的早期实践阶段,这对于目前实现富国和强军统一、安全与发展兼顾、经济建设和国防建设协调、高质量推进中国式现代化发展有着强烈的历史借鉴和现实意义。因此,我带着这个"信念"将三线建设研究作为用己所学回馈社会的一种使命和责任。

二、调研

在选题确定下来以后,首先是了解学术前沿和搜集档案资料,阅读大量三线建设的相关论著和论文。这显然是远远不够的,当代史研究还必须有部分直观感受,如实地调研和对当事人的深入访谈等。为此,我报名学校的社会实践活动,利用博士一年级的寒假和暑假开展三线建设的调研工作。

红旗机械厂属于皖西小三线的工厂,原址在安徽霍山与儿街镇真龙地村,生产枪托、弹箱等,1984年迁至合肥岳西路。通过网上的零星信息,几经周折,我在社区委员会的帮助下终于找到红旗厂现在的生活小区,地址是长江西路567号。连续两天我在小区里跟居民沟通、采访,后又去霍山县走访三线厂的旧址,并在霍山县档案馆查阅了相关档案材料。这些工作使我之前阅读的文

当时的录音

与三线建设亲历者合照

在位于长江西路的红旗厂生活小区门口留影

小区值班室使用"红旗机械厂"原名

小区内的理发店也沿用红旗厂的名称

在霍山县档案馆查阅的相关档案材料

献中所描述的历史场景出现了动态的画面,逐渐形成一个比较完整的历史链,为后来的学习研究打下较为坚实的基础。

三、课题

虽然自己的调研只是小打小闹,但通过前期资料的准备和直观的感受,我对三线建设的认识还是有所提升了。在导师杨宏雨教授的指导下,我成功申请到了2019年复旦大学马克思主义学院"泮林望菁"研究生创新计划项目,并顺利结项。虽然这个课题只是学院级的研究生课题项目,但是我独立完成了申报、中期、答辩、报销、结项等流程,收获很大。再次感谢复旦大学马克思主义学院为学生们提供的宝贵平台,助学生成才,解资金之困。

四、见刊

在"泮林望菁"研究生项目平台的支持下,我的第一篇三线建设论文见刊,并迎来了研究三线建设的第一个重大转折点,有幸受到三线建设的领军人物徐有威教授的提携。

某日，我正在家里写博士论文，突然接到徐有威教授的电话，说看到刊于《上海党史与党建》的我的那篇论文，写得很好，就试着通过复旦大学的友人要到了我的联系方式。难以置信，至今回想当时的情景仍强烈地感到不可思议，像做梦一般。一个学术小白突然接到三线建设研究领域最具影响力的学术大咖是多么激动啊！与徐有威教授的大名相反，徐老师本人非常的友善、耐心、亲切，对我的三线建设研究进行了悉心指导，还把他的小三线建设研究论丛的相关资料发送给我。后来，我一直深受徐有威教授的关心与厚爱，对我个人的成长助益是巨大的，再次感谢我人生关键阶段中"偶遇"的贵人徐有威老师！

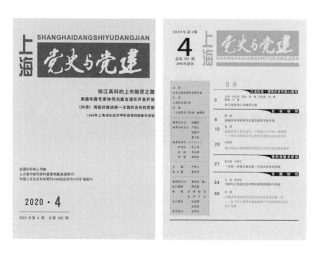

笔者的论文发表于《上海党史与党建》2020年第4期

五、参会

2021年5月，我在网络上看到了第三届全国三线建设学术研讨会的征稿启事，但是当时尚没有成型的论文可以投稿，由于自己长期闭门造车，论文进展非常缓慢，很想去听听三线建设研究专家的所思所想，以开阔眼界，提升认识。为了可以参会，我将之前撰写的三线建设研究综述作为基础，进行全面修改，按照学术论文的规格冒昧投稿。未想到，自己简单的"见世面"的想法付诸行动后，迎来了第二次的转折点，这对于我博士论文的撰写影响深远，对我的学术生涯更是具有里程碑的意义。

我很快再次接到了徐有威教授的电话。令我震惊的是，徐有威教授竟然对我这篇临时"改造"的论文给予肯定，这对长期在黑暗中摸索的我来说无疑是莫大的精神鼓励！百忙之中的徐教授还对论文提出宝贵的修改意见，并指出可以利用一些相关学科的理论方法去修改成为一篇有更高质量的学术论文。于是，2021年的整个国庆假期，我按照徐教授关于增加小三线建设的内容和增加口述史的研究方法等修改意见进行认真修改。在修改过程中，不管是对三线建设学术史的认识，还是研究方法的运用，都得到质的提高，在此，再次向徐有威教授表示由衷的谢意。

在徐有威教授的悉心指导下，我的投稿论文最终通过了会议专家组的评审，可以参会了。在参加学术会议期间，于我而言，仿佛是大型的学术追星现场，有幸见到了平时反复研读、学习的文章作者，他们从不同学科、不同视角、不同方法对三线建设进行着深入的交流，他们深刻的学术见解极大拓展了我的学术视野，深化了我对三线建设的理解与认知，让我收获颇丰，不虚此行。

在会议期间，我零距离感受到了徐有威教授独特的人格魅力，同时更是深刻体会到了徐教授集中力量推动整个三线建设研究学科建设的决心、使命和行动，令人钦佩！

在会议期间和会议结束后，拙文有幸受到三线建设的专家周明长教授、张勇教授的指导。周明长教授除了在电话中提出了拙文投稿前的修改意见之外，还熬夜亲自帮助我修改了很多段落，叫我自己动手再次修改，然后周老师又对我的修改处再修改。而且，江苏大学学报编辑部副编审潘亚莉老师对论文的一、二次清样稿也针对性地提出了一些建设性意见，使论文最终有幸见刊于《江苏大学学报（社会科学版）》。在经历了数次的大修改后，我真的明白了什么叫"踏实做文踏实做事踏实做人"。对于各位老师的无私指点和大力帮助，我没齿难忘。目前拙文的下载量为1 349，被引量为4（2023年10月15日CNKI统计数）。此外，我还要感谢李云副教授、陈熙副教授，两位教授对我的指导亦令我深受启发，获益良多。

六、答辩

博士论文对我来说难度是极大的，其理论性始终不强，这也是导师经常指出的问题。在导师的帮助下,这一问题稍有解决,但仍存在着一些显性问题,这亦是我未来所要继续深耕的。2023年9月28日,我完成了博士论文答辩,博士学习生涯暂时告一段落。虽然博士论文已经成稿,但是心中未有丝毫放松之感,反而更加惶恐与忐忑。受限于认知水平与驾驭能力,恐论文既难达自身的预期目标,又难以表达对这段历史和三线建设者的敬意。日后我会加倍勤勉,将博士论文作为学术生涯的肇基,沿着此路勇往向前,步履不停。愿祖国山河无恙、国泰民安,长安宁,多喜乐。

最后,感谢三线建设研究前辈对后辈的巨大鼓舞和提携,感谢复旦大学和复旦大学马克思主义学院提供宝贵的调研机会和课题平台。

(本文原载"澎湃新闻"2023年10月16日)

一场学术"新生"之路
——我与三线研究的故事

冯 吉

宜昌科技职业学院

感谢上海大学历史系徐有威老师的提携,让我在这个春寒料峭的时节有机会梳理硕士学位论文的撰写过程。在三线建设研究方面,我只是一个还在门口打转的新人,幸运的是在各位老师的引领下,使我有机缘走进这一当前国史研究的热点领域,分享三线人那段笑泪交织的珍贵记忆。

一、缘起三线:初识或是旧识

首次了解三线建设,是2020年9月初研究生入学不久。我和几个同门跨专业考入三峡大学马克思主义学院马克思主义理论专业,从事中国近现代史基本问题研究方向的学习,为了让我们尽快找到合适的毕业论文选题,导师罗萍老师组织了一次师门交流会,特邀了正从事三线建设研究的冯明老师参加。冯老师介绍了他从2017年初以来进行三线建设研究的相关情况,以及与罗老师合作开展三线建设研究的计划,主要聚焦三线铁路(焦柳铁路)、三线水电(葛洲坝工程)和三线档案等领域。他邀请我们参加由他领衔的三线建设研究团队,共同做好三线建设研究,还带我们到三峡大学档案馆查看了馆藏的三峡大学前身之一——葛洲坝水电工程学院(以下简称葛水院)的筹建档案。听完冯老师热情洋溢的介绍,田蕊菡师姐、董璇同学还有我都倍受鼓舞,决定从三线建设领域中寻找各自的毕业论文选题。

冯老师为了让我们尽快了解三线建设学术前沿研究成果,想了很多办法:

一是2020年10月初,邀请国内有关专家学者陆续为我们推荐了一批三线建设的研究书目,拓展我们的学术视野。上海大学徐有威和吕建昌、同济大学左琰、东北师范大学李彩华、东北林业大学刘博、四川外国语大学张勇和辛文娟、西南科技大学崔一楠、宜宾学院周明长、六盘水师范学院苏世奇(现在阜阳师范大学工作)和中山大学博士研究生彭涛(现在贵州大学工作)等各位老师结合各自的研究所长,先后为我们提供了专业的研究书目,使我们能够按图索骥去查阅经典论著,让我们事半功倍。

二是邀请国内相关专家学者和核心期刊编辑来学院交流,指导我们开展三线建设研究和撰写学术论文。在三峡大学马克思主义学院领导的大力支持下,2020年11月4日至7日,徐有威老师应邀专程来学院讲学,并作了题为《"四史"视域下的三线建设与葛水院精神新时代解读》的学术报告,建议我们立足三峡大学水电学科优势,深入开展三线水电研究。同年11月27日,湖北大学历史文化学院黄柏权院长又应邀来学院作题为《工业文化遗产视域下武汉工业遗产保护》的学术报告,进一步开阔了我们的视野。次日,《贵州社会科学》杂志编辑部翟宇老师、《湖北大学学报》杂志编辑部马建强老师和《湖北社会科学》杂志编辑部孔德智老师应邀联袂来学院交流,与我们分享了选

徐有威老师作题为《"四史"视域下的三线建设与葛水院精神新时代解读》的学术报告,2020年11月5日

题策划、撰写学术论文和投稿等方面的经验。

三是分享了关于口述史、社会学、历史学、人类学等多学科的学术讲座,鼓励我们多听、多学、多思考。如我们有幸线上聆听了复旦大学张晓虹老师题为《历史记忆与地方感构建——以声音景观研究为例》的报告,参加了武汉大学单波老师组织的"随波逐流读书会"学术活动等。

随着对三线建设了解的不断深入,我童年时期的记忆逐渐复苏,突然发现三线建设与我并不遥远,它曾经就是我生活中的一部分。我的老家湖北当阳有一座三线军工厂,该厂的生活区与我所住的家属院只隔着一堵红砖墙,墙上开了一扇铁栅栏门供大家通行。我现在依然能清晰回忆起那些生活中交织的点滴:夏日的傍晚,我们常会拿上凉席和水壶,穿过铁栅栏门,沿着一条水泥路,经过军工厂的医院、幼儿园,最后到达操场。选好位置将凉席在操场中央的草坪上铺好后,大人们或是坐在凉席上闲聊,或是绕着操场跑道散步与锻炼,小孩子则是满操场嬉戏打闹。操场对面是他们的职工俱乐部,很大一栋楼,一楼还有个面积不小的剧院。很多时候,姥姥会去职工俱乐部前的空地上与该厂的退休职工一起做操,那里有不少她的东北老乡,她们经常一边锻炼一边唠嗑。该厂还有自己的子弟学校,在我上小学时停办了,厂里的学生都转到了我们学校。在我们学校,除了上课,本地学生都用方言交流,他们却大多北方口音,我们的本地方言则能听不会讲,显得很特别。在一些表达方式上他们与我们也不一样,记得有个同学在一次聊天中,提到她妈妈会在周末带她去当阳买鞋,当时我感到很诧异,心想她们不就是在当阳吗?为什么不是上街买鞋,而是去当阳买鞋?那时的我并不知道,这段对话反映的正是"三线人"及其后代的地域身份认同和归属感问题。这座军工厂就像是一个独立的小王国:在人员构成上,职工大部分是外地人,且北方人居多;在设施建设上,有专属的学校、医院、俱乐部、菜市场、农场、银行营业点等;在日常交往中,他们与当地人之间始终存在着一种疏离感。这些不同之处曾让我感到好奇,但当时我并未去深究。随着时间的流逝,这些好奇也逐渐被我深埋心底。

我高中毕业时搬家到宜昌市城区,住在葛洲坝街道。夜晚我常沿着长江散步,欣赏葛洲坝船闸的灯光,周边的人称呼这片区域为"三三〇"。"三三〇"便是葛洲坝工程的代号,是为了纪念毛泽东主席1958年3月30日乘"江峡"轮视察长江三峡,故葛洲坝工程又名"三三〇工程",乃是三线建设的标志性工程。

现在才发现原来我曾经的生活中随处都有三线建设的影子,那些曾让我感到好奇的事情突然之间就有了一个答案。对于三线建设,仿佛有一种召唤,让我产生了一种强烈的好奇心与探究心。有机会参与三线建设研究,于我而言是一种幸运。经过慎重考虑,我的毕业论文方向确定为三线建设研究。

二、因地制宜：铁路"转轨"水电

在我确定要做三线建设研究后,罗老师和冯老师全力帮助我寻找适合的选题。然而,我老家当阳的那家三线军工厂因故无法调研和查阅相关资料,只好放弃。

正在我一筹莫展之际,冯老师建议我来研究三线铁路与城镇发展问题,其中宜都市枝城镇是我国重要三线铁路焦枝铁路(河南焦作至湖北枝城)和枝柳铁路(湖北枝城至广西柳州)的主要交通节点,目前学界对焦枝铁路的研究还很薄弱。2018年9月,他和宜都市档案馆开始合作整理与研究馆藏的焦柳铁路三线建设档案,并促成该馆于2020年8月底与三峡大学马克思主义学院签订战略合作协议。经过与罗老师商议,并咨询了复旦大学段伟老师和周明长老师,暂定选题为"焦枝铁路与宜都枝城镇经济社会发展研究"。

为了让我们对焦枝铁路及其沿线的三线企业有直观的感受,并熟悉三线档案,2020年11月6日,冯老师和罗老师带我们陪同徐有威老师到宜都市考察,还参加了三峡大学马克思主义学院与宜都市档案馆联合举办的"宜都三线建设档案搜集、整理与研究"座谈会。座谈会由中共宜都市委办公室罗冬副主任(现为宜都市档案馆馆长)主持,宜都市档案馆向光武馆长(现为宜都市政协文史委主任)简要介绍了该馆三线建设档案的数量、种类、价值,以及近年来与三峡大学三线建设研究团队开展合作研究的相关情况。徐有威老师结合其多年整理与研究小三线建设档案的经验,为我们搜集、整理和研究焦枝铁路三线建设档案提出了若干建设性意见。徐老师带领我们调阅了一些三线建设档案,并现场指导我们如何进行档案解读,还参观了宜都红色记忆展厅。随后,我们驱车实地调研了焦枝铁路宜都段、枝城长江大桥、枝城火车站、二三八厂老厂区、七一七所、七一二所等三线建设工业遗产。这是我第一次参加三

"宜都三线建设档案搜集、整理与研究"座谈会现场,2020年11月6日

线建设遗产的调研活动,最让我印象深刻的是枝城长江大桥、枝城火车站和二三八厂老厂区。

为了让我对焦枝铁路档案有总体了解,在冯老师、罗老师指导下,我和田蕊菡、王新亚、董璇于2021年1月至4月对宜都档案馆藏的焦枝铁路三线建设档案进行了录入、整理和校对。部分整理的史料收入冯老师、罗老师等总主编的《三线建设史料选编》第一辑《焦枝铁路宜都县民兵师报纸卷》中,该辑即将在中国社会科学出版社出版。在三线建设研究团队的指导下,2023年3月,宜都市档案馆馆藏的"三线建设档案"成功获批湖北省第二批档案文献遗产,成为全国首份入选省级档案文献遗产名录的三线建设档案,这标志着国内三线建设档案学术研究与保护利用实现了新突破。

2021年3月底,受新冠疫情影响,我无法继续到宜都枝城去做实地考察和搜集资料。在此之际,冯老师和罗老师都建议我更换题目,冯老师进一步建议我研究三峡大学的前身之一——葛洲坝水电工程学院水电学科的发展问题。他在2019年9月筹备"记忆与遗产:三线建设"研究高峰论坛时,就曾在三峡大学档案馆查阅过葛水院档案,了解到葛水院是1978年4月由国务院批准成立、三三〇工程局负责筹建的,是当时我国唯一以工程命名的本科院校,旨在为葛洲坝工程建设和我国水电事业发展而培养人才。三峡大学工会原副主席田吉高老师认为葛水院既是我国三线建设的丰硕成果,又是我国改革开放初期高等教育建设的重要成就。经田老师牵线搭桥,2020年7月13日,学院和学校档案馆就合作整理与研究三峡大学校史档案达成了共识。故冯老师建议我利用这得天独厚的优势来研究改革开放时代葛水院水电学科发展问题。经冯老师、罗老师与张业明馆长、龚海燕副馆长的沟通,他们十分支持并热烈欢迎我利用课余时间去查阅葛水院档案,使我得以从2021年4月至2022年6月能在校史档案的"海洋"中遨游。

三、起于累土:文献结合口述

在进入三线建设研究领域的过程中,我有幸参与了冯老师和罗老师组织三线建设研究团队进行的诸多"学术实操"工作,包括参与整理葛洲坝集团系列报纸、参加"焦枝铁路宜都县民兵师"口述史项目调研和开展葛水院口述史料搜集等。

在整理葛洲坝集团系列报纸方面,冯老师和罗老师认为:开展三线研究,资料储备是第一要务。为此,两位老师与学院黄河老师通力合作,组织和带领同学们搜集并整理了多种三线史料。其中之一就是葛洲坝集团的系列报纸。经冯老师多方奔走,在中国葛洲坝集团有限公司党群工作部副主任戴启昌、公司办公室文档处处长杨哲、档案馆高级主管宿永成,三峡电力职业学院图书馆罗明安、郭国英老师等人的热心帮助下,终于在2021年元月中旬找到了《三三〇战报》《长江葛洲坝报》《葛洲坝集团报》等近百份葛洲坝集团自1971年以来的报纸。

2021年3月中旬,冯老师、罗老师指导我和董璇边研读边整理这批报纸,并让董璇充分利用这批报纸来做硕士毕业论文,最后定名为《葛洲坝工程早期建设中的政治动员研究——以〈三三〇战报〉为中心(1971—1978)》。此时,我的毕业论文选题已基本确定为葛水院水电学科发展研究,冯老师和罗老师还提醒我多留意这批报纸中与葛水院相关的史料。但这批报纸数量很多,我俩人手不足,整理效率很低,加之暑假宜昌炎热,借的办公室又无空调,我们只能暂停了这项工作。

2021年11月17日,冯老师与罗老师商议后,调整了方案:一是增购了3台高拍仪用以开展档案文选的扫描;二是增加了人员,杨杰、曹雪纯、段倩雯、陈

笔者和董璇正在整理《三三〇战报》，2021年3月12日

小玲、胡煜琳、王超男等同学都自愿参与进来，连我俩，现在一共8人，由我负责分组和调配，白天和晚上的课余都有同学扫描，杨杰负责统计每个人的工作量和检查扫描质量，杨杰还摸索出快速扫描的办法，加快了扫描进度。至12月17日，这批报纸全部扫描完成，成为我们团队研究葛洲坝工程的珍贵史料。

在"焦枝铁路宜都县民兵师"口述史项目调研方面，除了查阅档案文献资料，冯老师和罗老师也高度重视这些口述史料的搜集工作。

田蕊菡的毕业论文是研究焦枝铁路"宜昌民兵师"日常生活问题，利用了宜昌市档案馆和宜都市档案馆等文献档案，却缺少口述史料。由于她是重庆人，对宜昌地方不熟悉，开展口述访谈困难重重。故2021年4月初，冯老师以《"焦枝铁路'宜昌民兵师'口述史料搜集、整理与研究》为题，与宜都市档案馆联合申报了宜昌市社科联年度课题，以帮助田蕊菡搜集她急需的口述史料，并于同年5月底获批。我也忝列课题组成员，学习如何搜集口述史料，为将要开展的葛水院口述史料搜集工作积累经验。鉴于当时疫情形势，我们计划暑假集中调研宜都县民兵师，并由冯老师负责组建了三峡大学马克思主义学院"焦枝铁路宜都县民兵师"口述史项目调研队，成员有罗老师、黄河老师、我、田蕊菡、董璇和吉雅洁。

下篇 小三线研究回顾 | 269

调研前,在冯老师和罗老师指导下,我们做了一系列前期准备工作。一是研读美国学者唐纳德·里奇的《牛津口述史手册》等口述史经典著作,掌握开展口述史研究的基本理论与方法。二是学习其他高校口述史团队成功经验。2021年4月23日,冯老师邀请上海交通大学张杨老师为我们做了题为《口述史理论与方法在党史国史研究编纂上的应用》的线上学术报告。三是由我们根据培训所学,梳理访谈对象人选、撰写访谈提纲、设计访谈流程等,访谈提纲得到了徐有威、张勇、张杨和王灿等老师的指导。四是制作调研队旗帜、采购荣誉证书、录音笔等。五是冯老师通过宜都市档案馆协调,落实了访谈对象。

经过一系列精心准备,2021年7月7日,由冯老师带队,我们直接奔赴宜都市枝城镇邓绍本先生(曾任宜都县民兵师枝城团宣传队队长)家中开展口述史访谈。第一天是团队集体出动,由老师先进行访谈示范,然后我们再补充访谈。第一天口述史调研结束后,我们进行了总结。根据时间和任务安排,我们后边几天分成了两个小组,分别由黄河老师和吉雅洁开车前往不同受访对象家进行访谈。在4天时间内,我们一共访谈了22位对象,收集了不少关于焦枝铁路宜都县民兵师选拔流程与标准、铁路建设与日常管理、后勤保障、组织动员与政治宣传、与地方的关系等方面的资料。此次口述史调研实践让我积累了实战经验。经过前期准备、观摩、亲自上阵访谈和后期整理资料,我初步掌握了开展一次完整口述史访谈的方法与基本流程,这为后续撰写毕业论文而进行口述史访谈积累了宝贵经验。

在此附上一则调研日记:

2021年7月8日,阴,"焦枝铁路宜都民兵师"口述史调研第二天。

今天要访谈的对象分布在各个不同的村,路程远,任务重。因此,一大早冯老师和黄老师便带领我们小组出发了。第一站是官垱村。黄老师驾车行驶在蜿蜒曲折的山间公路上,山风拂面,满目翠绿,大家的心情也格外愉悦、欢畅。看着绵延的群山,不禁感慨:如果没有便利的公路,山里的居民想要走出大山该有多么困难。大大小小的公路如蛛网般串连起山里的每一村每一户,让他们的出行更加便捷,有更多的机会与外界交流。同时也让我联想到我们正在研究的焦枝铁路,正是它的成功修建,让当时的这座小城枝城跟大半个中国的城市产生了更加紧密的联系。对枝

在宜都市枝城镇邓绍本先生家中采访。左起吉雅洁、曹青华、罗萍、梁胜义、王子荣、邓绍本、董璇、冯明、冯吉、田蕊菡,2021年7月7日

城来说,随着一趟趟火车奔驰而来的,不仅是震耳欲聋的轰鸣声,更是意味着发展、飞跃的珍贵机遇。

上述口述史料极大地充实了田蕊菡和吉雅洁的硕士毕业论文《三线建设时期焦枝铁路宜昌民兵师工地生活研究》(2022年5月)、《焦枝铁路与枝城城镇社会经济变迁研究(1969—1986)》(2023年5月),为她们顺利通过毕业论文答辩提供了重要保障。

搜集葛水院口述史料方面,在阅读葛水院校史档案的过程中,我感到了解相关办学事项的成因背景对于准确解读档案史料十分关键,因此,急需一位熟悉葛水院校史的专家来进行指导。

2021年9月,经冯老师引荐,罗老师带我去学校档案馆拜访了田吉高老师,希望他能指导我解读葛水院的相关档案。其间,罗老师亲自对田老师进行了首次访谈,我负责录音。通过田老师的介绍,我了解到他是在葛水院批准筹建后不久,于1978年5月从湖北来凤调来三三〇工程局参与葛水院筹建工作的,见证了葛水院的整个发展历程,从三峡大学工会退休后又被返聘到学校档案馆负责校史编撰工作。他曾担任过葛水院院办主任和三峡大学工会副主席等职,对葛水院和三峡大学的发展历史如数家珍,我所看到的很多葛水院的文件都是他参与制定的,他清楚这些文件的来龙去脉。这次拜访结束,田老师还向罗老师和我赠送了他的著作《求索之路》。我经常就葛水院档案中的诸多疑惑到学校档案馆向他请教,每次他都会热情地招呼我:"小冯,你来啦!"然后认真地听我提出的各种问题并耐心解答,深入讲解相关文件产生的背景和过程,让我醍醐灌顶,豁然开朗。

2022年4月16日,冯老师收到了华中科技大学三线建设研究团队徐利权老师发来的《2022年第五届中国建筑口述史学术研讨会三线建设口述史展览邀请函》,希望我们团队的口述史研究成果能够参展。随即,冯老师通知我、杨杰和段倩雯三人来共同完成此事。经过商议,我们决定提交两个案例:一个案例主题为"焦枝铁路宜都县民兵师",另一个案例主题为"葛洲坝水电工程学院筹建始末",后者的采访对象以参加过葛水院筹建的田吉高老师为代表。4月25日,田老师在三峡大学校史馆接受了我和杨杰同学的访谈,向我们详细讲述了葛水院的筹建过程。随着他的动情讲述,我们仿佛也经历了那段火热的岁月,深深地感受到了老一辈葛水人心中对学校的热爱。在回忆为了实现当年批准、筹建、招生和开学,很多领导和老师们所作出的奉献与牺牲时,田老师更是不禁潸然泪下。据悉,随后在华中科技大学举行的第五届建筑口述史学术研讨会与工作坊暨新建筑论坛(春季)的三线建设「集体·口述·记忆」与传统民居「匠作·匠艺·匠具」的主题文献展上,我们团队提交的这两个案例得到专家学者的高度赞誉。其后,这两个案例还作为华中科技大学建筑与城市规划学院"第五届建筑口述史学术研讨会暨文献展"的重要组成部分,成功入选2023年11月6日至12日由中国传媒大学主办的第九届中国口述历史国际周。

当我面临访谈对象不足的困境时,田老师慷慨地允许我查阅和使用了一部分他历经千辛万苦访谈而来的葛水院校友口述史料,他表示:"这些口述资料还没出版,但你们学生做研究不容易。我授权给你使用,希望你能做出一篇好的毕业论文!"正是在田老师的无私帮助下,我得以解决了大难题。当我最终顺利完成毕业论文,将打印稿送给田老师审阅时,他露出了欣慰的笑容,给予我肯定与祝贺。

令我感到悲伤的是,田老师不幸于2023年11月20日因病去世。当冯老师于11月22日傍晚打电话告知我这一噩耗时,我简直难以置信。所有的过往,就像放电影一样,一幕幕在我脑海中浮现:田老师常笑着叫我"小冯",戴上老花镜认真看我的毕业论文,和我谈到他喜爱的乒乓球运动时会兴高采烈,在校园里与我偶遇时还会闲聊……我实在不愿相信慈祥而宽厚的田老师就这样突然永远地离开了我们。时至今日,田老师虽已仙游,但他对我们后辈的帮助与鼓励让我终生难忘。

四、新的起点:毕业非学成

在毕业论文撰写过程中,许多老师为我操碎了心,特别是我的导师罗老师。

在查档初期,考虑到我们都是初次接触档案,多存在档案解读方面的问题,罗老师不辞辛劳地为我们逐一准确解读档案。2021年6月4日,在"中国近现代史基本问题方向学术沙龙"上,罗老师作了题为《档案识读与中国近代企业史研究范式再检讨》的报告,以近代企业档案的识读为例,向我们分享了自己在档案研读方面的方法与经验。

在撰写毕业答辩需要的期刊论文时,最初我想利用所参与搜集的焦枝铁路口述史料来撰写,但罗老师指出此次口述史料搜集有限,不足以支撑我、田蕊菡和吉雅洁同时来写三篇论文,建议我写葛水院水电学科发展方面的文章。于是,我整理了手头上现有的葛水院档案资料,发现多集中在人才培养方面,于是将论文题目聚焦于此,拟了几个题目,但都不尽如人意。我感到有些沮丧,罗老师及时安慰我:"论文思路可以,题目可以后期再提炼。"于是我如释重负,一边研读档案,一边继续修改论文题目。2021年7月28日,这是我终生难忘的一天。那天晚上我将新拟的论文题目和思路发给了罗老师,很快就接到了她打来的电话,给予了我极大的肯定,认为与之前相比,我在拟论文题目方面有了很大进步,希望我再接再厉。挂掉电话的那一刻,我忍不住欢呼起来,并情不自禁地抱起我妈妈在家里的客厅转起了圈。那段时间,我因一些私事遭受了很大的打击,心情一直比较低落,并陷入了对自我的巨大怀疑中。罗老师那一番鼓励的话语,仿佛是沙漠中的甘霖,滋润了我,一下子将我从低落的情绪沼泽中拉了出来。蒙在心头的乌云顿时消散了,我突然间想通了,不再感到失落。

  为了帮助我增长见识,2021年10月15至17日,罗老师带我到广西桂林参加了由中国社会科学院历史理论研究所《史学理论研究》杂志编辑部与广西师范大学历史文化与旅游学院合办的"第24届史学理论研讨会",我有幸聆听了许多学界前辈的高论。

罗萍老师(右)带我参加"第24届史学理论研讨会",2021年10月16日

  2021年9月,我着手撰写毕业论文。阅读着浩如烟海的档案,我常常失去方向。这些资料似乎很有用,我却无法抓住其中的逻辑和重点,经常写着写着就推翻了之前的论文框架,重新调整,以至于到2022年12月14日毕业论文首次中期检查时我还没有完成初稿,论文框架也很松散。结果可想而知,我没有通过中期检查,需要到次年3月接受第二次中期检查。面对这个结果,我感到十分惭愧。本以为罗老师会严厉地批评我,她却依然柔声鼓励我,并在我的

论文初稿上写下了满满当当的修改意见,从如何抓住背后的逻辑关联到框架结构的调整,甚至连错别字都一一标注出来。那一刻,我的愧疚达到了顶峰。冯老师也多次打来电话安慰与鼓励我,建议我将葛水院水电人才培养作为论文重心,并指出还需要补查一些档案。老师们的关怀让我心生愧疚的同时又倍感温暖,我想只有认真完成这篇毕业论文才能对得起老师们为我付出的心血。

然而祸不单行,首次中期检查结束后我便开始发高烧。反复持续的高烧让我大脑处于"停机"状态,直到2023年1月我整个人才缓过劲儿来。我与论文的新抗争再次开始。我一边梳理首次中期检查时各位老师提出的建议,一边阅读苏云峰的《从清华学堂到清华大学·1928—1937》,以转换思路。经过认真思考,我确定自己无法在短时间内利用现有的资料完成对葛水院水电学科发展历程的研究。在与罗老师沟通后,我将选题聚焦于之前冯老师建议的葛水院水电人才培养问题。从2023年1月到2月,我重新研读档案,思考罗老师给我的批注,如"行文要紧紧围绕改革开放这一视野落笔""在改革开放时期水利水电院校发展的普遍性特征中揭示出葛洲坝水电工程学院的独特性"等,这些都是在档案挖掘阶段被我忽视的一些细节。罗老师甚至陪我一起研读,指出哪些是被我遗漏的重要档案。我的心情也不再焦虑,开始变得平静,最终完成了毕业论文的撰写。在不断地修改与完善中,我逐一通过二次中期检查、预答辩、外审、正式答辩。感谢研究生方向组和毕业论文答辩委员会的赵广军、潘大礼、胡俊修、黄河、杨洋、张学见等老师提出的宝贵修改意见。罗老师在我的毕业论文通过正式答辩后,仍然没有停止思考对其进一步修改与完善。胡俊修老师提出的毕业论文题目要设法加上"改革开放"的背景,以靠近马理论学科属性的问题,一直萦绕在她的心头。6月2日,罗老师给我发来微信,将她最新拟定的论文《改革开放时代葛洲坝水电工程学院水电人才培养研究(1978—1996)》发给我,并询问我的意见。我的论文最终就这样凝结着众多老师的思想而确定下来了。论文最后有幸被评为三峡大学优秀硕士学位论文,查重率仅7.7%,为我的硕士阶段学习生涯画上了一个完美的句号,也为我的学术之路开启了崭新的篇章。

现今,三线建设研究已日益成为一门新兴的"显学",能够投身其中,这既是我的幸运,也是我的志业,更是我人生的新起点。作为新中国史的重要组成部分,加入三线建设研究队伍,挖掘宝贵的历史资源,讲好中国故事,推进和深化新中国史研究,是我辈应有的家国情怀与责任担当。我愿在这条学术之路上追随老师们严谨而谦逊的脚步,继续前行。

(谨以此文深切缅怀三峡大学田吉高老师,并诚挚感谢诸位师友对我的无私帮助!)

小三线大格局:小三线建设研究八载忆述

徐有威

上海大学历史系

现在回想起来,有五个时间节点,在我的小三线建设研究的学术生涯中,具有非常意义。

第一个节点是2008年12月29日,时任上海档案馆编研部主任的邢建榕学兄到上海大学历史系举办讲座。讲座中,他偶然游离主题之外,提及他曾经翻阅过上海档案馆馆藏的上海小三线资料,发现它们"非常有趣"。这是我第一次听说世界上竟然有小三线这回事情。建榕学兄这句无心插柳之语,犹如一道透过乌云的曙光,照亮了我未来的学术道路。

第二节点是2013年11月11日,我申报的"小三线建设资料的整理与研究"获批2013年度国家社科基金重大项目的资助。2013年从此成为我的小三线建设研究的元年。

第三个节点是2021年5月24日,我得到国家哲学社会科学办公室的通知,我的国家基金重大项目获得结项,结项评语为:"经审查予以结项,等级免于鉴定。"

第四个节点是2021年7月1日,我拿到了由上海科学技术文献出版社出版的8册约302万字的《新中国小三线建设档案资料与研究集成》(第一辑)。该书是国家出版基金资助项目,其从前期的寻找整理到后期编辑校对,历时10年。该书成为三线建设研究第一部大规模资料汇编而造福学界。

第五个节点是2021年8月13日,我和中国社会科学院当代中国研究所陈

徐有威主编《新中国小三线建设档案文献整理汇编》(第一辑),共8册,上海科学技术文献出版社2021年出版

徐有威、陈东林主编《小三线建设研究论丛》(第1—7辑)上海大学出版社2015—2021年出版

东林研究员合作主编的《小三线"建设研究论丛》的第七辑——《上海小三线建设者回忆录》于上海大学出版社出版。该论丛第一辑出版于2015年,截至第七辑,共约373万字,它是国内外第一种以小三线建设研究(同时包括三线建设)为主题的学术出版物。

这五个时间节点是我的小三线建设研究过程中的几个亮点。但是,我更加要说的是,这是全国范围内无数的三线建设亲历者、研究者和相应从业人员默默奉献的结果。本文提及的三线建设，包括由国家投资的大三线建设，和由全国各省区市自行投资的小三线建设。

据笔者不完全统计，2013年至2020年，全国共有74个有关三线建设的项目被准予立项。这些项目中包括国家社科基金重大项目2项（2013年度和2017年度）、教育部社科重大项目1项（2018年度）、国家出版基金1项（2020年度）、国家社科基金一般项目（包括青年项目和西部项目）7项、国家自然科学基金项目1项，同时还有省部级项目（如四川省社科重大项目3项），各大专院校和地方政府项目。

国家基金重大项目、教育部哲社重大项目和国家出版基金三者在全国社科领域具有指标性意义。近年来的全国三线建设研究成果的衍生产品有电影1部、文献纪录片4部和摄影展2次，还包括2021年度四川大学和华中科技大学分别获得的全国大学生"挑战杯"的特等奖。

与此同时，从2009年以来，有关三线建设的研究论文的数量和质量，也有逐年大幅度提高的良好趋势。

2009—2020年三线建设研究文章出版数量统计表

单位：篇

年　份	大三线建设	小三线建设	核心期刊	硕士学位论文	博士学位论文
2009年	2	0	0	0	0
2010年	30	2	0	4	0
2011年	36	3	5	2	0
2012年	24	10	5	3	0
2013年	46	5	9	1	2
2014年	68	24	10	5	1
2015年	64	11	7	7	0
2016年	56	17	11	5	1

续 表

年　份	大三线建设	小三线建设	核心期刊	硕士学位论文	博士学位论文
2017年	66	9	6	9	0
2018年	54	13	14	9	1
2019年	133	7	14	11	0
2020年	76	28	23	10	1

数据来源：中国知网。

与此同时，《新华文摘》《中国社会科学文摘》和《人大复印资料》（包括中国现代史分册和经济史分册）等三大文摘多次转载，《中国社会科学》（英文版）杂志也曾出版一篇论文。在《小三线建设研究论丛》第六辑中，我们约请包括全国三线建设研究者和其他相关当事人57位朋友（包括从本科生到博士后的多位学生），撰写文章回顾他们的研究经历，有兴趣的朋友可以从中看到三线建设研究"一骑绝尘"背后的故事。一般人很难想象，在中国当代史下属一个名不见经传的旁支学科，在十年时间中几乎是从零开始，会如此的异军突起，大有"春色满园关不住，一枝红杏出墙来"的感觉，堪称中国当代史学界的"三线现象"。

第三届全国三线建设学术研讨会留影（四川绵阳，2021年10月22日）

正如梁启超之名言"少年强则中国强,少年进步则国进步",在小三线建设研究这个新兴领域中尤为如此。

我经常对我的研究生说,中国当代史的研究领域和其他中国史的研究领域不同的地方在于它是新兴学科的特点,我以及很多老师,和你们是站在同一条起跑线上的,有的地方我还不如你们,因为我们不可能和你们一样有时间整天泡在档案馆中或在去采访亲历者的路上。在全国乃至全世界范围内,我只要遇到年轻的同行朋友,都不厌其烦地重复我的这套说辞。

熟悉中国当代史研究现状的朋友,经常诉说一些彼此心领神会的困惑和迷茫。而我在各地做有关小三线的讲座时,经常鼓励那些年轻朋友:什么叫工作,工作就是斗争。那么,具体怎么解释呢?我在广州建议当地的年轻朋友可以先做广东小三线建设研究,取得阶段性成果后,乘势研究广东当代工业史。在此取得一些成果后,就接着开展广东当代史的研究。因为这些与广东小三线本质上是一个同心圆,有一定的逻辑关系。

如果一位年轻的博士30岁开始这个研究规划并坚持二三十年,他很有可能就是广东当代史当之无愧的专家。而广东这个地名,可以替换为中国所有29个有小三线建设项目的省区市的地名,用现在的流行语就是"可复制可推广"。在这一长期的研究过程中,这位博士因为时刻接触当代史的各类资料乃至人脉,属于当代史研究能征善战的一线骁将,如果有宁静致远的情怀,有触类旁通的能力,则对中国当代史的整体把握,也有可能因此更上一层楼。钢铁就是这样炼成的。

鉴于小三线建设分布在我国除台湾地区之外的所有省区市,我建议各地对大小三线建设研究的朋友,根据自己的学科特点、区域特色和各类资料,开疆拓土,就地取材研究各地的相应课题。

比如,我建议山东师范大学的朋友研究山东小三线;建议桂林医学院的朋友研究以广西河池为中心的广西三线建设;建议江西科技师范大学的朋友专攻江西三线建设研究;建议青海师范大学的朋友开展青海大小三线建设的研究;建议湖北武汉中南财经政法大学的朋友开拓湖北小三线建设研究;建议湖北十堰的湖北汽车工业学院的朋友,依托老东家二汽集团研究十堰这座因大三线建设而兴起的城市背后的故事;建议湖北宜昌三峡大学的朋友研究三线建设背景下的水电业;建议陕西汉中和四川绵阳的朋友研究北京大学和清华大学内迁的故事;建议四川攀枝花学院的朋友研究三线建设背景下的中国当代文学;建议四川攀枝花党校的朋友汇编出版三线建设的研究论文;建议有安徽背景的东华大学的朋友,研究安徽小三线建设。

"长风破浪会有时,直挂云帆济沧海。"我充满信心,期待着来自各地的频传的捷报。

有一些曾经以三线建设作为硕士和博士学位论文的研究生,毕业后没有在高校历史系工作。按照传统的思路,他们和开展过的三线建设的研究就此永别了。但是我鼓励他们就近开展相应的研究。一位毕业于兰州大学历史系的同学就业于老家安徽芜湖的一所高职学院,我建议他研究有着上海小三线背景的现在位于芜湖的海螺水泥集团,以及在皖南地区的有着上海小三线背景企业的前世今生;一位中山大学历史系毕业的同学,就业于广东韶关市委党史研究室,我建议他继续做广东的小三线研究,因为韶关历史上曾经有过不少的小三线企业。

发表论文难,发表核心期刊的论文更加难,年轻学者特别难,这是历史学界的共识。我有一个习惯,凡是去有小三线建设的省区市实地调查时,都想方设法去该省区市的社科院,向它的作为核心期刊的院刊编辑介绍我的小三线研究和全国三线建设的研究情况,由此得到很多编辑朋友的热忱响应。我在举办三线建设的学术会议时,还特别约请这些编辑朋友参加我们的会议,加强彼此的了解。

记得2019年6月在江西南昌举办的"首届中国三线建设史研究工作坊"期间,来自《江海学刊》《史林》《江西社会科学》和《贵州社会科学》等杂志的编辑参加了会议。2019年11月在湖北宜昌举办的"记忆与遗产:三线建设研究高峰论坛"中,我邀请《当代中国史研究》《宁夏社会科学》《贵州社会科学》和《史学月刊》等杂志的编辑共享其盛。

犹记得在宁夏银川拜访宁夏社科院《宁夏社会科学》的主编许芬研究员时,意外获悉她是从辽宁支援宁夏银川三线建设的第二代。1966年她随在辽宁沈阳的中捷友谊厂工作的父亲及其160多位管理人员、工程技术人员和生产骨干,援建宁夏银川的长城铸造厂。随后她特地到湖北宜昌参加我们的三线建设会议。她告诉我:"你们会议论文中讲的事情,都是我小时候的亲身经历啊!"随后许主编在《宁夏社会科学》开设了三线建设研究的栏目,亲自做责任编辑,仅在2020年第2期和第4期就发表了2组共6篇文章;2021年第2期又出版了一组笔谈共5篇。在一年半时间内,一本核心期刊高密度地出版了11篇三线建设研究专栏文章,全国罕见。

更有素不相识的广州《开放时代》杂志的主编吴重庆教授,从上海大学历史系的网站上找到我的电邮,写信给我约稿。随后我先后帮助组织发表了2组共6篇文章(含译文)。他还热情介绍我认识福州的《东南学术》杂志的编辑朋友。什么叫传说中的好杂志好编辑,这样的就是。

在我的研究过程中,得到诸多朋友的鼓励。特别是媒体朋友的帮助。我们的研究得到包括《人民日报》《光明日报》和《中国社会科学报》等主流纸媒的关注,同时得到人民网、新华网和澎湃新闻等主流新媒体的帮助。澎湃新闻为我的小三线研究特别开设了"小三线建设口述史"栏目,澎湃新闻近年来上线我们的研究文章,累计已近100万字。澎湃新闻曾经派记者罗昕小姐还随我们深入皖南实地采访。

记得那次我们结束采访在开车回上海的路上,罗昕撰写的报道文章已经上线。在我的高中同班同学、新华社体育分社许基仁的帮助下,新华社安徽分社社长王正忠兄获悉了我的研究遂安排记者王立武同志,在我的陪同下二次深入皖南采访。随后他撰写了一篇内参,三篇报道文章由新华网上线,一篇报道文章由《新华每日电讯》刊出。这一轮"组合拳"在国内产生了很大的影响。

朋友们的帮助无处不在。本文的正标题,就是当代史研究的著名学者、上海社科院历史研究所金大陆兄前几天的一次闲聊中所赐。大陆兄的评论言简意赅,寓意深刻。他对我的《口述上海:小三线建设》(上海教育出版社2015年版)一书的评论:"上海'小三线'建设的研究,可上下呼应政治与经济,左右贯通五湖与四海,内外串联城镇与社会,是当代中国史研究的好选题、好路径。"看到这些既有入木三分的内涵,又极为工整乃至对仗的语句,不由得令人拍案称绝。借此机会,我向大陆兄和所有曾经帮助过我的朋友们,唱个肥喏,遥致由衷的谢意和敬意。

在我的国家社科基金重大项目结项之后,我的小三线研究还会在路上。

正因为三线建设研究是一门新的学科,如何缜密地做好学科建设的顶层设计,既轰轰烈烈又扎扎实实地做到大陆兄期待的"'小三线'"大格局,走得稳走得好走得远走得潇洒,与时偕行开枝散叶,对得起这座可遇而不可求的

徐有威（左二）和广东小三线亲历者重返企业旧址（海南省琼中县,2019年12月）

"富矿",是值得我们这些研究者深思的重大课题,远胜于申请几个单纯的科研项目。

当然,宏观设计和微观处理要齐头并进。在未来的几年中,我计划做以下几项工作。

大量的各类史料的整理和出版,是三线建设这个新兴学科的当务之急。我目前正在紧锣密鼓地进行《新中国小三线建设档案资料与研究集成》(第二辑)的筹备工作,这辑将和上海档案馆合作,选编他们馆藏上海小三线的档案资料,同时计划申请国家出版基金的支持。上海小三线在全国29个省区市小三线建设中,无论从哪个维度看,都是首屈一指。因此,上海档案馆的小三线资料的整理和出版具有非常重要的价值。我和陈东林研究员会继续合作,在已经出版的《小三线建设研究论丛》的基础上,继续推出以后各辑。

我计划乘势而为,在未来开展后小三线建设的项目的研究。近年来我在实地调查研究全国小三线时,足迹所至约20个省区市的小三线企事业单位遗址,意外发现这些企事业单位并没有像江湖传说中的均已不复存在,而至少约有30%的有着小三线背景的企事业单位,在20世纪80年代关停并转之后,不但以各种各样的方式存活了下来,而且现在活得有滋有味,为国家的军工建设乃至民生建设,特别为当地的社会经济的发展,发挥了难以想象的作用。

对于这个课题,我称之为1960—1980年的原小三线以后的后小三线研究,时间跨度为1980—2020年。这样打通1960—2020年,完整和长时段地考察中国当代史上的这个主题,把三线建设研究作为中国当代史研究的一滴水或一滴血进行取样"化验",一定更有学术意义和现实意义。

"其作始也简,其将毕也必巨。"作为中国当代史研究的一个新课题,小三线建设乃至三线建设的研究刚刚起步。一般人很难想象,在中国当代史下属的一个名不见经传的旁支,在十年左右时间中,会如此异军突起。但是只有百尺竿头,才能更进一步。

我们已经取得了一些成绩,在未来肯定会遇到想象不到的困难。我经常把我的经历作为克艰攻难的法宝告诫我的研究生。在采访小三线建设亲历者时,我经常遇到被采访的老同志流泪叙述往事的情况,一次在上海采访一位年过八旬的老同志,另外一次在海南海口的座谈会上有一位小三线二代,他们都是热泪盈眶不能自已。对我这个在莺歌燕舞岁月中长大的60后而言,是一种

徐有威(右二)在采访陕西小三线亲历者(右一、左一)(陕西铜川,2018年12月)

终生难忘的经历。

由此我经常勉励我的学生同时也是自勉:我们在研究过程中遇到一些困难算什么,看看这些老同志吧,他们的泪水、汗水乃至血水,应该永远成为我们克服困难不断前进的动力!

(本文原载:徐有威:《小三线大格局:从事小三线建设研究八载忆述》,《经济学家茶桌》2021年第3期,第27—33页。本书收录时略有修订)

我是这样指导学生研究小三线建设的

徐有威

上海大学历史系

我在21岁那年(1985年)从复旦大学历史系本科毕业,成为大学老师,1999年开始担任硕士研究生导师,2005年招收博士研究生并开展博士后工作。2009年,我开始有计划组织和指导上海大学校内外、从本科生到青年教师做小三线建设研究。现在回想起来,这是很值得回味的。

正如我在《小三线大格局:小三线建设研究八载忆述》(《经济学家茶座》2021年第3期)中描述的,我第一次知道小三线,是在2008年12月29日。从这时开始,我和我上海大学历史系的学生摸着石头过河探索小三线建设研究的理论和方法。随着时间的推移,把小三线建设研究作为中国当代史一个学科分支进行全方位建设的理念,在我的脑海中逐渐形成。

从2009年开始,我就有计划地安排我的硕士研究生和博士研究生做有关小三线建设的研究。截至2022年6月,这13年持续不断在全国范围内进行口述史采访,进行档案资料的收集和整理。我们这个团队收集到的小三线档案资料和其他资料,累计已约3亿字,其中口述史资料约500万字。

这些冷冰冰的数字现在还在不间断增加,它们已经成为小三线建设研究王国的坚实基石。其中已出版的包括《口述上海:小三线建设》、《小三线建设研究论丛》和《新中国小三线建设档案文献整理汇编》(第一辑)等。在此基础上指导学生完成各自的学位论文,包括23篇硕博士论文、1篇博士后出站报告。往后两年,我会继续指导有关小三线建设的硕士、博士论文。同时,用目前各种可以想象到的方式将研究成果予以出版和传播。

笔者指导上海大学历史系学生完成的有关小三线建设研究的学位论文清单

序号	论 文 题 目	类 别	毕业时间
1	危机与应对：上海小三线青工的婚姻生活——以八五钢厂为中心的考察	硕士论文	2012
2	上海小三线社会研究	博士论文	2013
3	上海小三线的调整与改造——以安徽省贵池县为例	硕士论文	2013
4	上海媒体报道与上海小三线建设（1965—1988）	硕士论文	2014
5	从计划到市场：国企生产与管理的研究——以上海小三线建设为中心	硕士论文	2015
6	上海小三线建设调整研究	博士论文	2016
7	在革命与生产之间：上海小三线建设研究（1965—1978）	硕士论文	2016
8	小三线企业的环境问题与治理研究（1965—1988）	硕士论文	2017
9	妇女能顶半边天：小三线建设中的女性研究——以上海为中心	硕士论文	2017
10	上海小三线建设后勤保障研究	硕士论文	2018
11	上海小三线的职工教育研究（1965—1988）	硕士论文	2018
12	上海小三线企业报《八五团讯》研究	硕士论文	2019
13	国企改革背景下的小三线军工企业改革——以江苏淮阴地区为例	硕士论文	2019
14	上海小三线建设交通安全问题研究	硕士论文	2020
15	上海小三线医疗卫生事业研究	硕士论文	2020
16	小三线企业治安保卫工作研究——以上海和江西为中心	硕士论文	2020
17	安徽小三线调整与地方经济社会发展研究	博士论文	2021
18	上海小三线军品质量问题研究	硕士论文	2021

续　表

序号	论文题目	类别	毕业时间
19	江西小三线增产节约运动研究	硕士论文	2021
20	上海小三线企业工资改革问题研究	硕士论文	2021
21	江西小三线建设研究（1964—1984）	博士后论文	2021
22	生存的艺术：上海小三线单位与职工研究（1965—1988）	博士论文	2022
23	上海小三线工会工作研究	硕士论文	2022
24	上海小三线共青团组织研究	硕士论文	2022
25	上海小三线企业劳动保护研究	硕士论文	2023
26	上海小三线企业民兵工作研究	硕士论文	2023
27	小三线企业厂志研究	硕士论文	2024
28	江西小三线调整改造研究	硕士论文	2024

在上海大学历史系做好分内工作之余，我还完成了一些力所能及的其他工作。我偶然发现，我的一位同事的硕士研究生陈和丰同学的爷爷奶奶都是上海皖南小三线建设企业的员工。

我帮助联系了永源公益基金会，得到他们的资助，在2014年协助和丰拍摄了以他的爷爷奶奶的小三线经历为内容的文献纪录片《凡人歌》，此片荣获第一届"'家·春秋'——大学生口述历史影像记录计划"的最佳人气奖。我也以此荣获最佳导师奖。《中国青年报》的记者宣金学曾经在2015年4月8日刊出《90后书写的彩色历史》报道此事。

2021年，上海大学社会学院的硕士研究生李泰同学对小三线有兴趣。我就让他用旅行拖箱，拖回去了一箱未刊资料，帮助他完成了毕业论文《从分化到统一：上海小三线工人的集体记忆研究》，这应属于"搂草打兔子"吧。

研究工作虽然辛苦，但也不乏温情难忘的时刻。记得在2010年，我们在上海采访参与皖南小三线建设的一对年过九旬的老夫妇，提前一天电话约好第二天上午9点去他们的寓所会面。

第二天一早,我和我的第一位做小三线建设研究的硕士研究生吴静同学,费了好大劲辗转找到了这对老夫妇的住所,但无论是打电话还是按楼下的门铃,都没有任何反应。我们马上到小区的物业和活动室寻找,但也没有看到他们的身影。最后我们进入他们的大楼,在门口直接敲门,也没有反应。我估计他们大概因故走开,于是问他们热情的邻居借来两个板凳,我们二人就坐在大门口等着。半个小时过去了,一个小时过去了,我因为有事不得不走了。

我嘱咐吴静同学继续等着,看看有没有机会。下午吴静同学结束采访回到大学,她告诉我,老同志夫妇知道我们要去采访,激动万分,晚上睡不着吃了安眠药,上午一直在酣睡,所以没有听到电话铃声和门铃声。直到中午12点药力退去,醒来开门办事,才看到吴静同学坐在那里。我告诉吴静同学,宋代有程门立雪的故事,我们自然不敢和千年古贤比肩,但是我们已具备了这样的精神。

我平时千叮咛万嘱咐各位同学,在进行研究的过程中,要写好日记和笔记,把自己的研究过程尽可能完整地记录,相当于田野调查报告。令人感到欣慰的是,他们一直记得我的嘱咐,一些同学把他们的工作日记和笔记整理出

徐有威(左一)与北京大学汉中分校亲历者合影(北京,2021年7月17日)

来,其中的部分内容被我收入由我和中国社会科学院当代中国研究所陈东林研究员主编的《小三线建设研究论丛》中,还有些已发布于澎湃新闻,以后有机会再结集出版。

《我所经历的上海小三线田野调查》《触摸鲜活的历史:我亲历的小三线研究》《那些上海小三线女职工》《江苏淮安小三线口述采访日记》《为小三线治安工作研究打底色:我的上海大学保卫处实习日记》《暑假四川小三线寻访记》,看看各位同学小三线研究回忆录文章的题目,大概就知道他们的研究经历和人生感悟了。

由于小三线研究前无古人,没有任何经验和路径可以参考,我们师徒只能通过两个途径寻找研究课题的具体线索,第一是口述史,第二是档案。例如,在口述史采访中,我们经常听老同志提及企业中的军代表,于是我们相继采访了上海、安徽和北京的一些军代表,结合档案开展了这项研究。

我和我的博士生周升起的论文《小三线建设时期驻厂军事代表制度实践及其困境》在《史林》刊登后,还被《新华文摘》"论点摘编"栏目转载。在阅读档案时,我们也会发现问题。记得我的硕士研究生杨帅同学在一家小三线企业埋头拍一屋子档案的照片时,颇有灵气的他边拍边头也不抬地告诉我:老师,这里可以写一篇,那里也可以写一篇。灵感往往来自汗水,但肯定是在一定量的背景知识储备的基础上产生的。

我经常和我的研究生聊天,做小三线研究,我们师生绝对是互相成就。你们毕业后如果不在高等院校工作,大概率不会再研究小三线。几十年后,如果偶记起大学期间做小三线研究的趣事残片,把它们作为人生经历告诉儿女,我这位老师也就深感欣慰了。

如果说在上海大学历史系指导学生是我的职业本分,那么有计划、有步骤地指导上海大学历史系以外的学生,则是我的小三线研究整体规划中的一个极其重要的环节,是我这些年来坚持不懈努力的目标。

凡是知道小三线建设情况的朋友都清楚,1960—1990年的小三线企事业单位分布在几乎全国所有的省区市,我要对小三线进行完整的研究,仅仅依靠上海大学历史系的学生是远远不够的,只有尽可能地在全国乃至全世界范围内组织动员对这个课题有兴趣的学生,把他们的特长发挥到极致,全国的小三线研究才有可能得到可持续的稳步发展。

首先，我利用去各地收集整理材料和口述史采访，以及参加各类学术会议的机会，在各地同行朋友的帮助下，在全国各高校历史系举办小三线讲座，挖掘潜在的有兴趣的研究者（包括老师和学生）。

徐有威（左一）采访北京大学原校长陈佳洱（左二）（北京，2021年7月17日）

据不完全统计，这些年来，我已经在北京等地与包括中共中央党校在内的三十多所高校和广大师生进行了面对面的交流。在部分大学已经不止一次做讲座。从西宁到南京，从海口到长春，无论是"双一流"院校、各级党校还是地方高职院校，只要是曾经有过小三线项目的地方，就是我讲座的目的地。

其次，近年来线上会议和讲座日益频繁，我也借此结交了不少青年朋友。2022年6月15日，我应江西南昌的"新芝学术"的邀请，首次尝试了举行线上讲座。300多位听众踊跃参与，我结交了其中几位有研究兴趣的青年朋友。通过网络世界，一些海外学生也与我取得联系。记得我在青海西北部靠近新疆的一个小镇出差的晚上，我意外接到瑞士日内瓦大学经济系一位中国博士留学生的微信电话，他有意建模研究三线建设。日本京都大学商学院的硕士研究生陈小姐，通过电邮联系我，最后她完成了全世界第一篇研究小三线建设的英文硕士学位文章。"海内存知己，天涯若比邻"，此所谓也。

徐有威(左一)带领团队于上海原小三线企业——培新汽车厂查档合影

再次,我通过组织三线建设学术会议结交了诸多新锐朋友。2012年以来,在各位学术界朋友的帮助和支持下,我已经组织了五次全国性的学术会议,越来越多的青年朋友争先恐后报名参会,而我特别欢迎在读的硕士研究生和博士研究生参加。

徐有威(左一)采访原上海国防工业办公室主任余琳(上海华东医院,2011年4月1日)

结识这些有志才俊后,我就具体介绍已有的研究方法和路径,同时把已有的各类研究资料赠送给他们,尽可能向他们介绍获取资料的各种路径,推荐有价值、可操作的研究课题,最后尽可能把他们的研究成果推荐出版。他们中的不少人都非常优秀,我就请他们把各自的成长经历写下来,以此激励遇到同样存在困难、困惑的同龄人。山东师范大学历史学专业本科生朱焘同学就是其中一位,他的小三线研究回忆文章《蹒跚学步:我的江西小三线建设学习与研究》讲述了他小三线研究过程中的辛苦,非常精彩。

徐有威(后左三)小三线研究团队采访上海原小三线企业五洲电机厂亲历者

2019年4月29日,我有机会去山东师范大学历史文化学院做小三线建设研究的讲座,受到毛锐院长的热情款待,同时也认识了刘本森教授和他的高足刘世彬同学。我向他们介绍了我目睹的山东省档案馆小三线的馆藏情况,建议世彬同学对山东小三线早期建设中的民工问题着手展开研究。山东师范大学校园距离山东省档案馆单程需要近两个小时,我鼓励世彬同学每天一早去等着档案馆开门,下午和工作人员一起下班,争取充分利用查档时间。

冬去春来,兢兢业业的世彬同学顺利完成了他近十万字的硕士论文,同时他们师徒合作的文章《山东小三线建设中的民工动员》在《当代中国史研究》2020年第5期刊登了。据悉这篇文章从投稿到发表,只用了7个月的时间,这样的速度,在历史学界实属罕见。我由衷地祝贺他们。不久世彬考取了华东师范大学马克思主义学院的博士生,师从中国当代史著名的学者韩钢老师攻读博士学位,继续走在学术研究的道路上。

《孟子·尽心上》说君子有三乐,其中第三乐为"得天下英才而教育之"。近年来,我接触过的全国各地青年才俊的数量,远多于我在上海大学历史系那些有"名分"的学生。小三线建设的研究是属于我们这代人的,也是属于年轻一代的。有机会和这些来自全国各地的年轻人在春暖花开的时节里,面朝大海,开疆拓土,目睹他们逐步成为小三线建设和三线建设的研究生力军,何其幸哉!

除了培养学生,我的儿子也被我有计划带入小三线研究培养体系中。我曾经特意带着当年才读高二的儿子一起深入安徽泾县和山东蒙阴的深山沟,考察小三线旧址。记得那个晚上,在安徽泾县我们居住的农舍床板上,布满了一种我们父子从未见过的暗红色小虫子,请教房东后才知道这是大名鼎鼎的臭虫。

吕建昌(左一)、张童心(左二)、徐有威(左三)考察安徽霍山小三线工业遗产,图中机器为安徽原小三线企业遗留在当地的设备(安徽霍山县东西溪乡,2018年11月)

儿子曾经写过一篇文章《跟着爸爸走小三线》,他眼中的小三线和我们这些小三线研究者是这样的:

> 在山东蒙阴小三线,我们住的地方属于岱崮地貌,四周的丛山就像一座座高山城堡,戴着平顶帽子,构成一幅奇异的景色。旧时的军工厂工人宿舍经过精心修复,成了古朴典雅的招待所。当地人别具匠心地在这些房间的墙上糊着1978年的旧报纸——《人民日报》和《北京日报》。

即使岁月已逝,但旧址的重建与装饰,也能激起我们对小三线建设的认同之意。接待我们的叔叔伯伯们都很热情,他们和爸爸沟通有关小三线的各种问题。我虽然没有全部听明白,但清清楚楚地知道,他们的目标是坚定的:不要让这段往事烟消云散,要让更多的人铭记、缅怀这段艰辛又光荣的岁月。

"95后"儿子的文字虽然稚嫩,但这是他的心声。他是我现在这些学生的同龄人,也是改革开放高歌猛进的获益者。在深入小三线乡间旧址的同时,我也带着儿子去北京的全国人大常委会采访一位当年亲历上海小三线调整的领导,让他有机会旁听上海小三线调整的高层决策经过。借助小三线这个切入点,我带着他游历中国的东西南北,目睹中国的方方面面。

徐有威教授(前左)采访胡庆澧(前中)。胡庆澧曾参与上海小三线后方医院的设计规划工作。1988年至1998年历任瑞士日内瓦世界卫生组织(WHO)助理总干事及副总干事。

1954年年底,傅雷在给已在波兰留学的儿子傅聪的家书中提道:"你浑身都是青春的火花,青春的鲜艳,青春的生命、才华……是你一生之中的黄金时代。"傅雷希望儿子好好享受、体验,给一辈子做个最精彩的回忆的底子。我由衷希望,安徽泾县农舍密密麻麻的臭虫,山东蒙阴深夜凄厉的沂蒙山风,成为儿子和作为同龄人的我的这些学生最精彩的回忆的底子,陪伴着、激励着他们摒弃"冷气",昂首阔步地走在人生的道路上。

(本文原载《经济学家茶座》2022年第1期。本书收录时略有修订)

译稿

毛泽东时代的中国社会：
"上海小三线"的生产与生活*

[日]丸川知雄[1]著 徐有威[2] 邵刘旖[2]译

(1. 东京大学社会科学研究所 日本东京 1130033；
2. 上海大学历史系 上海 200444)

【摘要】 20世纪60年代，数百万工人与工程师从沿海和东北各省迁往内陆，以建设"三线"——一片位于中国内陆、用于发展建设基础工业和军事工业的广袤地带。为了掩护他们免受空袭，这些工厂坐落于内陆省份山区的山谷中，这使他们经历了一生中最为剧烈的变化。本文探讨了从上海迁往"上海小三线"的人们的工作和生活，"上海小三线"是一个位于安徽省南部的巨大的军工复合体，拥有81家工厂和设施及6.7万名员工。它是上海在安徽山区的一块孤立飞地，因此员工严重依赖其企业来提供各种服务和生活资料，如住宅、食品、娱乐、儿童教育、医疗、公安乃至配偶。本文描述了该复合体如何

---

* 本文由作者丸川知雄（Marukawa Tomoo）授权翻译，因字数限制有所删减，原文参见 Katsuji Nakagane ed. Studies on the Chinese Economy during the Mao Era, Springer, 2022.

作者简介：丸川知雄（1964— ），男，东京大学社会科学研究所教授。研究方向：中国经济。
徐有威（1964— ），男，汉族，江苏吴县人，教授，博士生导师。研究方向：中国当代史。
邵刘旖（1999— ），女，汉族，上海嘉定人，硕士在读。研究方向：中国当代史。

运作,人们如何在那里生活,以及该复合体如何被关闭。

【关键词】 小三线建设;上海;皖南;生产生活

一、导言

毛泽东时代(1949—1978)的中国社会往往被定性为"静态和封闭"的[1]。产生这种描述的一个重要因素是1958年实行的、将人们分为"农业户口"和"非农业户口"的户口制度。这种制度限制了人们选择工作和居住地的自由。在农业家庭出生的人注定要成为农民,而出生在非农业家庭的人在成年后注定要成为职工。

然而,这幅静态图像只是毛泽东时代中国社会的一个方面,事实也是如此,政府的各种政策使得许多人更换工作和居住地。例如,从1968年开始,城市中的大多数初中和高中毕业生(所谓的"知青")被送到农村与人民公社的农民一起工作。这场运动持续了大约十年。此外,数以百万计的城市干部和教师被送到农村的"五七干部学校",在那里他们从事农活,接受"革命再教育"。

在毛泽东时代导致大规模移民的另一个重要政策是三线建设,"三线"是一片位于中国内陆、用于发展建设基础工业和军事工业的广袤地带[2]。

这一政策始于1964年,当时美国空军开始攻击越南北部,中国感到了被卷入对美大规模战争的威胁。毛泽东警告说,对帝国主义开战的可能性非常高。他要求位于沿海和东北省份、生产各种军火机械的工厂及其主要资产迁往包括四川、贵州、陕西和湖北等省的中国内陆。为了响应毛泽东的指示,有两千多家工厂和研究机构在内陆建成,数百万工人和工程师从沿海和东北省份迁往内陆[3]。

一般而言,随着经济发展,人口从农村向城市转移,随着收入的增加,人们在社会阶层的梯队中向上移动。然而,在毛泽东时代,政府有意扭转这一趋势,将人们从城市转移到农村,从较发达的沿海和东北省份转移到欠发达的内陆省份,从上层和中层社会阶层(干部和工人)转移到下层社会阶层(农民)。

为了掩护被派往三线工厂的员工免受空袭,这些工厂坐落于内陆省份山区的山谷中,这使他们经历了一生中最为剧烈的变化。他们被要求从沿海城市搬到内陆的偏远地区,这导致了日常生活的各种困难和社会地位的下降[3]。

本文以上海小三线为重点,探讨从上海迁往三线的人的生活状况。

三线建设可以细分为"大三线",即中央政府各部委建设的基地,以及小三线,即地方政府建设的基地。在四川、贵州、湖北等西部地区建造的大型钢铁、化工、军火工厂属于大三线。此外,28个省级政府建立了自己的小三线。在大多数情况下,小三线工程由在每个省的山区建造的几个军工厂组成。即使是接收了许多大三线工程的四川,也在其境内建造了省办的两家小三线工厂[4]398。

上海小三线是小三线工程中的一个例外,因为上海市政府在建设中倾注了大量的人力和资源,这在一定时期内为中国人民解放军的武器供应作出了贡献。

全国地方政府共为小三线工程建造了268家工厂和设施,拥有25.65万员工[4]393。仅上海小三线就有81家工厂和设施以及6.7万名员工,占全国总数的四分之一。上海小三线并不在上海,而是分散在安徽省南部的广袤地带。大部分劳动力来自上海,拥有非农业户口。上海小三线的建设涉及剧烈的地理变化和社会人口流动,类似于与大三线的建设相对应的变动。

本文使用在上海小三线工作、生活的人们的口述史(《口述上海:小三线建设》《上海小三线建设在安徽口述实录》《安徽池州地区上海小三线口述史资料汇编》)来描述小三线的生产和生活。

本研究旨在将毛泽东时代的城市社会作为个案研究对象。读者可能会质疑将安徽山区社会称为"城市社会"的合理性。上海小三线是上海的一块飞地,居民可以享受与上海非农户相同的福利,因此,可以观察到城市社会的特征。

毛泽东时代城市社会的一个共同特点是人们依赖企业提供工资以及各种服务和生活资料,如住宅、食品、娱乐、子女教育、医疗、公共安全,甚至配偶。简言之,人们在生活的各个方面都依赖他们的企业。因此,在本文的其余部分,我将把这一特征称为"企业社会"。企业社会在上海小三线中更加明显,因为它是农村山区中的一块城市社会飞地。

几位学者指出了中国城市"企业社会"的这一特征[①]。他们使用"单位"或"单位社会"这个词。这些术语来源于中文的"单位",是工作场所的意思。但是,当其他国家也有类似的企业类型时,使用中文术语是不合适的。因此,我建议不要使用"单位",而是将这样的社会称为"孤立社会"。这意味着工作场所（企业和机构）在生产活动和生活的各个方面与周围社会相隔离，自成一体。

当然，没有一个企业社会能够完全孤立地维系其生产和员工的生活。所有社会企业都需要投入生产材料和粮食来养活其员工。隔离的程度可以用一些客观指标来衡量，例如通过企业所使用的投入品中自产的百分比来衡量隔离程度，或通过家庭关系中的隔离程度来衡量，例如在同一家企业工作的配偶或子女的百分比。如果这些指标所衡量的隔离程度很高，那么企业可以被视为相对孤立的。

本文的结构如下：

第二部分介绍了描述和分析中国孤立社会的重要研究；

第三部分描述了上海小三线从建设到关闭的简要历史，以及其生产活动的孤立；

第四部分分析了上海小三线中人们生活的孤立，重点关注他们的婚姻、食品供应以及与当地农村社会的关系；

第五部分简要介绍了上海小三线终止后的企业和员工，之后是结语。

二、毛泽东时代的孤立社会

20世纪50年代，包头钢铁厂（以下简称包钢）建于内蒙古广袤的草原中部。由于远离其他城市，它形成了一个孤立的社区，其员工在日常生活中严重依赖企业。

著名社会学家费孝通从1984年开始多次访问包钢，指出了这些问题[5]。他评论说，包钢已经失去了"人文生态平衡"。他为振兴包钢提出的建议是加强与当地经济的联系，纠正其与周围社会的孤立。政治学家路风断言，费孝通在包钢观察到的问题在中国的城市社会中很常见[6]。

路风认为，企业社会应该改革，因为它导致了企业效率低下和人们对它的依赖。路风倾向于指出城市社会的问题，但他未能从比较的角度来看待中国的企业社会[7]。在中国一方面有包钢等较封闭孤立的企业社会，但另一方面也有员工对企业依赖度较低的城市社会。三线企业，包括上海小三线，构成了农村社会中的城市飞地，很可能成为"孤立社会"。

但是，正如我们将在本文其余部分中看到的那样，三线企业里面的人们与居住在企业外的人们有了交流。虽然三线企业在很大程度上与当地社会隔离，但它们并未完全孤立。

就中国而言，似乎应该考虑以下几点来衡量一个企业社会的孤立程度。

首先，必须考虑员工的婚姻及其家族的就业情况。如果很大一部分员工与同一家企业的其他员工结婚，并且大多数员工的子女受雇于同一企业，那么这一企业社会可视作高度孤立。

其次，应该考虑食物、住房、医疗、娱乐和教育的供应。如果员工高度依赖企业的供应，那么企业社会就可被视为高度孤立。在计划经济体制下，这些基本生活资料和服务的供应大多是通过计划分配进行的。如果供应来自企业，那么员工将变得高度依赖企业。

第三，应该考虑企业在工业投入和产出方面与当地经济的关系。正如费孝通对包钢的分析所指出的，一个企业社会与当地社区的隔离，与其和当地经济的产业隔离密切相关。如果企业开始从当地经济中获取原材料等投入品，其社会隔离可能会相应减少。

基于这三点，在内陆省份偏远山区建立的三线企业社会是最孤立的。关于第一点（婚姻和家族就业），张翼报告了在贵州省西部建设的三线企业的情况[8]。根据其研究，该企业的员工通过婚姻和家族就业形成了非正式组织，这开始影响企业的管理。李菊（2019）则描述了位于四川江油的一家三线企业倒闭的过程[9]。

三、上海小三线建设与生产

（一）计划

1964年10月，毛泽东下令沿海和中部省份建立自己的小三线，为随后对帝国主义的战争做准备。根据毛泽东的命令，国务院总理周恩来、副总理及解放军参谋长罗瑞卿就对小三线建设做了具体的布置[②]。1965年2月，罗瑞卿指定了14个地点作为沿海和中部省份的小三线建设地点。根据罗的安排，上海和其他东部省份的小三线将建在横跨安徽南部、浙江西部、江西东北部和江苏南部的山区[10]2。中共中央华东局将上海小三线安排在包括安徽省黄山和浙江省天目山在内的一片地区。

为响应中央的政策,上海市委制订了自己的小三线计划。该计划主要由存放重要档案、技术资料、文物和重要物资的仓库组成。此外,上海计划在小三"中建立研究机构和实验工厂,以便在大规模战争爆发时提供新的材料和设备。

当时,上海没有计划在小三线中生产武器,因为上海市政府管辖下的工厂都没有生产武器的经验。华东局并不满意这一计划,敦促上海按照毛泽东的指示改变计划。毛泽东要求小三线成为给战争前线供应武器的基地。此外,毛泽东还主张小三线应该有自己的钢铁厂。1967年1月,所谓的"一月风暴"在上海发生,上海小三线的原计划被废弃,取而代之的是建设武器生产基地的计划。

1968年3月至5月,国务院国防工业办公室、国家计委、国家建委在北京召开了全国小三线建设工作会议。会议确定,小三线应侧重于高射炮、雷达和瞄准器的生产。

根据这一决定,上海市决定在其小三线中生产高射炮及其炮弹。1969年2月,上海后方基地的详细计划最终确定,包括生产高射炮和炮弹、铸造和锻造金属零件、生产炸药和水泥等的工厂。该计划还包括建设辅助设施,包括医院、学校、交通设施、发电厂和变电站。

(二)工厂建设和生产

在中央政府,第五机械工业部负责生产高射炮和手榴弹等常规武器。然而,上海市政府没有相应的部门,因为武器不是由其管辖范围内的企业生产的。因此,上海动员了轻工局、化工局、机电工业局、仪器仪表局以及这些局监管的企业,在小三线中生产武器。此外,上海市建材工业局在上海小三线建立了一家水泥厂,为其建筑工地供应水泥。冶金工业局建有"八五钢厂",用电炉冶炼废钢,生产铸造件和锻造件。

小三线的建设要求上海市政府和其管辖下的企业从事武器生产,此前他们并没有相关经验。为了承担生产武器的任务,上海市政府也改组了其组织机构。1971年左右,市政府成立了国防工业办公室。该室将中央第五机械工业部和解放军的要求传达给上海小三线。中国人民解放军南京军区确定了将在上海小三线生产的武器类型[10]97,135。上海小三线的武器生产是在解放军的监督下进行的。解放军的代表驻扎在每个工厂,工厂的大门由士兵守卫[11]73。

上海小三线由54家工厂和27个设施组成,分布在安徽省南部的12个县和浙江省临安县。上海小三线工厂所在的县全区域面积为20 000平方公里。工厂的位置遵循了三线建设的总体政策,即"靠山、隐蔽、分散",但也要考虑供水的可用性[11]4。所选择的地点过于注重隐蔽以躲避敌人的空袭,因此导致中间产品的运输困难。

前文提到的八五钢厂是一家生产武器部件的工厂,拥有5 400名员工,距离长江最近的港口有35公里。每天20多辆卡车要在港口和工厂之间往返两到三次,将生产材料、员工的食物和日常用品运送到工厂。由于工厂位于山区,卡车需要穿过狭窄的道路。许多当地农民因卡车造成的交通事故伤亡[12]95-97。过于强调防御的工厂位置是上海小三线工厂孤立的主要原因。

组成上海小三线的54家工厂彼此之间分工明确,除了在建设初期从当地生产商那里采购石头、砖块和瓷砖之外,与安徽省当地的工业几乎没有联系。工厂和设施中的大多数工人都是从承建小三线的上海企业派遣的,或者是从上海新招募的。在施工期间临时雇用的建筑工人,以及那些作为从当地人民公社征用土地的补偿而雇用的工人是唯一来自当地社区的员工。因此,在供应链和就业方面,上海小三线几乎与当地经济隔绝。

上海小三线的经济职能是生产几种类型的武器。原计划中,上海小三线的主要产品应该是57毫米高射炮,但由于质量差,解放军拒绝购买。奇怪的是,1980年以前,上海小三线累计生产了562门高射炮。相比之下,上海小三线制造的高射炮发射的炮弹得到了解放军和第五机械工业部的批准,于1971年开始批量生产。到1985年,上海小三线生产的炮弹累计数量为400万枚。

在1969年中苏边境的军事对抗中,解放军惯用的反坦克火箭筒被证实是无效的。因此,解放军开始研制一种新型的40毫米火箭筒,将其命名为"69式"。上海后方基地被指定为69式火箭筒的主要生产基地之一,并于1970年开始量产。上海小三线在1970年至1980年间生产了52万个火箭筒,在1970年至1985年间生产了190万枚火箭弹。从1981年到1986年,研发了改进的"69-I式"火箭筒,总计生产了2万个火箭筒和10.5万枚火箭弹。"69式"火箭筒也曾在1972年的柬埔寨内战和1979年的对越自卫反击战中出现[13]。

此外,东至县化学工业局所建工厂生产的炸药有出口,"65式"82毫米无座力炮和"67式"手榴弹也是上海小三线的产品。

1966年,上海市政府在安徽屯溪县设立了名为"二二九工程指挥部"的分支机构,以此代表市政府管理小三线的建设和运营。1969年,上海又在安徽贵池设立了一个被称为"五〇七工程指挥部"的办事处,以此管理高射炮生产企业。1973年,两个办公室合并,更名为"上海后方基地党委"。虽然它以"党委"为名,但实际上却是监督上海后方基地生产、建设和党务的行政机构。该党委对小三线的机电公司、轻工公司、仪电公司、化工公司,以及几家直属厂进行监督,而这些公司则具体管理上海市各局在上海小三线中设立的企业。由于这些公司是以承建上海小三线建设的各局而命名的,因此它们的名称不一定与其下辖企业所生产的产品相对应[10]428。

(三)困难和撤离

上海小三线在1972年至1980年间向解放军提供了大量武器,发挥了一定的经济作用。表1展示了上海小三线的产值和利润。由于制定的武器价格确保了制造厂所得利润维持在5%[11]7,上海小三线几乎每年都能盈利。但是,这并不代表上海小三线是高效的。

表1 上海小三线的产值与利润

单位:百万元

年 份	产 值	上缴利润	利 润
1972—1977	1 759		129
1979	480	68	
1980	410	30	
1981	323	2	−2
1982	280		2
1983	337		9

续 表

年　份	产　值	上缴利润	利　润
1984	365		24
1985	356		40
1986	230		24
1987	276		47

注意：由原始资料中得来的1987年利润有可能是错误的。在一篇文章中提到，1987年的利润是"1986年的116%"，即2 800万元。后者与产值没有矛盾。
数据来源：上海市后方基地管理局。

上海小三线经济状况的顶峰出现在1979年，彼时中国边境以外的战场使武器需求增加。小三线的良好表现促使上海在1979年成立了一个新的局，名为"后方基地管理局（即市第五机械工业局）"，专门管理武器生产。它替代了此前建设和管理小三线企业的各局（轻工，机电，仪电、化工等），接管上海小三线中的所有企业[10]431。

然而，中国政府从1980年开始削减军费开支，这导致武器的需求量下降。在1978年召开的中国共产党第十一届中央委员会第三次全体会议上，党中央宣布开始实行"军民结合"政策。这意味着上海小三线等军工复合体也应该开始扩大民用品的生产，以此补偿解放军武器订单减少而导致的损失。然而，新成立的专门从事武器生产的局不仅无法收集民用品订单，也无法在上海小三线中组织生产。

因此，上海市政府于1980年重新安排了上海小三线的行政管辖权，并将小三线企业归还给原来的局，在这些局安排小三线企业的生产计划和材料供应的同时，由1979年成立的后方基地管理局负责监督小三线的政治工作和日常生活。管理民用品生产的局可以向上海小三线下达民用品零部件的订单。上海小三线试图在上海政府部门的协助下过渡到生产民用品。

然而，民用品生产的增加不足以弥补对武器需求的损失。如表1所示，上海小三线的产值在1982年之前急剧下降。1981年，上海小三线出现了亏损。只有24%的小三线企业保持正常运营，而其他企业的开工率不到70%。

自1979年以来，小三线员工开始表达他们对被隔离在山区的不满。1979

年3月,上海小三线爆发了一场涉及2 000名员工的示威活动,导致一些工厂停产。广东省小三线搬出山区的消息引起了上海小三线员工对回沪的渴望。如果武器生产在小三线的运作中不再那么重要,那么将工厂隐藏在山区就没什么意义。然而,政府对小三线工厂的政策却举棋不定。1980年10月,国务院国防工业办公室规划局提出的关于小三线调整的计划令居住在小三线的人们感到失望。这一计划规定小三线应将重点转移到民用品生产上,但也强调它们应保持武器生产能力,为战争做准备。这一计划意味着小三线将维持其军工能力,从而继续留在山区。

上海小三线的民用品生产比例从1980年开始增加,到1984年达到88%。这就是上海小三线的产值和利润在1983年至1984年期间增加的原因(表1)。1983年,上海迈出了小三线从安徽迁回上海的第一步。"八五钢厂"的领导们了解到,位于长江三角洲的上海崇明岛在建设拆船轧钢公司,于是请示第五机械工业部和国务院,要求准许他们将工厂搬迁至崇明岛,承担拆船轧钢任务。他们呼吁,通过利用"八五钢厂"现有的设备和人员,可以立即开始生产,节省投资成本。此外,他们认为目前工厂所在地的生活条件很艰苦,工厂面临管理困难。因"八五钢厂"忽视常规行政程序,未通过上级而直接与国家高层沟通的行为让上海市政府感到愤怒。市政府命令"八五钢厂"的领导放弃迁往崇明的想法,并考虑与安徽省马鞍山钢铁厂合作。同年,作为补救措施,上海市国防工业办公室建议在小三线以七至八年的周期轮换员工。这个普普通通的补救措施也许减轻了小三线工人的不满,但它并未解决小三线没有理由留在山区的根本问题。

1984年3月,赵紫阳总理访问湖南省时的一番话为其余所有小三线企业的撤离铺平了道路[10]339。1984年7月,上海市国防工业办公室向市政府提出小三线撤离安徽山区的建议。小三线企业或转移至安徽省,或搬到上海,或关闭。从上海赴小三线的员工将搬回上海郊区,而在安徽就业的员工也将会在安徽找到新工作。

上海市委采纳了这一建议,1984年8月,国家计委和国防科工委在北京召开小三线会议,报告并批准了上海的政策。

1985年1月,上海市开始与安徽省就小三线企业的转让进行谈判。也许安徽省意识到上海小三线的员工非常想回到上海,安徽在谈判中采取了强硬立场,上海同意将所有小三线企业和设施无偿转移到安徽。

从1986年10月到1988年8月,总计共5.61亿元固定资产和7 900万元流动资金的81家工厂和设施被转移到安徽。在上海小三线的6.7万名员工中,有1 568人是以前在安徽工作的农民。他们每人拿到9 000元作为被解雇的补偿,并留在安徽。也有一些员工来自上海,在上海有户口,但主动留在安徽。在这种情况下,上海市向接受这些员工的安徽企业支付了每人2 000元的补偿金[12]27。

四、孤立社会中的生活

（一）婚姻

虽然笔者找不到关于上海小三线员工年龄结构的统计数据,但口述史表明,他们中有很大一部分是二十多岁和三十多岁的。因此,存在类似于包钢的婚姻困难问题。然而,与包钢不同的是,上海小三线周围的农村居住不少的农民,因此,上海小三线的男性员工和当地妇女之间的婚姻是有可能的。对安徽的农村妇女而言,小三线是上海市的飞地,因此,嫁给在小三线工作的人意味着她们社会地位的上升。然而,对于小三线的员工来说,与当地女性结婚可能会带来无法与妻子一起返沪的风险。因此,大多数来自上海的员工倾向于与沪籍人员结婚。

当上海小三线从安徽撤出时,小三线员工的妻子中拥有安徽农业户口的共计500人,在不改变户口的条件下,她们也被允许迁往上海郊区②393。此外,当撤出小三线时,约有1 000位员工因与安徽当地人结婚而宁愿留在安徽。从上述数字可以看出,上海职工和持有安徽户口的人组成的夫妻数为1 500对,这意味着只有5%的夫妇具有不同的户口状况。大多数夫妇由拥有上海户口的两个人组成。从这一方面来看,上海小三线是一个高度孤立的社会。

由于上海后方基地专注于武器生产,其大多数员工都是男性,这使得他们很难找到配偶。1980年,员工总数为5 400人的"八五钢厂"里有700多名已经达到适婚年龄的未婚男性。上海小三线总共有近8 000名未婚男性员工寻找配偶。这种不平衡导致了几起事件,如婚外恋、自杀和凶杀案。

因此,在1981年和1982年,"八五钢厂"的共青团请上海共青团的机关报

《青年报》刊登广告,说该厂正在寻找与员工结婚的女性。条件是该女性具有非农业户口身份,并在国有或集体所有制单位工作。若该女性与工厂的员工结婚,她将被工厂雇用,并可在每年的节假日返沪。广告发布后,申请涌入工厂,共青团成功为600多对夫妻牵线搭桥。这些申请并非来自上海,而是来自从上海被派往农村或内陆省份的"知青"。她们认为上海小三线的生活条件比她们现在所在的农村和内陆更好,而且小三线离上海更近。

拥有非农业户口的配偶来到上海小三线结婚以后,工厂把她们安排在食堂、小卖部和交通部门工作。但是,具有农业户口的农村配偶来到工厂以后,则被安排到诸如清扫、搬运等更为艰苦的工作岗位上,她们还被安排成集体职工身份,其工资和福利都低于国企普通职工。就业方面存在着对户口身份的歧视。

在当代中国,一个广为人知的事实是,婚姻存在于同一社会阶层的两人之间,或者在较高阶层的男性与较低阶层的女性之间发生,但很少在较低阶层的男性与较高阶层的女性之间出现。考虑到这一规则,上述上海小三线中关于婚姻的叙述表明了如下的由高至低的社会阶层结构:居住在上海且有上海户口—居住在小三线且有上海户口—居住在内地或农村且有上海户口—居住在小三线且有安徽农村户口—居住在农村且有安徽农村户口。最优选的婚姻是一对拥有上海户口的夫妇之间的婚姻。然而,由于小三线中女性不足,出现了小三线男性与较低阶层女性的婚姻。上海户口的小三线女职工与安徽户口的男性之间的婚姻很少见。有一个例子,一名在上海有户口的女员工因为父母不许她嫁给一名安徽男子而自杀[14]212。当一对夫妇属于不同的社会阶层时,相邻阶层之间的婚姻是可取的。否则,属于低阶层的配偶将面临苛刻的歧视。

(二)食物供应

上海小三线企业好比通过脐带连接着上海分局的胎儿。特别是在食物和消费品的供应方面,小三线企业严重依赖上海。每天为员工装载日用消费品的卡车都从上海抵达小三线。当上海小三线存在时,日用消费品主要通过计划经济体系进行分配。粮食、肉类、鱼类、烟草、糖、洗涤剂和肥皂都是配给的,因为它们在计划经济时期通常不能从其他渠道获得。在肉类和鱼类配给方面,上海小三线员工的待遇比上海工人更好。

然而，只靠定量配给的食物来生活是不可能的。上海居民通过在自由市场购买蔬菜、鸡蛋、家禽和猪肉来弥补这些物品的短缺。自由市场出售郊区农民提供的农产品。然而，在上海小三线的初始阶段，这样的自由市场并不存在，因此，员工不得不开垦工厂周围的土地来种菜养猪。几乎所有的上海小三线企业都有自己的蔬菜农场、果园、养猪场和养鱼塘。1978年，上海小三线企业拥有的田地总面积达200公顷，生产蔬菜8 600吨，养猪2万多头②348。

上海小三线与周边地区农民之间的商品交易逐渐发展。附近县城开始出现出售当地农民生产的蔬菜和家禽的自由市场，小三线员工冒险在那里购买副食品。有时，小三线员工带来分配来的烟草、糖和肥皂，拿它们交换当地农民手中的鸡蛋和家禽。

（三）与当地社会的关系

当上海小三线还在建设时，建筑工程师和工人住在当地的农民家里。许多当地农民被雇用为临时建筑工人。他们很高兴有机会赚钱，但他们不清楚工厂将要生产什么。由于农民并不熟悉如何制造武器弹药，有些人因事故受伤或死亡[11]9。

除了拥有5 400名员工的"八五钢厂"外，上海小三线的大多数厂都是拥有数百名员工的中型企业。每家厂都有自己的食堂、工人宿舍和一所供员工子女就读的学校，但大多数厂的规模都无法经营高中和医院。每一家公司，即由上海市同一局级单位所管辖的几个工厂集群，都有自己的高中和医院。每个公司下属的工厂群都形成了拥有齐全的服务设施的"孤立社会"。

上海小三线的员工与居住在周边地区的农民之间的文化和经济差距很大。在上海小三线来到安徽之前，农民从未见过卡车；因此，当他们第一次看到卡车时，他们问为什么卡车可以跑得这么快，动力如此之大却不必吃草料。由于他们不习惯汽车交通，他们常因交通事故而受伤。在某一年，有33名当地居民因汽车往返上海小三线途中的交通事故而丧生。

上海小三线为改善与当地社会的关系付出了许多努力。首先，小三线征用当地农田的时候，当地农民受雇于小三线。每征用3亩农田，就向当地生产队提供一个工作岗位。随后，该生产队可选拔一人在小三线企业工作。据一位在上海小三线的一家炸药厂工作的农民说，在他去那里工作前，他并不清楚工厂正在生产什么。意识到有许多士兵出入工厂后,他不想去那里,因为他认为如果去了就会被送去打仗。然而,在工厂运营几年后,当地社会逐渐了解工厂内部的情况,并重视在那里工作的机会[12]146。因征用土地而交换来的工人被当作正式员工对待——他们得到的工资与来自上海的工人相同,并被分配到同样数量的食物和日用品。然而,当上海小三线撤出安徽时,他们被解除劳动合同,拿到了补偿金,并留在安徽。

在当地农民忙于收割和种植水稻的季节,上海小三线企业派工人帮助农民。在当地农村建造水坝和水道时,小三线提供了钢筋和水泥等建筑材料,因为与当地农村相比,小三线享有更多此类材料的供应。上海小三线还为安徽当地建立小型化肥厂提供了资金和材料。在上海小三线在安徽建成之前,当地农村没有电力供应。小三线拥有自己的发电厂和变电站,不仅向小三线企业及其附属设施供电,而且还向当地农民家庭供电,而且不要求他们支付电费。此外,小三线企业经营的学校和医院接收当地儿童和患者[11]11,72。

尽管小三线向周围的农村提供了广泛的援助,但小三线与当地农民之间仍发生了几次冲突。有一次,由于对小三线向当地农村提供的物资数量感到不满,农民在路上挖了一条沟渠,妨碍通往小三线的交通。还有一次,小三线的一家化工厂建造了一个净水厂,并向自己的工厂和当地农场供水。当该工厂因降雨不足而无法向当地农场提供足够的水时,发生了农民破坏管道抢夺净水的事件。

20世纪60年代,上海小三线建设时,上海市政府只派政治上合格的人到安徽,因为小三线是一个高度机密的项目。当小三线于1972年开始大规模生产武器时,上海市开始派遣未经严格筛选的新员工。随后,来自上海的年轻工人开始给当地社区带来麻烦,如从农舍偷鸡、与农民吵架等。

每周,上海小三线企业都会在他们的场地放映露天电影,当地农民也会前来看电影。1975年9月,一家小三线企业要求前来看电影的农民支付入场费。农民拒绝付钱,并与企业员工发生了激烈的争吵。当地生产大队的一名领导前来调解争吵,但受了重伤,企业与当地社会之间的冲突进一步升级。两个月后,安徽和上海党委介入后,冲突终于被解决了,双方领导人都负有责任②347。这场冲突后,露天电影放映会的入场费定为员工0.1元,当地农民0.05元。

五、调整回沪

1986—1988年间,上海小三线企业被调往安徽省后,上海市政府不得不为6万名回沪人员安排工作和居住地。政府为回沪人员提供工作场所,在上海郊区投资乡镇企业,并在那里开展新业务,如生产发电设备、电机、电视机、软饮料、玻璃制品、相机、自行车和心电仪。这些行业属于承建小三线企业的局的管辖范围。"八五钢厂"的工人由上海第五钢铁厂重新雇用,该工厂由冶金工业局监管。这些情况表明,承建小三线企业的建设和运营的上海市各局,甚至还对回沪人员的就业负责。根据表1,小三线的产值和利润在1987年都有所增长。这些数字包括从安徽返回上海的企业的产值和利润。

回沪者被安排住在上海的郊区县,如浦东、闵行、青浦、松江等。在前往小三线前,他们中的多数人很可能住在上海的中心城区。对于这些人来说,生活在这些郊区郊县似乎代表着地位的下降。考虑到1980年代上海中心城区的拥堵情况,市政府别无选择,只能将回沪人员安置在郊区郊县。市政府为回沪者修建了300万平方米的住房。

被转移到安徽的企业停止生产武器。贵池县的五家原小三线的军工厂,转移到安徽省管理以后被解散,其设备被出售给生产缝纫机、机床和轴承的私营企业[11]18-19。唯一以某种形式保留原状的工厂是生产炸药的原自强化工厂。它被移交给东至县政府后,在1995年面临严重的经营困难,但东至县通过出售其他原小三线工厂的资产挽救了它。然而,在1999年,工厂经历了另一场危机,并被53名员工收购。私有化后,该工厂获得了一家批发商的投资,之后更名为安徽华尔泰化工有限公司。公司自此走上发展的轨道,生产硝酸等化工原料[14]298-303。③建材工业局设立的水泥厂于1985年划归安徽省,后来被国家建材工业局成立的宁国水泥厂收购[15]。宁国水泥厂使用与小三线工厂同一个山的石灰石,成为中国最大的水泥制造商。

结语

本文将毛泽东时代的中国城市社会描述为"孤立社会",并详细描述了上海小三线的生产和生活。上海小三线是一个孤立社会的极端案例。在产业链方面，上海小三线严重依赖上海市政府提供材料，社会分工仅限于小三线企业之间和它与上海之间，与当地经济没有产业联系。大多数员工倾向与在上海有户口的配偶结婚，与当地居民的婚姻只占5%左右。从1966年成立到1988年最终撤离，上海小三线只存在了22年。如果它存在得更久，小三线员工的子女高中毕业后很可能会被小三线企业雇用。"孤立社会"将会像包钢那样通过子女就业继续再生产。

然而，同样值得注意的是，小三线与当地农民的互动是通过几条途径发生的。在小三线建成时，当地农民被雇用为临时建筑工人。他们向小三线员工出售蔬菜，并在自由市场上用家禽和鸡蛋换取员工的配给产品。农民来小三线企业看电影，并上小三线企业经营的学校和医院。小三线在武器生产和粮食配给方面与当地经济没有任何关系，而这些领域是由计划系统管理的领域。与当地农村的交易发生在计划体制无法管理的领域。上海小三线存在期间，小三线员工与当地农民之间建立的人际联系在20世纪80年代仍然存在，后来旌德县有超过1万名农民通过这种联系迁到上海工作[10]213。上海小三线应是毛泽东时代最孤立的社会之一，但即使是这样一个孤立的社会，也与当地农村建立了联系。

注释

① 详见路风：《单位：一种特殊的社会组织形式》，《中国社会科学》，1989年第1期；陳立行Chen, Lixing, "中国都市における地域社会の実像ChuugokuToshini OkeruChiikiShakai no Jitsuzo" in 菱田雅晴編MasaharuHishida (ed.), 現代中国の構造変動5　社会：国家との共棲関係GendaiChuugoku no KouzouHendou5: Shakai, KokkatonoKyouseiKankei, 東京：東京大学出版会Tokyo: University of Tokyo Press, 2000.
② 上海市后方基地管理局党史编写组编：《上海小三线党史》，未刊打印稿，1988年。
③ 参见陈耀明.怀旧东至行：原上海小三线自强化工厂职工故地寻访纪实，https://www.meipian.cn/1r6ttagp，2019年8月29日。

参考文献

[1] 菱田雅晴.現代中国における社会移動［A］.岩波講座現代中国3静かな社会変動［C］.東京：岩波書店,1989.

[2] 丸川知雄.中国の三線建設再論［J］.アジア経済,2002(12)：67-80.

[3] 张勇.区隔与融合：三线建设内迁移民的文化适应及变迁［J］.江海学刊,2020(1)：206-216.

[4] 徐有威,陈东林主编.小三线建设研究论丛(第三辑)：小三线建设与城乡关系［M］.上海：上海大学出版社,2018.

[5] 费孝通.边区开发·包头篇(上)［J］.瞭望周刊,1986(15)：24-26.

[6] 路风.单位：一种特殊的社会组织形式［J］.中国社会科学,1989(1)：71-88.

[7] Whyte, Martin King, William L Parish. Urban Life in Contemporary China［M］. Chicago: University of Chicago Press, 1984.

[8] 张翼.国有企业的家族化［M］.北京：中国社会科学文献出版社,2002.

[9] 李菊(Li, Ju). Enduring Change: The Labor and Social History of One Third Front Industrial Complex in China from the 1960s to the Present［M］. München: De Gruyter Oldenbourg, 2019.

[10] 徐有威主编.口述上海：小三线建设［M］.上海：上海教育出版社,2013.

[11] 贵池区委党史研究室,贵池区地方志办公室编.上海小三线在贵池［M］.北京：团结出版社,2018.

[12] 中共安徽省委党史研究室编.上海小三线建设在安徽口述实录［M］.北京：中共党史出版社,2018.

[13] Rottman, Gordon W. The Rocket Propelled Grenade［M］. Oxford: Osprey Publishing, 2010: 64.

[14] 中共池州市委党史研究室,上海大学文学院编.安徽池州地区上海小三线口述史资料汇编(自印本)［M］.池州：中共池州市委党史研究室,2017.

［15］安徽省地方志编纂委员会编.安徽省志：建材工业志［M］.合肥：安徽人民出版社,1996：4-5+8-10.

（本文原载《西南科技大学学报（哲学社会科学版）》2023年第1期）

研究书评

一幅描绘小三线工业史诗的全景画
——评《飞地：上海小三线社会研究》

黄 巍

20世纪60年代中期，中共中央和毛泽东基于复杂严峻的国际形势，作出了三线建设的重大战略决策。三线建设历时三个五年计划，初步改变了我国工业布局的不合理状况，极大增强了我国的国防实力，对新中国工业化进程和经济发展产生了深远影响。小三线建设作为三线建设的重要组成部分，是在全国除台湾地区以外的所有省区市开展的以地方军工为主体的后方建设，其始建于1965年。从20世纪80年代初开始，小三线建设进入调整时期。随着时代的进步和相关研究的深入，小三线建设的历史作用和时代价值日益凸显，对其进行全面而深入的研究意义重大。

近年来，小三线建设相关问题日渐引起学术界的关注，特别是上海大学历史系教授徐有威带领的研究团队出版的小三线系列学术成果，为全国小三线研究作出了开拓性的贡献，推动了小三线研究地域和研究主题不断拓展，研究地域拓展至上海、安徽、江西等众多省市；研究主题日益广泛，主要包括小三线建设缘起、发展历程、地理位置、人口迁移、企业布局、调整改造、环境保护、婚姻生活、食品供应等相关问题。这些学术成果对深入研究小三线进行了积极的探索，但由于其大多属于微观研究，且限于学术期刊论文的篇幅，制约了这些小三线研究的成果的进一步全面拓展，基于此，长链条、大篇幅、全面、深入探讨小三线的学术专著的出版十分迫切。

2022年12月，上海大学出版社出版了上海大学崔海霞所著的《飞地：上海小三线社会研究》一书,该书是上海大学历史系徐有威教授和中国社会科学院当代中国研究所陈东林研究员主编的《小三线建设研究论丛》的第八辑。该书是目前国内以"小三线"命名的第一本专著,其学术价值和意义十分凸显。该书除绪言外,共分8章,365页,37.6万字,充分反映了上海小三线作为上海的一块"飞地"在"异乡的土地上"从事工业生产的整体情况,从中既可以看到全国小三线的共性,又可以看到上海小三线"飞地"的个性,向学界呈现了小三线工业史诗般的全景画。

  文献史料是历史研究的基础。该书史料翔实,内容丰富,在史料运用上取得重大突破,主要采用了诸如档案、文选、著作、地方志、企业志、资料汇编、期刊等重要文献史料。近些年,搜集大众民间话语的口述史得到迅速的发展,口述史在历史研究中的应用,标志着史学研究开始注重从社会民间史料中搜集历史信息,从而和文献史料形成互补。难能可贵的是,早在十几年前,该书主编徐有威教授就带领研究团队不辞辛苦,克服重重困难,整理并由世界知识出版社出版了"上海小三线口述史选编"系列丛书,不但开启了小三线口述史研究的先河,更为本书的研究和出版奠定了重要的基础。可以说,文献史料和口述史料在该书研究中都发挥了巨大作用,两者的互补和有效结合共同推动了上海小三线研究不断走向深入。值得一提的是,该书在开头的目录处还列出了4个附录,列举了所采访的上海小三线有关人员目录、上海小三线口述史选编、上海小三线档案资料选编、上海小三线建设大事记,并附上了已经出版的《小三线建设研究论丛》第一辑至第七辑的全部目录,让学者一目了然,为学者全面掌握小三线建设的研究进展情况提供了便利。

一、时代与变迁:长链条反映了上海小三线的发展脉络

  上海小三线是在20世纪60年代中期紧张的国际形势下,根据中共中央和毛泽东关于加强备战、巩固国防的战略部署,在安徽南部和浙江西部山区建设起来的以生产常规兵器为主的后方工业基地。其从1965年开始建设,到1988年调整结束,先后在皖南的徽州、安庆、宣城3个专区和浙江临安等13个县市境内建成81家企事业单位,职工7万余人,并逐步发展成为全国各省市自治区

小三线中门类最全、人员最多、规模最大的一个以军工生产为主的综合性后方工业基地。

该书长链条梳理了上海小三线的发展脉络，不仅向学界展现了上海小三线发展变迁的来龙去脉，同时也使读者能更清晰地了解上海小三线的发展变迁与国家方针政策之间的关系。上海小三线前后历时24年，其于20世纪60年代中期在国际形势紧张的背景下应运而生，又因20世纪70年代末国际形势的缓和而进入调整时期，其发展变迁与国家方针政策紧密相连，可以说，国家方针政策的变化决定了上海小三线的命运和走向。

正如书中所言，从外部环境看，上海小三线经历了国际形势从冷战到和平与发展的转变；从内部看，经历了从以阶级斗争为纲到以经济建设为中心的基本国策的转变。经济上则经历了中国由计划经济体制向市场经济体制转变的转型期。具体而言，上海小三线横跨我国社会主义建设的两个重要历史时期，由于国家方针政策的调整，上海小三线也由建设阶段转到调整阶段上来。

该书遵循历史研究时间脉络的划分特点，将上海小三线历经时期具体划分为4个阶段：即1965年5月至1971年底为第一阶段，是基本建设时期，这一阶段上海小三线完成了基本建设任务，各搬迁企业具备了基本的生产条件；1972年至1978年为第二阶段，是上海小三线的军工生产发展时期；1979年至1984年7月为第三阶段，是上海小三线的军品民品结合时期；1984年8月至1988年为第四阶段，是上海小三线的调整时期。该书对上海小三线具体而翔实的时间脉络划分，不仅可以让学界对上海小三线的发展变迁一目了然，也可以对上海小三线的发展变迁与国家方针政策之间的关系有了更宏观的认识和把握。

特别值得一提的是，该书把对史学的实证研究进一步提升到精神层面。精神是武器、是旗帜、是力量。上海小三线在长期的历史发展实践中形成的精神文化传统，凝结为一种精神力量和时代风貌。该书不仅向学界展示了上海小三线在建设时期"好人好马上三线"的精神风貌，更进一步展示了上海小三线在调整时期对兄弟省份安徽大力扶持的情怀，充分体现了"艰苦创业、无私奉献、团结协作、勇于创新"的三线精神。1988年后，上海小三线企事业单位的固定资产无偿移交给安徽，这种工业技术上的转移，不仅对皖南当地的工业发展提供了支持，更进一步推动了皖南的工业经济发展，为国家工业经济发展整体布局作出了重要贡献。

二、互动与碰撞：立体化呈现了上海小三线的社会影响

虽然上海小三线自身有其相对独立的性质，但其在与皖南、浙西当地社会的互动中，对当地的经济、文化和社会生活产生了很大的影响。该书以"互动与碰撞"描述了上海小三线与皖南、浙西之间的关系。

一方面，皖南、浙西当地各级政府以及民众对上海小三线基建工作的顺利完成作出了巨大贡献。首先，从小三线选点和建设工作开始，皖南各地就从干部配备层面给予了大力支持；其次，小三线基建工作所需的大量劳动力，基本也都是由皖南和浙西当地提供的；再次，小三线建厂房、职工宿舍、食堂、医院等需要征用土地，当地也给予了积极的配合，为更好地处理与当地的关系，上海小三线还专门设立了地区组，负责处理与地方关系中出现的各种问题，皖南、浙西当地也有相应的机构与之对接。

另一方面，上海小三线对皖南、浙西当地的援助更全面、影响也更深远。首先是医疗卫生的服务，上海小三线医院建立起来后，从医疗费用、日常诊疗等方面为当地民众提供了服务，"当地农民几乎占到了医院医治病人的一半以上"。由于医疗卫生事业一直伴随着小三线的始终，正如作者所言，上海小三线"在为小三线人提供医疗保障的同时，也为当地山区民众提供了先进的医疗设施和高水平的医疗服务，培养了一批当地的'赤脚医生'，为当地建立了一支基本的医疗队伍，对提高山区的医疗水平作出了积极的贡献"。其次是支援农业生产，该书认为由于皖南、浙西地区以农业为主，工业基础薄弱，农业机械化程度较低，上海小三线从人力、物力、财力等方面支援皖南农业生产，很大程度上提升了当地的粮食产量，这也是上海小三线企业落实"加强工农联盟"，搞好与地方关系的主要方式。

该书认为，虽然上海小三线作为"飞地"尽可能地融入当地社会，但双方仍然还是存在一些矛盾冲突的。该书充分运用文献史料和口述史料各自的优势和特征，通过文献史料和口述史料的互补与有效结合，尽可能向学界客观、真实地呈现上海小三线与安徽、浙江之间的互动与碰撞，而这种"互动与碰撞"往往更呈现了历史的真实世界和多维面相。

实际上，上海小三线除了在基础设施、农业生产上对当地提供援助与支持外，小三线人也在深刻改变着当地人的生活方式、生活习惯和生活消费，并提高了当地人的经济效益意识。而上海小三线调整回沪后，无偿转交给皖南的企业设备以及技术人才，也成为皖南当地发展工业经济的重要资源。可以说，上海小三线在与当地深层次的交流过程中，对当地的基础设施建设、社会经济、文化生活等方面产生了重要而深远的影响。

值得注意的是，该书似乎过于强调上海小三线"飞地"的特殊性，尽管上海的特殊性使其小三线企业的"飞地"属性更为明显，但在当时的小三线建设中，其他省份的小三线企业同样存在着"飞地"现象，如该书能进一步厘清工业"飞地"和区域"飞地"之间的概念与属性，或许会给读者以更清晰的认识和理解。同时，该书所用史料丰富，但也容易使作者陷入史料的历史叙述中，出现同质性研究。所以，这就需要研究者们不断扩充史料范围和研究样本，通过多维视角、多元史料拓展对三线建设的研究，从而进一步深化党史、新中国史、改革开放史、社会主义发展史的研究。

（本文原载《党史纵览》2023年第7期，第52—54页。作者系辽宁大学马克思主义学院教授）

一幅时代变革的历史图景
——《新中国小三线建设档案文献整理汇编(第一辑)》述评

张 杨

20世纪60—80年代,中央在三线地区和一线、二线腹地山区开展了以战备为中心的大规模建设活动,主要涉及国防、科技、工业和交通基础设施等领域①。历时3个五年计划的三线建设对当代中国的社会经济结构产生了深远影响,是中华人民共和国史(以下简称国史)研究的重要组成部分。三线建设因涉及国防安全,长期以来该领域研究资料多呈现为口述史、回忆录和地方志,学者获取一手资料途径有限,一直未受到学界的重视。近年来,国史研究领域新史料层出不穷,无论是中央文件和领导人文集的出版、地方档案与民间

---

① 三线地区主要指西南的四川、贵州、云南,西北的陕西、甘肃、宁夏、青海,还有湘西、鄂西、豫西、晋西、粤北、桂北,共13个省区;一线地区指沿海和边疆地区;一线、三线之间称二线地区;一线、二线地区的后方俗称"小三线"(参见《新中国70年》,当代中国出版社2019年版,第103页)。目前学界关于大三线的定义、范围并无异议,但关于小三线则有一定争议。事实上,除一线、二线地区布局有小三线企业外,三线地区也有自己的小三线企业。1981年4月6日,国务院国防工业办公室向国务院、中央军委提交《关于调整各省、市、自治区小三线军工厂的报告》称:"一九六四年,党中央决定各省、市、自治区建设小三线军工厂,生产团以下轻兵器,装备民兵和地方部队,战时支援野战军作战。按照一九六五年中央批准的规划和布局,已在全国二十八个省、市、自治区建设了小三线军工企业、事业单位二百六十八个。"(参见国务院国防工业办公室:《关于调整各省、市、自治区小三线军工厂的报告(1981年4月6日)》,上海市档案馆:B1-8-178-26)大三线和小三线都是三线建设的组成部分,两者在建设目标、布局模式、组织架构、经营方式等方面一样。虽然本书记录的是小三线企业,但也反映了大三线企业的基本特征。

文献的整理,还是口述史料和影音资料的采集、地方报刊与史志资料的编纂,皆取得了突破性进展。史料的进一步扩充促使国史研究学术化程度加深,学者们有意识地利用多重史料构建立体多元的国史叙述①。其中,三线建设的资料也取得了一定的突破。例如,2014年,陈夕主编的《中国共产党与三线建设》一书出版,为学界提供了三线建设及调整改造的顶层设计和基本概况文献;2016—2020年,四川省党史系统编辑的"三线建设在四川"系列丛书则为学界提供了三线项目实施的地方文献②。在大量新资料的基础上,三线建设研究不断取得新的突破,其研究逐步走向繁荣③。与此同时,三线建设微观层面史料的不足也制约着研究的进一步发展,其中包括企业的生产经营、普通民众的日常生活、企业内部的社会结构、三线职工的文化情感等史料尤为缺乏。

2021年5月,上海科学技术文献出版社出版了由2020年度国家出版基金资助、上海大学历史学系徐有威教授主编的《新中国小三线建设档案文献整理汇编(第一辑)》。该书整理出版了全国最大的小三线企业——八五钢厂创办的3份报纸:1970年由五〇七工程④指挥部主办的《八五通讯》(以下简称工程指挥部《八五通讯》)共12期、1979年7月1日至1986年12月31日由八五钢厂宣传科主办的厂报《八五通讯》(以下简称宣传科《八五通讯》)共272期、1976年8月28日至1984年12月15日由八五钢厂团委主办的《八五团讯》共355期,此外还有八五钢厂档案全宗简介和7篇办报者的回忆、口述作为附录。全书共8册、3401页、302万字,充分反映了八五钢厂这个"在异乡的

---

① 参见董国强:《中国当代史研究方法论两题》,《中共党史研究》2021年第1期。
② 参见江红英:《行进在四川三线建设研究的征途中》,徐有威、陈东林:《小三线建设研究论丛》(第六辑),上海大学出版社2021年版,第28—41页。目前已编纂并内部出版的有四川省省卷和绵阳、德阳、自贡、宜宾、泸州、攀枝花、广安、达州、眉山、乐山、遂宁、凉山、雅安、资阳14个地市州分卷,总字数超过1 000万字。
③ 具体研究概况可参见秦颖等:《20世纪80年代以来国外三线建设研究综述》,《当代中国史研究》2020年第1期;徐有威等:《近五年来三线建设研究述评》,《开放时代》2018年第2期;段娟:《近20年来三线建设及其相关问题研究述评》,《当代中国史研究》2012年第6期;董颖:《近20年三线建设若干问题研究综述》,《党史研究与教学》2001年第3期;等等。
④ 1969年1月,国务院批准上海在皖南贵池和绩溪等地新建五〇七工程,主要生产57高炮和57榴弹,涉及18个上海小三线企业,八五钢厂主要负责为上述军工产品提供钢材(参见《上海国防科技工业五十年》,上海人民出版社2005年版,第216—217页)。

土地上"从事工业生产的小三线企业的方方面面,为学界深入研究当代中国企业史和三线建设提供了一个横切面①。

该书的出版弥补了三线建设微观史料缺乏的现状,且这种不加筛选、全文呈现的编辑方式,对学术研究中开展史料辨析奠定了基础。特别值得一提的是,本书开头附有24张八五钢厂老照片,结尾附有关键词索引,为学者研究提供了感性认识和检索便利。基于此,本文拟从该书透视出的三线单位的内部结构、改革开放前后的时代脉动两个层面介绍其基本内容,并以此为基点对未来三线建设可能的研究取向提出三点思考。

一、全景呈现三线单位的内部结构

钢铁是工业的粮食,中共中央在三线备战初期即提出要在西南、西北形成以攀枝花钢铁和酒泉钢铁为中心的工业基地②。钢铁厂也是小三线建设的重点,上海小三线建设的主要任务是在皖南和浙西建设以反坦克武器和高射武器为主的综合配套的后方工业基地③。八五钢厂即上海根据1968年3月召开的全国小三线建设会议精神,由上海市冶金局及上海第五钢铁厂(以下简称上钢五厂)为主负责包建的钢铁企业,主要为57毫米高炮(以下简称57高炮)提供部分铸件、锻件毛坯和军工钢材的原材料④。该厂于1968年8月开始选址,定点在安徽省贵池县梅街村,1969年5月破土动工,至1985年职工人数达

---

① 目前,已有研究者利用该资料对小三线建设研究中的医疗卫生、物资供应、文娱活动、交通安全、工资改革等问题展开了深入探讨。如徐有威等:《意料之中与意料之外:上海小三线医疗卫生与皖南社会》,张勇安:《医疗社会史研究》(第10辑),北京:社会科学文献出版社2020年版,第3—31页;崔海霞:《上海小三线社会研究》,上海大学2013年博士学位论文;李云:《上海小三线建设调整研究》,上海大学2016年博士学位论文;耿媛媛:《引导与监督:上海小三线企业报〈八五团讯〉研究》,上海大学2019年硕士学位论文;等等。

② 毛泽东:《不搞酒泉和攀枝花钢铁厂打起仗来怎么办》,陈夕:《中国共产党与三线建设》,北京:中共党史出版社2014年版,第40页。

③ 参见徐有威等:《上海小三线建设概述》,陈夕:《中国共产党与三线建设》,中共党史出版社2014年版,第40、470页。

④ 本文中凡出自《新中国小三线建设档案文献整理汇编(第一辑)》(上海科学技术文献出版社2021年版)的引文不再一一注出。

到5 328人,1986年开始迁回上海,1988年厂房移交安徽省,国家历年投资共9 205.5万元,累计上缴利税9 359万元,是全国小三线建设规模最大的企业①。该书所收录的3份报纸生动描绘了八五钢厂及其职工的生产生活图景,为我们研究三线企业提供了一个可以深入分析的样本。其中,工程指挥部《八五通讯》基本反映了建厂初期的艰苦创业过程;宣传科《八五通讯》基本每月2—3期,每期为8开、2版,内容涉及国家政策、企业生产经营状况、厂区内部新闻、文娱活动、职工子女教育等;《八五团训》每月4—6期,每期1张8开纸,内容多是工作纪实、文体活动、表彰先进等。综合而言,这些资料全景呈现了八五钢厂所具有的下列特点:

特点一是飞地式存在。

八五钢厂虽在皖南,但行政上隶属于上海市冶金局和上海市后方基地管理局,其党群组织、生产经营与安徽省无关,而与上海紧密相连,并在上海设有办事处。该厂生产生活中的大部分物资供应、各项荣誉评奖、职工及子女教育、语言、饮食、风俗习惯等涉及企业和职工生产生活的各个方面都与上海直接关联,与所在地的互动较少。据该书辑录的八五钢厂与所在地的少量互动材料,例如,在节日召开电影招待会接待周边农民、偶尔参与安徽省贵池县的体育运动会、帮助农民拍摄照片、为周边提供医疗服务及在周边乡村开展社会调查等,反映出八五钢厂宛如嵌入内地乡村的工业飞地。

特点二是福利制社会。

三线企业深入乡村,不能利用城市市政设施的便利,因而都有一个明显的特征即企业办社会。八五钢厂内部的商业、医疗、教育、娱乐、交通等系统皆自成一体,由企业自办自营。为了稳定职工队伍,该厂为职工提供了良好的福利待遇,包括工资奖金相对较高、住房分配相对灵活、生活条件相对较好等。例如,该厂职工在1980年前后即用上了煤气、洗衣机、电视等,工厂每月放映6部不重复的影片、组织多场文化体育活动,甚至有的季度工厂的体育活动超过百场,每年还会组织部分职工游览九华山、黄山、庐山等风景名胜。由此可见,八五钢厂是典型的福利制社会,在当代中国工业发展史上呈现出其

---

① 徐有威:《中国地方档案馆和企业档案馆小三线建设藏档的状况与价值》,徐有威等:《小三线建设研究论丛》(第三辑),上海大学出版社2018年版,第399页。

特殊性。

特点三是运动式生产。

三线企业有一个共同的目标,即建成"大庆式企业",因此非常重视对职工的生产动员。八五钢厂也逐步探索出一套名目繁多的以开展运动为特色的生产动员机制,主要包括增产节约运动、安全生产运动、爱国卫生运动、技术革新运动、学习英雄模范运动、"四化"建设运动等。在这些生产动员工作中,该厂也总结出了激发职工生产热情的方式,如生产竞赛、大比武、光荣榜、流动红旗、技术操作表演赛、知识竞赛等,并给予优胜者物质和精神奖励。该书中辑录的材料记载了该厂生产运动的详细过程,反映出八五钢厂特殊的生产激励机制。

特点四是引导式教育。

三线企业一般建在偏僻山区,生产生活条件相对有限,且职工远离家乡,因此厂方十分重视对职工的思想教育,以期用精神觉悟克服物质的不足。八五钢厂通过召开专题讲座(报告),分发知识手册,刊载评论文章,举办集体婚礼、青年座谈会、征文比赛,组织社会调查等方式,先后在职工中开展了爱国主义、方针政策、意识形态、文明生活方式、普法宣传、职业道德素养、节约储蓄、正确婚恋观念等方面的教育,从而培养了职工集体主义、爱国主义的情怀,稳定了职工队伍和生产秩序。

总之,该书以如实记录的方式对八五钢厂的历史进行了详细呈现,充分展示了以战备为目的开展三线建设的基本样貌,为学界深入研究三线企业内部提供了一个可资分析的样本。同时,该书刊载的材料形成时间集中于中国由计划经济向有计划商品经济过渡的二十世纪七八十年代,除了反映三线企业在此变革中的因应,也记录了时代变迁的历史信息。

二、全面反映改革开放前后的时代脉动

三线建设横跨改革开放前后两个历史时期。该书所辑录的资料以企业中观和个人微观的视角,充分反映了改革开放前后国家的政策转向、时代脉动与基层回应。工程指挥部《八五通讯》对基建阶段三线建设者的革命豪情有翔实记载,如土法上马、土洋结合的生产方式,为抢救国家财产与烈火搏斗的英雄事迹,不怕困难、无私协作的斗争精神,向"五一"、国庆献礼的动员目标,以

及赞美三线、歌颂领袖、欢庆卫星上天的乐观主义等,充分体现了"艰苦创业、无私奉献、团结协作、勇于创新"①的三线精神。宣传科《八五通讯》和《八五团讯》则全面记录了八五钢厂由计划向市场、由封闭向开放转型的发展历程,展示出改革开放背景下三线企业及职工砥砺奋进的光辉篇章。综合而言,该书充分反映了国家方针政策、企业生产经营、职工精神风貌三个层面的转型。

一是国家方针政策。国家方针政策的变化对三线建设影响深远。该书辑录的资料充分反映了国家历次政策调整在八五钢厂的基层回响,提供了国家政策在基层的实践样本。例如,为配合依法治国基本国策的推行,该厂积极开展普法宣传和法制教育,组织干部职工学习《宪法》《婚姻法》《刑法》《刑事诉讼法》《治安管理处罚条例》等法律条令,并以举办讲座等方式增强干部职工的法治意识。该书全面记录了上海小三线建设的调整过程。如1983年,国家开始对三线建设进行调整改造,经上海与安徽协商,八五钢厂于1986年开始整体迁回上海,消化吸收进上钢五厂,开启了其在改革开放进程中的新发展。

二是企业生产经营。党的十一届三中全会以后,企业生产经营方式发生了深刻的变化。该书记录了八五钢厂推进企业改制的全过程,如推行厂长负责制、技术承包责任制、扩大企业自主权、进行技术职称工资改革、干部年轻化专业化改革、调整产品结构和销售方式、建立律师制度等,对该厂推行经济责任制的全貌以及在此过程中职工的个体反映有生动描绘。同时,该书还记录了八五钢厂通过考察交流等方式积极学习同行业其他单位的改革经验,如学习首都钢铁厂、上钢五厂、马鞍山钢铁厂、宝山钢铁厂、南京钢铁厂等企业的改制经验,为我们研究冶金系统乃至其他行业早期的市场化改革提供了值得研究的个案。

三是职工精神风貌。20世纪80年代,随着改革开放的发展,民众的日常生活和精神风貌发生了巨大变化,该书生动记录了八五钢厂职工个体精神世界的变化。首先,职工精神生活日益多元化,八五钢厂通过举办漫画展、猜谜语、运动会、知识竞赛、舞会、旅游、观影等方式,建构起丰富多彩的职工业余生活;其次,文娱产品更加丰富,听港台歌曲、看海外电影、跳交谊舞、读世界名著成为风尚,充分体现了改革开放后文娱产品供给的增加;再次,思想教育逐

---

① 《中华人民共和国简史》,北京:人民出版社、当代中国出版社2021年版,第95页。

渐生活化,此时段各单位对职工的引导多与培养良好的生活习惯有关,如禁止赌博、倡导戒烟、爱情辅导、和谐邻里、禁止酗酒、开展文明礼貌活动等,展现出鲜明的时代印记。

总之,该书详细记录了在改革开放初期八五钢厂的具体因应,反映出国家、企业和个人三者在这一历史大潮中的互动关系。虽然八五钢厂深居皖南群山之中,但其全方位的变迁经历也凸显时代变革的印记,为学界推动改革开放史研究提供了独特的视角。

三、对未来三线建设研究的思考

国史研究因其有自身的独特属性,较之其他断代史研究更为不易。对此,有学者指出:"越是靠近我们今天的历史,越难研究,但也越重要。……当然,研究存在一定的困难,如一些资料看不到,时间太近使有些问题说不透,当事人依然活在世上,不易评说等等。"[①]但也正是因为其距离今天时间近,保留了大量多层次、多角度、详尽的历史记录,为学界开展相关问题研究提供了无限可能。因此,有学者指出:"国史研究资料及种类之丰富是一些传统的历史学科所无法企及的,其对于国史研究的深入发展必将起到巨大促进作用。"[②]结合三线建设研究现状及该书丰富的资料,笔者认为未来可从以下三个层面进一步推进三线建设研究。

一是加强三线企业资料的搜集、整理、出版工作,并做好对资料的解读。

当前,三线建设研究正在向基层和微观领域拓展,研究视野的下移要求史料搜集范围也随之下沉。该书完整展示了八五钢厂的报纸资料,并在附录中介绍了该厂的文书档案全宗,涵盖工厂的历史沿革、党政机构、工会组织、典型个体、与地方关系等各个方面。当然,部分三线企业因涉及核心技术或其他问题,其资料可能不易获得或不宜公开,因此,学界今后对三线企业资料的搜集、运用可集中于破产企业、基础工业、地方配套企业等。例如,该书所汇集的资

---

① 向燕南:《世纪之交的史学回顾与前瞻——访中国史学会会长戴逸先生》,《史学史研究》1996年第1期。
② 李正华等:《中华人民共和国史学科建设的缘起、发展与展望》,《河北学刊》2019年第5期。

料来自八五钢厂,迁回上海后又经过30余年的历史沉淀,向学界公开其资料正当其时,也必将推动三线建设研究的进一步发展。

当然,任何一种史料都有其自身特性和生成过程,档案记录、报纸报道、回忆资料等皆主要反映叙述者所认知的历史逻辑。对此,有学者指出:"且不说档案创制者和保存者所处时代主流意识形态赋予档案的'主观性',就是各种偶然因素无意中的影响,也常常可以大幅度降低档案材料的'客观性'。"[1]该书辑录的3份报纸作为八五钢厂主办的内部发行的资料,毕竟不是正式出版物,在内容、视角、编校质量等方面主要还是从工厂的主体地位出发,因此难免存在一些局限。例如,这3份报纸普遍存在语言重复、叙事不完整、对全厂面貌及职工个人发展反映不完全等问题,也没有涵盖1986年之后的调整工作。因此,我们在利用这些三线企业资料时,需要将报刊、档案、民间文献和口述资料结合起来,才能对三线建设及调整的全貌予以客观、公正、准确的还原和评价。

二是注重三线建设的内部差异性,丰富其多重面向。

纵观当前学界对三线建设的研究,同质性过强而差异性不足,三线企业和三线职工的个体特征并不明晰。事实上,不同地区、不同行业、不同时期的三线企业和职工虽有其共性,但差异性也较为突出。例如,与其他各省小三线建设项目在本省内布局不同,上海小三线建设因后方地域狭窄,项目布局在皖南和浙西,并依据"靠山、分散、隐蔽"的原则选址在深入山区的乡村[2]。

以八五钢厂为代表的上海小三线建设体现了独特的两重飞地属性:其一,嵌入乡村的大工业;其二,深入他乡的小都市。因此,三线建设研究需要呈现出多层次、多面向、异质化的研究取向,在探讨国家与社会、中央与地方、外来者与本地人、经济效益与国防安全等宏大历史叙事之时,也应将地域因素、行业特性、历史场景、个体性情等不易察觉却无处不在的影响因素融入研究中,努力构建更为丰富多彩的三线建设图景,丰富其多重面向。

三是打通大三线与小三线的研究壁垒。

大三线与小三线虽同属三线建设,但在既往学界的认知中,对二者有严格

---

[1] 罗志田:《近代中国史学十论》,复旦大学出版社2003年版,第128—129页。
[2] 除上海外,北京、天津的小三线建设项目亦布局在河北省内。参见《当代北京国防工业》,北京:北京日报出版社1990年版,第180—183页;《天津通志·计划志》,天津社会科学院出版社2005年版,第287页。

的区分：从地域分布来看，大三线建设主要在西南、西北和中南地区开展，小三线建设则在一线、二线的战略后方开展；从管理体制来看，大三线建设主要由中央投资，其所属单位也多为中央部委直属企业，小三线建设则多由地方自筹资金，其下辖单位多归地方管理（或与部委共管）；从建设内容来看，大三线建设以基础工业、国防工业和交通设施为主，目的是在内地形成相对完整的工业体系和战略后方，小三线建设则以地方军事工业为主，目的是在战争爆发之时一线、二线地区可以各自为政开展游击战争[1]。

当前学界对大三线研究关注度较高，小三线研究仍处于起步阶段，事实上，大三线与小三线是三线建设的一体两面，二者虽有差异，但在建设目标、开展方式、空间布局、所处境遇等方面具有高度的一致性。与大三线建设保密性强、调整改造完成时间短、资料获取不易相比，小三线建设的规模小、多数企业转为民用、史料开放度较高；同时，小三线建设虽然在建成企业数量上不如大三线，但分布范围更广，布局更为零散。因此，未来应该加强小三线建设研究，打通大三线与小三线的研究壁垒，既注重两者的差异，又相互借鉴，共享研究资料、研究主题、研究成果。

综上所述，该书对八五钢厂从建设到生产再到调整的多重面向有着深刻反映，其突出特点即资料的原始性、基层性、丰富性，不但开拓了三线建设新的研究方向，而且会成为党史、新中国史、改革开放史研究领域新的学术增长点，其学术价值是显而易见的。不过需要注意的是，该书所辑录的资料也有一定的局限性，一方面是在时段上没有完全覆盖八五钢厂从建设到调整的全过程，另一方面则是对企业经营和职工生活中的历史细节缺乏全面深入的反映。今后，需要研究者们不断扩充资料范围和研究样本，丰富对三线建设的历史叙述，进一步拓展与深化国史研究。

（本文原载《当代中国史研究》2022年第2期，第143—150页。
作者系上海交通大学马克思主义学院副教授）

---

[1] 参见《中国工业五十年——新中国工业通鉴》（第5部上），北京：中国经济出版社2000年版，第53—54页。

中国冷战时期军工复合体的日常生活：
来自上海小三线的声音，1964—1988[*]

[澳大利亚]毛高威（Matthew Galway）著　邵刘旖译

中国当代史学者徐有威（上海大学）和王弋文（多伦多大学），后者专攻性别和物质文化，两人合作推出了一本译文集，讲述了在上海小三线生活和工作的人们的情况。他们的书并非第一本探讨毛泽东时代三线的书。事实上徐有威、王弋文两人追随了一些值得注意的学者的开拓性脚步，他们的作品为这本《中国冷战时期军工复合体的日常生活：来自上海小三线的声音，1964—1988》（以下简称《日常生活》）这本书铺平了道路，即柯尚哲（Covell F. Meyskens）的《毛泽东时代的三线建设：冷战中国的军事化的三线》（2020年，剑桥大学出版社）；巴里·诺顿（Barry Naughton）的《三线建设：中国内陆的国防工业》（1988年，剑桥大学出版社）；以及中共安徽省委党史研究室2018年编辑的《上海小三线建设在安徽口述实录》，其中徐有威撰写了《小三线概述》一章。《日常生活》之后还有平田康治（Koji Hirata）即将由剑桥大学出版社出版的关于鞍山钢厂兴衰的书。柯尚哲和平田康治的作品，以及现在这卷由徐有威和王弋文撰写的著作都表明，在过去的三年里，对于毛泽东时代——一段对某些人

---

[*] 本文原载 The China Quarterly (2023), 1-2。是徐有威（Xu Youwei）和王弋文（Wang Y. Yvon）主编 Everyday Lives in China's Cold War Military-Industrial Complex: Voices from the Shanghai Small Third Front, 1964−1988, Switzerland: Palgrave Macmillan / Springer Nature, 2022. xxvii + 371pp. 之书评文章。作者系澳大利亚国立大学文化、历史和语言学院助理教授。译者系上海大学历史系硕士研究生。

而言美好、对多数人而言残酷的日子——的三线政治、地缘政治和中国内地生活的分析出现了一种新的趋势。

本书共十章,每一章都翻译了小三线工人的叙述,并附有有帮助的译者注以及供讨论的问题。第一章介绍了地方政府干部余顺生对安徽贵池上海小三线工厂的背景和官方路线的叙述,包括对建设中个人与后勤的挑战的承认(第1页)。第二章转向来自不同背景的当事人证言,尽管这些人并非来自被禁止的"不良阶级背景",他们在小三线工作和生活。这一章的"自下而上"的方法延续了突出小三线工人个人挑战的趋势,特别是离开家庭迁往内地工作的挑战。第三章"工作中"揭示了严酷的工作条件,个人的叙述不同程度地描述了恐惧、焦虑、无聊,乃至友情与怀旧之情。在第四章中,编者们将目光转向物质文化,即物品,重点集中于受访者对于他们在小三线的生活与工作的叙述。第五章通过电影、书籍、音乐等形式,揭示了小三线工人在工作中以及工作间隙对娱乐的渴望。受访者瞿惠相作为一位工人干部和教育工作者,为读者提供了一些例子,以此说明直到20世纪80年代,小三线工人在教育质量、教师晋升率、过劳和加班方面经历的挑战。

第六章和第七章转向王弋文的学科专长——性别和性,并额外关注小三线的婚姻和家庭。正如徐有威和王弋文在为其受访者叙述所作的序言中指出的,异性恋主流价值观、一夫一妻制、婚姻和生殖性行为没有受到工人的广泛挑战。然而,他们的受访者的回忆显示,社会的不认可和报复的风险"并未阻止他们追求在社会上甚至在法律上有风险的欲望",并发展出"源于性和浪漫关系的极端情感和暴力行动"(第152页)。最后几章主要介绍了政治、等级制度、军队以及出现于曾在小三线工作的工人叙述中的特殊差异,最后一章深入探讨了那些在小三线辛苦工作,经历了那段艰难岁月之人的评价和批评。

与其说《日常生活》是一本继承了柯尚哲、诺顿等人衣钵的研究报告,它更像是一本带有课堂活动指南的翻译汇编——某种意义上的教科书,因此,本评论员将采用与往常不同的方式进行评论。导论的内容是对柯尚哲工作的全面总结——该章的27个脚注中有17个提到了《毛泽东时代的三线建设》或是柯尚哲在2015年为《二十世纪中国》杂志撰写的关于该主题的文章,而非对有关三线的现存文献更有力的调查。事实上,根据柯尚哲的介绍,关于这一主题的文献库要比《日常生活》的开篇向读者展示的内容多得多。例如,提到了方德万（Hans van de Ven）、拉纳·米特（Rana Mitter）、舒喜乐（Sigrid Schmalzer）、金家德（Judd Kinzley）或诺顿在2007年出版的《中国经济》、平田康治的文章《钢铁大都市》（《企业与社会》，2020），《毛泽东的钢铁城》（《城市史杂志》，2021）和《满洲制造》（《美国历史评论》，2021）。虽然是最近发布的文章，但作者在审稿过程中可以得到的，在本评论员看来，导言部分有明显的遗漏。与其他关于社会主义世界军事工业发展研究的联系在哪里？特别是莱纳特·萨缪尔松（Lennart Samuelson）的2000年的书《斯大林的战争机器计划》。对评论员而言，另一个小问题是关于决策的逻辑问题，即谁的叙述、反思和回忆入选，谁的不被采纳？这有些难以捉摸。是否所有的受访者都是汉族人？如果不是，为什么不扩大采访范围，采访少数民族的小三线工人呢？这些问题在导言的某处有个说明便足矣，这有利于引导读者了解编者的选择方法。

撇开这些挑剔的问题不谈，徐有威和王弋文提供了一本极有帮助的一手资料的译文集，对毛泽东时代中国的劳工史研究作出了重要的贡献。编者在书中加入了一些引导性的问题和活动，这对于热衷于研究20世纪中国历史，特别是毛泽东时代的学生而言，是一份特别有用的教学资源。

一个了解冷战时期中国社会、经济和军事史丰富崭新的窗口*

[美国]柯尚哲(Covell F. Meyskens)著　邵刘旖译

最近出版的一部档案文件汇编不仅提供了有关一场特别的发展运动的历史记录，而且还为研究毛泽东时代和改革开放初期中国的政治动态和社会经济模式提供了丰富的资源。这部名为《新中国小三线建设档案文献整理汇编》(上海：上海科学技术文献出版社，2021)的书，是以徐有威为首的研究小组的成果。汇编中的8卷文件，横跨20世纪60年代、70年代和80年代，揭示了工业政策、政企关系、军民关系、"文革"中的派系政治、福利待遇、城乡差别、文化活动、教育部门、家庭生活、性别实践、日常生活及其他主题。

在过去的十年中，20世纪中国历史学家的研究环境发生了翻天覆地的变化。相比20世纪90年代到21世纪10年代初这段相对开放的时期，近十年来的压力有目共睹且遥无止境。尽管一些中美学者仍能从事中国研究，但随着中美之间的紧张关系不断升级，大多数学者面临的困难大大增加，更不用说中国共产党为应对新冠肺炎疫情而制定的广泛的旅行限制措施了。具有历史讽刺意味的是，在这种日益受限的研究环境中，被毛泽东称为"三线"的中国的秘密冷战军工综合体档案汇编如今却可供学者们自由利用。

---

* 本文标题为A Rich New Window Into The Social, Economic, And Military History of Cold War China。原载 Twentieth-Century China, Volume 47, Number 3, October 2022, pp.307–309。此文是一篇有关徐有威主编的《新中国小三线建设档案文献整理汇编》的书评文章。作者系美国三线建设研究者。译者系上海大学历史系硕士研究生。

为了应对美国和苏联不断增强的安全压力,中共领导人在1964年批准建设三线,以作为被入侵时的后备军事工业基地。考虑到中国捍卫自己的边界和领空的能力,毛泽东和他的同僚们要求沿海和东北的工业搬迁到内陆地区,以促进建立"靠山、分散、隐蔽"的新工业。到1980年三线建设结束时,它已经获得了中国自1960年代中期以来基础设施预算的近40%,这使其成为整个毛泽东时代最大的建设项目之一。几十年来,关于三线建设的唯一英文研究是巴里·诺顿(Barry Naughton)在冷战结束前后写的两篇开创性文章。近年来,中国出现了一股研究三线建设的热潮。在中国以外,关于三线建设的学术研究增长较为平缓。尽管如此,与"文化大革命"或"大跃进"等相比,三线建设仍未得到充分的研究。

不久的将来,鉴于中国和美国之间的安全关系已经变得如此紧张,关于三线建设的很多情况可能会继续秘而不宣。在这种令人担忧的国际气氛中,研究人员在获取相关档案方面可能会遇到很大困难。口述历史采访提供了另一种获取信息的途径,但这种方式只在几年内可行,因为三线建设的亲历者正在老去,他们的记忆正在衰退。徐有威和他的同事们在过去的几年里一直致力于让更多关于三线的信息公开。在大量政府资金的支持下,他们进行了广泛的口述采访,收集了丰富的档案资料。徐有威的研究团队集中研究毛泽东所说的"小三线",即中共在沿海省份的山区腹地、东北和遥远的西部地区建设的军工综合体。他们特别关注由上海工业企业建设的小三线项目。

他们研究的主要成果之一就是《新中国小三线建设档案文献整理汇编》[①]。这部八卷本的汇编收录了20世纪60年代、70年代和80年代上海一家大型小三线企业的档案资料。从书中,研究人员可以深入了解许多历史问题。对于对三线感兴趣的学者来说,这部汇编收录了大量关于不同社会群体的人如何参与这一重大发展运动的文件,包括地方政府官员、军事人员、产业工人及他们的家庭成员和农村居民。

研究人员还可以通过本书更广泛地挖掘毛泽东时代中国的政治动态和社会经济模式的信息,因为它不仅记录了文化活动、教育部门和产业政策及其效

---

① 徐有威主编:《新中国小三线建设档案文献整理汇编(第一辑)》(8册),上海科学技术文献出版社,2021年。

果,而且还记录了军民关系、福利待遇、家庭生活、城乡差别、"文化大革命"的派系政治、政府和企业的关系,以及日常的生活起居。由于这本著作跨越了1978年的鸿沟,它也应该有益于以跨毛泽东时代和改革开放时期的中国为研究主题的学者,以及研究冷战或更广泛的现代中国历史的社会、政治、文化和经济史的学者。简言之,徐有威及其合作者收集的这些档案资料对多个不同的历史研究领域都有价值。

研究与回顾

三线建设研究成果及相关文献目录初编（3）
（2019—2023年）

徐有威　关奕男　陈思洁　凌子晴编

著作

［1］徐有威、陈东林主编：《小三线建设研究论丛》（第五辑），上海：上海大学出版社2019年版。

［2］张勇主编：《多维视野中的三线建设亲历者》，上海：上海大学出版社2019年版。

［3］苏世奇著：《六盘水三线建设音乐口述史》，武汉：华中师范大学出版社2019年版。

［4］中共攀枝花市委党校三线建设干部学院编：《三线建设文献及研究成果选》，北京：中国文史出版社2019年版。

［5］邓国超主编：《好人好马上三线》，贵阳：孔学堂书局2019年版。

［6］沈国凡著：《情系大三线》，南京：江苏凤凰教育出版社2019年版。

［7］凉山州史志办公室编：《三线建设在四川 凉山卷》（内部资料），2019年版。

［8］中共南江县党史研究室编：《襄渝铁路大会战 南江民兵团纪实》，成都：四川师范大学电子出版社2019年版。

［9］唐宁著：《归去来兮》，上海：上海文艺出版社2019年版。

［10］王健、张秀莉主编：《国家战略与地方经验》，上海：上海人民出版社2019年版。

［11］周健主编：《三线风云（第四集）》，成都：四川人民出版社2019年版。

［12］吕建昌主编：《当代工业遗产保护与利用研究》，上海：复旦大学出版社2019年版。

［13］《兵工记忆》编委会编：《兵工记忆》，北京：人民出版社2019年版。

［14］王林主编：《再问沧桑》，重庆：重庆出版社2019年版。

［15］彭绍良著：《中国凉都故事》，长春：东北师范大学出版社2019年版。

［16］朱瑞华主编：《光荣啊！铁道兵》，上海：上海大学出版社2019年版。

［17］中核四川环保工程有限责任公司编：《核铸强国纪念八二一建厂50周年文集》，北京：原子能出版社2019年版。

［18］王小帅著：《薄薄的故乡》，北京：中信出版社2019年版。

［19］刘伯英主编：《中国工业遗产调查、研究与保护》，北京：清华大学出版社2019年版。

［20］朱云生、代俊等编著：《三线建设历史与文化》，北京：中共中央党校出版社，2019年版。

［21］朱云生、何悦主编：《三线建设之光——英雄攀枝花的三线情缘》，成都：四川大学出版社2020年版。

［22］银川市档案馆，银川市地方志研究室编著：《银川移民图鉴卷2"三线"建设时期银川移民》，银川：宁夏人民出版社2020年版。

［23］张雪芹主编：《银川移民图鉴"三线"建设时期银川移民》，银川：宁夏人民出版社2020年版。

［24］覃爱华主编：《三线建设在贵州》，北京：社会科学文献出版社2020年版。

［25］刘伯英主编：《中国工业遗产调查、研究与保护》，广州：华南理工大学出版社2020年版。

［26］当代四川史编委会、政协攀枝花市委员会编：《火红年代——大山深处的钢铁记忆》，成都：四川人民出版社2020年版。

［27］辛文娟著：《居住空间与交流重构：基于对某国企煤矿居民生活区的考察》，北京：中国传媒大学出版社2020年版。

［28］王老建著：《代号二三四八：从三线建设到国企改革》，汕头：汕头大学出版社2020年版。

[29] 徐有威、陈东林主编:《小三线建设研究论丛》(第六辑),上海:上海大学出版社2021年版。

[30] 徐有威、陈东林主编:《小三线建设研究论丛》(第七辑),上海:上海大学出版社2021年版。

[31] 中共攀枝花市委党校、三线建设干部学院、中共攀枝花市委老干部局作:《攀枝花三线建设家书选》,成都:西南交通大学出版社2021年版。

[32] 徐有威主编:《新中国小三线建设档案文献整理汇编》(第一辑),上海:上海科学技术文献出版社2021年版。

[33] 吕建昌、莫兴伟主编:《激情岁月的记忆:聚焦三线建设亲历者》,上海:上海大学出版社2021年版。

[34] 鹤蜚著:《热血在燃烧大三线峥嵘岁月》,北京:北京十月文艺出版社2021年版。

[35] 代发君主编:《三线人的社会生活与文化认同》,上海:上海大学出版社2021年版。

[36] 中共攀枝花市委党史研究室主编:《攀枝花三线建设简史》(内部版),2021年。

[37] 中共自贡市委党史研究室编:《自贡三线建设口述史》,成都:四川民族出版社2021年版。

[38] 徐有威、陈东林主编:《小三线建设研究论丛》(第八辑),上海:上海大学出版社2022年版。

[39] Youwei Xu, Y. Yvon Wang (eds). Everyday Lives in China's Cold War Military-Industrial Complex: Voices from the Shanghai Small Third Front, 1964−1988. Palgrave Macmillan, 2022.

[40] 黄巍著:《东北工业布局发展变迁与实践探索(1949—1999)》,沈阳:辽宁大学出版社2022年版。

[41] 喻明红著:《四川三线建设工业遗产调查与研究》,汕头:汕头大学出版社2022年版。

[42] 徐利权、高亦卓、谭刚毅著:《城市印迹——湖北工建70年建设实践及其对地区的影响》,武汉:华中科技大学出版社2022年版。

[43] 谭刚毅、曹筱袤、徐利权著:《良匠开物——湖北工建"102"时期三线建

设工程实录》,武汉：华中科技大学出版社2022年版。

［44］徐旭、郭迪明著：《攻坚之路：湖北工建70年发展历程研究（1950—2020）》(湖北省工业建筑集团有限公司企业史丛书,丛书主编谭刚毅、郭迪明.武汉：华中科技大学出版社2024年版)

［45］周琼著：《弄弄坪》,成都：四川人民出版社2022年版。

［46］段勇、吕建昌主编：《使命 合作 担当：首届国家工业遗产峰会学术研讨会论文集》,天津：天津人民出版社2022年版。

［47］杨学兵编著：《六盘水三线工业建筑遗产研究》,西安：陕西科学技术出版社2022年版。

［48］徐有威、陈东林主编：《小三线建设研究论丛（第九辑）》,上海：上海大学出版社2023年版。

［49］段勇、孙星主编：《第二届国家工业遗产峰会学术研讨会论文集》上海：上海大学出版社2023年版。

［50］艾新全、陈晓林总主编,吴学辉、秦邦佑编：《巴山蜀水三线建设.第一辑.川渝地区三线建设卷：文墨绘山河》,北京：中国文史出版社2023年版。

［51］艾新全、陈晓林总主编,李治贤、诸晓南、钟昶文编：《巴山蜀水三线建设.第一辑.国营红卫机械厂卷：深山激情岁月》,北京：中国文史出版社2023年版。

［52］艾新全、陈晓林总主编,周明长、李强、黄仁超、葛帮宁编：《巴山蜀水三线建设.第一辑.四川制造厂卷：红岩车辙》,北京：中国文史出版社2023年版。

［53］陈晓林编著：《巴山蜀水三线建设.第一辑.射洪县三线建设掠影》,北京：中国图书出版社2023年版。

［54］艾新全、陈晓林总主编,陈晓林编著、摄影：《巴山蜀水三线建设.第二辑.重庆市三线建设掠影（五卷本）》,北京：中国文史出版社2023年版。

［55］张勇著：《企业、人群与社会：三线建设的多维书写》,北京：社会科学文献出版社2023年版。

［56］周海燕、吴晓萍主编：《战备时期的工业建设：三线建设口述实录（1964—1980）》(二卷),北京：商务印书馆2023年版。

［57］政协乌海市海南区委员会主编:《黄河几字弯上的激情岁月——纪念三线建设》,银川:阳光出版社2023年版。

［58］政协宁国市委员会主编:《宁国上海小三线记忆》,北京:线装书局2023年版。

［59］黄山市政协编:《徽沪记忆——小三线在黄山》,杭州:浙江摄影出版社2023年版。

［60］中共广东省委党史研究室、广东中共党史学会编:《中共广东历史问题研究第1辑》,北京:光明日报出版社2023年版。

硕士研究生学位论文

［1］白廷彩:《豫西地区三线建设的居住形态研究》,华中科技大学2019年。

［2］韩小召:《河南三线建设研究》,湘潭大学2019年。

［3］陈博:《鄂豫湘西部地区三线建设遗存的建造技艺研究》,华中科技大学2019年。

［4］张何奕:《晋南"541工程"三线建设遗存及其比较研究》,华中科技大学2019年。

［5］杨涓涓:《三线建设中知识分子的作用研究——以攀枝花钢铁工业基地为例》,四川省社会科学院2019年。

［6］刘锐旭:《山西省三线建设职工群体研究——以4370厂、4542厂、音响厂为例》,太原理工大学2019年。

［7］张敦元:《三线建设脱险调迁前后066基地建成环境的比较研究》,华中科技大学2019年。

［8］张学斌:《军工企业改制提升了全要素生产率吗——基于三线建设时期军工企业数据的研究》,湘潭大学2019年。

［9］付玉冰:《四川地区三线工业遗产价值评估体系研究》,西南科技大学2019年。

［10］陈方凝:《基于科技价值认识的工业遗产保护与再利用研究——以德阳耐火材料厂为例》,西南交通大学2019年。

［11］方焓:《城市文化与政府行为:工业遗产保护下的汽车城研究》,湖北工

业大学2019年。

[12] 张雪津:《我国军用工业遗产的价值评估及保护再利用研究》,河北建筑工程学院2019年。

[13] 鲁辉:《西南地区军民融合产业园规划研究》,西南科技大学2019年。

[14] 林莉:《复合型资源城市产业结构演替与转型发展研究——以攀枝花市为例》,西华师范大学2019年。

[15] 公伟:《历史文化旅游类特色小镇发展问题研究——以岱崮镇为例》,北京邮电大学2019年。

[16] 崔晓强:《我国国有企业工人的社区身份建构与社会记忆研究》,西南政法大学2019年。

[17] 雍瑾:《绵阳市跃进路历史街区保护规划与振兴策略研究》,西南科技大学2019年。

[18] 王妮妮:《党组织在国有企业管理中的作用:以质量提升项目管理为例》,电子科技大学2019年。

[19] 刘洋:《皖南小三线建设研究》,安徽师范大学2019年。

[20] 高洁:《贵州三线建设工业遗产更新改造策略研究——以贵阳黔鹰5708厂为例》,河北工业大学2019年。

[21] 王来东:《国企改革背景下的小三线军工企业"保军转民"——以江苏淮阴地区为例》,上海大学2019年。

[22] 耿媛媛:《引导与监督:上海小三线企业报〈八五团讯〉研究》,上海大学2019年。

[23] 文林祥:《基于特色小镇构建的江油市厚坝镇风貌规划研究》,西南科技大学2019年。

[24] 王伦立:《1965—1967年上海支援许昌烟机厂的职工研究》,华东师范大学2019年。

[25] 管敏敏:《历史文化街区"微更新"策略研究——以绵阳市跃进路为例》,西南科技大学2019年。

[26] 李炎:《成都市中心城区工业建筑遗产保护与再利用现状研究》,西南交通大学2019年。

[27] 仲亚男:《"156项工程"视角下兰州老工业基地的转型发展与规划干预

研究》，兰州交通大学2019年。

［28］陈东君：《攀枝花城市景观的传承与再生研究》，昆明理工大学2019年。

［29］ZHAO YAMENG：《The Relocated Workers and Local Farmers During the Third-front Construction in China: Identity, Expectation, and Experience》，日本京都大学2019年。

［30］朱睿超：《兰州"三线"建设研究（1964—1990）》，西北民族大学2020年。

［31］涂枫卿：《绵阳三线建设研究》，西南科技大学2020年。

［32］韩晓璇：《记忆场所视角下绵阳市三线建设工业遗产生活区保护与活化研究》，西南科技大学2020年。

［33］周晨阳：《广东"小三线"建设研究（1964—1978）》，华南理工大学2020年。

［34］李顺：《攀枝花地区三线建设建筑遗存的当代价值认知及保护发展研究》，昆明理工大学2020年。

［35］惠赫：《攀枝花中国三线建设博物馆视觉符号呈现与记忆重构研究》，西南大学2020年。

［36］杨柯：《信念、制度与选择——集体主义背景下三线工人的行动逻辑》，湖北工业大学2020年。

［37］魏天鼎：《社区治理视角下三线军工企业养老服务问题研究——以豫西三线军工企业为例》，河南大学2020年。

［38］张怡雯：《微信使用对咸阳市三线企业H厂职工群体社会关系的影响研究》，西北大学2020年。

［39］李肖楠：《工业文化语境下江油三线工业遗产保护性更新研究——以长钢一分厂为例》，西南交通大学2020年。

［40］冯安煜：《人口老龄化背景下的兰州市老工业住区空间格局演变研究》，兰州交通大学2020年。

［41］余辉：《"三线建设精神"的当代价值研究——以贵州为例》，贵州大学2020年。

［42］许琪琳：《"共生思想"下陕西部分三线工业遗产保护性再利用策略》，湖南大学2020年。

［43］宣海霞：《小三线企业治安保卫工作研究——以上海小三线和江西小三线为中心》，上海大学2020年。

［44］陈莹颖:《上海小三线医疗卫生事业研究》,上海大学2020年。

［45］窦育瑶:《上海小三线交通安全问题研究》,上海大学2020年。

［46］樊兢克:《武汉青山工业区厂外工程规划史及建设史研究(1953—1978)》,湖北工业大学2020年。

［47］贺明:《福建南平小三线建设研究(1964—1978)》,福建师范大学2020年。

［48］杨倩:《兰州现代城市总体规划的范型模式演进研究》,兰州交通大学2020年。

［49］李孝文:《"文革"经济史研究的回顾与前沿研究》,江西财经大学2020年。

［50］刘婷:《基于分形理论的兰州工业遗产地形态演变研究》,兰州理工大学2020年。

［51］刘志钰:《基于生产单元的鄂东南三线建设工业历史文化遗产保护研究——以赤壁蒲纺工业园为例》,华中科技大学2020年。

［52］李悦:《宜昌三线工业遗产的完整性及其保护再生研究》,华中科技大学2020年。

［53］吴雪婧:《三线建设背景下二汽工业遗存特征及生成机制研究》,华中科技大学2020年。

［54］周苗:《新中国成立后集体住宅的空间形态研究(1949—1978)》,华中科技大学2020年。

［55］王锋:《单位制背景下第一代工业移民的身份认同——以宁夏石嘴山市石炭井矿务局为例》,东北师范大学2020年。

［56］巴靖雯:《王小帅电影的叙事伦理研究》,西南大学2020年。

［57］吴牟江南:《国家计划与地方支援:三线建设前期四川的地方建材供应》(1964—1966),四川大学2020年。

［58］吴晨娜:《三线建设时期的农民轮换工研究(1964—1971)》,四川大学2020年。

［59］刘世彬:《山东小三线建设研究》,山东师范大学2021年。

［60］李佳颖:《三线建设时期陕西的工业污染及其治理(1970—1985)》,西北大学2021年。

［61］孙永强:《改革开放以来六盘水的生态环境治理研究》,贵州财经大学2021年。

[62] 邓楠楠:《王小帅的"三线电影"记忆叙事研究》,西南大学2021年。
[63] 孙怡君:《第二代三线人的身份认同》,西南大学2021年。
[64] 禹华:《王小帅三线三部曲的空间叙事研究》,湖南工业大学2021年。
[65] 余烨:《绵阳市跃进路历史街区景观更新策略研究》,西南科技大学2021年。
[66] 周曼琳:《江西小三线增产节约运动研究》,上海大学2021年。
[67] 曹芯:《上海小三线企业工资调整改革研究》,上海大学2021年。
[68] 张雪怡:《上海小三线军品质量管理问题研究》,上海大学2021年。
[69] 李泰:《从分化到统一:上海小三线工人集体记忆研究》,上海大学2021年。
[70] 张梦鸽:《三线工业遗产保护与利用研究——以宜昌市夷陵区为例》,三峡大学2021年。
[71] 蔡艺雯:《襄渝铁路三线学兵连研究(1970—1973)》,四川大学2021年。
[72] 郭嘉:《三线建设内迁家属安置问题研究(1964—1984)》,四川大学2021年。
[73] 张程程:《上海小三线企业工会工作研究(1973—1988)》,上海大学2022年。
[74] 屈晨熙:《上海小三线共青团工作研究》,上海大学2022年。
[75] 史骏:《三线建设与攀枝花地区环境变化及其治理》,华中师范大学2022年。
[76] 张磐:《触媒视角下原绵阳地区三线工业遗产保护与活化研究》,西南科技大学2022年。
[77] 金瑞丰:《数字经济下三线军工企业数字化转型路径研究》,西南科技大学2022年。
[78] 姜鑫:《三线建设政治动员的历史考察及基本经验》,东北师范大学2022年。
[79] 姚宇捷:《防灾减灾视角下绵阳三线工业遗产的保护研究》,西南科技大学2022年。
[80] 毛鳗翎:《"三线精神"及其时代价值研究》,重庆交通大学2022年。
[81] 符译文:《绵阳地区三线工业遗产城市记忆延续研究——以绵阳市跃进

路街区为例》,大连理工大学2022年。

［82］杨美文:《三线建设长期经济效应和影响机制》,江西财经大学2022年。

［83］何欢:《四川攀枝花三线工业遗产的保护与利用研究》,贵州大学2022年。

［84］田蕊菡:《三线建设时期焦枝铁路宜昌民兵师工地生活研究》,三峡大学2022年。

［85］申刚:《农村地区"三线建设"遗留资产的盘活利用研究》,安徽农业大学2022年。

［86］肖怡:《基于价值评价的青海工业建筑遗产保护与再利用研究——以青海221厂旧址为例》,兰州理工大学2022年。

［87］傅冠雄:《三线建设前期国家经济计划研究(1964—1970)》,四川大学2022年。

［88］王清华:《上海小三线企业民兵研究》,上海大学2023年。

［89］赵宇清:《上海小三线企业劳动保护研究》,上海大学2023年。

［90］何利如:《生命历程视角下三线建设音乐活动研究——基于贵州三线国防工业厂矿音乐活动考察》,上海大学2023年。

［91］马芳太:《新时代"三线建设"题材纪录片的主旋律叙事研究》,电子科技大学2023年。

［92］向祎:《毛泽东"三线"建设战略思想研究》,电子科技大学2023年。

［93］冯传森:《乡村振兴背景下莱芜小三线工业遗产设计理论研究》,山东建筑大学2023年。

［94］李寒晖:《城市历史景观视角下工业遗存地景观特征研究——以济源市531三线建设工业遗存为例》,河南农业大学2023年。

［95］李婷婷:《川北地区三线建设工业遗存空间形态研究》,西南科技大学2023年。

［96］邵鑫汝:《三线精神融入高校思想政治教育研究》,西南科技大学2023年。

［97］李世玉:《宝成铁路四川沿线地区三线工业遗产保护与利用研究》,西南科技大学2023年。

［98］黄莞迪:《基于GIS技术的涪江流域三线工业遗产保护更新研究》,西南科技大学2023年。

［99］李志:《"三线建设"时期工业产业结构变迁影响城乡结构转型研究——以甘肃为例》,西北师范大学2023年。

［100］李兰歌:《三线建设时期公共资源配置影响城乡结构转型研究——以甘肃为例》,西北师范大学2023年。

［101］赵清宇:《空间叙事视角下磐石914小三线厂区改造设计研究》,吉林建筑大学2023年。

［102］董辛莹:《长春电影制片厂三线厂区更新设计研究》,吉林建筑大学2023年。

［103］蔡茂竹:《"夹缝之中":返沪三线建设移民的社会再融入研究》,华东师范大学2023年。

［104］周尔雅:《宜昌"三线"文化主题图形衍生设计研究》,三峡大学2023年。

［105］冯吉:《改革开放时代葛洲坝水电工程学院水电人才培养研究(1978—1996)》,三峡大学2023年。

［106］董璇:《葛洲坝工程早期建设中的政治动员研究——以〈三三〇战报〉为中心(1971—1978)》,三峡大学2023年。

［107］吉雅洁:《焦枝铁路与枝城城镇经济社会变迁研究(1969—1986)》,三峡大学2023年。

［108］徐嘉蔚:《怀旧情感对游客重游意愿影响研究——以四川嘉阳煤矿乡村工业遗产为例》,贵州师范大学2023年。

［109］牛婷:《内蒙古清水河县小三线建设及调整研究》,内蒙古师范大学2023年。

［110］严鹏程:《成昆铁路建设(1952—1970)与四川攀西地区开发研究》,四川师范大学2023年。

博士研究生学位论文

［1］蔡珏:《三线建设中的技术转移研究》,国防科技大学2020年。

［2］张胜:《安徽小三线企业调整与地方社会经济建设研究》,上海大学2021年。

［3］粟薪樾:《新中国工农结合实践探讨(1958—1971)——以三线建设为中

心的考察》,四川大学2021年。

[4] 秦颖:《三线军工企业研究——以重庆816工程建设与转型发展为例》,中国社会科学院2021年。

[5] 周升起:《生存的艺术:上海小三线单位与职工研究(1965—1988)》,上海大学2022年。

[6] 曾媛圆:《三线企业布局与工业协作关系研究(1964—1980)》,四川大学2022年。

[7] 刘朝华:《桂西北河池地区三线建设研究(1964—1978)》,中共中央党校(国家行政学院)2022年。

[8] 彭涛:《有限主体性的依托:一个三线工厂中的家庭与社会结合机制变迁研究》,中山大学2022年。

[9] 廖霞:《中国三线建设时期高校迁徙研究(1964—1980)》,厦门大学2022年。

[10] 王华:《生产·生活·生态:三线建设与攀枝花经济社会发展研究(1964—1985)》,四川大学2023年。

[11] 朱领:《资源限界与弹性调适:中国共产党增产节约实践研究(1928—1966)》,四川大学2023年。

[12] 崔龙浩:《深山起"东风":中国第二汽车制造厂的早期建设(1964—1975)》,华东师范大学2023年。

[13] 杜翼:《大三线建设宣传动员研究》,西南政法大学2023年。

[14] 陆婷:《基于国防经济视角的三线建设研究》,复旦大学2023年。

[15] 高亦卓:《基于三线建设与援外建设的中国现代建筑自主探索与知识流动(1960—1980)》,华中科技大学2023年。

[16] 杜翼:《大三线建设宣传动员研究》,西南政法大学2023年。

论文

[1] 段艳、陈耀:《中国区域经济平衡发展战略的回顾与思考(1949—1978年)》,《中国浦东干部学院学报》2019年第1期。

[2] 刘合波、文静:《三线建设时期中国对资源、人口的动员与生态环境的变迁》,《济宁学院学报》2019年第1期。

［3］叶青、黄腾飞：《福建小三线建设企业布局及其特点刍议》，《当代中国史研究》2019年第1期。

［4］许南海：《口述史在"三线"建设研究中的功用与规范》，《文化产业》2019年第1期。

［5］何悦、王川：《家国情怀视域下的三线精神探究》，《南方论刊》2019年第1期。

［6］柴云：《陕西三线建设小记》，《百年潮》2019年第1期。

［7］曾瑜、秦丹尼、玄峰：《三线建设厂区居住建筑空间形态演变及使用方式研究——以江西省6214厂为例》，《中外建筑》2019年第1期。

［8］罗白桦：《我主持了上海皖南小三线的创建》，《党史纵览》2019年第1期。

［9］陈兰志、王惠莹、杨蓓：《上海皖南小三线调整交接纪事》，《党史纵览》2019年第1期。

［10］王毅、万黎明：《三线建设时期重庆地区内迁职工社会生活问题探析》，《当代中国史研究》2019年第1期。

［11］田吉高：《葛洲坝水电工程学院筹建经过》，《湖北文史》2019年第1期。

［12］余成斌、丁克：《浅论高校图书馆地方专题文献建设在旅游发展中的作用——以六盘水"三线"文献建设为例》，《图书馆界》2019年第2期。

［13］姚鹏、张明志：《新中国70年中国中部地区工业发展——历程、成就、问题与对策》，《宏观质量研究》2019年第2期。

［14］姜长青：《20世纪60年代经济继续调整时期毛泽东经济思想研究》，《晋阳学刊》2019年第2期。

［15］吴海琳、刘思瑶：《单位制度变迁中身份认同的社会建构——以S厂"三线家属工"为例》，《人文杂志》2019年第2期。

［16］张望：《2000—2019年三线建设史研究述评》，《西昌学院学报（社会科学版）》2019年第3期。

［17］刘洋：《试论三线建设对〈1963—1972年科学技术规划纲要〉实施的影响》，《中国科技史杂志》2019年第3期。

［18］吕建昌：《现状与研究对策：聚焦于三线建设工业遗产的保护与利用》，《东南文化》2019年第3期。

[19] 姬文波:《20世纪中叶中国国防科技工业建设的回顾》,《军事史林》2019年第3期。

[20] 何悦、刘娜:《忧患意识视野下的三线建设探究》,《黑龙江教育(理论与实践)》2019年第3期。

[21] 卢亦庄:《万州清平机械厂工业建筑群迁建保护工程中对文物留取要素评估的思考》,《四川水泥》2019年第3期。

[22] 罗怀良:《山地资源型城市攀枝花转型发展的地域协同研究》,《现代城市研究》2019年第3期。

[23] 冯明、周长柏:《焦柳铁路(宜都段)沿线三线建设工业遗产档案整理与研究》,《档案记忆》2019年第3期。

[24] 王利中:《内蒙古乌海地区三线建设述论》,《内蒙古师范大学学报(哲学社会科学版)》2019年第3期。

[25] 罗圣梅、王倩:《贵州高校图书馆对"三线建设"文献资源的开发与利用研究》,《六盘水师范学院学报》2019年第4期。

[26] 刘洋、胡晓菁:《三线建设时期高教部所属高等院校的布局调整研究》,《科学文化评论》2019年第4期。

[27] 王佳翠、谯丽娟:《遵义三线工业遗产旅游开发策略》,《遵义师范学院学报》,2019年第4期。

[28] 钱鹏鸣:《三线精神的悲剧内核与价值重构——以攀枝花为例》,《攀枝花学院学报》2019年第4期。

[29] 周继厚:《"徽"之不去的贵州三线记忆》,《贵阳文史》2019年第4期。

[30] 宋毓勇:《新光厂印象》,《贵阳文史》2019年第4期。

[31] 姚红路、成俊:《险峰机床厂数控机床研制的艰难岁月》,《贵阳文史》2019年第4期。

[32] 罗登宜:《功不可没的乌当区境内"三线建设"企业》,《贵阳文史》2019年第4期。

[33] 杜丽:《雕塑在博物馆中的应用研究——以贵州三线建设博物馆为例》,《美与时代(城市版)》2019年第4期。

[34] 刘静伊:《三线建设博物馆的集体记忆呈现探究——以攀枝花三线建设博物馆为例》,《视听》2019年第4期。

[35] 田建国:《浅析旅游发展中文化品牌的打造——以六盘水"三线"文化品牌打造为例》,《西部皮革》2019年第4期。

[36] 闫长禄、彭程:《打造工地"三线"建设幸福之家——记中铁十四局集团房桥有限公司工会》,《工会博览》2019年第4期。

[37] 张亮、张可凡:《皖南小三线遗产的保护与利用研究》,《安徽建筑大学学报》2019年第5期。

[38] 张志军、徐有威:《首届中国三线建设史研究工作坊会议综述》,《史林》2019年第5期。

[39] 钱津:《新中国经济建设70年的道路与成就》,《区域经济评论》2019年第5期。

[40] 张彦、续敏、马国芝:《山东三线军工精神的历史渊源与红色基因》,《山东工会论坛》2019年第5期。

[41] 蔡珏、黄朝峰:《军民融合视角下的"三线建设"产业技术转移及其启示》,《湘潭大学学报(哲学社会科学版)》2019年第5期。

[42] 何文进、何姝瑶:《郭沫若的"三线"情怀》,《文史杂志》2019年第5期。

[43] 张杨、黄俊林:《"三线建设历史资料搜集整理与研究"学术研讨会综述》,《社会科学研究》2019年第5期。

[44] 袁世超、马万利:《迁移、发展与融合:宁夏三线建设历史考察》,《宁夏社会科学》2019年第5期。

[45] 周坚、郑力鹏:《工业考古学视野下的贵州"三线"工业遗产研究》,《工业建筑》2019年第5期。

[46] 吴振明:《新中国区域经济发展70年回顾》,《经济研究参考》2019年第5期。

[47] 胡新民:《毛泽东为何决心要搞三线建设?》,《党史博采(上)》2019年第5期。

[48] 曹玉珍:《都匀三线建设博物馆展陈方式研究》,《黔南民族师范学院学报》2019年第6期。

[49] 谭刚毅、高亦卓、徐利权:《基于工业考古学的三线建设遗产研究》,《时代建筑》2019年第6期。

[50] 朱晓明、吴杨杰:《自主性的历史坐标中国三线建设时期《湿陷性黄土地

区建筑规范》(BJG20-66)的编制研究》,《时代建筑》2019年第6期。

[51] 李勤、尹志洲、程伟:《大三线建设下的军工企业工业遗产再生重构研究》,《自然与文化遗产研究》2019年第6期。

[52] 吴义国:《三线建设在湖南》,《湘潮》2019年第6期。

[53] 李洪澄、白伟岚、熊筱、张峰:《"三线"工业城市的"城市双修"探索——以湖北荆门为例》,《中国园林》2019年第6期。

[54] 何悦、王秋月:《优秀传统文化与三线建设文化的关系探究》,《学理论》2019年第6期。

[55] 贺明:《上海支援福建小三线建设及其时代启示》,《上海党史与党建》2019年第6期。

[56] 刘强:《"三线建设"中的老厂房》,《西部大开发》2019年第6期。

[57] 卢慧、刘瑞:《贵州三线建设口述文献研究》,《文化创新比较研究》2019年第7期。

[58] 黄伟:《1966至1978年时期的辽宁工业》,《兰台世界》2019年第7期。

[59] 孔丹娜:《导演童年经历在电影中的呈现——以王小帅"三线三部曲"为例》,《视听》2019年第7期。

[60] 颜英、何爱国:《新中国七十年的工业化道路》,《福建论坛(人文社会科学版)》2019年第7期。

[61] 梅兴无:《三线建设:新中国的一座不朽丰碑》,《档案天地》2019年第8期。

[62] 中国军转民编辑部:《"三线"建设的回顾与展望(一)》,《中国军转民》2019年第8期。

[63] 王春才、张杨、周明长、彭继超、黄巍、邓龙:《深山里崛起大工业——"三线建设的峥嵘岁月"笔谈》,《炎黄春秋》2019年第8期。

[64] 王春才:《彭德怀与三线建设》,《炎黄春秋》2019年第8期。

[65] 张杨:《三线建设:共和国史上的神秘战略工程》,《炎黄春秋》2019年第8期。

[66] 胡新民:《三线建设:奠定新中国生产力布局坚实基础》,《党员文摘》2019年第8期。

[67] 郭建、杞鹏:《三线建设中工业企业的选址及其社会效应研究——以十

堰第二汽车制造厂为例》,《建筑与文化》2019年第8期。

[68] 刘建成、肖林芝:《四川广安工业遗产保护与利用研究》,《自然与文化遗产研究》2019年第9期。

[69] 欣子:《邓小平与三线建设》,《党史纵览》2019年第9期。

[70] 中国军转民编辑部:《用"军转民"大战略深层次推进国家经济体制改革——"三线"建设的回顾与展望(二)》,《中国军转民》2019年第9期。

[71] 何悦、张蓉:《民族精神视野下的三线精神探究》,《当代教育实践与教学研究》2019年第9期。

[72] 周家和:《践行初心使命,始终与人民群众同甘共苦——回顾贵州航天三线建设时期干群关系及其历史经验》,《航天工业管理》2019年第10期。

[73] 中国军转民编辑部:《"三线"精神永远是强化文化自信的思想动力——"三线"建设的回顾与展望(三)》,《中国军转民》2019年第10期。

[74] 张贡生:《中国区域发展战略之70年回顾与未来展望》,《经济问题》2019年第10期。

[75] 宣宜:《七十年云南经济建设的主要成就》,《社会主义论坛》2019年第10期。

[76] 许然:《三线人的青春与传承:无问西东》,《廉政瞭望(上半月)》2019年第10期。

[77] 朱晓明:《20世纪六七十年代几个工程技术问题与我国三线建设工业建筑设计》,《城市建筑》2019年第10期。

[78] 孙巍溥、许南海:《六盘水地区"三线建设"历史的学术研究与旅游开发》,《旅游纵览(下半月)》2019年第10期。

[79] 邓可:《单位空间演化的形态学研究——以三线企业东方红机械厂为例》,《城市发展研究》2019年第11期。

[80] 袁晋锋、陈广:《陕西凤县"三线建设"主题旅游开发规划策略研究》,《价值工程》2019年第11期。

[81] 石川、孙丽、徐艺:《安徽小三线建设研究述评》,《山东农业工程学院学报》2019年第11期。

[82] 顾军、罗秋林:《一场在三线地区的特殊石油会战——江汉油田会战成

就与启示》,《档案记忆》2019年第11期。

[83] 梅兴无:《三线建设:新中国的宏伟战略工程》,《文史天地》2019年第11期。

[84] 王毅:《重庆地区三线建设工业遗产的改造与利用——以天兴仪表厂为例》,《乐山师范学院学报》2019年第11期。

[85] 崔一楠、徐黎:《身体史视域下的三线建设者研究》,《贵州社会科学》2019年第12期。

[86] 王毅:《陕西地区三线企业内迁职工社会生活问题探析》,《贵州社会科学》2019年第12期。

[87] 张勇:《三线建设移民的内迁、去留与身份认同——以重庆地区移民为重点》,《贵州社会科学》2019年第12期。

[88] 张晓飞、杨爱杰:《三线建设工业遗产中工匠精神的时代价值与传承》,《理论观察》2019年第12期。

[89] 涂枫卿、崔一楠:《三线建设与云南城镇发展》,《学术探索》2019年第12期。

[90] 冯国权:《我国三线建设特色文献资源的收集与研究》,《图书馆研究与工作》2019年第12期。

[91] 杜林杰:《贵州011往事》,《新西部》2019年第16期。

[92] 丁克、张俊英:《高校图书馆三线文化文献资源建设与推广》,《合作经济与科技》2019年第17期。

[93] 徐均平:《东方汽轮机厂:"一条麻绳"闹出的大型企业》,《中国经济周刊》2019年第18期。

[94] 王兆伟:《书写"三线建设"传奇》,《四川党的建设》2019年第18期。

[95] 李娣、何少华、王莹:《"一带一路"倡议与我国国防经济建设总体布局》,《法制与社会》2019年第19期。

[96] 革非:《大三线》,《西部广播电视》2019年第22期。

[97] 罗亮亮:《唤醒工业遗产》,《当代贵州》2019年第22期。

[98] 许可:《重庆三线建设工业遗产的保护性再利用经验初探——以涪陵区816三线军工小镇为例》,《产业科技创新》2019年第24期。

[99] 何林君、喻明红、陈昱蓉、朱婷婷、艾代雯:《三线工业遗产记忆要素

更新策略研究——以绵阳朝阳厂为例》,《住宅与房地产》2019年第25期。

[100] 吕浩铭、文卫、谭燕:《价值视域下华蓥山"三线建设"工业遗产研究》,《营销界》2019年第25期。

[101] 代璐遥:《攀枝花三线建设文化产品经营战略研究》,《时代经贸》2019年第35期。

[102] 徐嵩龄:《三线建设工业遗产的意义:基于政治经济学意义上的制度价值认知》,《东南文化》2020年第1期。

[103] 聂红萍、方锦波:《20世纪80—90年代天水三线企业的调整改造》,《开发研究》2020年第1期。

[104] 朱小娟:《海南工业化进程中的小三线建设》,《智库时代》2020年第7期。

[105] 杨凤武、夏保国:《三线建设工业遗产调查的e-考据与田野路径》,《六盘水师范学院学报》2020年第1期。

[106] 孙巍溥:《加涅"教学九阶段"模型在高校《中学历史教学法》课程设计中的运用——以"三线建设"为例进行的教学实践》,《六盘水师范学院学报》2020年第1期。

[107] 王智博、曲洪波:《东北支援三线建设的贡献与意义》,《济宁学院学报》2020年第1期。

[108] 方锦波、聂红萍:《互利与共生:甘肃三线建设工农关系的构建》,《济宁学院学报》2020年第1期。

[109] 秦颖、刘合波:《20世纪80年代以来国外三线建设研究综述》,《当代中国史研究》2020年第1期。

[110] 杨曦宇:《西部新型工业城市对文旅融合的探索与实践——以攀枝花市为例》,《内蒙古科技与经济》2020年第1期。

[111] 梅兴无:《三线建设:彪炳史册的丰碑》,《湘潮》2020年第1期。

[112] 张鸿春:《三线建设遗产保护利用与三线精神传承弘扬路径探索》,《新生代》2020年第1期。

[113] 张勇:《区隔与融合:三线建设内迁移民的文化适应及变迁》,《江海学刊》2020年第1期。

［114］代发君:《毛泽东三线建设思想的哲学考察》,《喀什大学学报》2020年第2期。

［115］鲁湘伯:《西安钟表工业"三线建设"历史寻迹(上)图说历史上的风雷仪表厂》,《钟表(最时间)》2020年第2期。

［116］张懋国:《贵阳三线建设的发展历程》,《贵阳文史》2020年第2期。

［117］何聪娣:《从贵阳工具厂看国营企业改革——访贵阳市人大常委会原副主任韦平》,《贵阳文史》2020年第2期。

［118］张勇:《回溯与前瞻:多维视角下的三线建设研究述评》,《宁夏社会科学》2020年第2期。

［119］郭旭、刘博:《"我们"与"他们":三线人的自我认同与群体区隔》,《宁夏社会科学》2020年第2期。

［120］何悦、朱云生:《三线精神与社会主义核心价值观的契合度研究》,《理论观察》2020年第2期。

［121］幸荣:《三线精神传承与发扬的路径再造探究——以六安市霍山县为例》,《农家参谋》2020年第2期。

［122］徐利权、谭刚毅、高亦卓:《三线建设的规划布局模式及其比较研究》,《宁夏社会科学》2020年第2期。

［123］马保青、李波:《十堰市三线建设的基本概况和工业遗产的保护建议》,《湖北工业职业技术学院学报》2020年第3期。

［124］曹修源:《栉风沐雨 不负使命——"十三五"攀枝花市档案馆重点工作速览》,《四川档案》2020年第3期。

［125］鲁湘伯:《西安钟表工业"三线建设"历史寻迹(下)图说历史上的红旗手表厂》,《钟表(最时间)》2020年第3期。

［126］薛毅:《中国军办煤矿述论——以中国人民解放军基建工程兵煤炭部队为中心》,《湖北理工学院学报(人文社会科学版)》,2020年第3期。

［127］单孝虹:《论老成昆铁路的中国精神意蕴及时代价值》,《中国西部》2020年第3期。

［128］徐有威、张程程:《2019年三线建设研究述评》,《三峡论坛(三峡文学·理论版)》2020年第3期。

［129］冯明、吴运江:《"记忆与遗产:三线建设研究"高峰论坛综述》,《三峡

［130］张志军:《资源位阶更易与小三线企业区域存在模式的转换》,《三峡论坛(三峡文学·理论版)》2020年第3期。

［131］徐有威:《主持人语》,《三峡论坛(三峡文学·理论版)》2020年第3期。

［132］崔一楠、喻双全:《三线建设与青海城镇发展研究》,《当代中国史研究》2020年第3期。

［133］方锦波:《甘肃三线建设中的商业建设研究》,《陇东学院学报》2020年第3期。

［134］吴丹杨:《三线建设时期绵阳教育发展对经济和社会的影响》,《佳木斯职业学院学报》2020年第3期。

［135］胡新民:《三线建设:奠定新中国生产力布局坚实基础》,《党史文苑》2020年第3期。

［136］黄巍:《辽宁小三线职工的民生问题研究》,《公关世界》2020年第3期。

［137］王毅:《四川三线建设企业布局与工业发展刍议》,《当代中国史研究》2020年第3期。

［138］王毅:《三线建设中重庆地区的工业发展与空间布局》,《重庆交通大学学报(社会科学版)》2020年第4期。

［139］王佳翠、谯丽娟、湛正坤:《三线建设与遵义医疗卫生事业的发展》,《遵义师范学院学报》2020年第4期。

［140］贺新元:《新中国成立以来国家区域发展战略思想及格局的历史演进和经验启示》,《中国井冈山干部学院学报》2020年第4期。

［141］徐有威、张志军:《得失之间:江西小三线"军转民"问题研究》,《安徽师范大学学报(人文社会科学版)》2020年第4期。

［142］朱荫贵:《上海在三线建设中的地位和作用——以皖南小三线建设为中心的分析》,《安徽师范大学学报(人文社会科学版)》2020年第4期。

［143］陈东林:《宋平关心当代中国研究所和国史研究二三事》,《当代中国史研究》2020年第4期。

［144］周晓虹:《口述历史与集体记忆的社会建构》,《天津社会科学》2020年第4期。

［145］周明长:《铁路网建设与三线城市体系研究》,《宁夏社会科学》2020年第4期。

［146］吕建昌、杨润萌、李舒桐:《三线工业遗产概念初探》,《宁夏社会科学》2020年第4期。

［147］崔一楠、徐黎:《三线建设时期高校迁建述论》,《宁夏社会科学》2020年第4期。

［148］陈先兵:《论"三线精神"的理论内涵和重要价值》,《攀枝花学院学报》2020年第4期。

［149］侯震:《党性教育视阈下三线精神的时代价值与实践路径》,《行政与法》2020年第4期。

［150］陈立赢、董星、邝珍妮、吴霖、赵铭:《吉林省三线建设始末》,《吉林化工学院学报》2020年第4期。

［151］周坚、郑力鹏:《基于"三线"工业遗产保护视角的小城市规划策略研究——以贵州省盘州市火铺片区为例》,《小城镇建设》2020年第4期。

［152］何悦、王林:《新时代下三线精神的传扬路径探究——以四川省攀枝花市为例》,《南方论刊》2020年第4期。

［153］陆婷:《抗战时期工业内迁与二十世纪六十年代三线建设——两次以国防为中心的经济建设运动比较研究》,《上海党史与党建》2020年第4期。

［154］李顺、王冬:《解释与重构:建筑遗存再利用研究——以大邑县雾山三线记忆小镇为例》,《城市建筑》2020年第4期。

［155］徐利权、谭刚毅、万涛:《鄂西北三线建设规划布局及其遗存价值研究》,《西部人居环境学刊》2020年第5期。

［156］徐国红:《关于加快遵义三线建设遗址保护利用的思考》,《遵义师范学院学报》2020年第5期。

［157］郭松林:《周培源与汉中三线建设》,《钟山风雨》2020年第5期。

［158］黄巍:《20世纪六七十年代小三线职工日常食品供应研究——以辽宁桓仁县三新厂为例》,《史林》2020年第5期。

［159］李德英、粟薪樾:《三线建设初期"厂社结合"模式检视(1965—1966)》,《史林》2020年第5期。

[160] 刘本森、刘世彬:《山东小三线建设中的民工动员》,《当代中国史研究》2020年第5期。

[161] 李云、张胜、徐有威:《安徽小三线建设述论》,《安徽史学》2020年第5期。

[162] 程慧中:《文化自信视域下的"三线精神"研究》,《吉林广播电视大学学报》2020年第5期。

[163] 邹富敏、徐有威:《公共空间对三线建设的非生产性贡献——以上海小三线礼堂为中心的研究》,《上海党史与党建》2020年第5期。

[164] 王毅、万黎明:《三线建设时期重庆地区迁建企业个案研究——以红岩机器厂为例》,《三峡大学学报(人文社会科学版)》2020年第5期。

[165] 田运科、胡鑫、马莉娟:《东风(二汽)"马灯精神"研究》,《湖北工业职业技术学院学报》2020年第5期。

[166] 刘晖:《三线建设的"厂城"规划及反思——以岳阳石化总厂为例》,《南方建筑》2020年第6期。

[167] 封毅:《三线建设的历史意义和时代启示——基于贵州六盘水的研究》,《贵阳市委党校学报》2020年第6期。

[168] 吕建昌:《三线工业遗产的特点、价值及保护利用》,《城乡规划》2020年第6期。

[169] 刘洋:《试论战时经验在三线建设中的运用》,《科学文化评论》2020年第6期。

[170] 马军、朱焘:《小三线建设背景下农工互融型社区的形成——以江西"国营九七四厂"为中心的讨论(1965—1968)》,《浙江师范大学学报(社会科学版)》2020年第6期。

[171] 范阳阳:《"三线建设"背景下的农村经济学——实证式解读冉淮舟〈建设者〉》,《当代文坛》2020年第6期。

[172] 李志廷、王玉平、毛雪皎、左鸣远、钟培源:《王东新代表:让工业遗产在"创意"中重获新生》,《宁夏画报》2020年第6期。

[173] 王德勤:《贵州三线建设博物馆影剧院椭球体双曲面金属屋面防排水技术解析》,《中国建筑防水》2020年第6期。

[174] 李欢、黄远、唐彩虹:《弘扬"三线精神" 助力攀枝花创新发展》,《文化

产业》2020年第6期。

［175］艾代雯、喻明红、朱婷婷、陈昱蓉、何林君：《绵阳市三线工业遗产再利用价值评估探究》，《住宅与房地产》2020年第6期。

［176］崔一楠、喻双全：《备战搬迁中的清华大学绵阳分校》，《炎黄春秋》2020年第6期。

［177］赵立、唐婷、杜生民、周健、何崇浩、伍超：《三线建设的工业遗产建筑保护与开发的评估模式研究》，《现代物业（中旬刊）》2020年第7期。

［178］周晓虹：《口述史、集体记忆与新中国的工业化叙事——以洛阳工业基地和贵州"三线建设"企业为例》，《学习与探索》2020年第7期。

［179］王德勤：《发泡铝板与双层防水构造技术在三线建设博物馆建筑外围护上的应用》，《中国建筑防水》2020年第8期。

［180］张正、张鸣、徐恒：《五十五载"三线"春秋"党建+金融"阳光出发》，《中国电业》2020年第8期。

［181］邹富敏、徐有威：《三线建设时期的子弟教育需求与师资供给——以上海小三线为中心》，《上海党史与党建》2020年第8期。

［182］程汉明、孔福生：《鄂南通城的"三线"建设》，《档案记忆》2020年第8期。

［183］桂平飞、黄华：《河南济源三线工业遗产保护与再利用探研——以"531"军工厂为例》，《中外建筑》2020年第9期。

［184］周云、周晨阳：《广东"小三线"建设的决策背景探析》，《科技智囊》2020年第10期。

［185］刘同仿：《对"三线"建设资金管理的探索》，《中国工会财会》2020年第10期。

［186］苏世奇：《"三线建设音乐"的概念、内涵与研究方法》，《人民音乐》2020年第10期。

［187］宝娟：《三线建设历史与文化融入毛泽东思想和中国特色社会主义理论体系概论课程教学研究》，《公关世界》2020年第10期。

［188］张子豪、彭小洪、黄子超、伍国正：《"山散洞"旧厂房改造与再利用研究——以都匀三线建设博物馆设计为例》，《建筑与文化》2020年第11期。

［189］许寻、王锡靓：《六盘水市地方文化与语文课程资源的开发研究》，《中外企业文化》2020年第11期。

［190］袁磊、万涛、徐利权：《三线建设遗存建筑的类型与空间特征研究》，《华中建筑》2020年第11期。

［191］鲁艳峰：《对"三线"建设中工会资产管理的思考》，《中国工会财会》2020年第11期。

［192］徐有威、张胜：《小三线工业遗产开发与乡村文化旅游产业融合发展——以安徽霍山为例》，《江西社会科学》2020年第11期。

［193］胡安俊：《中国的产业布局：演变逻辑、成就经验与未来方向》，《中国软科学》2020年第12期。

［194］田姝：《三线建设：一个时代的工业传奇》，《红岩春秋》2020年第12期。

［195］刘怡、雷耀丽：《价值视域下陕西"三线工业"旧址保护与再生研究》，《建筑与文化》2020年第12期。

［196］杨杰、陈静：《贵州"三线"文化发展的战略思考》，《理论与当代》2020年第12期。

［197］卢思敏：《共和国领袖与成昆铁路》，《廉政瞭望》2020年第12期。

［198］周楚婷：《贵州三线文化在高校思想政治教育中的应用研究》，《智库时代》2020年第14期。

［199］朱云生、何悦：《三线精神的历史生成逻辑与精神内涵》，《学校党建与思想教育》2020年第14期。

［200］曾那迦：《三线精神立起一座城》，《廉政瞭望》2020年第14期。

［201］黄巍：《支援辽宁小三线建设职工家属、子女安置问题的微观考察》，《智库时代》2020年第14期。

［202］何悦、李诺辉：《试论三线建设中的抗争精神对当代大学生的启示》，《科教导刊（上旬刊）》2020年第16期。

［203］田晨旭：《传承"三线"精神 铸就民族之魂》，《现代商贸工业》2020年第20期。

［204］段锐：《三线建设与湘西城市化发展》，《现代商贸工业》2020年第20期。

［205］安阿绪、肖婵、于值江、乔蔓、周娜娜：《六盘水建设大城市策略初探》，《智能城市》2020年第21期。

［206］杨杰、陈静：《贵州"三线"文化传承的战略思考》，《当代贵州》2020年第45期。

［207］徐有威、陈莹颖：《意料之中与意料之外：上海小三线医疗卫生与皖南社会》，张勇安主编：《医疗社会史研究》第10辑，社会科学文献出版社2020年版，第3—31页。

［208］徐有威编：《上海小三线医疗卫生事业档案选编（1）》，张勇安主编：《医疗社会史研究》第10辑，社会科学文献出版社2020年版，第167—204页。

［209］冯明：《三线建设档案保护与利用的新思考》，《中国社会科学报》，2020年6月1日。

［210］Xu Youwei, "Exploring New Frontiers in Contemporary Chinese History Studies: A Case Study of Third Front Construction," Social Sciences in China, Vol 41, No.2(May 2020), pp.164-182.

［211］田运科：《举国体制下一汽支援二汽技术工人的实践与启示》，《湖北工业职业技术学院学报》，2021年第1期。

［212］黄巍：《东北亚局势视域下新中国三次工业布局的规划与调整》，《当代中国史研究》，2021年第1期。

［213］冯国权：《图书馆三线建设口述史资源收集与整理》，《文献与数据学报》2021年第1期。

［214］温权、牛一凡：《山西小三线建设始末——以山西前进机器厂为中心（1965—1992）》，《南京大学学报（哲学·人文科学·社会科学）》，2021年第1期。

［215］刘莉：《三线建设影响下水城方言词汇的代际差异研究》，《六盘水师范学院学报》2021年第1期。

［216］谭刚毅、曹筱袤、高亦卓：《从城市安全到安全城市——三线建设与脱险调迁的经验启示》，《新建筑》2021年第1期。

［217］徐有威、张勇、段伟、苏世奇：《多维视角下的三线建设研究（笔谈）》，《华中师范大学学报（人文社会科学版）》2021年第1期。

［218］罗昭阳、古云惠:《重庆三线建设略论》,《理论观察》2021年第1期。

［219］钱鹏鸣:《三线英雄的历史叙事研究》,《攀枝花学院学报》2021年第1期。

［220］张建红:《金口河"三线建设"保护开发实践》,《当代县域经济》2021年第1期。

［221］段锐:《空前挑战与竭力应对:湖北三线建设内迁职工家属安置系列问题考察（1965—1980）》,《三峡大学学报（人文社会科学版）》2021年第2期。

［222］周渐佳、李丹锋:《小三线建设的遗产——九三五六厂暨淮海机械厂的改造与更新》,《建筑遗产》2021年第2期。

［223］杨泾泾:《三线工业文化遗产的时空特性与保护路径》,《贵阳市委党校学报》2021年第2期。

［224］崔龙浩:《"备战"与"运动"下的三线企业选址——以二汽厂址问题为例的考察》,《历史教学问题》2021年第2期。

［225］张杨:《三线建设与"四史"研究》,《中共云南省委党校学报》2021年第2期。

［226］李德英、陈梦遥:《三线建设战略决策的形成和完善（1962—1966）》,《中共云南省委党校学报》2021年第2期。

［227］秦颖:《三线建设中的土地征用问题研究——以四川816工程为例》,《当代中国史研究》2021年第2期。

［228］张勇、周晓虹、陈超、徐有威、谭刚毅:《多学科视角下三线建设研究的理论与方法笔谈》,《宁夏社会科学》2021年第2期。

［229］王祖龙、张梦鸽:《文旅融合视域下三线工业遗产开发模式探析》,《三峡大学学报（人文社会科学版）》2021年第2期。

［230］白少强:《三线建设文化价值及传承利用路径探析——以广元市为例》,《中国西部》2021年第2期。

［231］王毅、钟谟智:《川渝地区三线建设企业区位选择及其对当地经济的影响——以军工、化工、机械三类工业企业为例》,《军事历史研究》2021年第2期。

［232］黎仕明、周三华:《三线精神的系统阐释》,《贵阳市委党校学报》2021

年第3期。

［233］戴路:《三线建设资源运用与大学生创新旅游业态对接》,《鞍山师范学院学报》2021年第3期。

［234］徐有威:《小三线大格局:从事小三线建设研究八载忆述》,《经济家茶桌》2021年第3期。

［235］张磐、姚宇捷、张勇:《重庆工业遗产群旅游开发研究》,《西南科技大学学报(哲学社会科学版)》2021年第3期。

［236］徐有威、张程程:《营造小三线建设研究的基石和平台——《〈小三线建设研究论丛〉述评》,《西南科技大学学报(哲学社会科学版)》2021年第3期。

［237］李睿、代梦:《工科高校大学生对"三线精神"的认知度调查——基于H省G大学的分析》,《湖北工业大学学报》2021年第3期。

［238］周升起、徐有威:《小三线建设时期驻厂军事代表制度实践及其困境》,《史林》2021年第3期。

［239］张程程:《〈小三线建设研究论丛〉》(第1—6辑)出版》,《中国经济史研究》2021年第3期。

［240］郑妮:《"三线精神"的凝练历程与时代价值——以攀枝花三线建设为例》,《天府新论》2021年第3期。

［241］丁小珊:《三线工业遗产文化记忆的再生路径研究》,《社会科学研究》2021年第3期。

［242］李斌:《三线建设对兰州现代工业的影响分析》,《城市住宅》2021年第3期。

［243］于喜峰:《中国故事与东方情感的表达——兼论电影〈地久天长〉与"三线三部曲"的互文性表达》,《绥化学院学报》2021年第3期。

［244］李德英、粟薪樾:《三线建设初期"厂社结合"模式的产生与推广》,《中共党史研究》2021年第4期。

［245］徐有威、张程程:《2020年三线建设研究述评》,《三峡大学学报(人文社会科学版)》2021年第4期。

［246］吕建昌:《中西部地区工业遗产旅游开发的思考——以三线工业遗产为例》,《贵州社会科学》2021年第4期。

［247］吴晓萍、谢景慧:《从移民到"遗民":"三线孤岛"的时代演进》,《贵州社会科学》2021年第4期。

［248］罗依平、谭步康:《三线建设精神及其对促进成渝地区双城经济圈发展的启示》,《科技智囊》2021年第4期。

［249］梅兴无:《邓小平统筹推进三线建设及其后期调整改造》,《党史博览》2021年第4期。

［250］王登民、张晨贤:《三线文化融入公共文化服务的方式与困境——以攀枝花地区为例》,《大众文艺》2021年第5期。

［251］谢玲伶:《从三线精神中汲取加强党的纪律建设的智慧和力量》,《重庆行政》2021年第5期。

［252］钱鹏鸣:《三线建设工业文化遗产的价值阐发:从"遗物"保护到"遗志"传承》,《攀枝花学院学报》2021年第5期。

［253］徐有威、张志军:《以厂带社:三线建设时期的一次改革探索》,《开放时代》2021年第5期。

［254］张杨:《三线建设初期党和政府协调工农关系的尝试(1964—1966)》,《开放时代》2021年第5期。

［255］许见军:《1966年郭沫若参观攀枝花三线建设》,《世纪》2021年第5期。

［256］张杨:《三线企业选址与内地工业协作关系研究(1964—1969)》,《浙江学刊》2021年第5期。

［257］周晓虹:《口述史作为方法:何以可能与何以可为——以新中国工业建设口述史研究为例》,《社会科学研究》2021年第5期。

［258］董方杰、周海燕:《三线建设、现代性嵌入与中国体验——以口述史为中心的考察》,《社会科学研究》2021年第5期。

［259］刘洋:《推广"统筹法"参与三线建设——1965年华罗庚的西南之行》,《自然辩证法研究》2021年第5期。

［260］李杰:《四川"三线建设"中的要素流动与资源配置:经验、教训与启示》,《时代经贸》2021年第6期。

［261］陈宏迨:《我所知道的三线建设和三线调整》,《红岩春秋》2021年第6期。

［262］王林、何悦:《三线精神的历史意蕴及当代价值研究》,《党史博采（下）》2021年第6期。

［263］张勇:《围墙内外:三线建设企业与地方社会之区隔》,《江海学刊》2021年第6期。

［264］陈斌卿、舒从全、曲继萍、袁三省:《凉都记忆——六盘水三线文化长廊景观规划设计》,《城市建筑》2021年第6期。

［265］王毅:《三线建设中的志气、骨气、底气》,《新生代》2021年第6期。

［266］卫劭华:《中国特色对口支援制度70年:历程、特征、逻辑与展望》,《领导科学论坛》2021年第7期。

［267］张峻明:《油画〈三线建设〉创作体会》,《美术》2021年第7期。

［268］孙岩松、王超:《丁一:三线建设的红色楷模》,《企业文明》2021年第7期。

［269］谢正发、郑芳:《研学游视角下三线建设类图书出版创新路径》,《中国出版》2021年第7期。

［270］曲继萍、舒从全、陈斌卿、袁三省:《批判性地域主义视角下的接待中心设计——以六盘水三线文化长廊接待中心为例》,《城市住宅》2021年第7期。

［271］殷小波、姜涛:《基于多维视域的国家"三线建设"与当代启示》,《边疆经济与文化》2021年第8期。

［272］杨晓虹:《三线建设时期首座"干打垒"诞生于华蓥山》,《红岩春秋》2021年第9期。

［273］黄娟:《父亲的三线建设 每月只能回家一次》,《红岩春秋》2021年第9期。

［274］梅兴无:《邓小平与三线建设》,《文史春秋》2021年第9期。

［275］包华军:《新媒体视阈下三线建设文化的传播》,《今传媒》2021年第9期。

［276］程海燕:《攀枝花是他一生的骄傲——追忆父亲程子华与西南三线建设》,《党史博览》2021年第9期。

［277］莫家莉、史仕新:《三线建设档案资源开发利用研究》,《西南民族大学学报（人文社会科学版）》2021年第11期。

[278] 龚嘉仪、王贺:《文化景观视角下三线工业遗产保护与再利用研究——以西南云水机械厂为例》,《城市建筑》2021年第11期。

[279] 王晓芸:《三线建设的历史背景及当代启示研究》,《中国军转民》2021年第12期。

[280] 时昱:《青年政治动员的路径及其策略——以三线建设时期国家政治动员话语分析为例》,《西部学刊》2021年第13期。

[281] 何悦、宋慧锦:《三线精神融入大学生思想政治教育的路径探析》,《现代交际》2021年第14期。

[282] 杨学红、梁佩:《六盘水三线工业遗产建筑再设计初探》,《山西建筑》2021年第14期。

[283] 田姝:《揭开重庆三线建设的神秘面纱》,《当代党员》2021年第15期。

[284] 朱云生、何悦、杨学平:《三线精神融入学校思想教育的价值与路径》,《高教学刊》2021年第15期。

[285] 郑黎:《献了青春献终身,献了终身献子孙》,《当代党员》2021年第16期。

[286] 远山:《"三线"建设:一笔宝贵的历史遗产》,《中国军转民》2021年第22期。

[287] 徐婳:《红色文化视角下的三线工业遗存更新研究》,《城市建筑》2021年第23期。

[288] 杨小友:《三线企业成新型工业化硬核力量》,《当代贵州》2021年第27期。

[289] 姚天香:《在高质量发展中赓续传承"三线精神"》,《当代贵州》2021年第27期。

[290] 徐有威、张程程:《上海市档案馆所见上海小三线建设档案资料述评》,上海市档案馆编:《上海档案史料研究》第25辑,上海三联书店2021年版,第229—255页。

[291] 徐有威等编:《上海小三线医疗卫生事业档案选编》(2),张勇安主编:《医疗社会史研究》(第11辑),社会科学文献出版社2021年版,第271—302页。

[292] 徐有威、张胜:《乡村视阈下的安徽小三线工业遗产改造利用研究》,第

二届淮河文化论坛组委会编：《淮河文化与生态文明——第二届淮河文化论坛论文集》，安徽人民出版社2021年版，第342—353页。

［293］ Gangyi Tan, Yizhuo Gao, Charlie Q. L. Xue & Liquan Xu, "Third Front construction in China: planning the industrial towns during the Cold War (1964–1980)," Planning Perspectives, Vol 36, No.6, (Apr 2021), pp.1149–1171.

［294］ Jingting Fan, Ben Zou, "Industrialization from scratch: The "Construction of Third Front" and local economic development in China's hinterland," Journal of Development Economics, Vol.152(C), (September 2021), pp.1–22.

［295］ 黄华平：《三线建设与铁路桥隧工程技术发展》，《学术界》2022年第1期。

［296］ 崔一楠：《三线建设时期沪厂迁渝个案研究——以浦陵机械厂为例》，《学术界》2022年第1期。

［297］ 李云、徐有威：《后小三线时代的企业与地方经济——以安徽池州为例》，《学术界》2022年第1期。

［298］ 胡洁：《社会认同：多维呈现与社会建构——贵州三线建设者的口述史研究》，《宁夏社会科学》2022年第1期。

［299］ 彭德乔、钟海萁：《黔东南州"三线"建设及其影响》，《理论与当代》2022年第1期。

［300］ 伍应德：《弘扬"三线"精神，开启六盘水市经济社会高质量发展新征程》，《理论与当代》2022年第1期。

［301］ 薛蕾：《三线建设中的四川省城镇化进程研究》，《中共乐山市委党校学报》2022年第1期。

［302］ 杜翼：《三线建设时期中国集成电路事业建制化的历史考察——以原电子工业部第24研究所为中心》，《西南科技大学学报（哲学社会科学版）》2022年第1期。

［303］ 赵清、于师伟、赵珊：《三线精神的时代价值与实现路径探析》，《中共济南市委党校学报》2022年第1期。

［304］ 李云：《"四史"教育视域下三线建设史融入高校思政教育教学的价值

与路径》,《淮北师范大学学报(哲学社会科学版)》2022年第1期。

［305］周明长:《嵌入式运作:东北对四川三线建设城市的支援》,《江淮论坛》2022年第1期。

［306］张胜、徐有威:《后小三线建设时代的安徽企业发展研究》,《江淮论坛》2022年第1期。

［307］陈勇:《自洽的闭环:社会工程与行动者的互构——基于贵州"三线"口述史的调研》,《中国研究》2022年第1期。

［308］田蕊菡、冯明:《焦枝铁路宜昌民兵师后勤保障述论》,《西南科技大学学报:哲学社会科学版》2022年第1期。

［309］徐有威:《我是这样指导学生研究小三线建设的》,《经济学茶座》2022年第1期(总第93辑),山东人民出版社2023年版,第75—81页。

［310］王欣怡、谭刚毅:《蒲纺三线建设工业遗产现状解析与再利用研究——以蒲纺热电厂为例》,《华中建筑》2022年第2期。

［311］徐有威:《开拓后小三线建设的国史研究新领域》,《浙江学刊》2022年第2期。

［312］柴菁铭、张熊玲:《论三线精神的历史传承与时代价值》,《攀枝花学院学报》2022年第2期。

［313］谢治菊、陆珍旭:《三线建设时期的备战动员与备战意识》,《宁夏社会科学》2022年第2期。

［314］王方舟、孙圣民:《三线建设对地方科教发展的促进——以陕西省为例》,《宁夏社会科学》2022年第2期。

［315］张杨:《一幅时代变革的历史图景——《新中国小三线建设档案文献整理汇编(第一辑)》述评》,《当代中国史研究》2022年第2期。

［316］黄华平:《三线铁路建设模式探析——以西南铁路大会战为例》,《当代中国史研究》2022年第2期。

［317］谭刚毅、邓原、高亦卓:《三线建设的设计实践与教育培养——以三线建设厂矿基建处建筑师口述访谈为线索》,《新建筑》2022年第2期。

［318］张勇、吴传文、陈丽娜:《清华大学三线分校的历史文化研究》,《西南科技大学学报(哲学社会科学版)》2022年第2期。

［319］徐有威、张程程、喻双全:《"第三届全国三线建设学术研讨会"会议综

述》,《西南科技大学学报(哲学社会科学版)》2022年第2期。

［320］吕建昌:《多学科视域下三线建设工业遗产保护与利用路径研究框架》,《东南文化》2022年第2期。

［321］林晨、陈荣杰、徐向宇:《外部产业投资与区域协调发展——来自"三线建设"地区的证据》,《经济研究》2022年第3期。

［322］包静、伍志凌、刘海静:《从"追忆"到"量化"——长钢一分厂三线文化保护与利用研究》,《安徽建筑》2022年第3期。

［323］彭涛:《单位互惠视角下三线企业建设初期的工农合作——以黔东南德胜厂为例》,《开放时代》2022年第3期。

［324］朱佳木:《进一步认识三线建设史研究的意义与任务》,《当代中国史研究》2022年第3期。

［325］李晗、崔一楠:《略论三线建设对西南地区城市基础设施的促进作用》,《西南科技大学学报(哲学社会科学版)》2022年第3期。

［326］罗依平、李益平:《贵州三线建设的历程、经验及启示》,《西南科技大学学报(哲学社会科学版)》2022年第3期。

［327］杜宇能、房桐桐、申刚:《乡村振兴中农村地区三线建设遗留资产的盘活利用研究》,《东北农业大学学报(社会科学版)》2022年第3期。

［328］陈昌琴、邓珏:《三线精神传扬价值与路径——以六盘水市钟山区为例》,《贵州农机化》2022年第3期。

［329］杨阳:《从遗产化到资本化:反思六枝特区"三线建设"产业经济的开发》,《江苏商论》2022年第3期。

［330］邓丽萍:《特色资源建设中文献系统性的建构——以浙西南小三线建设资料搜集为例》,《图书馆杂志》2022年第4期。

［331］王华:《三线建设时期职工体育活动开展、特征与影响——以攀枝花为例》,《成都体育学院学报》2022年第4期。

［332］姚亚平:《三线建设工业遗产的高校爱国主义教育价值研究——以中国两弹城为例》,《西南科技大学学报(哲学社会科学版)》2022年第4期。

［333］代俊、袁晓艳、朱云生:《基于口述史的三线建设者精神动力形成质性分析——以攀枝花三线建设为例》,《西南科技大学学报(哲学社会科

学版)》2022年第4期。

[334] 田运科:《奠基:国民经济恢复时期的汽车工业选址——从"156项重点工程"到"三线建设"时期的二汽厂址选择(一)》,《湖北工业职业技术学院学报》2022年第4期。

[335] 宋银桂、岳小川:《国内三线建设决策动因问题研究述论》,《三峡大学学报(人文社会科学版)》2022年第5期。

[336] 徐有威、张程程:《2021年三线建设研究述评》,《三峡大学学报(人文社会科学版)》2022年第5期。

[337] 王鑫、李阳、庞浩、文传浩:《三线建设的地区经济效应:历史逻辑与实证检验》,《中国经济史研究》2022年第5期。

[338] 李德英、黄俊林:《西北地区三线建设项目征地补偿问题研究(1964—1979)》,《宁夏社会科学》2022年第5期。

[339] 杜华君、张继焦:《换一个角度看三线建设工业遗产的后工业化转型——结构遗产再生产》,《宁夏社会科学》2022年第5期。

[340] 周明长:《三线建设时期中国内陆农业县域现代化研究——以四川省江油县为例》,《宁夏社会科学》2022年第5期。

[341] 张龙:《三线工业文化资源的现代价值外延——对黔南州相关情况的调研报告》,《文化软实力研究》2022年第5期。

[342] 陈君锋、张勇:《支援与反哺:绵阳地区与三线建设双向互动研究》,《中共四川省委党校学报》2022年第5期。

[343] 宋银桂、岳小川:《三线建设中的增产节约运动——以湘黔、枝柳铁路(湖南段)为例》,《广东党史与文献研究》2022年第5期。

[344] 董鹏鹏、孙波:《论三线精神的文化内涵与时代价值》,《贵阳市委党校学报》2022年第5期。

[345] 田运科:《承继:北京汽车装配厂的停建与二汽项目的确定——从"156项重点工程"到"三线建设"时期的二汽厂址选择(二)》,《湖北工业职业技术学院学报》2022年第5期。

[346] 张立:《三线建设博物馆文化传承的新时代之问》,《武汉商学院学报》2022年第5期。

[347] 李德英、蔡艺雯、刘凡:亦工亦学亦兵——襄渝铁路学兵连研究

（1970—1973），《西南科技大学学报》（哲社版），2022第5期。

［348］刘世浩：《三线精神的影像重构——评工业题材电视剧〈火红年华〉的叙事艺术》，《当代电视》2022年第6期。

［349］王鑫、杨雨豪、朱欢、文传浩：《工业投资与地区经济增长：来自三线建设断点回归的证据》，《世界经济》2022年第6期。

［350］谭刚毅、曹筱袤、耿旭初：《基于"先生产，后生活"视角的三线工业遗产的整体性及其研究》，《中外建筑》2022年第6期。

［351］张杨、徐有威：《三线建设时期文化备战研究》，《华东师范大学学报（哲学社会科学版）》2022年第6期。

［352］陆婷：《三线建设研究三十年变迁：现状、热点与趋势——基于文献计量与定性分析方法》，《江苏大学学报（社会科学版）》2022年第6期。

［353］翁春萌、陈子阳：《文化记忆理论视角下三线工业遗产的活化研究态势及展望》，《文化软实力研究》2022年第6期。

［354］姚建军、李竹慧、黄河：《基于旅游视角的工业遗址的保护与开发——以山西三线军工为例》，《山东工商学院学报》2022年第6期。

［355］周云、张宇：《全民国防教育背景下三线历史和精神的国防教育融入》，《上海党史与党建》2022年第6期。

［356］王利中：《"抓革命、促生产"下的内蒙古小三线建设——以清水河县红旗化工厂和先锋电厂为考察对象》，《西南科技大学学报（哲学社会科学版）》2022年第6期。

［357］周新伊、姚建军：《试论三线建设时期的厂地共建及其对当代军民融合的启示——以山西吕梁地区军工厂为例》，《西南科技大学学报（哲学社会科学版）》2022年第6期。

［358］田运科：《摸索：大规模建设起步之年的两次选厂迷失——从"156项重点工程"到"三线建设"时期的二汽厂址选择（三）》，《湖北工业职业技术学院学报》2022年第6期。

［359］夏珩、曾楚晴、饶小军：《隔而不绝 平行阅读奥托·施泰德勒的支撑体住宅与黔东南三线地区的多层装配式厂房》，《时代建筑》2022年第6期。

［360］宋青和：《克劳德·朗兹曼思想及创作对再现历史类电影创作的启

示——以贵阳三线工厂及其社群为例》,《声屏世界》2022年第7期。

［361］方卿:《"三线建设"企业"军转民"孕育的精神、经验与范式启迪——以"湖北工建"为例》,《中国军转民》2022年第7期。

［362］张广平、孔令圆:《吉林省"小三线"工业遗存保护利用探析》,《建筑与文化》2022年第7期。

［363］陈驰、刘瑞:《三线精神融入高校思想政治教育的实现路径探究》,《成都师范学院学报》2022年第7期。

［364］吕雨潇:《贵阳"三线建设"的文化塑造研究》,《科技资讯》2022年第8期。

［365］罗林、罗志:《近二十年来关于三线精神的研究综述》,《中国军转民》2022年第8期。

［366］何悦:《三线精神融入"中国近现代史纲要"教学探究》,《林区教学》2022年第8期。

［367］郑有贵:《嵌入式开展三线建设的历史逻辑和转型发展——以攀枝花钢铁生产基地为例》,《当代经济研究》2022年第8期。

［368］喻明红、向铭铭、符娟林:《三线工业遗产记忆场所特征及影响因子研究》,《现代城市研究》2022年第9期。

［369］贺诚:《影视作品推动下的"三线建设"工业遗产文旅创新发展路径——以〈你好,李焕英〉为例》,《艺术家》2022年第9期。

［370］孙江、李海荣、刘松、崔德鹏:《基于三线文化下护城河生态景观建设研究——以六盘水钟山大道滨水景观为例》,《现代园艺》2022年第11期。

［371］李欣晨:《不同视角下的三线建设博物馆解读研究——以都匀三线建设博物馆为例》,《中国民族博览》2022年第11期。

［372］陈静:《"三线建设"助推乡村振兴的路径——以霍山县小三线为例》,《农家参谋》2022年第12期。

［373］邱泽艳、黄琴:《论河南三线建设的实践及其启示》,《中国军转民》2022年第12期。

［374］苟欣鑫、罗健:《新媒体时代遵义三线工业文旅品牌传播策略探究》,《新闻研究导刊》2022年第14期。

［375］ 梁依:《运用口述史方法推进小三线建设研究》,《活力》2022年第18期。

［376］ 付研:《集体记忆下三线工业遗产档案整理与再利用研究》,《内蒙古科技与经济》2022年第19期。

［377］ 何悦、丁芸香、庞文菊:《三线建设文化助力党史学习教育的优势与路径研究》,《现代商贸工业》2022年第21期。

［378］ 屈燕妮:《宜昌记忆里的"三线建设"》,《档案记忆》2022年第10期。

［379］ 谌晗:《贵州盘江精煤股份有限公司山脚树矿 从"三线"企业成长为智矿"排头兵"》,《当代贵州》2022年第44期。

［380］ 王毅:《三线建设助推西南地区社会发展》,《中国社会科学报》2022年7月4日。

［381］ 徐有威、张程程:《上海小三线建设史研究述评》,现代上海研究中心编:《现代上海研究论丛》第15辑,上海书店出版社2022年版,第156—170页。

［382］ 徐有威、张志军:《江西小三线工业遗址的开发和利用》,段勇等主编《使命合作担当:首届国家工业遗产峰会学术研讨论文集》,天津人民出版社2022年版,第223—230页。

［383］ 冯明、黄河:《三线建设历史回眸》,《中国社会科学报》,2022年7月4日。

［384］ Yizhuo Gao, Charlie Q. L. Xue, Gangyi Tan & Yingting Chen: From South China to the Global South: tropical architecture in China during the Cold War, The Journal of Architecture, Vol 27, No.7-8, (2022) pp.979-1011.

［385］ Xiang Li, Hong Liao and Minyi Guo: English Translation of Novels in the Third Front Construction Period from the Perspective of Ecological Translation Theory: A Case Study of Under the Hawthorn Tree, International Journal of Education Humanities and Social Science, Vol.5, No.06(2022) pp.53-62.

［386］ 张胜:《改革开放初期安徽小三线企业调整研究(1978—1985)》,《中国经济史评论》2022年第4期。

[387] [日本]丸川知雄著、徐有威、邵刘旖译:《毛泽东时代的中国社会:"上海小三线"的生产与生活》,《西南科技大学(哲社版)》2023年第1期。

[388] 田运科:《事变:青山厂址之争和迅速迁址成都——从"156项重点工程"到"三线建设"时期的二汽厂址选择(四)》,《湖北工业职业技术学院学报》2023年第1期。

[389] 石川、赵昕:《皖南"小三线"工业文化景观特征阐释》,《合肥学院学报(综合版)》2023年第1期。

[390] 陈玉玲、唐玲:《小三线建设企业青年职工思想政治教育研究(1979—1985)——以上海八五钢厂为例》,《西南科技大学学报(哲学社会科学版)》2023年第1期。

[391] 朱晓莉、于小川:《六枝记忆——六枝地宗矿三线建设产业园文化新址建设纪实》,《当代矿工》2023年第1期。

[392] 赵祥、谢家蕊、刘川、杨希:《"三线建设"工业遗产更新设计探索》,《绿色建筑》2023年第1期。

[393] 刘明辉:《"三线建设"文化融入高校思政课的现实基础、价值定位和实践路径——以湖北汽车工业学院为考察视角》,《深圳职业技术学院学报》2023年第1期。

[394] 邓原、谭刚毅、曹筱袤:《机构史视角下的三线厂区建设研究——以第二汽车制造厂基建处为例》,《华中建筑》2023年第1期。

[395] 王延生:《"三线建设"时期化学工业发展情况探析——基于中国化工博物馆馆藏文物与文献资料的梳理研究》,《文物天地》2023年第1期。

[396] 王亮、董辛莹:《小三线工业遗存更新设计策略探讨——以长春电影制片厂三线厂区为例》,《福建建材》2023年第1期。

[397] 李德英、朱领:《建筑形态与精神符号:三线建设初期"干打垒"研究(1964—1966)》,《史林》2023年第2期。

[398] 吕建昌、李舒桐:《权威遗产话语下中国当代工业遗产话语建构的思考——以三线建设工业遗产为例》,《东南文化》2023年第2期。

[399] 张胜:《经济体制转型中的小三线企业与原建设地区关系演变——以安徽为例》,《中国经济史研究》2023年第2期。

[400] 张胜:《安徽小三线企业调迁刍议——以企业与城市互动为中心》,《安

徽史学》,2023年第2期。

[401] 岳小川、宋银桂:《三线铁路建设中的支农工作研究——以湘黔、枝柳铁路湖南段为中心》,《西南交通大学学报(社会科学版)》2023年第2期。

[402] 刘盼红、高红霞:《到"内地"去:三线建设动员中的职工心态与工厂应对》,《上海师范大学学报(哲学社会科学版)》2023年第2期。

[403] 刘明辉:《鄂西北三线建设文化遗产保护和创新利用的路径探索》,《新疆职业教育研究》2023年第2期。

[404] 田运科:《下马:专业化建厂模式的探索及苏联援建二汽项目的撤销——从"156项重点工程"到"三线建设"时期的二汽厂址选择(五)》,《湖北工业职业技术学院学报》2023年第2期。

[405] 王晓峰:《是劳民伤财还是利国利民的长远战略?——复杂国际格局视野下三线建设绩效研究》,《毛泽东邓小平理论研究》2023年第2期。

[406] 郭台辉、曾敏:《战争想象:国家建构的动员机制——以攀枝花三线建设为例》,《理论与改革》2023年第2期。

[407] 杨舒茗、黄雪垠:《三线企业军工文化的精神特质》,《中外企业文化》2023年第2期。

[408] 高梦雅、田燕:《乡村振兴背景下村镇三线工业建筑遗产再利用研究——以鄂西北地区三线军工村镇为例》,《华中建筑》2023年第2期。

[409] 陈彦伊、杨雯心、张勇:《"一五""二五"计划时期绵阳专区的重点工业建设项目及其遗产价值研究》,《西南科技大学学报(哲学社会科学版)》2023年第2期。

[410] 杨舒茗、黄雪垠:《三线精神的科学内涵、历史价值和实践启示》,《西南科技大学学报(哲学社会科学版)》2023年第2期。

[411] 夏珩、唐沛、郭子怡等:《工业遗产案例研究与建造设计互为驱动的教学探索——以黔东南三线地区明牛腿多层装配式厂房建造体系为例》,《建筑学报》2023年第2期。

[412] 李正丽:《〈火红年华〉:新主流影像叙事中的"三线故事"与价值表达》,《电影评介》2023年第3期。

[413] 范守义:《芜湖造船厂和它援建的两座"三线厂"》,《江淮文史》2023

年第3期。

［414］田运科：《备战：湘黔、川汉、川豫铁路之变和"靠山、分散、隐蔽"之争——从"156项重点工程"到"三线建设"时期的二汽厂址选择（六）》,《湖北工业职业技术学院学报》2023年第3期。

［415］曹芯、曹卉、罗智凯：《高职教育视域下三线建设资源融入"四史"类课程研究》,《现代商贸工业》2023年第3期。

［416］赵威、温媛媛、吴永忠：《红色资源传承弘扬和保护利用——荆门市三线建设文化价值及传承利用》,《荆楚学刊》2023年第3期。

［417］张志军、徐有威：《江西小三线工业遗址的开发与利用》,《西南科技大学学报（哲学社会科学版）》2023年第3期。

［418］梁施颖、杨爱杰：《红色工业遗产活化利用的价值阐释与提升路径——以湖北三线建设工业遗产为例》,《西南科技大学学报（哲学社会科学版）》2023年第3期。

［419］高国民：《吕梁国防三线建设的历史考察》,《吕梁学院学报》2023年第3期。

［420］刘合波：《环境史视野下的三线建设研究——以816工程为线索的方法论探讨》,《当代中国史研究》2023年第3期。

［421］袁世超；徐有威：《三线企业的技术引进与外资利用——以长城机床铸造厂为例》,《宁夏社会科学》2023年第3期。

［422］陈君锋、崔一楠：《同频共振：三线建设与乡村医疗卫生文化发展研究——以四川省绵阳地区为例》,《宁夏社会科学》2023年第3期。

［423］陈立旭：《毛泽东与三线建设》,《湘潮》2023年第3期。

［424］牛建立：《洛阳地区的三线建设与改革发展》,《党史博览》2023年第3期。

［425］王天：《河南三线工厂选址与建设研究——以许昌继电器厂为例》,《军事历史研究》2023年第3期。

［426］周晨阳：《广东"小三线"红色资源融入师生教育的路径探索》,《公关世界》2023年第3期。

［427］罗香分：《遵义"三线"工业遗产类文化创意园旅游产品优化研究》,《西部旅游》2023年第3期。

［428］王毅：《陕西三线建设企业布局与工业发展刍议》，《军事历史研究》2023年第3期。

［429］王佳翠、张开文：《课程思政视域下贵州三线工业遗产开发路径研究》，《遵义师范学院学报》2023年第4期。

［430］苏杰：《少数民族在三线建设中的历史贡献与现实启示》，《西南科技大学学报（哲学社会科学版）》2023年第4期。

［431］李靖：《"出山进城"：国营晋林机械厂职工身份与认同之变迁》，《西南科技大学学报（哲学社会科学版）》2023年第4期。

［432］周浅予、朱菁、王菁、董欣、马继旺：《基于三线工业废弃地再开发的村庄产业振兴路径——以汉中市下溢水村为例》，《西北大学学报（自然科学版）》2023年第4期。

［433］黄华平、邢蕾：《三线建设时期党和政府运作民工筑路实态探赜——以1970—1973年芜湖县兴修皖赣铁路为考察对象》，《安徽史学》2023年第4期。

［434］方锦波：《三线建设时期天水内迁职工社会生活问题探析》，《陇东学院学报》2023年第4期。

［435］张勇、张艳萍：《同级分化：三线建设企业职工的群体构成与社会关系》，《江海学刊》2023年第4期。

［436］徐有威、张程程：《2022年三线建设研究述评》，《三峡大学学报（人文社会科学版）》2023年第4期。

［437］李德英、胡天鹏：《冷战、城乡和三线建设：与美国学者柯尚哲先生的讨论》，《四川师范大学学报（社会科学版）》2023年第4期。

［438］吕建昌：《三线建设与三线工业遗产概念刍议》，《东南文化》2023年第4期。

［439］徐有威、张胜：《国外小三线建设研究述评》，《学术界》2023年第4期。

［440］吕建昌：《三线建设与三线工业遗产概念刍议》，《学术界》2023年第4期。

［441］鲁小凡：《上海小三线污染治理研究》，《学术界》2023年第4期。

［442］代俊、袁晓艳、周雪、代芮：《口述史视域下三线建设中铸牢中华民族共同体意识的多维呈现》，《民族学刊》2023年第4期。

[443] 曾慧、唐光海:《三线建设研究演进、热点与前沿趋势——基于CiteSpace的文献计量可视化研究》,《中国军转民》2023年第4期。

[444] 杨晓蕾:《"三线精神"融入高职制造类专业人才培养的价值和路径研究》,《科教导刊》2023年第4期。

[445] 尹兰:《遵义三线建设工业遗址利用研究》,《遵义师范学院学报》2023年第5期。

[446] 钱鹏鸣:《文化冷战与文学热:三线建设中的文艺备战研究》,《西南科技大学学报(哲学社会科学版)》2023年第5期。

[447] 苏杰:《铸牢中华民族共同体意识视域下三线建设决策与实施成效探究》,《三峡大学学报(人文社会科学版)》2023年第5期。

[448] 魏丽蓉、王灿:《"记忆-空间"视角下三线工业遗产再利用路径探究——以宜昌市809工业遗址开发为例》,《三峡大学学报(人文社会科学版)》2023年第5期。

[449] 樊家进:《乡村振兴视域下小三线军工遗存的保护利用研究——以山东省为例》,《建筑与文化》2023年第5期。

[450] 李露:《乐山市三线建设资源的保护与开发探析》,《中共乐山市委党校学报》2023年第5期。

[451] 曾勋:《三线精神薪火相传,"十里车城"化茧蝶变》,《廉政瞭望》2023年第5期。

[452] 冯明:《关于打造宜昌三线建设文化品牌的建议》,《宜昌社会科学》2023年第5期。

[453] 王灿、魏丽蓉:《影像史学视域下三线建设研究的价值逻辑与实践路径》,《宁夏社会科学》2023年第6期。

[454] 刘博、李梦莹:《"闭锁"的现代性:"三线社会"的结构样态及其悖论——以吉林省某小三线企业社会为例》,《宁夏社会科学》2023年第6期。

[455] 岳小川、宋银桂:《三线铁路建设会战中工农互助原则的提出和宣传研究——以湘黔、枝柳铁路湖南段为中心》,《西南科技大学学报(哲学社会科学版)》2023年第6期。

[456] 姚力:《论三线建设劳动模范的精神特质与历史贡献》,《晋阳学刊》

2023年第6期。

［457］马瑞、梁宇、万明攀：《"三线精神"融入高校"材料科学导论（双语）"课程教学探研》，《成才之路》2023年第6期。

［458］梅兴无：《邓小平的西南三线建设调研》，《文史春秋》2023年第6期。

［459］黄巍：《一幅描绘小三线工业史诗的全景画——评〈飞地：上海小三线社会研究〉》，《党史纵览》2023年第7期。

［460］邓佳、段孟琪：《三线建设对我国区域经济发展的启示》，《投资与合作》2023年第8期。

［461］朱至刚、田沁嫒：《"三线建设"框架下的举国参与：20世纪70年代国产黑白电视机产能激增的机制性解释》，《现代传播（中国传媒大学学报）》2023年第9期。

［462］赵云：《论展馆展陈项目的质量控制——以六枝三线建设博物馆展陈项目为例》，《居舍》2023年第9期。

［463］周新伊、姚建军：《小三线军工厂招工体系的四重向度——基于山西三线建设者口述史》，《军事史林》2023年第9期。

［464］龙成宸：《攀枝花中国三线建设博物馆文创产品开发策略研究》，《赤峰学院学报（汉文哲学社会科学版）》2023年第9期。

［465］陈君锋，崔一楠，徐江山：《以建促融：三线建设推进中华民族共同体建设研究》，《民族学刊》2023年第9期。

［466］杨勇、黄娟、徐林海：《地理实践力培养导向下的博物馆研学活动设计——以都匀三线建设博物馆为例》，《地理教育》2023年第10期。

［467］陈健夫、赵珉、孙海玲、颜安：《宜昌"三线建设"工业遗产的契机和再生模式的研究》，《建筑与文化》2023年第10期。

［468］由林鹏：《"技术＋人员＋方式"模式下支援三线建设的体系研究——以辽宁支援三线建设为例》，《兰台世界》2023年第11期。

［469］王竹：《功不可没的辽宁"三线"》，《共产党员》2023年第11期。

［470］蔺雨含、刘彦龙、周治呈：《工业文化传承视域下重庆三线建设遗址的保护和再生研究》，《工业设计》2023年第11期。

［471］甘淑娉、胡晓琳：《基于场所记忆理论的三线建设工业遗产活化研究》，《工业设计》2023年第11期。

［472］马述林、王开来：《重庆地区的三线建设与调整改造》，《百年潮》2023年第11期。

［473］莫林：《贵州三线历史特色校本课程的开发研究》，《华夏教师》2023年第14期。

［474］漆晓玲、刘真安：《"三线精神"融入大学生奋斗精神培育的实现路径》，《教书育人（高教论坛）》2023年第15期。

［475］彭雪：《"三线精神"融入高职教育的实践与探索》，《产业与科技论坛》2023年第15期。

［476］刘佳：《"三线精神"助推乡村振兴的实践路径——以雾山三线记忆小镇为例》，《山西农经》2023年第18期。

［477］何悦、邵胜敏：《民族复兴视域下的三线精神探究》，《中国军转民》2023年第18期。

［478］邹丽萍：《三线精神融入部队思想政治教育的价值与路径》，《中国军转民》2023年第18期。

［479］黄琳：《立足于城市文化共同体 改造三线建设工业遗产》，《文化产业》2023年第19期。

［480］高宏基：《三线建设文化内涵的若干思考》，《现代商贸工业》2023年第19期。

［481］胡义、杨静：《三线建设时期四川彝族文化的变迁研究》，《文化创新比较研究》2023年第23期。

［482］王玉娟：《"三线精神"与高职思政理论课教学的融合路径研究》，《才智》2023年第23期。

［483］杜翼：《主流媒体报道中三线建设内涵的象征性使用与传承叙事——基于〈人民日报〉和〈人民日报·海外版〉的文本分析》，《中国研究》第30期，商务印书馆2023年版，第205—226页。

［484］徐有威、张程程：《上海小三线建设史论述》，上海市现代管理研究中心主编：《现代管理》（第一辑），上海人民出版社2023年版，第243—261页。

［485］Hong Liao and Xiang Li: Status and Trends of Research on China's Third Front Construction in English Language and Brief Comparison With Chinese Counterpart, SAGE Open, (January-March 2023) pp.1-15.

［486］曹芯、徐有威:《四川小三线建设口述史研究:以长城机械厂与燎原制造厂的女性职工为中心》,载李慧波主编:《新时代中国妇女口述史研究》,中国妇女出版社2023年版,第179—195页。

译稿

［1］［日］丸川知雄著、徐有威、邵刘旖译:《毛泽东时代的中国社会:"上海小三线"的生产与生活》,《西南科技大学学报（哲学社会科学版）》2023年第1期。

《小三线建设研究论丛(第一辑)》目录

(上海大学出版社 2015 年版)

特　稿

宋平谈三线建设及工业布局
　　………………………… 武力　陈东林　郑有贵　段娟采访整理 （ 3 ）
毛泽东最早做出决策：三线建设的启动和调整改造 ……… 于锡涛 （ 8 ）
我与三线建设 ……………………………………………… 王春才 （ 14 ）

专题研究

50 年后的回眸：三线建设的决策与价值 ………………… 陈东林 （ 37 ）
北京市小三线建设初探 ………………………… 谢荫明　张惠舰 （ 45 ）
20 世纪六七十年代广东的小三线建设 ………… 杨汉卿　梁向阳 （ 55 ）
三线建设对中国工业经济及城市化的影响 ……… 徐有威　陈　熙 （ 63 ）
上海小三线建设在县域分布特点的历史地理考察
　　——以安徽省宁国县为例 …………………………… 段　伟 （ 78 ）
三线建设研究的发展趋势与社会学视野 ………………… 张　勇 （ 91 ）
困境与回归：调整时期的上海小三线
　　——以新光金属厂为中心 ………………… 徐有威　李　云 （102）

江西小三线专辑

我和江西小三线建设 ……………………………………… 钱家铭 （115）
总结经验　开拓进取 ……………………………………… 钱家铭 （121）

《江钢志》序	钱家铭	（124）
回忆江西小三线建设	张小华	（127）
他们铸造了光明精神	程渝龙	（133）
我的江西小三线回忆	伏如山	（138）
江西小三线光明机械厂（9334厂）	程渝龙	（147）

手　　稿

三线建设日记选编(1)	宫保军	（165）
上海皖南小三线调整时期工作笔记	王德敏	（223）

口述史和回忆录

调整三线存量，为国家发展出力 　　——回忆甘肃的三线建设和调整	宫保军	（237）
采访孟繁德	徐有威等	（261）
一个山东小三线家庭变迁史	刘寅斌	（275）

我和三线建设研究

我所经历的上海小三线田野调查	李　云	（291）
触摸鲜活的历史：我亲历的小三线研究	杨　帅	（298）
五集纪录片《千山红树万山云——"小三线"青春记忆》		（303）
凡人歌	陈和丰等	（347）
三线记忆：家国五十年	白晓璇等	（357）
"小三线"建设50周年|一个上海工人家庭的回忆	罗　昕	（368）
一个人　一代人 　　——记大学生口述历史影像记录计划最佳人气奖得主、 　　文学院历史系硕士生陈和丰	张瑞敏	（377）
跟着爸爸走小三线	徐其立	（381）

档案整理和研究

上海档案馆馆藏上海小三线建设资料介绍（上）	霍亚平	（387）
上海档案馆馆藏上海小三线建设资料介绍（下）	杨　帅	（394）

上海小三线八五钢厂《团讯》目录(1) ………………………（400）

译　稿

越南战争与"文化大革命"前的三线防卫计划(1964—1966)
　　………………………吕德量　著　徐有威　张志军　译 （431）

学　术　动　态

弘扬三线精神　促进经济发展——读《三线建设纵横谈》……王春才（459）
"三线建设学术研讨会暨研究生论坛"会议综述 ……徐有威　胡　静（461）
"全国第二届三线建设学术研讨会"会议综述 ……徐有威　杨华国（465）
江西三线建设研究正式启动　课题组第一次工作会议
　　召开…………………………………………………张志军 （472）

索引 ……………………………………………………………（473）
后记 ……………………………………………………………（476）

《小三线建设研究论丛(第二辑)》目录
(上海大学出版社 2016 年版)

特　　稿

三线遗产概念、类型、评价标准的若干问题 ……… 徐嵩龄　陈东林（ 3 ）
巴山蜀水三线情 ……………………………………………… 王春才（ 26 ）
20世纪六七十年代中国国防工业布局的调整与完善 ……… 姬文波（ 33 ）
20世纪六七十年代中国大战备的基本过程 ………………… 赤　桦（ 45 ）
安徽旌德历史上的上海小三线 ……………………………… 刘四清（ 50 ）

专 题 研 究

皖南上海小三线职工的民生问题研究 ……………………… 张秀莉（ 55 ）
上海皖南小三线东至化工区个案研究 ……………………… 徐锋华（ 74 ）
落地不生根：上海皖南小三线人口迁移研究 …… 陈　熙　徐有威（ 90 ）
上海小三线与皖南地方关系研究 ……… 李　云　杨　帅　徐有威（117）
北京小三线建设研究 ………………………………………… 李晓宇（132）
山东原小三线企业民丰机械厂今昔 ………………………… 王吉德（154）

手　　稿

三线建设日记选编(2)
　(1991年4月22日—11月22日) ………………………… 宫保军（161）
上海小三线新光金属厂工作日记(1)

(1982年1—3月)…………………………………… 孟繁德（212）
上海小三线自强化工厂厂部会议记录(1)
（1977年10月13日—12月26日）…………………… 陈耀明（244）

口述史和回忆录

上海皖南小三线工程勘察内幕 ………………………… 阮仪三（273）
一位徽州学生记忆中的上海皖南小三线 ………………… 徐国利（276）
我所知道的上海小三线自强化工厂 ……………………… 陈耀明（282）
原江西远征机械厂回忆 ………… 倪秀玉口述,沈亦楠、徐有威整理（297）
遥忆在原江西远征机械厂的少年时光
　　　　　　　　　　　　毕蔚华口述,沈亦楠、徐有威整理（304）
我们是三线人 ………………………………………………… 顾　筝（309）

我和三线建设研究

上海小三线寻访之旅 ……………………………………… 胡　静（327）
悠悠岁月三线情（剧本）…………………………………… 李　帆（342）

档案整理和研究

江苏淮安地区小三线建设史料选编 …… 江苏省淮安市档案馆整理（355）
北京市档案馆馆藏有关北京小三线建设档案资料
　　概述 …………………………………………… 耿向东　李晓宇（380）
上海小三线八五钢厂《团讯》目录(2) ……………………………（389）

译　　稿

中国三线建设的展开过程 ………… ［日］丸川知雄　李嘉冬　译（433）

索引 ………………………………………………………………（476）
《小三线建设研究论丛（第一辑）》目录 ………………………（480）
后记 ………………………………………………………………（483）

《小三线建设研究论丛(第三辑)》目录

(上海大学出版社 2017 年版)

专 题 研 究

三线建设与中国内地城市发展(1964—1980) ……………………… 周明长 (3)
机遇与创新：小三线企业改造与地方经济的腾飞
　——以宁国县企业发展为中心 …………………………………… 段　伟 (20)
为了祖国的青山绿水：小三线企业的环境危机与应对
　………………………………………………………… 徐有威　杨　帅 (32)

情寄昌北——上海小三线协作机械厂专辑

我的最后一份《工作报告》 ……………………………………………… 张章权 (55)
我记忆中的协作机械厂 …………………………………………………… 赵岳汀 (68)
我是工厂的生活后勤兵 …………………………………………………… 徐绍煊 (79)
建厂中的工农关系 ……………………………………………………… 赵振江 (91)
我在小三线的日子里 …………………………………………………… 曾柏清 (98)
我与协作机械厂财务科 ………………………………………………… 唐定发 (108)
我与协作厂 ……………………………………………………………… 高球根 (136)
七律两首·去上海小三线 ……………………………………………… 祁学良 (235)
醉太平·赠战友老汤 …………………………………………………… 祁学良 (236)
三回故地 ………………………………………………………………… 徐梦梅 (237)

口述史与回忆录

上海后方小三线教育工作点滴 ………………………………………… 陶银福 (319)

宁夏小三线宁夏化工厂(5225厂)筹建始末 …………… 王廷选 （323）
我所知道的上海小三线325厂
　　………………………… 钱学勤口述,余顺生、武昌和采访 （330）
辽宁小三线新风机械厂(965厂)忆旧 ………… 冯伟口述,黄巍采访 （335）

我和三线建设研究

残雪浦东 …………………………………………………… 李　婷 （351）
那些上海小三线女职工 ……………………………………… 邬晓敏 （357）
"难忘的岁月——上海小三线建设图片展"接待日记选
　　………………………… 李　帆　韩　佳　王来东　耿媛媛 （375）

档案整理与研究

中国地方档案馆和企业档案馆小三线建设藏档的状况与价值
　　………………………………………………………… 徐有威 （393）
江西工具厂早期规章制度选编 ………… 葛维春　代　祥　徐占春
　　　　　　　　　　陈荣庆　胡中升　袁小武　辛从江 （408）
江西省宜春地区小三线建设及其档案资料 ………… 张志军 （455）
福建三明市档案馆馆藏上海迁三明企业资料介绍 ………… 刘盼红 （462）
三线建设研究成果及相关文献目录初编(1)(1975—2013)
　　……………………………………………… 徐有威　李　婷 （468）

索引 ………………………………………………………………（513）
《小三线建设研究论丛(第一辑)》目录 …………………………（518）
《小三线建设研究论丛(第二辑)》目录 …………………………（521）
后记 ………………………………………………………………（523）

《小三线建设研究论丛(第四辑)》目录
(上海大学出版社 2018 年版)

江苏省淮安地区小三线研究专辑
江苏省淮安市档案馆　编

江苏省淮安市档案馆馆藏小三线档案资料简介 …………… 王来东 （ 3 ）
江苏淮安市小三线职工口述史选编 ………………………… 王来东 （ 54 ）
江苏淮安小三线口述采访日记 ……………………………… 王来东 （215）

后小三线时代研究

上海小三线企业对安徽贵池工业结构调整和工业经济发展的
　影响 ………………………………………………………… 夏天阳 （245）
安徽贵池在上海小三线企事业单位建设生产经营中的作用与
　贡献 ………………………………………………… 余顺生　武昌和 （250）
改革开放以来河南前进化工科技集团股份有限公司的发展
　纪实 ………………………………………………………… 牛建立 （256）

档案资料与研究

湖北省宜都市档案馆藏三线建设档案资料概述 …… 冯　明　袁昌秀 （283）

上海小三线八五钢厂《八五通讯》和《八五团讯》特辑

《八五通讯》简介 …………………………………… 徐有威　陈莹颖 （297）
《八五团讯》简介 …………………………………… 徐有威　耿媛媛 （313）

《八五通讯》编辑历程忆往 …………………………… 谈雄欣 （334）
难忘的《八五团讯》 ………………………………… 史志定 （340）

我和小三线研究

"尘封记忆——安徽小三线纪实摄影展"值班日记选编
　　………… 陈莹颖　宣海霞　王来东　周升起　窦育瑶　耿媛媛 （347）

口述史与回忆录

安徽师范大学新闻学院皖南上海小三线口述史汇编
　　……………………… 马星宇　王　豪　胡银银　汪梦雪 （371）
上海小三线培进中学追忆 ……………………………… 余瑞生 （390）
上海小三线计划生育工作的回忆 ……………………… 陈金洋 （396）

译　稿

带标签的群体：一个三线企业的社会结构 …… 陈　超著　周明长译 （405）

研　究　与　回　顾

三线建设研究成果及相关文献目录初编(2)(2014—2018年)
　　……………………………… 徐有威　耿媛媛　陈莹颖 （437）

书　评

一部意蕴深厚的口述史著作
　　——评《口述上海——小三线建设》 ………………… 李卫民 （465）

索引 ……………………………………………………………… （476）
《小三线建设研究论丛(第一辑)》目录 ………………………… （483）
《小三线建设研究论丛(第二辑)》目录 ………………………… （486）
《小三线建设研究论丛(第三辑)》目录 ………………………… （488）
后记 ……………………………………………………………… （490）

《小三线建设研究论丛（第五辑）》目录
（上海大学出版社2019年版）

上海市协作机械厂专辑

上海市协作机械厂档案资料选编 …………………… 徐有威 （ 3 ）
为了让毛主席睡好觉
　　——我的上海小三线17年生涯 ………………… 高球根 （265）
撰写回忆录，抢救小三线的历史 …………………………… （293）
追忆小三线建设者的青春年华
　　——主编"情寄昌北"专辑的始末 ………………………… （299）
上海市协作机械厂档案资料概述 …………………… 张程程 （307）
上海小三线民兵活动档案资料简介：以八五钢厂和协作机械厂等
　　为中心 ……………………………………………… 宣海霞 （330）
情系仁里：追寻上海小三线印记 …………………… 郑　颖 （339）
我眼中的上海市协作机械厂 ………………………… 屈晨熙 （345）

我和三线建设研究

上海小三线医务工作者采访日记选 ………………… 陈莹颖 （357）
为小三线治安工作研究打底色：我的上海大学保卫处实习
　　日记 ………………………………………………… 宣海霞 （364）
暑假四川小三线寻访记 ……………………………… 曹　芯 （377）

档案资料与研究

四川小三线建设口述史资料概述 …………………… 曹　芯 （389）

辽宁省辽阳市档案馆藏小三线建设资料概述 …………… 黄　巍 （395）
江西小三线新民机械厂档案资料简介 …………………… 张雪怡 （403）

研 究 信 息

首届中国三线建设史研究工作坊综述 …………… 张志军　徐有威 （411）
努力打造小三线建设研究的基石：读《小三线建设研究论丛》
  （第1—5辑）有感 ……………………………………… 张程程 （414）
"记忆与遗产：三线建设研究"高峰论坛会议综述 …………… 张梦鸽 （423）

索引 ……………………………………………………………………… （430）
《小三线建设研究论丛（第一辑）》目录 ………………………………… （446）
《小三线建设研究论丛（第二辑）》目录 ………………………………… （449）
《小三线建设研究论丛（第三辑）》目录 ………………………………… （451）
《小三线建设研究论丛（第四辑）》目录 ………………………………… （453）
后记 ……………………………………………………………………… （455）

《小三线建设研究论丛(第六辑)》目录
(上海大学出版社2021年版)

三线建设研究者自述

从参与者到研究者:我与三线建设 ...... 王春才 (3)
从目击者到研究者:我的第一篇三线建设的研究文章 ...... 宁志一 (23)
行进在四川三线建设研究的征途中 ...... 江红英 (28)
从历史研究到遗产保护:我和三线建设研究 ...... 陈东林 (42)
难忘的峥嵘岁月
　　——攀枝花中国三线建设博物馆诞生记 ...... 莫兴伟 (55)
忆峥嵘岁月　树山橡丰碑
　　——编辑《山橡记忆》的前前后后 ...... 马　祥 (65)
尊崇历史,唯实求是
　　——湖北小三线原卫东机械厂厂史编纂感悟 ...... 杨克芝 (72)
万水千山不忘来时路
　　——国营五〇五七厂建厂50周年文集编纂记 ...... 吴学辉 (81)
唤起三线记忆　传承三线精神
　　——遵义1964文化创意园三线工业遗址的保护与利用 ...... 何可仁 (95)
此生愿做传递三线圣火之人 ...... 何民权 (106)
从四川雾山深处走来
　　——我主持了中国科学院光电所遗址开发利用 ...... 周　健 (112)

浸润书香，硕果芬芳
　　——读李洪烈先生《我与三线结书缘》有感 .... 秦邦佑（120）
从参与者到记录者
　　——我和三线建设的一生缘 .... 倪同正（125）
《我们人民厂》出版记 .... 潘修范（149）

从"近"到"进"：我与三线建设的距离 .... 王佳翠（154）
学术之花盛开于特别的学术情缘之上 .... 王　毅（164）
我与青海三线核工业705厂的不了情 .... 左　琰（170）
剑出偏锋：从工业遗产视角切入三线建设研究 ...... 吕建昌（185）
走近三线的心路 .... 李彩华（193）
我与三线建设研究：四川大学团队所做的工作 ...... 李德英（204）
情牵八闽：我与福建小三线研究 .... 刘盼红（216）
寻找那些即将消失的三线建设音乐记忆 .... 苏世奇（228）
巨人肩膀上：我的三线建设研究"速成"之路 ...... 邹富敏（237）
风起心静：关于三线单位居民生活区研究的心路历程 ... 辛文娟（246）
拓碑：我的三线研究私家思 .... 张志军（257）
八年磨一剑：我与三线建设研究的不解之缘 .... 张　勇（266）
我的"三线企业工人"研究 .... 陈　超（283）
移民史视角下的三线建设研究 .... 陈　熙（293）
建主题特色干部学院　让三线精神绽放光芒 .... 欧阳华（299）
我的三线建设研究始于我的家乡安徽宁国 .... 段　伟（304）
2013年，在申请国家社科基金重大项目的日子里 ..... 徐有威（313）
在三线建设之地结下的三线建设学术之缘 .... 崔一楠（320）
探寻三线建设的"非城非乡""非古非今"的建成环境 ... 谭刚毅（325）
从"我们厂"到"我的杂志"：三线建设与我 .... 翟　宇（337）
大山深处的记忆：我拍上海皖南小三线工业遗址 ..... 刘　洪（344）

感知历史　记录三线

——电视纪录片镜头外的三线历程	刘洪浩	（351）
从三线子弟到三线文化传播者	刘常琼	（356）
用照相机镜头记录三线建设，只为那一念之差的缘	李 杰	（365）
我与三线结书缘	李洪烈	（373）
为三线建设研究办微信公众号和网站：我的三线寻根路	余 皓	（383）
千山红树万山云：我为三线建设拍了两部纪录片	钟 亮	（389）
传承三线建设精神：我奔走在杂志、散文和新媒体之路	郭志梅	（401）
噙泪写《归去来兮——一部亲历者的三线建设史》	唐 宁	（409）
永不褪色的那抹军工彩虹		
——电影《崮上情天》诞生记	唐 亮	（415）
我在追寻三线历史中的爱与际遇	戴小兵	（428）
心慕笔追：我的三线建设学习之路	方锦波	（445）
蹒跚学步：我的江西小三线建设学习与研究	朱 燾	（454）
皖南上海小三线寻访日记选编	杨华国	（470）
勿忘种树人：我心中的小三线今昔	张雪怡	（485）
跟着徐有威老师从事小三线研究的"四个一工程"	张程程	（491）
历史无声处：师门小三线挖掘记	周升起	（502）
曲折中前进：我的广东小三线建设研究	周晨阳	（508）
从无到有：小三线记录者在路上	周曼琳	（521）
从不甚了了到心领神会：奇妙的"小三线今昔"运营之旅	屈晨熙	（528）
"跨界"的我：从身份探寻，到使命担当	袁世超	（536）
从相遇到相知：我与小三线的情缘	窦育瑶	（543）
从旁观者到探索者：一位社会学本科生参与的三线建设研究	蔡茂竹	（550）
《口述上海：小三线建设》后记	徐有威	（564）
《三线军工岁月——山东民丰机械厂（9381）实录》序	徐有威	（569）
《征程——前进中的江西9404厂》序	徐有威	（573）
《尘封记忆》序	徐有威	（579）

《上海小三线在贵池》序 ………………………………………… 徐有威（581）

档案资料与研究

湖北省十堰市档案馆三线建设藏档状况及保护利用
……………………………………… 计毅波　刘明辉　马保青（587）
醉了，又醉了 …………………………………………… 徐有威（592）

书　评

东风浩荡，回声嘹亮：《十堰文史·三线建设专辑》读后感
……………………………………… 张程程　计毅波　霍亚平（599）

《小三线建设研究论丛（第一辑）》目录 ………………………（606）
《小三线建设研究论丛（第二辑）》目录 ………………………（609）
《小三线建设研究论丛（第三辑）》目录 ………………………（611）
《小三线建设研究论丛（第四辑）》目录 ………………………（613）
《小三线建设研究论丛（第五辑）》目录 ………………………（615）

后记 ………………………………………………………………（617）

《小三线建设研究论丛(第七辑)》目录
（上海大学出版社2021年版）

艰苦创业十八年	原八五钢厂	陈锁锁	（1）
八五回忆	原八五钢厂	金云爵	（5）
我的八五情结	原八五钢厂	严国兴	（12）
我与《八五通讯》的那些往事	原八五钢厂	严明华	（17）
深山里的大标语	原八五钢厂	丁日青	（21）
参加自学考试的那些日子里	原八五钢厂	冯岳宏	（23）
自己动手　丰富生活			
——记八五钢厂04车间二三事	原八五钢厂	张锡清	（31）
在皖南的岁月里	原八五钢厂	吴兴钢	（37）
八五情	原八五钢厂	陈国兰	（40）
我在小三线建设中成长	原八五钢厂	石文瑞	（41）
三八工程回忆	原八五钢厂	董昌定	（48）
从钢厂幼儿园到职工大学	原八五钢厂　于翠英	陈妙和	（53）
跨越半个世纪的友谊			
——我与一个贵池农家的故事	原八五钢厂	董国仕	（59）
我的邻居	原八五钢厂	陈殿青	（62）
创办《八五通讯》	原八五钢厂	倪国钧	（64）
我在八五钢厂小分队习笛时的二三事	原八五钢厂	程学良	（70）
难忘的十八年	原八五钢厂	冯德兴	（76）
买栗子的趣事	原八五钢厂	严根发	（80）

篇名	单位	作者	页码
八五钢厂基建轶事两则	原八五钢厂	邵德润	(86)
愿好人一生平安	原八五钢厂	谈雄欣	(92)
催熟一代人——记皖南小三线8503二三事	原八五钢厂	曹辉	(96)
白洋河畔的自学小组	原八五钢厂	章军	(101)
钢厂筹建初期的小故事	原八五钢厂	陆中伟	(107)
八五钢厂职工的工余爱好掠影	原八五钢厂	沈卫东	(111)
在攻坚克难中成长	原八五钢厂	叶耀庭	(114)
我在小三线八五钢厂码头过的第一个春节	原八五钢厂	张福根	(117)
我的书法梦，缘起八五钢厂	原八五钢厂	施纯星	(120)
干群一致，创造奇迹——回忆上海小三线八五钢厂18个年头的点滴	原八五钢厂	王友章	(123)
童梦回池州	原八五钢厂职工子弟	姚宏发	(129)
难忘我的1971	原八五钢厂职工子弟	陈柏松	(137)
想你了，八五钢厂	原八五钢厂职工子弟	李金龙	(145)
东至怀旧行	原红星化工厂	宋锦茂 杨企正	(152)
那些年，去后方基地开会	原红星化工厂	杨企正	(156)
在初进山的那些日子里	原红星化工厂	赵纪松	(160)
小记红星化工厂六车间的筹建、安装、生产及后续	原红星化工厂	李光辉	(164)
"干打垒"的记忆	原卫星化工厂	芮永华	(168)
山月清辉	原卫星化工厂	朱海洪	(173)
午夜战山洪　奋力救女生	原火炬电器厂	谭同政	(177)
贵申情，浦江谊——记上海后方长江医院	原长江医院	李耀明	(180)
岁月匆匆——五月的回忆	原自强化工厂	田楼华	(186)
山中寂寞求知忙	原自强化工厂	陈耀明	(189)
1976年的"暑期学习班"	原化工职工子弟中学	李光辉	(194)

篇名	单位	作者	页码
我与小三线的一些往事	原707库	裘新民	（197）
回望三十年前的足迹	原金星化工厂	王均行	（201）
青春的回忆	原金星化工厂	周宝森	（206）
揭示"会战简报"刻录的旧事	原上海市第四建筑公司	计明强	（209）
在东方红厂基建科的十年	原东方红材料厂	杭首平	（212）
情系小三线，命系小三线 ——难忘的1974年	原东方红材料厂	孙大成	（220）
山里看电视杂忆	原光明机械厂	陈国伟	（223）
回沪过年的惊险历程	原光明机械厂	蒋英才	（225）
半个世纪前的记忆	原光明机械厂	王尔祥	（227）
后方基地的红旗食堂	原光明机械厂	杨伯龄	（231）
我的小三线回忆	原光明机械厂	柳光明	（235）
齐心协力，攻克"以钢代铜"难关	原光明机械厂	陆来发	（239）
亲情札记	原光明机械厂	金翠凤	（244）
写给光明机械厂的诗	原光明机械厂	徐敬懋	（246）
我的童年在光明	原光明机械厂职工子弟	吴菲	（252）
"班车"情缘	原后方轻工公司	梁敏民	（258）
难忘的新安岁月	原新安电工厂	刘润生	（261）
我的新安生涯	原新安电工厂	王益芬	（264）
新安园丁 ——桃李芬芳	原新安电工厂	陈蓉华	（266）
山里的故事	原新安电工厂	陈锦荣	（271）
沉淀的岁月	原卫海机械厂	蒋忠华	（275）
万里生活杂记	原万里锻压厂	金春贵	（279）
追忆我们逝去的青春	原光辉器材厂	殷美玲	（283）
"光辉"岁月	原光辉器材厂	张耀海	（286）
绩溪，我的第二故乡	原光辉器材厂	郭向东	（290）
老照片里的故事	原燎原模具厂	杨志松	（296）
瀛洲旧事	原轻工中学	刘金峰	（300）

我在绩溪瑞金医院的八年	原后方瑞金医院	吕建昌	（304）
岁月有痕·记忆难忘	原上海后方卫生工作组	陈金洋	（312）
炒青	原险峰光学仪器厂	张　侃	（316）
我的音乐梦	原险峰光学仪器厂	乐清华	（319）
春忆皖南	原险峰光学仪器厂	滕玉辉	（322）
我在险峰当采购	原险峰光学仪器厂	余启明	（326）
谦谦君子胡建华	原险峰光学仪器厂	赵燕来	（329）
难忘厂足球队	原险峰光学仪器厂	叶兆浩	（333）
一部照相机	原险峰光学仪器厂	邱善权	（335）
一盘难忘的象棋对局	原险峰光学仪器厂	陈鸿康	（338）
又忆山中红叶	原险峰光学仪器厂	刘来定	（342）
看电影	原仪电中学学生	高翠玲	（345）
岁月像条河	原工农器材厂	陈敏昆	（348）
一位厂医的手记	原延安机械厂	戴妙法	（352）
回味	原延安机械厂	钟桂芳	（357）
相思梧桐的小三线点滴	原旌旗机械厂	黄志诚	（359）
我的小三线岁月	原旌旗机械厂	丘惠云	（363）
"猴子山"下	原井冈山机械厂	诸国良	（366）
井冈碧云下的生活小浪花	原井冈山机械厂	沈国良	（371）
山沟沟里的读书梦	原向阳机械厂	王静三	（375）
照片和其背后的故事	原安装公司第六工程队	王清逢	（378）
我所经历的青工技术等级考核	原后方仪表电讯工业公司	李海洪	（382）
我在山里放映电影	原后方仪表电讯工业公司	陈　多	（388）
几件性命攸关的事件	原卫东器材厂	冯介忠	（392）
上海小三线：宁国古田医院回忆	原古田医院	陈正康	（396）
善始善终做好古田医院撤离工作	原古田医院	顾月明	（412）
上门女婿忆古田	原古田医院	王敬泽	（423）
后方古田医院是我成长的起点	原古田医院	徐黎黎	（429）
小三线肺吸虫病调研防治之回顾	原古田医院	叶永祥	（433）

篇名	单位	作者	页码
我为宁国协同机械厂架设电视信号转播塔	原协同机械厂	刘定建	(437)
我在宁国协同机械厂的日子	原协同机械厂	瞿惠相	(441)
大麻鸭	原胜利水泥厂	胡展奋	(447)
关于胜利厂矿山车间情况的回忆	原胜利水泥厂	咸德平	(450)
光焱述事	原胜利水泥厂	任光森	(453)
不悔的青春	原胜利水泥厂	刘巽荣	(459)
抢修生料磨的回忆	原胜利水泥厂	沈新康	(466)
潜水情	原胜利水泥厂	陆玉明	(469)
我的思念 我的情怀	原胜利水泥厂	杨 浦	(475)
回忆胜利水泥厂的后勤工作	原胜利水泥厂	徐敏敏	(477)
一名看火工的回忆	原胜利水泥厂	唐丁子	(481)
忆一次从宁国到屯溪的拉练	原胜利水泥厂	郭亨文	(484)
我们的车队叫683	原683场	张永斌	(486)
理发	原683场	罗文生	(488)
两个搪瓷碗	原683场	徐亚平	(490)
1979年,红波厂的那场传染病	原红波设备厂	奚莺娅	(492)
西坑缘,红波情	原红波设备厂	任天玲	(494)
真正的拉练	原红波设备厂	李守仁	(496)
皖南记事	原红波设备厂	邵志刚	(498)
那一年我们抗洪救灾	原朝阳器材厂	赵 杰	(504)
山沟沟里的大年夜	原朝阳器材厂	周林云	(509)
民兵野营拉练日记	原朝阳器材厂	冯金牛	(512)
自己动手建造灯光篮球场	原朝阳器材厂	黄瑞鹏	(521)
救死扶伤 ——山友之情浓于血	原朝阳器材厂	杨宝康	(523)
粪坑救人后他淡然一笑	原朝阳器材厂	王建国	(525)
夸夸朝阳厂小分队	原朝阳器材厂	朱克成	(526)
我的父亲	原培新汽车厂	咸大年	(530)
我心中的培新厂	原培新汽车厂	滕承光	(533)

上海小三线培进中学回忆……………………… 原培新汽车厂　余瑞生（540）
风雨之夜………………………… 原260通讯站绩溪分站　过正海（546）
半世年华忆绩溪………………… 原260通讯站绩溪分站　胡勤英（548）
在水泥厂一干十余年，从上海小三线走出来的夫妻画家………… 徐　萧（550）
上海小三线企事业单位名录………………………………………………（558）

《小三线建设研究论丛（第一辑）》目录……………………………………（562）
《小三线建设研究论丛（第二辑）》目录……………………………………（565）
《小三线建设研究论丛（第三辑）》目录……………………………………（567）
《小三线建设研究论丛（第四辑）》目录……………………………………（569）
《小三线建设研究论丛（第五辑）》目录……………………………………（571）
《小三线建设研究论丛（第六辑）》目录……………………………………（573）

　　后　　记……………………………………………………………………（577）

《小三线建设研究论丛(第八辑)》目录

(上海大学出版社2022年版)

绪　言 1

第一章　组织机构 13
　　第一节　机构演变 13
　　第二节　工作职能 21
　　第三节　组织特征 24

第二章　户籍与人口 29
　　第一节　来源 31
　　第二节　户籍管理 51
　　第三节　人口特征 56

第三章　粮食供给与物质保障 58
　　第一节　依靠上海与求助安徽 58
　　第二节　自力更生 67
　　第三节　供应工作的特征 73

第四章　医疗体系与文化生活 77
　　第一节　日常生活 79
　　第二节　医疗卫生 89

第三节　娱乐文化 100

第五章　困境与挑战 117
　　第一节　职工子女教育 119
　　第二节　青工婚恋 131
　　第三节　社会治安 158

第六章　互动与碰撞 171
　　第一节　相互支援 173
　　第二节　矛盾 184
　　第三节　交接带来的矛盾 199
　　第四节　小三线对当地社会的影响 203

第七章　"小社会"的回归 210
　　第一节　国内外形势变化 210
　　第二节　小三线企业转型 212
　　第三节　职工的回城诉求 220
　　第四节　调整接收 225

第八章　总结与反思 256
　　第一节　上海小三线建设特殊性 256
　　第二节　上海小三线建设的历史作用 263

附录 268
　　一、采访上海小三线有关人员名录 268
　　二、上海小三线口述史选编 275
　　三、上海小三线档案资料选编 294
　　四、上海小三线建设大事记 314

参考文献...331

后记..343

《小三线建设研究论丛（第一辑）》目录...345
《小三线建设研究论丛（第二辑）》目录...348
《小三线建设研究论丛（第三辑）》目录...350
《小三线建设研究论丛（第四辑）》目录...352
《小三线建设研究论丛（第五辑）》目录...354
《小三线建设研究论丛（第六辑）》目录...356
《小三线建设研究论丛（第七辑）》目录...360

《小三线建设研究论丛（第九辑）》目录

（上海大学出版社2023年版）

上篇　内蒙古小三线资料汇编

第一编　内蒙古小三线企业历史资料辑……………………………（3）

内蒙古自治区乌海市地方军工企业的建设…………………………（5）
内蒙古红旗化工厂厂志节选……………………………………（18）
内蒙古第一通用机械厂简史……………………………………（121）
内蒙古第二通用机械厂简史……………………………………（136）
内蒙古第三通用机械厂简史……………………………………（147）
内蒙古木器厂简史……………………………………………（160）
内蒙古第二铸锻厂简史…………………………………………（176）
内蒙古电梯厂简史……………………………………………（191）
内蒙古工具厂简史……………………………………………（209）
内蒙古跃进火力发电厂简史……………………………………（218）
内蒙古六五四物资供应站简史…………………………………（223）
内蒙古六五四医院简史…………………………………………（227）
内蒙古国防工业职工中等专业学校简史…………………………（231）
内蒙古先锋电厂简史…………………………………………（240）

第二编　内蒙古小三线建设档案资料选辑……………………（249）

乌海市档案馆有关小三线建设档案资料…………………………（251）
清水河县有关小三线建设档案资料……………………………（259）

第三编　内蒙古小三线建设回忆录及口述资料……………………（277）
　　厂初建工作的回忆……………………………………………………（279）
　　我的一点回忆…………………………………………………………（283）
　　建厂与体会……………………………………………………………（285）
　　对红旗化工厂恢复性整顿中一些情况的回忆………………………（288）
　　四十年的回顾…………………………………………………………（293）
　　回忆片段二则…………………………………………………………（296）
　　梦中的六五四——跃进火力发电厂…………………………………（298）
　　技术工作回忆——1988年底所做的个人工作回顾…………………（303）
　　原内蒙古第一通用机械厂副厂长李志忠的访谈……………………（306）
　　原内蒙古第二通用机械厂职工丁贵本及其妻子的访谈记录………（318）
　　原内蒙古第三通用机械厂职工刘建福及其子刘刚的访谈…………（326）
　　原内蒙古木器厂工会主席胡世俭及其子胡荣军的访谈……………（331）
　　内蒙古乌海地区三线建设述论………………………………………（336）

下篇　三线建设研究者回忆录

因绵阳结缘：团队三线建设研究回顾………………………张　勇（353）
一个暑期三下乡活动参与者眼中的四川自贡三线建设………曹　芯（365）
告别"旧友"：我的小三线学习历程……………………………杨炎韬（377）
八赴河池，完成了我的三线建设博士论文……………………刘朝华（386）
感恩与坚持：我的小三线学习之路……………………………张　胜（399）
浙江省"小三线"探寻日记
…………浙江财经大学经济学院"寻三线·学四史"暑期社会实践团队（410）
游走在教育研究与历史研究之间：我写三线建设时期高校迁徙的
　　博士论文………………………………………………………廖　霞（429）
十驾难及：我的三线建设研究经历……………………………张　杨（441）
我与北京"小三线"的情缘………………………………………李晓宇（459）
在故纸堆与田野中寻访三线工程皖赣铁路的往昔……………黄华平（464）

探寻一段特殊的工业历史——我的三线建设研究经历............崔龙浩（468）
我与三线建设"歪打正着"的缘分和我的口述史研究经历
....栗薪樾（483）
记录与纪念：我与锦江油泵油嘴厂的三线情缘....................都 蕾（497）
我们小三线的不了情——谨以此文献给上海小三线的山友们
....徐梦梅（516）

《小三线建设研究论丛（第一辑）》目录..（523）
《小三线建设研究论丛（第二辑）》目录..（526）
《小三线建设研究论丛（第三辑）》目录..（528）
《小三线建设研究论丛（第四辑）》目录..（530）
《小三线建设研究论丛（第五辑）》目录..（532）
《小三线建设研究论丛（第六辑）》目录..（534）
《小三线建设研究论丛（第七辑）》目录..（538）
《小三线建设研究论丛（第八辑）》目录..（544）

后记...（547）

后记（一）

正如习近平总书记所说："人民是历史的创造者，也是时代的创造者，在人民的壮阔奋斗中，随处跃动着创造历史的火热篇章，汇集起来就是一部人民的史诗。"山东小三线建设自1964年以来，历经六十年的光辉历程，三线建设者们为加强我国军队现代化的建设作出了重要贡献。作者自于小三线军工厂参加工作以来，数十年耳濡目染，"艰苦创业、无私奉献、团结协作、勇于创新"的三线精神已经刻骨铭心。退休后，克服种种困难，记录下了山东小三线建设的这段峥嵘岁月，以期发扬人民兵工精神，增强全社会的爱国主义意识，继承党的光荣传统，在以习近平同志为核心的党中央坚强领导下，为全面建成社会主义现代化强国、实现第二个百年奋斗目标，以中国式现代化全面推进中华民族伟大复兴而团结奋斗。

衷心感谢妻子蒋永莲在我采访、创作过程中承担了大部分家务，感谢她对我的理解与宽容；感谢女儿穆青、女婿管卫华积极配合做了大量辅助工作。

感谢山东省国防科学技术工业办公室原主任刘玉湘同志欣然提笔为本书作序。

感谢上海大学历史系徐有威教授以及上海大学出版社的大力帮助，使本书得以顺利出版。

感谢魏嘉瓒、王可志、孙常才、王红霞、杨建、成健、李鲁生、李兵、李力、王吉德、张志强、李佃玉、夏兆芳、张光亮、曹兴刚、张岚、李赋春、武善省、李胜运、刘永贞、闫旭光、李建军、张永强、张明泉、王英、任现瑞、孟凡强、吕建、杨斯昌、毕赤毅、李华、成刚、程贯星等领导和同志的大力帮助。

本书采用了山东省档案馆、山东省史志馆等单位的有关资料，在此表示衷心感谢!

  由于作者水平有限,书中难免有不足之处,敬请各位读者批评指正!

穆宝忠
2024年3月6日
于山东济南市舜耕街道舜华社区

后记(二)

记得2017年我去山东蒙阴调研山东小三线建设时,初次见面请教过穆宝忠书记。穆书记曾经担任山东小三线红光化工厂(国营五〇五厂)党委副书记兼副厂长,后调任山东非金属材料研究所担任处长,2011年退休。他送给我的其大作山东小三线纪实文学《红光记事》,给我留下了深刻的印象。

2022年8月19日我们在济南再聚,穆书记提出要我协助出版一本关于山东小三线的著作,我欣然允诺。经过一年多的准备,在上海大学出版社的大力支持下,这本书终于出版了。作为山东小三线建设的亲历建设者,同时又是热心的研究者,穆书记的大作有其特定的价值,由衷希望这本大作对山东小三线建设的研究大有帮助,同时也将丰富全国小三线建设的研究。

穆书记的这本大作,原来还包括1938年以来山东抗日战争时期和解放战争期间的军工建设等,内容非常丰富多彩。不过因为局限于本书的山东小三线建设的主题,这些只能忍痛割爱了。

作为《小三线建设研究论丛》的第十辑,按照惯例,我们还在下篇的"小三线建设回顾"中下设"我与三线建设研究""译稿""研究与回顾"和"研究书评"等栏目下,收入了一些相应的文章。

在"研究与回顾"栏目中,我们收入的《三线建设研究成果及相关文献目录初编(3)(2019—2023)》是一份重要的目录,它上接刊登在《小三线建设研究论丛》第三辑的《三线建设研究成果及相关文献目录初编(1)》,以及《小三线建设研究论丛》第四辑的《三线建设研究成果及相关文献目录初编(2)》,希望得到大家的关注。

时间过得真快,一眨眼从2015年我们出版《小三线建设研究论丛》的第一辑到现在2024年第十辑,已经9年了。这是我在2015年没有想到的。非常感谢一路上各界朋友的帮助和支持,特别是上海大学出版社的鼎力帮助。

希望我们一起努力,树立一个小目标,为《小三线建设研究论丛》的第二个十辑而继续奋斗。

徐有威
2024年2月28日